"十二五"职业教育国家规划教材修订版

国际金融理论与实务

主　编　谢　琼　吴启新
副主编　陈　亮

北京理工大学出版社
BEIJING INSTITUTE OF TECHNOLOGY PRESS

内 容 提 要

本书较为具体地介绍了国际金融的相关知识，全书分 3 篇 10 章，具体包括外汇与汇率、国际收支、外汇管制组成的理论篇，外汇交易实务、外汇风险管理、国际结算、国际融资组成的实务篇，国际金融市场、国际金融组织、国际货币制度组成的体系篇。本书在编写中立足于高职高专高技能人才培养的目标，根据高职高专财经类、经济管理类学生的知识结构和层次特点，在尊重国际金融理论体系的前提下，编写过程力求融"教、学、做"为一体，体现了高职教育的"职业性"和"开放性"要求。

本书可作为金融类专业、经济贸易类专业及相关专业教材，也可作为相关专业工作人员的培训教材。

版权专有　侵权必究

图书在版编目（CIP）数据

国际金融理论与实务 / 谢琼，吴启新主编 . —北京：
北京理工大学出版社，2021.9（2021.10 重印）
ISBN 978-7-5763-0393-3

Ⅰ . ①国… Ⅱ . ①谢…②吴… Ⅲ . ①国际金融 - 高等学校 - 教材　Ⅳ . ①F831

中国版本图书馆 CIP 数据核字（2021）第 194032 号

出版发行 / 北京理工大学出版社有限责任公司
社　　址 / 北京市海淀区中关村南大街 5 号
邮　　编 / 100081
电　　话 /（010）68914775（总编室）
　　　　　（010）82562903（教材售后服务热线）
　　　　　（010）68944723（其他图书服务热线）
网　　址 / http://www.bitpress.com.cn
经　　销 / 全国各地新华书店
印　　刷 / 三河市天利华印刷装订有限公司
开　　本 / 787 毫米 ×1092 毫米　1/16
印　　张 / 18.5　　　　　　　　　　　　　责任编辑 / 徐春英
字　　数 / 436 千字　　　　　　　　　　　文案编辑 / 徐春英
版　　次 / 2021 年 9 月第 1 版　2021 年 10 月第 2 次印刷　责任校对 / 周瑞红
定　　价 / 49.80 元　　　　　　　　　　　责任印制 / 施胜娟

图书出现印装质量问题，请拨打售后服务热线，本社负责调换

前言

20世纪以来，金融市场迅速发展，并且日趋一体化，新型金融制度和金融工具不断涌现，金融服务方式不断创新，金融交易迅速膨胀，使国际金融成为世界经济中发展最快、最活跃，也是最不稳定的经济领域。这一发展趋势一方面大大推动了资本在全球范围内寻求最优配置，促进世界经济发展；另一方面，由于金融活动本身具有的调整成本低、效率高、交易对象虚拟的特点，也使金融领域呈现出较强的波动性与不稳定性，从而增加了各国所面临的金融风险。随着当前世界经济国际化进程的加快，我国金融业已进入了实质性的对外开放阶段，企业、个人对外交往日益增多，出于投融资或避险的需要，参与国际金融市场的必要性已显著上升。因此，如何利用金融市场，通过对各种不同币种、不同风险的资产与负债的妥善管理，以最佳组合降低风险，获取最佳投资利益，或者以合理的成本筹措资金，已成为企业界、金融服务业甚至个人的重要课题。

"国际金融"是国际金融专业、国际贸易实务专业和其他外向型经济管理专业的必修课以及相关财经类专业的选修课，理论和实务并重。作为高职高专层次的教材，本书在编写中立足于高职高专的高技能人才培养目标，根据高职高专财经类学生的知识结构和层次特点，在尊重国际金融理论体系的前提下，在编写架构上突破以往将理论与实际分为两个层面的写作方法。修订《国际金融理论与实务》，在实务篇部分更以实际岗位工作流程与内容为主线编排教学内容，添加"任务驱动"模块，即从贸易公司从事对外贸易业务或国际企业管理者的角度出发，以该类岗位涉及的工作任务为依据，以"任务驱动"模式设计编排实务部分的教学内容与实践操作项目，从而跳出了多数同类教材均以学科理论内容章节编排的模式，力求融"教、学、做"为一体，体现了高等职业教育的"职业性"和"开放性"要求，突出类型教育特点。

1. 体系的系统性。本书将国际金融的基本内容以学习单元划分为理论篇、实务篇和体系篇等三大单元共十章，每个单元均为相对独立的教学模块。外汇与汇率、国际收支、外汇管制等三章组成理论篇，侧重于宏观经济现象介绍与分析，理论"够用即行"；外汇交易实务、外汇风险管理、国际结算、国际融资则构成实务篇，侧重于微观经济理论与技能分析及训练；国际金融市场、国际金融组织和国际货币制度构成体系篇。章节结构清晰，一气呵成，对各章节的内容安排遵循内在逻辑顺序和认知规律，力争做到理论与实务的有机结合和完美统一。读者在阅读本书后，能比较全面、系统地了解国际金融的发展概貌。

2. 体例的适用性。根据高等职业教育课程设置特点，本书编写体例充分体现技能培养的要求。每章从案例导入，然后点拨问题，引发学生思考，再进行理论的扩展与升华。章前有学习目标、重难点，实务篇各章均以"任务驱动"引领，根据实务工作流程编排学习内容。适时插入新知识、小资料，章后有小结、练习与思考和实训课堂，做到在灌输理论与实务知识的同时，强化操作能力的培养和训练，而且有利于提高学生的学习兴趣和加深对教学内容的理解。

3. 内容的新颖性与实践性。本书吸收和反映了国际金融理论及实务的前沿成果和变革，跟踪国际金融领域发生的大事件并结合我国实际情况，体现我国国际金融政策、制度和管理方面的先进性。

为使教材更加贴近工作实际，本书诚邀了中国银行福建省分行国际业务部吴秋梅高级经济师、长期从事外贸工作的福建福维尔进出口公司薛少荣经理、福建省华恒鞋帽进出口公司胡宗琼经理等有丰富实践经验的业内人士共同探讨编写思路、组织案例并予以审阅，突出了教材的实践性和针对性。

本书作为福建省级精品课程"国际金融"的建设项目之一，由福建商学院谢琼、吴启新担任主编，石家庄职业技术学院陈亮担任副主编。同时本书在编写过程中也参阅了国内大量国际金融专著、教材和文献，取各家之长，在此一并表示诚挚的谢意！

由于专业知识和教学水平有限，欠缺之处在所难免，敬请同行、读者批评指正。

编 者

目录 Contents

第一篇 理 论 篇

第一章 外汇与汇率 …………………………………………………………………… (2)
第一节 外汇与汇率基本概述 ………………………………………………………… (3)
第二节 汇率与经济 …………………………………………………………………… (15)
第三节 汇率制度 ……………………………………………………………………… (24)
本章小结 ………………………………………………………………………………… (31)

第二章 国际收支 …………………………………………………………………… (35)
第一节 国际收支的含义 ……………………………………………………………… (36)
第二节 国际收支平衡表 ……………………………………………………………… (37)
第三节 国际收支的调节 ……………………………………………………………… (43)
第四节 我国的国际收支管理 ………………………………………………………… (49)
第五节 国际储备 ……………………………………………………………………… (51)
本章小结 ………………………………………………………………………………… (62)

第三章 外汇管制 …………………………………………………………………… (73)
第一节 外汇管制概述 ………………………………………………………………… (74)
第二节 外汇管制的内容与措施 ……………………………………………………… (77)
第三节 经常项目可兑换的标准与内容 ……………………………………………… (80)
第四节 我国的外汇管理 ……………………………………………………………… (82)
本章小结 ………………………………………………………………………………… (88)

第二篇 实 务 篇

第四章 外汇交易实务 ……………………………………………………………… (92)
第一节 外汇交易概述 ………………………………………………………………… (93)

第二节　传统的外汇交易方式 ……………………………………………… (96)
　　第三节　创新的外汇交易方式 ……………………………………………… (112)
　　第四节　汇率折套算与进出口报价 ………………………………………… (122)
　　本章小结 ……………………………………………………………………… (126)

第五章　外汇风险管理 …………………………………………………………… (132)
　　第一节　外汇风险概述 ……………………………………………………… (132)
　　第二节　外汇风险管理措施 ………………………………………………… (136)
　　第三节　外汇风险管理的组合方法 ………………………………………… (146)
　　本章小结 ……………………………………………………………………… (149)

第六章　国际结算 ………………………………………………………………… (154)
　　第一节　国际结算概述 ……………………………………………………… (155)
　　第二节　国际结算工具 ……………………………………………………… (157)
　　第三节　国际结算方式 ……………………………………………………… (165)
　　第四节　不同结算方式的选择 ……………………………………………… (181)
　　本章小结 ……………………………………………………………………… (182)

第七章　国际融资 ………………………………………………………………… (186)
　　第一节　国际融资概述 ……………………………………………………… (187)
　　第二节　国际信贷融资 ……………………………………………………… (190)
　　第三节　国际贸易融资 ……………………………………………………… (196)
　　第四节　国际租赁融资 ……………………………………………………… (207)
　　第五节　国际项目融资 ……………………………………………………… (211)
　　第六节　国际债券融资 ……………………………………………………… (214)
　　本章小结 ……………………………………………………………………… (220)

第三篇　体　系　篇

第八章　国际金融市场 …………………………………………………………… (226)
　　第一节　国际金融市场概述 ………………………………………………… (227)
　　第二节　新型的国际金融市场——欧洲货币市场 ………………………… (231)
　　第三节　国际金融电子化 …………………………………………………… (237)
　　本章小结 ……………………………………………………………………… (241)

第九章　国际金融组织 …………………………………………………………… (246)
　　第一节　国际金融组织概述 ………………………………………………… (247)
　　第二节　全球性国际金融组织 ……………………………………………… (248)
　　第三节　区域性国际金融组织 ……………………………………………… (256)

第四节　我国与主要国际金融机构的联系 …………………………（262）
　　本章小结 ……………………………………………………………（266）

第十章　国际货币制度 ………………………………………………（270）
　　第一节　国际货币体系概述 …………………………………………（272）
　　第二节　国际货币体系的演进 ………………………………………（273）
　　第三节　欧洲货币一体化 ……………………………………………（280）
　　第四节　国际货币体系的改革 ………………………………………（282）
　　本章小结 ……………………………………………………………（285）

参考文献 ………………………………………………………………（288）

第一篇

理 论 篇

第一章

外汇与汇率

✓ 学习目标

通过本章学习,应掌握与外汇、汇率有关的基本概念,熟悉外汇的种类以及外汇在国际经济贸易中的作用,熟练掌握汇率的直接标价法、间接标价法和美元标价法,理解按不同标准划分的各种汇率种类及其间相互关系、固定汇率制和浮动汇率制的内涵和各种表现形态。

✓ 技能目标

能够看懂汇率牌价;能够运用汇率报价进行货币兑换。

✓ 重 难 点

1. 汇率的标价方法;
2. 影响汇率变动的因素;
3. 汇率变动对经济的影响;
4. 汇率制度。

✓ 课前思考

世界上绝大多数国家都有自己的货币,这些货币在本国可以自由流通,但是一旦跨越国界,它们便失去了自由流通的特性。由于各国所用的货币不同,国际上又没有统一的世界货币,各国从事国际经济交往以及其他业务都要涉及本国货币与外国货币之间的兑换,由此便产生了汇率这一概念。汇率的变化受宏观、微观经济中许多因素的影响,也反过来影响国际收支中各个项目的变化和一国经济的运行。所以对外汇和汇率的研究就成为国际金融研究的重要课题之一,掌握有关外汇和汇率的基本知识是研究整个国际金融问题的基础。

你能解读表1-1的外汇牌价吗?

表1-1 中国银行人民币外汇牌价

日期:2020年3月15日　　　　　　　　　　　　　　　　　　单位:人民币/100外币

货币名称	现汇买入价	现钞买入价	现汇卖出价	现钞卖出价	中行折算价
澳大利亚元	431.95	418.53	435.13	436.62	439.68
巴西里亚尔		138.44		157.19	146.72
加拿大元	505.95	489.97	509.68	511.42	502.51

续表

货币名称	现汇买入价	现钞买入价	现汇卖出价	现钞卖出价	中行折算价
瑞士法郎	735.18	712.49	740.34	743.51	741
丹麦克朗	103.72	100.52	104.56	105.06	104.7
欧元	775.83	751.72	781.55	784.06	782.26
英镑	857.13	830.5	863.44	866.4	879.87
港币	90.02	89.31	90.38	90.38	90.02
日元	6.471 8	6.270 7	6.519 4	6.529 5	6.68
新西兰元	423.12	410.07	426.1	431.96	428.48
菲律宾比索	13.68	13.25	13.78	14.43	13.73
卢布	9.64	9.05	9.72	10.09	9.39
瑞典克朗	71.85	69.63	72.43	72.77	71.83
新加坡元	493.5	478.27	496.96	499.44	496.91
泰国铢	21.93	21.25	22.11	22.81	22.09
新台币		22.44		24.31	23.24
美元	699.48	693.79	702.45	702.45	700.33

（资料来源：中国银行网站）

思考：上述外汇牌价是货币报价形式之一，国际金融业务经常与货币报价打交道。如何看懂和运用外汇牌价？如何进行货币报价？

第一节 外汇与汇率基本概述

一、外汇

(一) 外汇的含义

外汇（Foreign Exchange）这一概念在不断发展，可以从动态、静态两个方面来理解。

从动态而言，外汇又称国际汇兑，是指一种活动或一种行为。具体是指人们通过特定的金融机构，把一种货币兑换成另一种货币，对国际之间的债权债务进行清偿结算的行为。外汇实际上包括了"汇"和"兑"两个过程。"汇"就是指资金通过银行等金融机构实现国与国之间的转移，以解决国际债权、债务清算的空间难题；"兑"就是指资金在"汇"之前或"汇"到另一国之后，把一种货币兑换成另一国货币的行为，从而解决国际债权、债务清算的货币差异难题。

例如，上海A贸易公司出口一批价值10万美元的童装到美国纽约的B贸易公司，中国与美国远隔重洋，货物怎么交给美国的进口商，同时美国的进口商又如何将货款支付给中国的出口商呢？

在实践中，一般做法是：贸易双方签订贸易合同，合同规定结算方式。根据合同，上海

A贸易公司将货物装运在船上（当然也可以选择空运，这要根据货物的特点来确定），再将装船的提单等一系列的单据交给中国银行上海分行，由中国银行上海分行再将单据寄往美国的代理行中国银行纽约分行。中国银行上海分行同时通过"环球同业银行金融电讯协会"（SWIFT）发电报，委托美国的代理行中国银行纽约分行代为收款；中国银行纽约分行收到单据和电文后，根据规定，通知美国的进口商B贸易公司，该进口商付款赎单或承兑交单，得到提单，可以到码头提货，实现了货物的所有权转移。美国进口商付款时，将款项付给该中国银行纽约分行，中国银行纽约分行将款项存在中国银行上海分行的账户上，并通过SWIFT系统发送电文，告知中国银行上海分行。中国银行上海分行通知出口商货款已收，并将按照银行当天的外汇牌价将美元兑换成人民币存放在该出口商A贸易公司的账户上。

这就说明A贸易公司和B贸易公司要想解决债权债务关系，需经过两道程序：首先，美国进口商B贸易公司通过其开户银行（中国银行纽约分行）把10万美元划到上海A贸易公司的开户行（如中国银行上海分行），即"汇"，然后上海A贸易公司的开户行中国银行上海分行把10万美元兑换成人民币，划入A贸易公司的银行账户上，即"兑"。具体操作如图1-1所示。

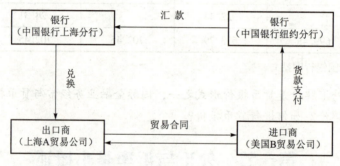

图1-1 动态的外汇示意图

在上述国际汇兑过程中，美国的代理行中国银行纽约分行将款汇到中国银行上海分行账户上的行为叫"汇"，中国银行上海分行按照外汇牌价将美元兑换成人民币的行为叫"兑"。因此，这里的外汇就是国际汇兑的意思。

静态的外汇含义描述的是外汇作为一种物质的特性。广义的静态外汇概念泛指一切以外国货币表示的可以用做国际清偿的支付手段。在各国的外汇管理法规中所沿用的便是这种概念。例如，我国《外汇管理条例》所称外汇，是指下列以外币表示的可以用做国际清偿的支付手段和资产。

- 外国货币，包括纸币、铸币。
- 外币支付凭证，包括票据、银行存款凭证、邮政储蓄凭证等。
- 外币有价证券，包括政府债券、公司债券、股票等。
- 特别提款权。
- 其他外汇资产。

在这个意义上，外汇的概念等同于外币资产。这种广义的静态外汇主要是供政府统计、宏观决策等方面使用。

我们通常所说的外汇是狭义的静态外汇。狭义的静态外汇是指以外币表示的、可直接用于国际结算的支付手段和工具。从这个意义上讲，只有放在国外银行的外币存款以及索取这些存款的外币票据和外币凭证才是外汇。

在理论上，人们在讨论外汇交易时，为简化分析，将外汇看成外国货币。

(二) 外汇的特征

外汇必须具备以下三个特征：

(1) 外汇必须以本国货币以外的外国货币来表示。即使本国货币及以其表示的支付凭证和有价证券等，可用做国际结算的支付手段或国际汇兑，但对本国居民来说仍不是外汇。

(2) 外汇必须是可以自由兑换的货币。一种货币能够自由兑换成其他货币或者其他形式的资产时，才能作为国际支付和国际汇兑的手段。

(3) 外汇具有普遍接受性。外汇必须在国际上可以得到偿付，能为各国所普遍接受，才能承担国际支付的责任。

根据国际货币基金组织提供的资料，目前世界上有45个国家和地区的货币是可自由兑换货币，主要的有美元、欧元、日元、英镑、瑞士法郎、港元等。其中美元、欧元和日元作为世界三个最大经济体系的货币，在国际资产、货物和服务贸易中起着媒介货币的特殊作用。

(三) 外汇形态

外汇形态主要有外币现钞、外币支付凭证、外币有价证券和其他外汇资产。

1. 外币现钞

外币现钞是指以可自由兑换货币表示的货币现钞，包括纸币、铸币。外国钞票票面内容有发行机构、年版、号码、签字或盖章、图案和盲人标记。不同币种的现钞有不同的货币名称和价值单位。国际上常用的外币现钞主要有美元、欧元、英镑、日元、瑞士法郎、加拿大元、港元等。

2. 外币支付凭证

外币支付凭证是指以可自由兑换货币表示的各种信用工具，主要包括以下五种：

(1) 汇票 (Draft)。汇票一般是债权人开出的，要求债务人见票后立即或在一定时期内付款的凭证，相当于无条件的支付命令书。

例如，北京A公司与日本B进口商签订了出口水果的贸易合同，合同中规定日本B进口商支付进口水果的货款为900万日元。就该笔交易而言，国际结算的支付凭证有以日元表示的汇票、本票和支票等。假定该笔交易以信用证的方式结算，北京A公司通过中国银行北京分行收到日本进口商开来的信用证后发货，同时制作汇票、发票、装箱单和商检单等单据，这张汇票由北京A公司签署，要求日本进口商支付900万日元货款。这张以日元表示的汇票对我国而言就是外汇。北京A公司把汇票、信用证及单据交给中国银行北京分行。中国银行北京分行按当天日元兑人民币的牌价买下这张900万日元汇票，也就是北京A公司将出口水果应收的900万日元外汇卖给了银行，换成了人民币。中国银行北京分行把汇票和全套单据再交日本某银行索取货款，日本某银行要求日本进口商付款赎单。

(2) 本票 (Promissory Note)。本票又称为期票。本票一般是债务人向债权人签发的，约定即期或在可以确定的将来时间向债权人保证到期付款的凭证。它相当于无条件支付一定金额的书面付款承诺。如上例也可以本票作为支出凭证,即由日本进口商开出本票,承诺支付900万日元货款。北京A公司接到这张本票后立即向日本发运水果,并将持有的900万日元本票卖给中国银行,按当天日元兑人民币的牌价,获得人民币的收入。

汇票和本票是国际结算中最重要的支付凭证,也是国际上流通最为广泛的票据。

(3) 支票(Cheque)。支票是银行存款储户向该银行签发的凭证,指示该银行从其存款中即期支付一定金额给某人或其指定人,相当于银行的支票存款储户根据协议向银行发出的付款书面命令。

(4) 外币信用卡(Credit Card)。外币信用卡是指具有一定规模的银行等信用机构对有一定资信的顾客发行的,具有消费信用、转账结算、存取现金等全部或部分功能的信用支付工具。它是目前世界上最快捷、最安全的支付方式。持卡人可在全球任何一家有信用卡标志的网站或商户购物、支付劳务费用等,还可在有关银行支取现款。使用者只要出示卡片并在有关单证上填写用款金额和签字即可。接受信用卡的特约商户仅凭信用卡编

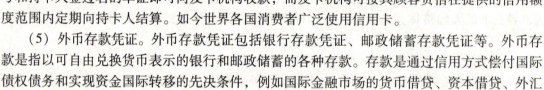
小知识 外币旅行支票

号和持卡人签过名的单证即可向发卡机构收款,而发卡机构可按其顾客资信在提供的信用额度范围内定期向持卡人结算。如今世界各国消费者广泛使用信用卡。

(5) 外币存款凭证。外币存款凭证包括银行存款凭证、邮政储蓄存款凭证等。外币存款是指以可自由兑换货币表示的银行和邮政储蓄的各种存款。存款是通过信用方式偿付国际债权债务和实现资金国际转移的先决条件,例如国际金融市场的货币借贷、资本借贷、外汇交易以及其他信用活动,必须以存款为基础。

由于离岸金融市场的存在以及国际金融交易的需要,各种外币存款不仅转存于货币发行国(如英镑资金存放在英国),也在各国商业银行之间相互转存。例如在我国开立了美元、英镑、欧元、日元、加拿大元、澳大利亚元、瑞士法郎和新加坡元的活期和定期存款账户。

外币存款有银行同业存款、国际金融机构存款、官方机构存款、企业存款和私人存款等。

3. 外币有价证券

外币有价证券是指以可自由兑换货币表示的用以表明财产所有权或债权的凭证,包括国际股票、国际债券、大额可转让存款单等。

股票是指股份有限公司签发的证明股东所持股份的一种资产凭证。国际股票是在国际股票市场上发行的有价证券。它没有期限,投资者在需要资金时,可在股票市场上出售转让以收回投资。

国际债券是一国借款人在国际证券市场上,依照法定程序向外国投资者发行的以外国货币为面值并约定在一定期限还本付息的有价证券。国际债券一般可以分为外国债券和欧洲债券两种。外国债券是指某一国借款人在本国以外某一国家发行的以发行国货币为面值的债券;欧洲债券是指借款人在本国境外市场发行的不以发行市场所在国的货币为面值的国际债券。

大额可转让存款单是指可在票据市场上流通转让的定期存款凭证。这种存款单面额较大,如美元可转让存款单通常有5万、10万、50万、100万美元等各种不同面额。

4. 其他外汇资产

其他外汇资产，如在国际货币基金组织的储备头寸和特别提款权等。

国际货币基金组织的储备头寸是指在国际货币基金组织普通账户中会员国可自由提取使用的资产。

特别提款权（SDRs）是国际货币基金组织（IMF）于1969年9月创设的一种新的国际储备资产。它是由IMF按照成员国缴纳的基金份额分配给成员国的一种使用资金的权利。它是一种记账货币单位，是一种无形货币，是IMF会员国的账面资产。特别提款权用于充当储备资产，清偿与IMF之间的债务、缴纳份额，向IMF捐款或贷款，但不能直接用于国际结算。

随着信用制度的发展，外汇形态的外延将不断扩大。

（四）货币的标准代码

为了能够准确而简易地表示各国货币的名称，便于开展国际的贸易、金融业务和计算机数据通信，1973年国际标准化组织（简称ISO）制定了货币的标准代码，即国际标准ISO—4217三字符货币代码。

这套代码的前两个字符代表该种货币所属的国家和地区，它采用的是早已被国际社会承认和接受的ISO—3166《国家名称代码》，在此基础上，再加一个字符表示货币单位，如美国为US，美国货币单位D（Dollar的第一个字母），两者组成美元的通用代码USD；英国为GB，英国货币单位P（Pound Sterling的第一个字母），两者组成英镑的通用代码GBP；中国为CN，中国货币单位Y（Yuan），两者组成人民币的通用代码CNY。

这套代码没有采用传统的特殊字符，如 $ 、£、￥，避免了许多计算机输出、输入装置缺少这些特殊字符所造成的麻烦，从而为计算机的数据处理和通信创造了有利条件，也为国际结算业务经办人员迅速识别和记忆货币创造了条件。特别是被SWIFT等国际性、区域性计算机通信网络和数据处理系统、货币清算系统采用后，这套货币代码更加国际化。这套货币代码不仅在计算机上使用，还在合同文本、信用证、各类授权书、代理行协议、有价证券、财务凭证、各类单据和财务报表上使用。我国的商业银行也都在使用货币的国际标准代码（如表1-2所示）。

表1-2　常用国家和地区的货币名称与国际标准符号一览表

货币名称	英文及旧符号	ISO货币符号	辅币及进位	钞票面额（主币）
人民币元	Yuan, ￥	CNY	1元= 10角=100分	1, 2, 5, 10, 20, 50, 100
日元	Yen, Yen	JPY	1日元=100钱 （Sen）	500, 1 000, 5 000, 10 000
港元	Dollar, HK $	HKD	1元=100分 （Cent）	10, 50, 100, 500, 1 000
新加坡元	Dollar, S $	SGD	1元=100分	1, 5, 10, 50, 100, 1 000, 10 000

续表

货币名称	英文及旧符号	ISO 货币符号	辅币及进位	钞票面额（主币）
韩元	Won, W	KRW	1元=100钱（Jeon）	500, 1 000, 5 000, 10 000
印尼盾（卢比）	Rupiah, Rp	IDR	1盾=100仙（Sen）	1, 5, 10, 25, 50, 100, 500, 1 000, 5 000, 10 000
马来西亚林吉特	Malaysia Dollar, M＄, Mal＄	MYR	1林吉特=100分（Cent）	1, 5, 10, 20, 100, 500, 1 000
菲律宾比索	Peso, P	PHP	1比索=100分	2, 5, 10, 20, 50, 100, 500
泰铢	Thai, Baht, B	THB	1铢=100萨当（Satang）	1, 5, 10, 20, 100, 500
印度卢比	Rupee Rs/Re	INR	1卢比=100派士（Paise）	1, 2, 5, 10, 20, 50, 100
越南盾	Dong, D	VND	1盾=10角（Hao）=100分（Xu）	1, 2, 5, 10
欧元	Euro ¢	EUR	1欧元=100分	5, 10, 20, 50, 100, 200, 500
英镑	Pound Sterling, £, £ stg	GBP	1英镑=100新便士（New Pence）	1, 5, 10, 20, 50
瑞典克朗	Swedish Krona/Kronor, SKr	SEK	1克朗=100欧尔	5, 10, 50, 100, 1 000, 10 000
瑞士法郎	Swiss France SF	CHF	1法郎=100生丁（Centime）	10, 20, 50, 100, 500, 1 000
加拿大元	Canadian Dollar, Can＄	CAD	1元=100分	1, 2, 5, 10, 20, 50, 100
美元	United States Dollar, US＄	USD	1美元=100分	1, 2, 5, 10, 20, 50, 100
墨西哥比索	Mexican Peso, MEX	MXP	1比索=100分	1, 5, 10, 20, 50, 100, 500, 1 000, 2 000

续表

货币名称	英文及旧符号	ISO 货币符号	辅币及进位	钞票面额（主币）
古巴比索	Cuban Peso，Cub $	CUP	1 比索=100 分	1，5，10，20，50，100
埃及镑	Egyptian Pound，LE	EGP	1 镑=1 000 皮阿斯特（Piastres）	1/4，1/2，1，5，10，20
澳大利亚元	Australian Dollars，$ A	AUD	1 澳元=100 分	1，2，5，10，20，50，100
新西兰元	New Zealand Dollar，$ NZ	NZD	1 新西兰元=100 分	1，2，5，10，20，50，100

资料来源：各国货币手册，世界各国货币手册（中国金融出版社，国际金融研究所 1990、1996 版）。

（五）外汇的种类

外汇的种类可以从不同角度、以不同标准或根据不同的研究目的来划分。

1. 从能否自由兑换的角度，外汇可分为自由外汇和记账外汇

（1）自由外汇（Free Foreign Exchange），亦称现汇，是指那些可以在国际金融市场上自由买卖、在国际支付中广泛使用并可以无限制地兑换成其他国家货币的外汇，如美元（USD）、英镑（GBP）、日元（JPY）、港元（HKD）等货币。持有这种外汇，既可以互相自由兑换，也可以向第三国进行支付，而且被世界各国普遍接受。

（2）记账外汇（Foreign Exchange Account），亦称双边外汇或协定外汇，是指用于贸易协定或支付协定项下双边清算所使用的外汇。一般是在两国签订协议后，在双方中央银行或指定银行设立双边清算账户，以协定中规定的货币作为记账货币，两国之间发生的外汇收支均以记账货币为单位记入对应的清算账户。最后，以相互抵消的方式清算在协定范围内所发生的债权、债务。记账外汇所使用的货币既可以是协定国任何一方的货币，也可以是第三国货币。但它不能自由兑换成其他国家货币，也不能对第三国进行支付，只能在协定国之间使用。

2. 按外汇买卖的交割期限，外汇可以分为即期外汇和远期外汇

（1）即期外汇（Spot Exchange），即现汇，是指在国际贸易或外汇买卖成交后两个营业日内办理交割的外汇。

（2）远期外汇（Forward Exchange），即期汇，是指买卖双方按商定的汇率订立合约，在约定日期办理交割的外汇。一般期限为 3~6 个月，其中 3 个月期限较为普遍。交割是指买卖双方履行交易合约、款货授受、进行实际收付的行为。

3. 根据其来源和用途，外汇可以分为贸易外汇和非贸易外汇

（1）贸易外汇（Foreign Exchange of Trade），是指商品进出口，即有形贸易收支所使用的外汇。

（2）非贸易外汇（Foreign Exchange of Invisible Trade），是指劳务进出口，即无形贸易收支及单方面转移收支等方面所使用的外汇。

4. 按外币形态，外汇可以分为外币现钞和外币现汇

（1）外币现钞是指外国钞票、铸币。现钞主要从国外携入，属于广义外汇。

（2）外币现汇的实体是在货币发行国本土银行的存款账户中的自由外汇。现汇是由境外携入或寄入的外汇票据，经本国银行托收后存入，为狭义外汇。

除以上常见划分外，外汇还有许多种分类，如官方外汇、私人外汇、黑市外汇、劳务外汇、旅游外汇、留成外汇等。

（六）外汇的作用

外汇是随着国际经济交往的发展而产生的，反过来，它又推动了国际经贸关系的进一步发展，在国际政治、文化、科技交往中起着重要的纽带作用。

1. 充当国际结算的支付手段，促进国际经贸关系的发展

外汇是清偿国际债权、债务的重要信用工具。利用国际信用工具，通过在有关银行账户上的转账或冲抵的方法来办理国际支付，不但节省运送现金的费用，避免运输途中的各种风险，缩短支付时间，加速资金周转。更重要的是，运用这种信用工具，使国际贸易中进出口商之间的信用授受成为可能，如延期付款，从而扩大商品流通的范围与速度，促进国际经济合作，扩大资金融通的范围，促进了国际经贸关系发展。

2. 能调节国际资金的余缺，促进国际资本的流动

由于世界经济发展不平衡，各国资金的余缺程度不同，客观上需要在世界范围内进行资金的调剂。不同国家的资金调剂，不能像一国范围内资金余缺部门那样可直接进行。外汇的可兑换性，使各国余缺资金的调剂成为可能，从而推动了国际信贷和国际投资活动，使资金的供求在世界范围内得到调节，对于国际金融市场的繁荣以及世界经济的快速发展起到了巨大的推动作用。如20世纪70年代两次"石油美元"的回流就是典型的例子。

3. 是一国国际储备的重要组成部分

国际储备是指一国货币当局所持有的、能随时用来支付国际收支差额、干预外汇市场、维持本币汇率稳定的流动性资产。国际储备由货币性黄金、外汇储备、在国际货币基金组织的头寸以及特别提款权构成。其中，外汇储备是当今国际储备的主体，其所占比重最高、使用频率最高。外汇储备的主要形式是国外银行存款与外国政府债券，能充当储备货币的是那些可自由兑换的被各国普遍接受的价值相对稳定的货币。

二、汇率

汇率是进行外汇买卖、实现货币相互转换的基础和依据。国际贸易及国际债权债务清偿、资本国际转移等活动，都要求将一国货币兑换或换算成另一国货币。但是由于各国货币的名称和定值标准不同，一国货币究竟可以折合为多少他国货币，就需要有一个兑换率，于是就产生了汇率。

（一）汇率的含义

外汇作为一种资产，它可以和其他商品一样进行买卖。商品买卖中是用货币购买商品，而货币买卖是用货币购买货币。汇率（Foreign Exchange Rate）又称汇价，即两国货币的比率或比价，也即以一国货币表示的另一国货币的价格。例如，USD1=CNY6.46，即以人民币表示美元的价格，说明了人民币与美元的比率或比价。外汇是实现两国之间的商品交换和债务清偿的工具；汇率是买卖外汇的价格。

在不同的环境下，汇率有不同的称谓。直观上看，汇率是一国货币折算成另一国货币的比率，因此汇率又可称为"兑换率"；从外汇交易的角度来看，汇率是一种资产价格，即外汇价格。外汇作为一种特殊的商品，可以在外汇市场上买卖，这就是外汇交易，进行外汇交易的外汇必须有价格，即"汇价"。外汇市场上的供求经常变化，汇价也经常发生波动，因此汇率又称为"外汇行市"；在一些国家，如我国，本币兑换外币的汇率通常在银行挂牌对外公布，这时，汇率又称为"外汇牌价"。

（二）汇率的标价方法

国际市场普遍采取基准货币/报价货币的报价方法。基准货币即一定单位的货币，例如1美元或100美元；报价货币即用来表示价格的货币。例如，GBP/USD，在此USD（美元）是报价货币。

在国际外汇市场上，通常汇率采用双向报价方式，即报价者（Quoting Party）同时报出买入汇率（Bid Rate）及卖出汇率（Offer Rate）。并且从排列顺序上看，汇率小的排在前面，大的排在后面。例如，英镑/美元为1.402 9/33，第一个数字（1.402 9）表示报价者愿意买入被报价币的价格，这就是所谓的买入汇率；第二个数字（1.403 3）表示报价者愿意卖出被报价币的价格，这就是卖出汇率。实际的外汇交易中通常只会报出29/33，一旦成交后，再确认全部的汇率是1.402 9。

依外汇市场上的惯例，汇率的价格共有5个位数（含小数位数），如USD/CHY6.465 2、GBP/USD1.403 6或USD/JPY105.48。其中，汇率价格的最后一位数称为基本点（Point），也有人称之为pips或ticks，这是汇率变动的最小基本单位。如，1欧元=1.215 2美元；1美元=105.58日元；欧元兑美元从1.215 2变为1.215 7，称欧元兑美元上升了5点；美元兑日元从105.58变为105.08，称美元兑日元下跌了50点。而外汇交易员在报价时，未曾报出的数字（例GBP/USD1.403 6中的1.40），我们称之为大数（Big Figure）。交易员未报出的原因是：在短短数秒的询价、报价及成交的过程中，汇率通常不会如此快速的变动，于是大数便可省略不说。

折算两个国家的货币，先要确定用哪个国家的货币作为基准。由于确定的基准不同，就存在着外汇汇率的两种标价方法：直接标价法和间接标价法。此外，根据外汇市场惯例，还有美元标价法和非美元标价法。

1. 直接标价法

直接标价法（Direct Quotation），是以一定单位（1个或100个、10 000个等）外币作标准，折合为若干数量本币的方法。也就是说，在直接标价法下，是以本币表示外币的价格。即我们将外币作为商品，计算购买一定单位外币时应支付的本币数额，故又将其称为应付标价法。目前世界上除英国、美国之外，绝大多数国家都采用直接标价法。我国也采用此法，例如，2020年3月13日中国人民银行公布人民币兑主要外币的汇率如下：

USD1 = CNY7.003 3

EUR1 = CNY7.822 6

JPY100 = CNY6.680 0

HKD1 = CNY0.900 23

在直接标价法下，外币数额固定不变，而本币的数额则随着外币币值与本币币值对比的变化而变化。如果一定单位的外币折合本币数额增加，即外币升值，本币贬值；反之，如果一定单位的外币折合本币数额减少，即外币贬值，本币升值。

2. 间接标价法

间接标价法（Indirect Quotation），是以一定单位（1 个或 100 个、10 000 个等）本币作标准，折合为若干数量外币的方法。也就是说，在间接标价法下，以外币表示本币的价格。即我们将本国货币作为商品，计算购买一定单位本币时应收取的外国货币数额，故又称为应收标价法。

例如，2021 年 2 月 22 日，伦敦外汇市场公布 1 英镑 = 1.403 4 美元，这就是间接标价法。在间接标价法下，本币数额固定不变，而外币的数额则随着本币与外币币值对比的变化而变化。如果一定单位本币折合外币的数额增加，即本币升值，外币贬值；反之，一定单位本币折合外币的数额减少，则本币贬值，外币升值。

最早实行间接标价法的国家是英国及其原殖民地国家，第二次世界大战之后，由于美国经济实力迅速扩大，美元逐渐成为国际结算、国际储备的主要货币。为了便于计价结算，从 1978 年 9 月 11 日开始，纽约外汇市场也改用间接标价法，即以美元为标准公布美元与其他货币之间的汇率，但是兑英镑仍沿用直接标价法。目前世界上只有英国、美国、澳大利亚、新西兰、欧元区国家等少数国家采用此方法。

3. 美元标价法与非美元标价法

在外汇交易中如果涉及的两种货币都是外币，则很难用直接标价法或间接标价法来判断。因此，传统的直接和间接标价法已很难适应全球化的外汇交易的发展，国际外汇市场上逐步形成了以美元为基准货币进行标价的市场惯例，即划分为美元标价法和非美元标价法。

在美元标价法下，美元作为基准货币，其他货币是标价货币。

在非美元标价法下，非美元货币作为基准货币，美元是标价货币。

如瑞士某外汇银行挂出自己的外汇牌价为 1 美元 = 105.38 日元，对瑞士银行来说，上述标价既不是直接标价也不是间接标价，而是美元标价。

世界各金融中心的国际银行所公布的外汇牌价，都是美元兑其他主要货币的汇率。例如，从瑞士苏黎世向德国银行询问欧元的汇率，法兰克福地区经营外汇的银行的报价不是直接报瑞士法郎兑欧元的汇率，而是报美元兑欧元的汇率。在国际外汇市场上，除英镑、澳大利亚元、新西兰元、欧元、南非兰特等几种货币仍沿袭习惯上的非美元标价法以外，其余大多数货币均采用美元标价法。这一惯例已被世界市场参与者接受。在统一外汇市场惯例标价法下，市场参与者不必区分直接标价法还是间接标价法，都按市场惯例进行标价和交易。货币升值或贬值可以通过汇率数额的变化直接反映出来。

综上所述，在谈到外汇汇率上涨或下跌时，首先要明确其标价方法，然后才能正确理解其含义。

（三）汇率的种类

汇率可以按照不同标准，从不同角度、根据不同需要划分为各种不同的种类。

1. 按银行业务操作情况来划分，外汇汇率可以分为买入价、卖出价、中间价和现钞价

买入价和卖出价是在银行与非银行客户交易时所使用的汇率，也叫商业汇率。其买入和卖出是站在银行角度而言的。买入价（Buying Rate or Bid Rate），即买入汇率，是银行买入外汇时所使用的汇率。卖出价（Selling Rate or Offer Rate），即卖出汇率，是银行卖出外汇时所使用的汇率。针对不同的汇率标价方法，买入汇率和卖出汇率的位置是不一样的。

在直接标价法下，一般买入价在前，卖出价在后，例如：

在我国外汇市场上，某日汇率为 USD1 = CNY6.233 5——6.258 5

　　　　　　　　　　　　　　　　　　　　　|　　　　|
　　　　　　　　　　　　　　　　　　美元买入价　美元卖出价

上式表示银行买入 1 美元付出 6.233 5 元人民币，而卖出 1 美元收入 6.258 5 元人民币。

在间接标价法下，一般卖出汇率在前，而买入汇率在后，例如：

在美国外汇市场上，某日汇率为：USD1 = CHF1.274 3——1.275 3

　　　　　　　　　　　　　　　　　　　　　　|　　　　|
　　　　　　　　　　　　　　　　　瑞士法郎卖出价　瑞士法郎买入价

上式表示银行买入 1.275 3 瑞士法郎付出 1 美元，而卖出 1.274 3 瑞士法郎收入 1 美元。

无论是在直接标价法下还是在间接标价法下，卖出价都要高于买入价。

中间价，即中间汇率（Middle Rate），或挂牌价格，往往是官方汇率。它是外汇买入价和卖出价的平均数，只是一个外汇行情的显示，也叫银行间汇率，一般不能用做实际的交易。

了解银行的买入价和卖出价应注意以下三点：

（1）买入价和卖出价都是从银行的角度来说的，如果从客户的角度来说，恰恰相反。也即客户卖出外汇适用的是买入价，客户买进外汇适用的是卖出价。二者之间有个差价，这个差价是银行买卖外汇的正常收益，也代表银行承担风险的报酬，一般为 1‰～5‰。交易频繁的欧元、日元、英镑、瑞士法郎等，买卖差价相对小，而交易清淡的币种差价就比较大。外汇市场发生重大事件时，外汇汇率波动剧烈，价差加大，银行为防范风险也将适当调整外汇买卖价差。

（2）买卖的对象是外汇，买卖的价格是买卖外汇的价格，如果从买卖本币的角度来说，买卖价格也恰恰相反。

（3）若无法判断是直接标价法还是间接标价法，区分买入价和卖出价的标准通常是：看买卖的是基准货币还是标价币。若买卖的是基准货币，则视作直接标价法，前面小的汇率是买入汇率；如买卖的是标价币，则视作间接标价法，后面大的汇率是买入汇率。或者也可把买价格理解为银行买入或卖出基准货币的价格。

以上所讲的买入价和卖出价是采用电汇方式时的价格，是现汇价格。银行在向客户买卖现钞时则要用现钞价，即现钞汇率。现钞价也有现钞买入价和现钞卖出价之分。外币现钞不能直接用于大宗国际贸易支付，而只能运回其母国才能正常使用，因此可能会发生运费、保险费等费用。所以，外币现钞的买入价要比外汇买入汇率低，是从外汇买入价中扣除掉将其运往其母国的运费和保险费以后的价格，但现钞卖出价与外汇卖出价相同。

2. 按照交割期限来划分，外汇汇率可以分为即期汇率和远期汇率

（1）即期汇率，即现汇汇率（Spot Rate），是外汇买卖成交后在两个营业日内进行交割时所使用的汇率。一般即期外汇交易都是通过电话、电报、电传方式进行，因此，即期汇率就是电汇汇率；同时，也是外汇市场上的基本汇率。

（2）远期汇率，也称期汇汇率（Forward Rate），是外汇买卖成交后，按照约定在某一到期日进行交割时所使用的汇率。远期汇率常以对即期汇率的升水或贴水来报价。

在任何一个交易日的某个时刻，两种特定外汇之间兑换适用的即期汇率只有一个，远期汇率则因不同的交割期限而有不同，如表 1-3 和表 1-4 所示。

表 1-3 中国工商银行人民币即期外汇牌价

日期：2020 年 3 月 16 日星期一　　　　　　　　　　　　　　　　　　单位：人民币/100 外币

币种	汇买、汇卖中间价	现汇买入价	现钞买入价	卖出价
美元（USD）	827.67	826.43	821.46	828.91
港币（HKD）	106.91	106.75	106.11	107.07

表 1-4 中国银行人民币远期外汇牌价

日期：2020 年 1 月 12 日　　　　　　　　　　　　　　　　　　　　单位：人民币/100 美元

货币名称	货币代码	交易期限	买入价	卖出价
美元	USD	一周	693.711	703.015
美元	USD	一个月	694.065	702.340 8
美元	USD	三个月	695.36	704.064 05
美元	USD	六个月	697.56	706.473 85
美元	USD	九个月	699.71	709.377 35
美元	USD	一年	702.21	712.044 55

3. 根据外汇交易的结算方式，外汇汇率可以分为电汇汇率、信汇汇率和票汇汇率

（1）电汇汇率（Telegraphic Transfer Rate，T/T Rate）是以电信方式进行外汇交易时使用的汇率，即以电信方式通知付款时所使用的汇率。在国际支付中，大额的资金调拨一般都采用电汇。由于电汇付款时间快，一般可以当天到达，付款时间短，从而可避免汇率波动风险；同时，还由于银行无法占用客户的资金头寸，并且国际电报、电传费用也比较高，使得电汇汇率较信汇汇率、票汇汇率高。电汇汇率在外汇交易中占有较大的比重，因此电汇汇率成为外汇市场上的基础汇率，成为计算匡定其他汇率的基础。

（2）信汇汇率（Mail Transfer Rate，M/T Rate）是以信函方式进行外汇交易时使用的汇率，即以信函方式通知付款时所使用的汇率。由于以信函方式收付外汇的时间远比电汇慢，所以信汇汇率一般比电汇汇率低。

（3）票汇汇率（Demand Draft Rate，D/D Rate）是以汇票、支票或其他票据作为支付方式进行外汇买卖时所使用的汇率，也可分为即期和远期两种。即期票汇是现汇汇票，为见票即付汇票；远期票汇是期汇汇票，即在约定的到期日付款的汇票。即期票汇汇率是银行买卖即期票汇时使用的汇率；远期票汇汇率是银行买卖远期票汇时使用的汇率。由于以票汇方式收付外汇的时间也比电汇慢，所以票汇汇率一般也比电汇汇率低。

4. 按换算标准划分，外汇汇率可分为基础汇率和套算汇率

（1）基础汇率（Basic Rate）是指一国货币同关键货币的比价，如美元兑其他国家货币的汇率。

（2）套算汇率（Cross Rate），又称交叉汇率，指两国货币通过各自兑第三国货币的汇率套算出的汇率。

美元是国际支付中使用较多的货币，各国一般都把美元当做制定汇率的关键货币，因此把兑美元的汇率作为基础汇率。我国也采用人民币兑美元的汇率作为参考汇率，据此套算出人民币同其他货币间的汇率。

5. 按交易对象划分，外汇汇率可分为银行间汇率和商业汇率

（1）银行间汇率是指银行与银行外汇交易中所使用的汇率，即中间汇率。

（2）商业汇率是指银行与商业企业或个人买卖外汇的汇率，即买入汇率和卖出汇率。

6. 按营业时间划分，外汇汇率可分为开盘汇率和收盘汇率

（1）开盘汇率（Opening Rate）是银行在营业日开始营业时，首笔外汇买卖报出的第一个外汇牌价。

（2）收盘汇率（Closing Rate）是银行在营业日结束营业前，报出的最后一个外汇牌价。这种划分一般是在浮动汇率条件下使用。

7. 按照汇率制度来划分，外汇汇率可分为固定汇率和浮动汇率

（1）固定汇率（Fixed Rate），即固定比价，是指两国货币比价基本固定，其波动范围被限制在一定幅度内。所谓固定比价，并不是一成不变的，而是一般不做大的变动，小变动则被限制在一定幅度内。

（2）浮动汇率（Floating Rate），即可变汇率，指可以由货币行政当局自主调节或由外汇供求关系自发影响其涨落的汇率。其浮动的类型还可进行进一步划分：按政府是否干预，可分为自由浮动与管理浮动；按照浮动的形式，可分为单独浮动与联合浮动，等等。

8. 按管理程度划分，外汇汇率可分为官方汇率和市场汇率

（1）官方汇率（Official Rate）是指由国家外汇管理当局确定公布的汇率。

（2）市场汇率（Market Rate）是由外汇市场供求关系状况决定的汇率。

官方汇率又可进一步分为单一汇率和多重汇率。单一汇率为无国别、无货物来源等差别的汇率，是国际货币基金组织要求会员国使用的汇率。多重汇率即对不同国别、不同货物来源分别规定差别汇率，是外汇管制的一种方法。

9. 按外汇资金性质和用途划分，外汇汇率可分为贸易汇率和金融汇率

（1）贸易汇率（Commercial Rate）是指用于进出口贸易及其从属费用方面的汇率。官方制定这种汇率的目的，主要是限制进口、促进出口，改善本国贸易状况。

（2）金融汇率（Financial Rate）主要是指资金转移和旅游支付等方面的汇率。官方制定这种汇率的目的一般是为了增加非贸易外汇收入以及限制资本流动。

10. 按外汇收付的来源与用途不同划分，外汇汇率可分为单一汇率和多种汇率

（1）单一汇率（Single Rate）是指一国对外仅有一个汇率，各种不同来源与用途的收付均按此计算。

（2）多种汇率（Multiple Rate）又称复汇率，它是指一国货币兑某一外国货币的汇价因用途及交易种类的不同而规定有两种以上的汇率。

第二节　汇率与经济

分析研究决定和影响汇率变动的因素，是制定对外经济政策的依据和基础，是一国宏观经济管理，尤其是对外经济关系调控的一个重要组成部分。

一、汇率的决定基础

汇率是两种货币之间的相对价格或兑换比率，所以各国货币所具有或代表的价值是汇率决定的基础。但由于在不同货币制度下，货币发行基础、货币种类和形态各异，所以决定汇率的基础也各不相同。

（一）金本位制下决定汇率的基础

金本位制是指一国以法律规定一定成色及重量的黄金作为本位货币而进行流通的货币制度。它包括金币本位制、金块本位制和金汇兑本位制。金币本位制是典型的金本位制，而后两者是削弱了的没有金币流通的金本位制。

在金本位制度下，各国规定了本国金币的黄金重量与成色，即含金量。汇率就是两国货币以其内在的含金量为基础而确定的交换比例。两种货币的含金量对比叫做铸币平价，它是决定两种货币汇率的基础。即

$$铸币平价 = A\ 国货币单位含金量 \div B\ 国货币单位含金量$$

铸币平价一般不会轻易变动，但实际汇率却时有涨落。受外汇市场上供求关系的影响，外汇的实际汇率经常围绕两国货币的铸币平价上下波动。但其波动幅度自发地受到黄金输送点的限制。黄金输送点即黄金输出点与黄金输入点的总称，是金本位制条件下由汇率波动引起黄金输出和输入的界限，所以黄金输送点是金本位制条件下汇率上下波动幅度的界限。

$$黄金输出点 = 铸币平价 + 运费$$
$$黄金输入点 = 铸币平价 - 运费$$

之所以会形成黄金输送点，这是由于在金本位制度下，国际结算可以采用两种方法：一种是非现金结算，即用汇票作为支付手段；另一种是现金结算，这两种方法可供自由选择。

从债务人或进口商的角度看，如果汇率上涨到黄金输出点以上，则意味着用汇票形式清偿债务或支付货款不如直接用黄金形式进行清偿和支付更划算，所以债务人或进口商就不去购买汇票，而是以直接向对方运送黄金的方式来清偿或支付。由此，发生黄金输出及汇票由于需求减少而价格回落的情况。

从债权人或出口商的角度看，如果汇率下跌到黄金输入点以下，则意味着用汇票形式收回债权或得到货款不如直接用黄金形式进行清算或结算收益更大，所以债权人或出口商不收汇票，而是要求对方直接以支付黄金的方式来清算或结算，收取黄金后自行运回国内。由此，发生黄金输入及汇票由于供给减少而价格上升的情况。

因此，汇率的变动以黄金输送点为上下限，在黄金输出点和黄金输入点的范围内上下波动。一旦越过此范围，就会引起黄金的输出或输入，从而使汇率又回到以黄金输送点为界限的范围之内。所以在金本位制度下，汇率的波动幅度是相当有限的，汇率比较稳定。

在金块、金汇兑本位制度下，黄金极少充当流通手段和支付手段的职能，其输入/输出受到极大限制，汇率的波动幅度已不再受制于黄金输送点，因为黄金输送点实际已不复存在，与金币本位制相比，金块、金汇兑本位制的汇率失去了稳定的条件。

（二）纸币流通条件下决定汇率的基础

纸币是价值符号，可以代表金属货币执行流通手段的职能。在纸币流通条件下，汇率实质上是两国纸币以各自所代表的价值量为基础而形成的交换比例。所以在纸币流通条件下，

纸币所代表的实际价值是决定汇率的基础。

纸币所代表的价值，在历史的发展演变过程中曾经有两种含义。

第一种含义是指纸币所代表的金平价，即国家法令所规定的纸币的含金量。在纸币发行以金准备为限的纸币流通条件下，金平价说明了每单位纸币所代表的含金量。所以，两国纸币的金平价是决定两国汇率的基础。

但是，纸币发行是由政府控制的。第一次世界大战前后，参战各国滥发纸币，纸币发行越来越超过黄金准备的限制，使纸币贬值。通货膨胀不断成为经常现象，导致纸币不能兑换黄金。金平价逐渐与其名义上所代表的黄金量完全背离，纸币日益脱离了与黄金的联系。因此，汇率便无法以纸币名义上的金平价为基础来决定，而只能以纸币所代表的实际价值量为依据。

第二种含义是指纸币的购买力，即每单位纸币能购买到的商品量。按照马克思的劳动价值论和货币理论，决定两国汇率的是两国纸币的购买力。

在1973年后的黄金非货币化的影响下，黄金逐渐完全脱离了与货币的联系，不再作为各国货币的定值标准，各国也不再规定货币的含金量。而纸币发行也演变为纯粹的不兑现的信用货币发行。在这样的纸币流通制度下，纸币所代表的实际价值就是纸币的购买力。

在纸币流通条件下，汇率的变动主要受外汇供求关系的影响。而这种情况在历史上可以分为两个时期：在布雷顿森林体系时期，西方各国用法律规定纸币的含金量，并人为规定了汇率的波动幅度，把汇率的变动限制在一定的范围之内；而在牙买加协议基础上的现行国际金融体系时期，黄金已经非货币化，纸币的金平价也已被废止，汇率则基本摆脱了自发的及人为的限制，主要受外汇供求关系的影响，波动频繁，幅度很大，影响外汇供求关系的因素也更加复杂化。

二、影响汇率变化的因素

汇率受到来自国内和国际因素的影响，同时除了受到经济因素影响之外，还往往受政治、社会、心理因素及其他因素的影响。各因素都是通过影响外汇的供求关系而导致汇率变动的，它们之间在相互联系的同时也相互制约，并且其作用的强弱也经常发生变化，因此汇率的变动常常变幻不定，很难准确预测。

（一）国际收支状况

在不同的汇率制度下，国际收支对汇率有不同的影响。

在浮动汇率制下，汇率受市场自发作用的调节，因此国际收支状况是决定汇率趋势的主导因素。一般情况下，国际收支逆差表明外汇供不应求，对外币的过度需求将引起本币贬值，外币升值，即外汇汇率上涨，本币汇率下跌；反之，一国国际收支顺差则引起外汇汇率下跌，本币汇率上涨。而且一般来说，国际收支变动决定汇率的中长期走势。

在固定汇率制下，汇率是由官方人为控制的，因此国际收支状况不会直接导致汇率变动，但它会带来汇率变动的压力。例如，长期、大量的国际收支逆差往往是本币法定贬值的先导，政府往往迫于市场作用的压力而改变汇率。

（二）通货膨胀率的高低

通货膨胀（Inflation）的高低是影响汇率变动的基础，且其影响是长期性的。如果一国货币发行量过多，流通中的货币量超过了商品流通过程中的实际需求，就会造成通货膨胀，物价上涨，导致本国出口商品和劳务在世界市场上的价格竞争能力降低，从而使出口需求减少。与此同时，国内通货膨胀、物价上涨还会导致进口价格相对降低而刺激进口需求增加，从而使国际收支产生逆差。而一国国际收支逆差则导致其外汇供不应求，引起本币贬值和外汇汇率上升。

通货膨胀使一国货币的国内购买力下降，即对内贬值，这会降低该货币在国际上的信誉，必然引起对外贬值，汇率下跌。

（三）利率差异

利率对汇率变动的影响一般是短期性的，但表现较为剧烈，尤其是在浮动汇率制条件下。

利率影响汇率变动，主要通过不同国家的利率差异引起资金特别是短期资金的流动而发挥作用。开放经济条件下，一般来说，如果两国利率差异大于两国远期、即期汇率差异，资金便会由利率低的国家流向利率高的国家。而资本的流入、流出则会引起外汇市场的供求关系发生变化，从而对汇率变动产生影响。其具体的作用过程表现为：

利率高→资本流入→国际收支顺差→外汇供大于求→外汇汇率下跌、本币升值

利率低→资本流出→国际收支逆差→外汇供不应求→外汇汇率上涨、本币贬值

这一作用过程如图1-2所示。

图1-2 利率通过资本流动影响汇率变动

利率对汇率变动的影响，还通过对国际收支经常项目的影响而发挥其作用。利率可以通过与国内货币供给政策的联系而影响物价水平。一般情况下，提高本币利率往往伴随着国内货币供给减少及信用紧缩政策，以至于引起物价下跌，从而影响进出口和国际收支乃至汇率。其具体作用过程表现为：

利率提高→伴随着国内货币供给减少和信用紧缩→物价下跌→有利于出口，不利于进口→国际收支顺差→本币升值

利率降低→伴随着国内货币供给增加和信用扩张→物价上涨→不利于出口，有利于进口→国际收支逆差→本币贬值

这一作用过程如图1-3所示。

图1-3 利率通过进出口影响汇率变动

（四）经济增长率

一国经济增长率的高低对汇率变动的影响较为复杂。

当一国处于经济高速增长的初期，该国居民对外汇的需求往往超过供给，本国货币汇率会出现一段下跌过程。这主要是由于发展中国家经济增长率的提高会引起国内需求水平的提高，而它们又往往依赖于增加进口以弥补国内供给的不足，从而导致其出口增长慢于进口增长，使其国际收支出现逆差，造成本币汇率下跌。其过程如图 1-4 所示。

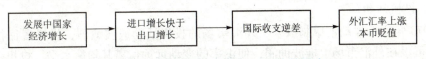

图 1-4　发展中国家经济增长对汇率的影响

但随着经济的继续高速增长，劳动生产率不断提高，该国产品的竞争力也随之提高，从而改善贸易收支。此外，经济的高速增长会给国际投资者带来较高的投资回报，从而吸引外资流入，改善本国的资本与金融项目收支状况。所以，一般来说，在经济高速增长的初期，一国的本币将贬值，但如果能保持稳定的经济增长，则其货币将稳步升值。

对出口导向型国家而言，则与上述情况相反。出口导向型国家的经济增长主要表现为出口的增长，因而导致其国际收支出现顺差，以至于影响汇率。其过程如图 1-5 所示。

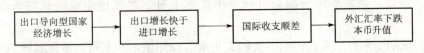

图 1-5　出口导向型国家经济增长对汇率的影响

（五）财政收支状况

一国财政收支状况对汇率变动的影响较为复杂。一般说来，庞大的财政赤字说明财政支出过度，因而会引发通货膨胀，导致国际收支经常项目恶化，使一国货币汇率下降。但这种情况是否会发生，主要取决于弥补财政赤字的方法。

在市场经济条件下，如果采用财政性发行方法来弥补财政赤字，就会导致国内出现通货膨胀和物价上涨，利率下降，不仅不利于本国出口，而且还导致资本流出，从而使国际收支恶化，本币汇率下降。

如果通过紧缩银根、提高利率的举措来弥补财政赤字，则会导致物价下跌，有利于本国出口，吸引外资流入，从而改善国际收支，使本币升值。

（六）各国政府的经济政策及其对市场的干预

政府机构是外汇市场的交易主体之一，故政府可直接通过外汇买卖来影响汇率。但是，政府出售外汇的努力取决于其持有的外汇储备的规模，其购买外汇的行为也要受到外汇储备机会成本的影响。

在中央银行参与外汇市场交易不足以实现政府的汇率政策目标时，政府可借助外汇管制来限制外汇供求关系，以使汇率变动在政府可以接受的范围之内。

政府其他经济政策也会对汇率产生间接影响。例如，扩张性财政政策会通过刺激增长，引起进口增加，带来本币对外贬值压力。紧缩性货币政策会通过抑制通货膨胀和利率上升，引起贸易顺差和资本流入，最终导致本币对外升值。

政府的贸易政策既可能刺激出口，如出口退税，又可以限制进口，如非关税壁垒，对汇率也有较长期的影响。

政府还可以与他国政府进行政策协调，共同采取干预汇率的措施。

在现实生活中，政策因素往往通过改变市场心理预期而影响汇率。政府是外汇市场上最有实力的交易者，因此政府的意图具有特别强的影响力。在很多情况下，领导人发布公开讲话之后，无须政府采取实际干预行为，市场汇率的变化已经能够达到政府期待的目标值。

（七）投机活动

自1973年实行浮动汇率制以来，外汇市场的投机活动愈演愈烈，投机者往往拥有雄厚的实力，可以在外汇市场上推波助澜，使汇率的变动远远偏离其均衡水平。投机者常利用市场顺势对某一币种发动攻击。适当的投机活动有助于活跃外汇市场，但过度的投机活动则加剧了外汇市场的动荡，阻碍正常的外汇交易，歪曲外汇供求关系。

（八）市场心理预期

若人们预期外币汇率上升，资本就会流出，从而外币汇率就会上升。这说明汇率预期具有自我实现的功能。

人们对其他价格信号和宏观经济变量的预期也有类似特点。例如，若人们产生通货膨胀预期，就会抢购，以避免物价上升给自己带来的损失，而人们的行为恰好使物价上升成为现实，所以，通货膨胀预期会引起外币汇率上升。对其他变量的预期也会产生类似作用。

人们的预期受多种因素的影响。人们文化素质和知识水平不同，使得同样的因素会使不同的人产生不同的预期。搜寻信息的成本也决定了不同人掌握的信息是不相同的。一则新闻，不论它是谣言，还是严肃的报道，一旦对人们的预期产生重大影响，就会通过人们的外汇交易行为影响汇率。

（九）重大政治与突发事件

资本首先具有追求安全的特性，因此重大政治与突发事件对汇率的影响是直接而迅速的。政治突发因素包括政局的稳定、政策的连续性、政府的外交政策、国际上的军事行动、经济制裁、自然灾害等。如1991年的海湾战争、2003年3月21日美英联军发动的对伊拉克的战争，均对美元汇率产生了重大影响。1991年8月19日在苏联发生的对当时总统戈尔巴乔夫的非常事件，曾使美元兑当时马克的汇率在两天内剧升1 500点，成为第二次世界大战后造成汇率波动最大的一次国际政治事件。此外，西方国家大选、一国首脑人物的政治丑闻、错误言论以及主管金融外汇官员的调离任免都会对短期汇率走势产生不同影响。政治与突发事件因其突发性和临时性，市场难以预测，故易对市场构成冲击。

三、汇率变动对经济的影响

在当今的浮动汇率制度下，汇率变动频繁而剧烈。汇率变动对一国的国内经济、国际收支以及整个世界经济都有重大影响。

（一）汇率变动对国际收支的影响

1. 汇率变动对贸易收支的影响

一国货币汇率变动，会使该国进出口商品价格相应涨落，抑制或促进国内外居民对进出口商品的需求，从而影响进出口商品规模和贸易收支。

（1）本币贬值的影响。在出口方面：一国货币对外贬值→出口商以外币折合本币增加→出口换汇成本降低，利润增加→出口商品在国外市场价格降低→增加购买力→有利于出口；在进口方面：一国货币对外贬值→进口商用较多本币兑换外币→进口成本上升→进口商品价格上升→减少购买力→不利于进口。

例如，我国某出口企业出口100万美元的商品，在美元与人民币汇率为1∶5的情况下，该出口企业的收入以人民币表示为500万元；在其他条件没有发生变化的前提下，若汇率变为1∶8，则该出口企业最终收入以人民币表示为800万元，较贬值前增加了300万元的利润。若该企业进口价值100万美元的商品，如果美元与人民币的汇率为1∶5，则100万美元的商品以人民币支付需要500万，若其他条件不变，汇率变为1∶8，则100万美元的商品需要800万人民币，较贬值前增加了300万人民币，对任何一个进口企业来说，如果国内有可替代产品的话，它将放弃或减少进口。

（2）本币升值的影响。在出口方面：一国货币对外升值→出口商以外币折合本币变少→出口换汇成本增加，利润降低→出口商品在国外市场价格增加→减少购买力→不利于出口；在进口方面：一国货币对外升值→进口商用较少本币兑换外币→进口成本下降→进口商品价格下降→增加购买力→有利于进口。

例如，我国某出口企业出口100万美元的商品，假定该批商品的成本为750万元人民币，在美元与人民币汇率为1∶8的情况下，假定不考虑其他因素，该批商品可以换得800万人民币，该企业可以盈利50万元人民币。若汇率变成1∶7的情况下，若该企业该批产品出口价格仍然为100万美元，则该企业只能得到700万人民币，该企业会亏损50万元人民币。该企业为了减少亏损，势必会调高出口商品的售价。

（3）汇率变动对贸易收支的影响的制约因素。一国货币升值和贬值对该国进出口的影响不是在任何条件下都能实现的，还受其他因素制约。

一是进出口商品的需求弹性。进出口商品的需求弹性是指由进口商品或出口商品价格的百分比变动引起的对进口或出口商品需求变动的百分比。它反映了进出口商品价格涨跌而导致的进出口需求变化的程度。一般情况下，贬值可使本国商品在国外的价格降低，提高产品的竞争力，从而扩大出口，但只有出口量增加的幅度大于出口价格的下降幅度，贬值才能使该国的出口外汇收入有所增加，即该国的需求弹性大，增加的购买量足以抵消价格的下降。若需求弹性小，增加的购买量不足以抵消价格的下降，该国的外汇收入反而会减少。西方经济学家马歇尔和勒纳认为：当一国进出口商品的需求弹性的绝对值之和大于1，货币贬值才会使得贸易收支得到改善。这就是著名的"马歇尔-勒纳"条件。

对于一些进口依赖性较强的国家，本币贬值会使进口成本上升，但是由于这类国家进口商品的需求弹性小，所以进口不会减少，那么大量的进口意味着大量的外汇支出，尽管这类国家会由于增加出口而产生一定的贸易盈余，但是高昂的进口成本会抵销出口的盈余，这种现象被称为贬值赋税效应。对进口的依赖性越强，这种贬值赋税效应就越明显。

二是一国的生产能力。如果一国的供给能力有限，即使国外的需求量能够增加，该国也很难增加出口。这一点对发展中国家尤为如此。这是因为多数发展中国家经常受到投资资金短缺的限制，造成其产出量不能对需求量的增加而做出快速反应。

三是出口地区结构及贸易管制。欧元区曾一度希望借欧元汇价下跌来达到刺激经济的目的，但是由于欧元区内超过七成的贸易，是以欧元或欧元区成员国货币作为结算货币的，只有不到三成的出口是到北美洲和亚洲等地区，这就大大削弱了货币下跌刺激出口的作用。另外一些国家对进口设置了种种的贸易壁垒，也会阻碍商品出口的扩大。

四是 J 曲线（时滞）效应。在一国货币贬值后，该国的贸易逆差现象仍然要持续一段时间才能扭转，这种现象被称为 J 曲线（时滞）效应。这是因为本国货币汇率下跌后，绝大部分进出口商品是按事先签订的合同交易，所以在按新的汇率计算时，以本币计算的商品出口收汇要减少，而进口商品的外汇支付却保持不变。此外，国外对本国商品需求的增加，本国可供货源的扩大，新客户的发现和交易谈判等都需要一定的时间，所以出口不会立即扩大。同时在进口方面，各企业已安排的进口计划、国内消费者的习惯也不可能立即改变，因此进口量也不会马上减少。这样在汇率下跌的初期，一国的贸易收支不但不可能立即得到改善，反而可能趋于恶化。经过一段时间后，汇率下跌的效果才能反映出来，贸易收支也才能得到改善，这种先降后升的效果图表示很像字母 J，故被称为 J 曲线效应。

2. 汇率变动对非贸易收支的影响

（1）汇率变动对无形贸易的影响。一国货币汇率下跌则外国货币兑换本国货币的数量增加，外币的购买力相对提高，本国商品和劳务相对低廉。与此同时，由于本国货币兑换外币的数量减少，则意味着本币购买力相对降低，国外商品和劳务价格也变得昂贵了，这有利于该国旅游与其他劳务收支状况的改善，至于汇率上升，其作用则相反。当然汇率变动的这一作用，必须以货币贬值国国内物价不变或上涨相对缓慢为前提。

（2）汇率变动对单方面转移收支的影响。一国货币汇率下跌，如果国内物价不变或上涨相对缓慢，一般对该国的单方面转移收支会产生不利影响。以侨汇为例，侨汇多系赡家汇款，货币贬值后，旅居国外侨民只需汇回国内少于贬值前的外币，就可以维持国内亲属的生活需要，从而使该国侨汇收入减少。一国货币对外升值，其结果相反。

3. 汇率变动对资本流动的影响

（1）对短期资本流动的影响。外汇市场各种汇率的变动对短期资本流动有很大的影响，当一国货币汇率下跌，该国国内资金持有者和外国投资者为回避汇率变动所蒙受的损失，就会把该国货币兑换成汇率较高的货币，进行资本逃避，导致资本外流；同时，将使外国投资者因该国货币计价的资产价值下降而调走在该国的资金，这不仅将使其国内投资规模缩减，影响国民经济的发展，而且会恶化该国的国际收支。一国货币升值对短期资本流动的影响与上述相反。

（2）对长期资本流动的影响。一国货币贬值有利于该国长期资本的输入，特别是有利于国外企业到该国进行直接投资。这是因为国外企业现在可以更廉价地在该国进行投资生产；反之，一国货币升值，将会刺激该国企业到国外去投资。

4. 汇率变动对国际储备的影响

由于汇率变动会影响该国的资本转移和进出口贸易额，所以会影响到该国外汇储备增加或减少。一般情况下，一国货币汇率稳定，有利于该国吸收外资，从而促进该国外汇储备增加；反之，则会引起资本外流，使得该国储备减少。由于一国汇率变动，其出口额大于进口额时，则其外汇收入增加，储备也相应增加。

在国际储备多元化时期，汇率变化对外汇储备的影响也多元化了，有时外汇市场汇率波动较大，但因储备货币中升、贬值的力量均等，外汇储备就不会受到影响；有时虽然多种货币汇率下跌，但占比重较大的储备货币汇率上升，外汇储备总价值也能保持稳定或略有上升。

例如，我国的外汇储备中大多是美元，若美元汇率下跌，会使储备货币折算时出现账面损失,若将其中的美元兑现成升值的货币时,则会发生实际损失。汇率变化的复杂化,加大了国际储备管理的难度,也影响外汇储备的增量及其地位。

(二) 汇率变动对国内经济的影响

1. 汇率变动对国内物价的影响

一国发生通货膨胀会导致该国本币对外贬值,本币贬值又会产生国内物价上涨的压力。

从出口角度看,一方面,本币贬值有利于扩大该国出口。在出口供给量增加的情况下,国内商品供给量相对减少,商品供不应求,以产生需求拉动型通货膨胀。由于总需求的过度增长速度超过了按现行价格的供给的增长速度,使过多的货币去追求较少的商品和劳务,引起一般物价水平持续上涨的现象。另一方面,本国货币贬值有利于贸易或非贸易外汇收入增加,易形成国际收支顺差,通过结汇,增加了货币供给量,在价格水平上涨的情况下可能刺激通货膨胀。

从进口角度看,一国货币贬值后,进口商品的物价会上升。如果该进口产品在国内无法用其他产品或原材料替代,并且进口产品占国内商品的比重较大,这样会引起国内相关的非贸易商品和以进口产品为原料辅料的国内最终产品价格上涨,带动价格总水平的上升。

2. 汇率变动对国内利率水平的影响

汇率变动对利率的影响是不确定的,其影响主要是通过物价水平和短期资本流动两条途径。

一国货币贬值会引起国内物价水平上升的情况下,实际利率下降,这种变化对债权人不利,对债务人有利,从而引起借贷资本供求失衡,在这种压力下,名义利率可能上升。

一国货币贬值往往会激发人们产生汇率进一步下降的心理,引起短期资本外逃。国内资本供给减少可能引起利率上升。但是,如果汇率下降激发起人们对汇率反弹的预期,则又可能导致短期资本流入,国内资本供给增加和利率下降。

3. 汇率变动对就业与国民收入的影响

(1) 对就业的影响。一般情况下,一国货币贬值会增加出口行业的利润,由此会促进资金等生产要素从非出口企业转向出口企业,推动出口行业的发展,同时也会带动相关产业发展,增加就业。贬值也会使一部分需求由进口商品转向国内商品,进口替代业因此获得发展机会,就业机会也会被创造出来。贬值还能吸引更多的外国投资,改变投资结构,增加就业机会。

(2) 对国民收入的影响。如果一国货币贬值,能对进出口贸易、长期资本流动、产业结构及就业都能产生预期的影响,那么对国民收入的影响也是明显的,即会导致国民收入增加。但货币贬值对国民收入的积极影响,只有在贬值能够改善国际收支状况的情况下才能产生,否则可能会使贸易条件恶化,反而无法改善国际收支,增加国民收入。

(三) 汇率变动对国际经济的影响

1. 汇率不稳定,易导致其他国家的不满

从国内角度来讲,贬值会带来经济效应,促进出口增长,推动经济增长。但从国际角度来看,汇率的变动是双向的,本国货币贬值,就意味着其他国家货币升值,因而会导致他国国际收支状况恶化,经济增长缓慢,由此会导致其他国家的不满、抵制甚至报复,掀起货币竞相贬值的风潮和加强贸易保护主义,其结果会导致国际经济关系的恶化。因此,一国货币在贬值前，还必须权衡贬值后可能带来的方方面面的影响，最后作出抉择。

2. 汇率不稳定，会促进国际储备货币多元化的形成

由于某些储备货币国家的国际收支恶化，通货不断贬值，汇率不断下跌，影响它的储备货币的地位和作用，如英镑、美元；而有些国家的情况相反，其货币在国际结算领域中的地位和作用日益加强，如日元、欧元。在某种程度上，汇率的不稳定促进了国际储备货币多元化的形成。

小知识 货币战的危害与出路

3. 汇率不稳定，加剧投机和金融市场动荡，同时促进国际金融业务创新

由于汇率不稳定，促进外汇投机的发展，造成国际金融市场的动荡与混乱。如1993年，欧洲汇率机制危机就是由于外汇投机造成的。与此同时，汇率不稳与动荡不定，加剧了国际贸易与国际金融的汇率风险，又进一步促进期权、货币互换等业务的出现，使国际金融业务形式与市场机制不断创新。

小知识 广场协议与日元升值

第三节 汇率制度

汇率制度（Exchange Rate Regime），是指一国货币当局对本国汇率水平的确定、维持、调整和管理所做的一系列安排和规定。其基本内容包括：确定汇率的原则与依据；维持与调整汇率的方法；管理汇率的法规、制度和政策；制定、维持与管理汇率的官方机构。

汇率制度由于作为货币制度的核心组成部分对内外均衡和经济稳定有重要影响，并且不同的汇率制度本身也意味着政府在进行宏观经济调节的过程中需要遵循不同的规则，所以选择适当的汇率制度是一国乃至国际货币制度面临的非常重要的问题。各国的汇率制度主要有两种，即固定汇率制和浮动汇率制。

一、固定汇率制度

（一）固定汇率制度的概念

固定汇率制度（Fixed Exchange Rate System）是货币当局把本国货币兑其他货币的汇率加以基本固定，并把两国货币比价的波动幅度控制在一定的范围之内。固定汇率制度可以分为1880—1914年金本位体系下的固定汇率制和1944—1973年布雷顿森林体系下的固定汇率制（也称为以美元为中心的固定汇率制）两个阶段。

（二）固定汇率制度的主要优缺点

1. 固定汇率对国际贸易和投资的作用

固定汇率制度下，汇率是在货币当局调控之下，在法定幅度内进行波动，因而具有相对稳定性。它为国际贸易与投资提供了较为稳定的环境，降低了汇率的风险，便于进出口成本核算以及国际投资项目的利润评估，从而有利于对外贸易的发展，对某些西方国家的对外经济扩张与资本输出有一定的促进作用。

但是，在外汇市场动荡时期，固定汇率制度也易于招致国际游资的冲击，引起国际外汇制度的动荡与混乱。当一国国际收支恶化，国际游资突然从该国转移，换取外国货币时，该国为了维持汇率的界限，不得不拿出黄金外汇储备，从而引起黄金的大量流失和外汇储备的急剧缩减。如果黄金外汇储备急剧流失后仍不能平抑汇价，该国最后有可能采取法定贬值的措施。

一国的法定贬值又会引起与其经济关系密切的国家同时采取贬值的措施，从而导致整个汇率制度与货币体系的极度混乱与动荡。此时进出口贸易商对接单订货常抱观望态度，从而使国际贸易的交往在某种程度上出现终止停顿的现象。

2. 固定汇率对国内经济和国内经济政策的影响

固定汇率制度下，一国的货币政策很难奏效。为紧缩投资、治理通货膨胀而采取紧缩的货币政策，提高利息率，但却因此吸引了外资的流入，从而达不到紧缩投资的目的。相反，为刺激投资而降低利率，却又造成资金的外流。

固定汇率制度下，为维护固定汇率，一国往往须以牺牲国内经济目标为代价。例如，一国国内通货膨胀严重，该国为治理通货膨胀，实行紧缩的货币政策和财政政策，提高贴现率，增加税收等。但本国利率的提高势必会引起资本流入，造成资本项目顺差增加税收，势必造成总需求减少，进口减少，出口增加，造成贸易收入顺差。这就使本币汇率上涨，不利于固定汇率的维持。因此，该国政府为维持固定汇率，不得不放弃为实现国内经济目标所需要采取的国内经济政策。

固定汇率使一国国内经济暴露在国际经济动荡之中。由于一国有维持固定汇率的义务，所以当其他国家的经济出现各种问题而导致汇率波动时，该国就需进行干预，从而也受到相应的影响。例如，外国出现通货膨胀而导致其汇率下降，本国为维持固定汇率而抛出本币购买该贬值外币，从而增加本国货币供给，诱发了本国的通货膨胀。

综上所述，固定汇率制度的主要优点是固定汇率制有利于国际经济交易和世界经济的发展。其缺点主要有以下五方面：第一，汇率基本不能发挥调节国际收支的经济杠杆作用；第二，有牺牲内部平衡之虞；第三，削弱了国内货币政策的自主性；第四，易引起国际汇率制度的动荡与混乱；第五，造成实际资源的浪费。

二、浮动汇率制度

（一）浮动汇率制度的概念

浮动汇率制度（Floating Rate System），即对本国货币与外国货币的比价不加以固定，也不规定汇率波动的界限，而听任外汇市场根据供求状况的变化自发决定本币兑外币的汇率。外币供过于求，外币汇率就下跌；求过于供，外币汇率就上涨。同时，一国国际收支状况所引起的外汇供求变化成为影响汇率变化的主要因素。国际收支顺差的国家，外汇供给增加，外国货币价格下跌、汇率下浮；国际收支逆差的国家，对外汇的需求增加，外国货币价格上涨、汇率上浮。汇率上下波动是外汇市场的正常现象，一国货币汇率上浮，就是该国货币升值，下浮就是贬值。

（二）浮动汇率制度的类型

全球金融体系自 1973 年 3 月以后，以美元为中心的固定汇率制度不复存在，代之而行的是浮动汇率制度。实行浮动汇率制度的国家大都是世界主要工业国，其他大多数国家和地区仍然实行钉住浮动汇率制度，其货币大都钉住美元、日元、欧元等。

浮动汇率制是对固定汇率制的进步。随着全球国际货币制度的不断改革，国际货币基金组织于 1978 年 4 月 1 日修改"国际货币基金组织"条文并正式生效，实行"有管理的浮动汇率制"。由于新的汇率协议使各国在汇率制度的选择上具有很强的自由度，所以现在各国实行的汇率制度多种多样，有单独浮动、钉住浮动、弹性浮动、联合浮动等。

单独浮动是指一国货币不与其他任何货币固定汇率，其汇率根据市场外汇供求关系来决定。目前，包括美国、英国、欧元区国家、日本等在内的三十多个国家实行单独浮动。

钉住浮动是指一国货币与另一种货币保持固定汇率，随后者的浮动而浮动。一般通货不稳定的国家可以通过钉住一种稳定的货币来约束本国的通货膨胀，提高货币信誉。当然，采用钉住浮动方式，也会使本国的经济发展受制于被钉住国的经济状况，从而蒙受损失。目前全世界有一百多个国家或地区采用钉住浮动方式。

弹性浮动是指一国根据自身发展需要，钉住汇率在一定弹性范围内可自由浮动，或按一整套经济指标对汇率进行调整，从而避免钉住浮动汇率的缺陷，获得外汇管理、货币政策方面更多的自主权。目前，巴西、智利、阿根廷、阿富汗等十几个国家采用弹性浮动方式。我国自1994年汇率并轨以来，目前实行的也是以市场供求为基础的、单一的、有管理的浮动汇率制度。

联合浮动是指国家集团对成员国内部货币实行固定汇率，对集团外货币则实行联合的浮动汇率。欧盟（欧共体）11国1979年成立了欧洲货币体系，设立了欧洲货币单位，各国货币与之挂钩建立汇兑平价，各国货币的波动必须保持在规定的幅度之内，一旦超过汇率波动预警线，有关各国应共同干预外汇市场。1991年欧盟签订了《马斯特里赫特条约》，制定了欧洲货币一体化的进程表。1999年1月1日，欧元正式启动，欧洲货币一体化得以实现，欧盟这样的区域性的货币集团已经出现。

（三）浮动汇率制度的主要优缺点

1. 浮动汇率对金融和外贸的影响

一般讲，实行浮动汇率在国际金融市场上可防止国际游资对某些主要国家货币的冲击，防止外汇储备的流失，使货币公开贬值或升值的危机得以避免。从这个角度看，它在一定程度上可保持西方国家货币制度的相对稳定。一国货币在国际市场上大量被抛售时，因该国无维持固定比价的义务，一般无须立即动用外汇储备大量购进本国货币，这样本国的外汇储备就不至于急剧流失，西方国家的货币也不至于发生重大的动荡。

浮动汇率波动的频繁与剧烈，也会增加国际贸易的风险，使进出口贸易的成本加大或不易核算。影响对外贸易的开展。同时，这也促进了外汇期权、外汇期货、远期合同等有助于风险防范的国际金融业务的创新与发展。

2. 浮动汇率对国内经济和国际经济政策的影响

与固定汇率相比，浮动汇率下一国无义务维持本国货币的固定比价，因而得以根据本国国情，独立自主地采取各项经济政策。由于各国没有维持固定汇率界限的义务，所以，一国国内经济受到他国经济动荡的影响一般相对较小。

综上所述，浮动汇率制度的主要优点是：① 汇率能发挥其调节国际收支的经济杠杆作用；② 有利于各国自主决定其货币政策；③ 只要国际收支失衡不是特别严重，就没有必要调整财政、货币政策，从而不会以牺牲内部平衡来换取外部平衡的实现；④ 减少了对储备的需要和资源的浪费，并使逆差国避免了外汇储备的流失。

浮动汇率制的主要缺点之一，是汇率频繁与剧烈的波动，使进行国际贸易、国际信贷与国际投资等国际经济交易的经济主体难以核算成本和利润，并使它们面临汇率波动所造成的较大的外汇风险损失，从而对世界经济发展产生不利影响。浮动汇率制的另一个主要缺点，是为外汇投机提供了土壤和条件，助长了外汇投机活动，这必然会加剧国际金融市场的动荡和混乱。

三、人民币汇率制度

我国的汇率制度在不同的历史时期采取了不同的表现形式。

小知识 香港的联系汇率制

（一）新中国成立初期的爬行钉住汇率制

在 1949—1952 年，我国实行爬行钉住汇率制。我国调整汇率所依据的一组指标包括进口物资理论比价、出口物资理论比价和信汇购买力平价，取三者加权平均数确定人民币兑美元的官方汇率。进口物资理论比价参照进口商品人民币价格和外币价格比值的加权平均数得出；出口物资理论比价参照 75%～80% 大宗出口商品加权平均换汇成本加上 5%～15% 的利润得出；信汇购买力平价为基期外汇牌价与国内外侨眷华侨生活费指数比值的乘积。此阶段侨汇是我国外汇收入的重要来源。

我国的爬行钉住汇率制是一种弹性很强的汇率制度。在 1949 年 1 月 18 日，中国人民银行首次公布的外汇牌价为 1 美元兑 80 元人民币旧币。此后，人民币汇率频繁下调，到 1950 年 3 月 13 日，1 美元兑换 42 000 元旧币。此期间人民币汇率下调 49 次，平均每周 3.5 次。下调主要原因是当时我国通货膨胀相当严重。在 1950 年 3 月至 1952 年年底，我国实行鼓励出口、兼顾进口、照顾侨汇的政策，人民币汇率几经上调，达到 1 美元兑 26 170 元旧币。上调主要原因是我国整顿物价工作取得明显成效，且它有利于鼓励进口、解决物资极度短缺问题。

（二）1953—1972 年的固定汇率制

1953—1972 年，人民币汇率基本未变。在 1955 年 3 月人民币币值改革以 1 元新币取代 10 000 元旧币之后，直到 1971 年 12 月美元贬值之前，1 美元兑 2.461 8 元人民币。美元在贬值 7.89% 之后，1 美元兑换人民币的数量相应调为 2.267 3 元。在这个时期，国有经济成分在外贸领域居绝对统治地位，人民币汇率在中央指令性计划经济体系中丧失经济调节功能，它主要用于编制外汇收支计划和外贸部门内部核算的会计标准。

从我国存在严重的外汇短缺来看，这种官方汇率意味着人民币高估。它削弱了我国出口商品的国际竞争力，外贸企业普遍亏损，是除了外部封锁原因之外，导致我国不得不自力更生的内部因素。

（三）1973—1980 年的可调整钉住汇率制

1973—1980 年，我国实行钉住一揽子货币的可调整钉住汇率制。我国未公布货币种类及其权数，但原则是根据我国外贸地理流向选择货币构成，并根据贸易量大小规定权数。鉴于布雷顿森林体系瓦解后美元兑其他西方国家货币贬值，人民币汇率几经上调，在 1980 年 1 月 1 日 1 美元只能兑换 1.5 元人民币。

这种调整反映的是逆向选择。它是在外汇储备基本枯竭情况下做出的升值选择。从改善贸易条件角度，它并非一无是处。但是，从对外开放角度来看，它起着巩固闭关自守格局的作用。

（四）1981—1984 年的双重汇率制

1981—1984 年，我国实行双重汇率制。非贸易外汇收支继续执行美元兑换 1.5 元人民币的官方汇率，外贸内部结算价为 1 美元兑换 2.8 人民币。后者是按 1978 年全国出口平均换汇成本加 10% 利润计算出来的。在此期间，非贸易外汇结算价也几经调整，在 1984 年年底已接近贸易结算价。

双重汇率制在我国的历史作用是值得肯定的。在贸易结算中的人民币大幅贬值，十分有效地鼓励了企业出口创汇，并能抑制进口用汇需求。这种汇率制度的采用是我国外贸开始大幅增长的起点。

双重汇率制固有的扭曲资源配置的作用，主要体现在它不利于非贸易部门的出口创汇。正是在这种压力下，我国的非贸易外汇结算价几度调整。优先鼓励外贸部门发展，也与我国第三产业占国内生产总值比重的国情有关。

（五）1985—1993 年的双轨汇率制

自 1985 年 1 月 1 日起，人民币官方汇率实行单一的 1 美元兑换 2.795 7 人民币，停止使用贸易外汇内部结算价。在建立外汇调剂市场的基础上，我国允许出现高于官方汇率的外币调剂价格。

在此期间，人民币官方汇率不断下调。在 1985 年，人民币经几次下调，在 10 月底达到 1 美元兑换 3.20 元人民币。1986 年 7 月 5 日人民币汇率调到 1 美元兑换 3.71 元人民币。在 1989 年 12 月，人民币汇率调到 1 美元兑换 4.72 元人民币。在 1993 年 12 月 31 日，1 美元兑换 5.8 元人民币。我国对外汇调剂市场的限制呈放宽趋势，1 美元最终能兑换 8.7 元人民币。

人民币汇率不断下调的基本原因是我国采取了外向型经济发展战略，但是，为此做出巨大贡献的出口企业却一直没有扭转出口亏损的局面。人民币汇率下调既增强了我国出口产品的国际竞争力，又使利益分配向出口产业倾斜，并使我国出口产业比较集中的南方经济得到更加迅速的发展。

官方汇率与受管制的市场汇率并存，与我国渐进式的价格体制改革思路保持一致。我国的计划经济体制有强大的经济势力，在政治体制以慎重的态度缓慢调整之际，这种双轨制汇率的推行可减少汇率制度变革的阻力。当然，由于它保留了以行政手段分配外汇资源的机制，不可避免地会产生资源配置扭曲和寻租行为。

人民币汇率不断下调，一方面扭转了我国贸易逆差的局面；另一方面显著降低了外商直接投资的成本，使我国开始出现"双顺差"局面。它们不仅保证了我国经济增长的资源供应，而且创造了外部市场需求。

但是，随着我国外汇储备的不断增加，国际收支顺差导致我国在此阶段出现通货膨胀。人民币贬值造成的进口商品本币价格上升，与人民币贬值造成的货币供给增加，共同构成我国通货膨胀的基本原因。在沉重的就业压力下，特别是农村剩余劳动力的转移要求，迫使我国政府未对国际收支顺差实行冲销性货币政策，这也是通货膨胀一度达到两位数字的重要原因。

（六）1994 年我国外汇管理体制的改革

1993 年 11 月 14 日，《中共中央关于建立社会主义市场经济体制若干问题的决定》提出："改革外汇管理体制，建立以市场供求为基础的有管理的浮动汇率制度和统一规范的外汇市场，逐步使人民币成为可兑换货币。"

1993 年 12 月，中国人民银行根据国务院决定，发布了《关于进一步改革外汇管理体制的公告》，其主要内容是：① 实行外汇收入结汇制，取消外汇分成制；② 实行银行售汇制，允许人民币在经常项目下有条件可兑换；③ 建立银行间外汇市场，改进汇率形成机制，保持合理及相对稳定的人民币汇率；④ 强化外汇指定银行的依法经营和服务职能；⑤ 严格外债管理，建立偿债基金，确保国家对外信誉；⑥ 外商投资企业外汇管理体制仍维持现行办法；⑦ 取消境内外币计价结算，禁止外币境内流通；⑧ 加强国际收支的宏观管理。

在官方汇率与市场汇率并轨时，我国是以1993年年底18个外汇调剂中心的加权平均汇率为基础的，并轨时1美元兑换8.7元人民币。在此后两年时间里，人民币汇率持续上扬，最后稳定在1美元兑换8.3元人民币的水平。其原因在于：① 此期间外资大量流入，造成外汇供给增加；② 双轨制中的市场汇率受到官方汇率的影响而通常会高于均衡汇率，即汇率并轨时调整过度；③ 为抑制通货膨胀，政府采取紧缩银根政策，迫使一些企业抛售外汇以满足境内流动性需要；④ 美元贬值，曾一度突破1美元兑换90日元的界限。

在人民币汇率上调的背后，隐藏着两种反常的现象。其一，在1994—1997年，我国通货膨胀率高于美国，按购买力平价，人民币应针对美元贬值。其二，人民币升值应当使我国国际收支顺差减少，实际上我国国际收支顺差却大幅增加。

第一种反常现象的原因是，人民币升值只是对贬值过度的反应，只有在均衡汇率基础上，较高的通货膨胀率才会促使它贬值。从汇率供求决定论角度来看，我国连年国际收支顺差，必然带来升值压力。

第二种反常现象的原因是，其他条件不变的理论分析前提在我国并不成立。首先，我国实行出口退税和鼓励外商直接投资的政策，是我国国际收支顺差的新的动因。其次，我国经济改革不断深入，特别是农村剩余劳力的转移，显著降低了出口成本。自1994年后，乡镇企业和外资企业已占到新增出口80%的份额。

（七）1998年的人民币汇率稳定

1997年年底，泰国发生货币危机。一些未发生金融危机的国家和地区，也加入竞争性贬值行列。这给人民币带来很大的贬值压力。在此背景下，我国政府承诺人民币汇率保持稳定，为世界经济迅速复苏作出了主要贡献。

与东南亚发生金融危机的国家与地区相比，人民币汇率保持稳定有其客观基础：① 人民币是在低估基础上钉住美元的，而东南亚国家和地区是在高估基础上钉住美元的；② 我国在这个时期，已基本上扭转了通货膨胀趋势；③ 我国国际收支存在巨额顺差，外汇储备已占世界第二位；④ 我国吸引外资以外商直接投资为主，对短期资本流动特别是资本流出有较严格的管理。

人民币汇率的稳定，是我国经济增长成为此后一段时间世界经济亮点的重要原因。

（八）人民币汇率安排的新阶段

现行的人民币汇率制度形成于2005年7月21日起的人民币汇率形成机制改革。此后，人民币汇率制度改革不断推进，其总体目标是建立健全以市场供求为基础的、有管理的浮动汇率体制，保持人民币汇率在合理、均衡水平上的基本稳定。

1. 2005年的人民币汇率形成机制改革

自2003年起，国际社会强烈呼吁人民币升值，国内外关于人民币升值与否的论战不断升级，形成了人民币二元难题，即人民币汇率面临升值压力和人民币对内面临通货膨胀威胁。在此背景下，2005年7月21日，中国人民银行发布了《关于完善人民币汇率形成机制改革的相关事宜公告》。其主要内容如下：

（1）自 2005 年 7 月 21 日起，我国开始实行以市场供求为基础、参考一篮子货币进行调节、有管理的浮动汇率制度。人民币汇率不再盯住单一美元，形成更富弹性的人民币汇率机制。

（2）中国人民银行于每个工作日闭市后公布当日银行间外汇市场美元等交易货币对人民币汇率的收盘价，作为下一个工作日该货币对人民币交易的中间价格。

（3）2005 年 7 月 21 日 19：00 时，美元对人民币交易价格调整为 1 美元兑 8.11 元人民币，作为次日银行间外汇市场上外汇指定银行之间交易的中间价，外汇指定银行可自此时起调整对客户的挂牌汇价。

（4）现阶段，每日银行间外汇市场美元对人民币的交易价仍在人民银行公布的美元交易中间价上下千分之三的幅度内浮动，非美元货币对人民币的交易价在人民银行公布的该货币交易中间价上下一定幅度内浮动。

（5）中国人民银行将根据市场发育状况和经济金融形势，适时调整汇率浮动区间。同时，中国人民银行负责根据国内外经济金融形势，以市场供求为基础，参考篮子货币汇率变动，对人民币汇率进行管理和调节，维护人民币汇率的正常浮动，保持人民币汇率在合理、均衡水平上的基本稳定，促进国际收支基本平衡，维护宏观经济和金融市场的稳定。

这一次的人民币汇率安排改革的核心是放弃单钉美元，改钉一篮子货币，以建立调节自如、管理自主的以市场供求为基础的更富有弹性的人民币汇率机制。

在此期间，从 2005 年 7 月至 2008 年 6 月人民币处于显著升值阶段。人民币自 2005 年汇改以来已经升值了 19%。2008 年 8 月 6 日，我国公布新的《中华人民共和国外汇管理条例》，其中第五章第二十七条指出"人民币汇率实行以市场供求为基础的、有管理的浮动汇率制度"，表明人民币汇率制度改革仍在不断深化。但自 2008 年国际金融危机爆发后至 2010 年上半年，为应对国际金融危机带来的不利影响，我国适当收窄了人民币的波动幅度，有力地促进了我国经济较快地实现稳定和复苏。在本次国际金融危机最严重的时候，许多国家货币对美元大幅贬值，而人民币汇率保持了基本稳定，为抵御国际金融危机发挥重要作用，为亚洲乃至全球经济的复苏作出了巨大贡献。

2. 2010 年的"二次汇改"

2010 年 6 月 19 日，根据国内外经济金融形势和我国国际收支状况，中国人民银行决定进一步推进人民币汇率形成机制改革，增强人民币汇率弹性。至此，人民币小幅升值，双向浮动特征明显，汇率弹性显著增强。但在经历了两年多的持续升值之后，人民币汇率在 2013 年第一季度一直处于小幅震荡，并没有呈现明显的持续升值或贬值走势。从 4 月份开始，人民币汇率开始明显升值，据国家外汇局公布的数据显示，在 4 月 1 日至 5 月 27 日的 36 个交易日期间，人民币兑美元汇率中间价 16 次创出 2005 年汇改以来新高，并在 5 月 24 日一举升破 6.19 关口。2013 年全年人民币汇率中间价共计 38 次刷新汇改以来记录，同时，人民币兑美元汇率中间价已累计上升 1 797 个基点，累计升值幅度接近 3%。本轮人民币升值始于 2012 年三季度以来的全球量化宽松，中国基准利率远高于美、日、欧等国家或地区的可比利率水平，给了海外资金套利的空间，驱动资金再次回流人民币资产，人民币陷入了"货币升值——跨境资本流入——本币升值"的循环状态。

3. 2015 年的"811 汇改"

2013 年底，美国开启货币政策正常化进程，美元随之走强，由此带动人民币相对于全球其他主要货币有效汇率贬值,在此期间,中国经济增速也有所放缓,这使市场对人民币汇率由升值预期转向贬值预期。2014年中国外汇储备规模逐渐下降,又证实了这一市场预期的正确性。

2015年8月11日,中国人民银行宣布优化人民币对美元汇率中间价报价机制,改革内容主要包括两方面:第一,做市商在对人民币兑美元中间价报价时主要参考上一交易日的汇率收盘价;第二,8月11日当天央行一次性将人民币兑美元汇率中间价贬值1 136个基点。人民币汇率又是瞬间从6.1左右变到6.3左右。

"811汇改"对市场造成不小的冲击,此后人民币汇率进入一年半的贬值区间,与人民币贬值相对应的,是资本的大规模流出。

4. 现行汇率中间价定价机制

面对"811汇改"引发的市场剧烈波动,央行在此后及时调整汇率中间价形成机制以稳定市场。央行于2016年2月正式发布新的人民币汇率中间价的定价公式,即"中间价=上一交易日收盘价+一篮子货币汇率变化",要求做市商在对中间价报价时,适度调整人民币兑美元汇率,以维持人民币对一篮子货币汇率的基本稳定。

2016年下半年开始,人民币面临的贬值压力再度抬升。2017年5月26日,央行宣布,在汇率中间价定价机制中引入"逆周期因子"。逆周期因子反映市场供需情况的汇率变动,经过逆周期系数调整后得到,至此形成了现行的"上一交易日收盘价+一篮子货币汇率变化+逆周期因子"三个因素共同决定的汇率中间价形成机制。此后至今,人民币汇率的单边贬值预期逐步化解并逆转,人民币汇率企稳回升,开启双边浮动模式,人民币汇率波动的弹性也在逐步加大。

5. 人民币汇率改革的未来趋势

深化汇率市场化改革将是长期的路径选择,最终实现人民币汇率的自由浮动,政府仅在特殊情况下加以适度调节。我国金融开放程度正在日益加深,需要更为市场化的汇率制度与之相匹配,未来需要进一步深化汇率制度的市场化改革。当然,改革是一个循序渐进的过程,需要做的是从当前汇率制度存在的问题出发,由浅入深,逐步扩大汇率波动弹性,增强汇率形成过程中市场的决定性作用,最终实现汇率的自由浮动。

本章小结

1. 从广义上说,外汇是指以不同形式表示的、能够进行偿付的国际债权。它不仅包括广义的外币债权,也包括具有外币职能的本币债权。外汇可分为贸易外汇、非贸易外汇,自由外汇、记账外汇,即期外汇、远期外汇等。

2. 汇率是一国货币折算成另一国货币的比率。按照不同的标准,汇率可以分为基本汇率、套算汇率,买入汇率、卖出汇率、中间汇率、现钞汇率,即期汇率和远期汇率。汇率的表示方法分为直接标价法、间接标价法、美元标价法和非美元标价法。

本章小结 人民币汇率指数

3. 在不同的货币制度下,货币的发行基础、种类和形态各异,因而决定汇率的基础也各不相同。影响汇率变动的因素很多,而汇率变动带来的经济影响也非常广泛。

4. 汇率制度是指一国货币当局对本国汇率水平的确定、汇率变动的基本方式等问题所做的一系列安排或规定。在当今世界上，汇率制度可分为固定汇率制度、浮动汇率制度和联系汇率制度。不同的汇率制度对一国货币汇率的干预形式和效果有着很大的差异。

关键名词

外汇　外汇汇率　直接标价法　间接标价法　美元标价法　买入汇率　卖出汇率　现钞价　复汇率　固定汇率制度　浮动汇率制度

练习与思考

一、判断题

（　　）1. 在纸币本位制度下，一般情况下，一国发生了严重的通货膨胀，该国货币在外汇市场上会升值，汇率上涨。

（　　）2. 远期汇率就是未来的即期汇率。

（　　）3. 一国货币汇率下跌，有利于该国旅游与其他劳务收支状况的改善，而对该国的单方面转移收支亦会增加。

（　　）4. 出口商的外汇收入卖给银行时应使用汇率标价中的卖出价。

（　　）5. 不论是直接标价法，还是间接标价法，都是买入价在前，卖出价在后。

（　　）6. 在金本位制度下，实际汇率波动幅度受制于黄金输送点。其上限是黄金输入点，下限是黄金输出点。

（　　）7. 在直接标价法下，相对于本币而言，等号后的数字越大说明外汇比本币越贵。

（　　）8. 当一国利率水平低于其他国家时，外汇市场上本、外币资金供求的变化会导致本国货币的汇率上涨。

（　　）9. 我国从 1994 年 1 月 1 日起，将人民币外汇牌价与外汇调剂价合二为一，形成人民币市场价格。

（　　）10. 汇率属于价格范畴。

二、选择题

1. 从广义的外汇角度看，在我国，外汇包括_____。
A. 美元 CD 存单　　　B. 日元政府债券　　　C. 欧元　　　D. 特别提款权
E. 美元万事达卡

2. 本币贬值，最可能会引起_____。
A. 国内失业率上升　　　　　　　B. 国内通货膨胀率上升
C. 货币流通量上升　　　　　　　D. 国内经济增长率下降

3. 国际收支巨额顺差的国家，其外汇市场的外汇供给大于需求，这将导致以直接标价法表示的外汇汇率_____，使以外币表示的商品出口价格_____。
A. 下降，下降　　B. 上升，上升　　C. 上升，下降　　D. 下降，上升

4. 一国货币兑另一国货币存在着两个或两个以上的比价称为_____。
A. 单一汇率　　B. 复汇率　　C. 市场汇率　　D. 买入汇率

5. 在直接标价法下，如果一定单位的外币折算成本币数额增加，则说明_____。

A. 外币币值上升，外币汇率上升　　　B. 外币币值下降，外币汇率下降
C. 本币币值上升，外币汇率上升　　　D. 本币币值下降，外币汇率下降

6. 一日本客户要求日本银行将美元兑换成日元，当时市场汇率为 USD1 = JPY118.70/80，银行应选择的汇率为_____。

A. 118.70　　　B. 118.75　　　C. 118.80　　　D. 118.85

7. 复汇率是指在确定本国货币兑某一外国货币的汇率时，根据不同性质和情形，规定两种或两种以上的汇率，它的具体形式包括_____。

A. 银行汇率　　B. 贸易汇率　　C. 金融汇率　　D. 商人汇率

8. 设 AUD1 = USD0.6525/35，USD1 = JPY119.30/40，AUD/JPY 的汇率_____。

A. 182.555/182.708　　　　B. 77.843/78.028
C. 78.028/77.843　　　　　D. 173.453/173.852

9. _____年_____月_____日，欧元正式启动。

A. 1994 年 1 月 1 日　　　B. 1999 年 1 月 1 日
C. 2000 年 12 月 1 日　　 D. 2003 年 4 月 1 日

10. 当前影响一国汇率变动的主要因素有_____。

A. 经济状况　　　　　　　B. 国际收支状况
C. 利率水平　　　　　　　D. 重大国际政治事件

三、填空题

1. 银行买入外币现钞时使用的价格_____现汇买入价，而_____现钞买入价；银行卖出外币现钞时的价格_____现汇卖出价。（用<，>，=表示）

2. 外汇按照可兑换性分为_____和_____。

3. 若 3 月 31 日，在我国外汇市场，USD1 = CNY8.2739，4 月 30 日，USD1 = CNY8.2789；则人民币汇率_____了_____点。

4. 美元标价法对除了美国以外的其他国家来说实际上是_____标价法。

5. 外汇形态包括：_____、_____、_____和_____。

6. 远期汇率又可称为_____汇率，是指买卖双方签订合同，约定在_____进行外汇交割的汇率。

7. 直接影响一国汇率变动的最主要的因素有_____、_____和_____。

四、名词解释

外汇　汇率　标价币　美元标价法　买入价　卖出价　买卖差价

五、简答题

1. 怎样理解外汇？
2. 利率如何影响汇率？
3. 汇率变动对一国对外贸易有何影响？
4. 汇率变动对一国资产价格有何影响？
5. 在汇率报价中，是买卖差价大还是买卖差价小对客户有利？举例说明为什么。

✓ 实训课堂

一、技能训练

1. 如果人民币兑美元的汇率从 USD/CNY = 8.2789 降至 USD/CNY = 8.1111，请问人民

币升值了多少？

2. 银行同业间进行外汇交易时，已知某银行报价：EUR/USD 即期汇率 1.198 5/93，GBP/USD 即期汇率 1.607 6/95，请解释该报价的含义。

3. 如果你打电话向中国银行询问 EUR/USD 的汇价。中国银行答道："1.214 2/1.214 5"。请问：

(1) 中国银行以什么汇价向你买进美元？
(2) 你以什么汇价从中国银行买进欧元？
(3) 如果你向中国银行卖出欧元，汇率是多少？

4. 如果你是银行，你向客户报出 USD/HKD 为 7.805 7/7.806 7，客户要以港币向你买进 100 万美元。请问：你应给客户什么汇价？

5. 某公司手中有 100 万英镑需要进行交易，它向 6 家银行询问了报价，请问该公司应到哪一家银行卖出英镑？

GBP/USD
A 银行：1.716 6/1.717 2
B 银行：1.716 5/1.717 1
C 银行：1.716 4/1.717 0
D 银行：1.716 3/1.716 9
E 银行：1.716 2/1.716 8
F 银行：1.716 1/1.716 7

6. 中国银行 2020 年 3 月 16 日的外汇牌价如下表所示：

日期：2020 年 3 月 16 日星期一　　　　　　　　　　　　　　　单位：人民币元/100 外币

货币名称	现汇买入价	现钞买入价	现汇卖出价	中行折算价
英镑	859.61	832.9	865.94	868.42
港币	89.94	89.23	90.3	90.22
美元	698.43	692.75	701.39	700.18

根据该牌价交易，请回答下列问题：

(1) 一位出国旅游者到中国银行兑换 3 000 港元现钞，需要付出多少人民币？
(2) 一家出口企业向中国银行以 35 000 美元即期结汇，可兑换多少人民币？
(3) 一客户欲将 100 英镑现钞兑换等值人民币，可兑换多少人民币？
(4) 港币兑人民币、美元兑人民币的买卖差价各多少点？

二、实训项目

1. 实训目的：学会查阅和看懂各种汇率报价。
2. 实训形式：网上调研、实地调查。
3. 项目内容：要求学生查阅各种汇率报价，并说明汇率报价表中数字的含义及如何运用。每人写出实训报告，并以组为单位，在整理、汇总和分析的基础上写出每组的实训报告，以多媒体演示汇报。

调查渠道：有关金融网站和银行。

第二章

国际收支

✓ 学习目标

通过本章学习，应掌握与国际收支相关的基本概念，熟悉国际收支涵盖的各种经济交易的内容和国际收支平衡表的项目设置及记账规则，学会运用相关理论理解国际收支失衡的原因、失衡的类型、失衡产生的影响和各国政府采取的调节国际收支失衡的措施，了解我国的国际收支管理，了解国际储备的构成与作用、国际储备管理以及我国的国际储备管理。

✓ 技能目标

学会运用中国国际收支平衡表来分析我国的宏观经济状况。

✓ 重难点

1. 国际收支的含义；
2. 国际收支平衡表的项目设置和记账规则；
3. 一国国际收支失衡的原因；
4. 调节国际收支不平衡的措施；
5. 国际储备构成及管理。

✓ 课前思考

2019年，我国国际收支保持基本平衡，经常账户呈现顺差，跨境资金流动平稳。

一是经常账户呈现顺差，其中货物贸易顺差增长，服务贸易逆差缩小。2019年，经常账户顺差1 775亿美元，与国内生产总值（GDP）之比为1.2%；2018年经常账户顺差491亿美元，与GDP之比为0.4%。其中，国际收支口径的货物贸易顺差4 628亿美元，较2018年增长17%；服务贸易逆差2 614亿美元，较2018年下降11%。服务贸易项下，旅行、运输和知识产权使用费逆差分别较2018年下降8%、12%和8%。

二是直接投资保持净流入。2019年，直接投资净流入591亿美元。其中，对外直接投资净流出976亿美元；外国来华直接投资净流入1 567亿美元，保持在较高规模。

三是证券投资呈现顺差。据初步统计，2019年，我国证券投资顺差约600亿美元。其中，我国对外证券投资近900亿美元，来华证券投资近1 500亿美元。

总体来看，中国经济拥有足够的韧性和巨大的发展潜力，长期向好发展、高质量增长的趋势不会改变，全方位对外开放将持续推进，预计未来我国国际收支仍将继续呈现总体稳定、基本平衡的格局。

第一节　国际收支的含义

一、国际收支的概念

国际收支（Balance of Payments）反映一国对外经济交往的全貌。国际收支的概念是伴随国际经济交易的发展而不断发展和变化的。

（一）狭义的国际收支概念

国际收支这一概念出现于17世纪初，其产生是与当时的生产方式、经济发展水平分不开的。在资本主义原始积累时期，为了促进资本的积累，各国都非常重视对外贸易，在此后很长一段时间内，国际收支被简单地解释为一国的贸易收支。随着经济的发展，各国之间经济交易的内容、范围不断扩大，国际收支的范围得到了扩大和延伸。两次世界大战之间，各国通行的国际收支概念演变为当年结清的外汇收支。这反映了当时黄金已退出流通领域，外汇成为国际贸易、国际结算和国际投资的主要手段。各国之间的国际经济交易，只要涉及外汇收支，就属于国际收支的范畴。显然，这个概念是建立在收支基础（或者说现金基础）上的。这就是通常所说的狭义的国际收支。

（二）广义的国际收支概念

第二次世界大战后，随着世界经济的进一步发展，国际关系更加密切，国际经济往来以及政治、文化等往来更加频繁。国际经济交易的范围和方式都有了很大的变化，政府无偿援助、私人捐赠、企业之间的易货贸易、补偿贸易等新的贸易方式都不涉及外汇收支，建立在现金基础上的国际收支概念已不能适应国际经济形势的发展，国际收支的概念又有了新的改变，重心由"收支"转向"交易"，将衡量内容扩展到所有的国际经济交易。于是，世界各国便广泛采用广义的国际收支概念，亦即国际货币基金组织（International Monetary Fund，IMF）所定义的概念，即国际收支是指在一定时期内（通常为一年），一国居民与非居民之间经济交易的系统记录。

二、对国际收支概念的理解

第一，国际收支所记录的对外经济交易是指居民与非居民之间的交易，即它强调对外经济交易的参与者是居民，而不是公民。国际收支的内容是各种国际经济贸易，只有居民与非居民之间的各种经济交易才是国际经济交易。居民之间的各种经济交易则是国内交易，不属于国际收支范畴。国际收支中居民与非居民的划分是以交易者的经济利益中心所在地作为划分的标准。经济利益中心是指长期（通常为一年以上）在一国从事生产、消费及其他经济活动。因此，居民是指在本地居住一年以上的个人、政府、企业和机构（外国公司的分支机构），否则即为非居民。一个企业的国外子公司是其所在国的居民，而不是其母公司所在国的居民。例如，美国通用电气公司在新加坡的子公司是新加坡的居民，美国的非居民。其母公司与子公司的业务往来是新加坡和美国的国际收支内容。IMF规定，受雇在本国驻外使领馆工作的外交人员属派出国的居民，而属驻在国的非居民；相反，受雇在外国使领馆工作雇员，则属本国居民。IMF还规定，联合国、国际货币基金组织等国际机构及其代表处，对任何国家来说，都是非居民。

第二，国际收支的内容包括一定时期内发生的所有对外经济交易，而无论其是否已经支付或结清，即它强调交易的发生。全部经济交易包括国际商品和劳务交易以及单方面转移和国际资本流动等。1977年出版的《国际收支手册》中，对其作出了统一规定，即"（A）一国与他国之间商品、劳务和收益等的交易行为；（B）该国所持有的货币黄金、特别提款权的变化以及与他国债权、债务关系的变化；（C）凡不需要偿还的单方面转移的项目和相对应的项目，由于会计上必须用来平衡的尚未抵消的交易以及不易互相抵消的交易。"既包括有外汇收支的经济交易，也包括没有外汇收支的经济交易，如易货贸易、清算协定下的记账贸易等。

第三，国际收支是个流量概念，而非存量概念，即它不是计算某一时点上的余额或持有额，而是记录一定时期内（通常为一年）的发生额。国际收支一般是对一年内的交易进行系统记录，因而它是一个流量概念。与国际收支相对应的一个概念是国际借贷。国际借贷是指一个国家在一定日期对外债权、债务的综合情况，是一个存量概念。国与国之间的债权、债务在一定时期内必须进行清算和结算，此过程一定涉及国际货币收支问题，债权国要在收入货币后了结债权关系，而债务国要通过支付货币清偿债务，这就是国际收支问题。所以国际收支是表示一个国家在一定时期内对外货币收支的综合情况，是一个流量概念。因此，这两个概念是有区别的，但是两者又是密切相关的。因为有了国际借贷才会产生国际收支，国际借贷是国际收支的原因，国际收支是国际借贷的结果。

第二节 国际收支平衡表

一、国际收支平衡表的概念

在一个报告期内，一国居民与非居民之间发生的国际经济交易是大量而多样的，要系统了解一国国际收支的变化，需要对有关数据进行收集和规范管理，这个任务需要通过编制国际收支平衡表来完成。国际收支平衡表（Balance of Payments Statement），是系统记录一定时期内（一年、半年、一季度）各种国际收支项目及其金额的一种统计表。通过国际收支平衡表，可综合反映一国的国际收支平衡状况、收支结构及储备资产的增减变动情况，为制定对外经济政策、分析影响国际收支平衡的基本经济因素、采取相应的调控措施提供依据，并为其他核算表中有关国外部分提供基础性资料。世界各国国际收支平衡表的结构及其主要内容大都是按照国际货币基金组织的要求进行编制的。

二、国际收支平衡表的基本内容

国际经济交易内容极为广泛，各国所编制的平衡表内容不尽相同，各自反映了本身国情的需要和特点，但都是参照国际货币基金组织出版的《国际收支手册（第五版）》推荐的"国际收支平衡表标准组成部分"来编制，同时根据本国具体情况做一定的调整。IMF《国际收支手册》规定国际收支平衡表的内容包括经常项目、资本和金融项目、净误差与遗漏、储备资产等四大项目。

（一）经常项目（Current Account）

经常项目或称往来项目，反映居民与非居民之间经常发生的经济交易内容，在一国国际收支中占有最重要的地位,其中包括四个具体项目。

1. 货物(Goods)

该账户记录商品的进口和出口,除一般商品之外,还包括用于加工的货物、货物修理、非货币性黄金(即不作为储备资产的黄金)等的进出口。出口记入贷方,进口记入借方,其差额称为贸易差额(Trade Balance),亦称为"有形贸易差额"(Balance of Visible Trade)。根据国际货币基金组织的规定,商品进出口以本国海关统计为准,并且都按离岸价格(FOB)计算。

2. 服务(Service)

记录一国提供或接受服务或劳务所发生的收支,即服务贸易,亦称无形贸易(Invisible Trade)。服务输出记入贷方,服务输入记入借方。服务贸易主要包括运输、旅游、建筑、通信、保险、金融服务、计算机和信息服务、广告、专有权使用费和特许费、各种商业服务、个人服务、文化和娱乐服务(如音像及其有关服务)等。目前,服务收支的重要性日趋突出,不少国家的服务收支在该国的国际收支中占有举足轻重的地位,有的甚至还超出了有形贸易收支。

3. 收入(Income)

收入或称为"收益",指生产要素(包括劳动力与资本)国际流动引起的要素报酬收支,包括职工报酬和投资收益两类收支,如非居民工作人员的工资、薪金、福利,跨国投资所获股息、利息、红利、利润等。属本国的收入记入贷方,属本国的支出则记入借方。

4. 经常转移(Current Transfer)

经常转移是指所有非资本性所有权转移的转移项目,包括各级政府的转移和其他转移。政府转移,如政府间经常性国际合作、对收入和财产支付的经常性税收、对外军事和经济援助、战争赔款、没收走私商品、政府间赠予、捐款及税款等;其他转移,如侨汇、养老金、私人或团体捐赠、各种奖金等。从国外转移至本国的资金记入贷方,从本国转移到国外的资金则记入借方。单方面转移包括经常转移和资本转移,其中经常转移放在经常项目里,资本转移放在资本与金融项目的资本项目中。经常转移排除下面三项所有权转移:① 固定资产所有权的资产转移;② 同固定资产收买/放弃相联系的或以其为条件的资产转移;③ 债权人不索取回报而取消的债务。

(二)资本和金融项目(Capital and Financial Account)

资本和金融项目,反映居民和非居民之间资产或金融资产的转移,包括资本项目和金融项目两大部分。

1. 资本项目

资本项目包括资本转移和非生产、非金融资产的收买或放弃。资本转移的含义已在经常转移部分中进行了说明。非生产、非金融资产的收买或放弃是指各种无形资产,如专利、版权、商标、经销权以及租赁和其他可转让合同的交易。

2. 金融项目

金融项目反映的是居民与非居民之间投资与借贷的增减变化,它由直接投资、证券投资、其他投资三部分构成。

(1)直接投资(Direct Investment)。直接投资反映跨国投资者的永久性权益,即拥有控股权或经营权的投资。直接投资的主要特征是投资者对另一经济体的企业拥有永久利益,这一永久利益意味着直接投资者和企业之间存在着长期的关系,并且投资者对企业经营管理施加着相当大的影响。直接投资在传统上主要采用在国外建立分支企业的形式,目前越来越多地采用购买一定比例的股票的形式来达到,如果是这样的话,一般要求这一比例最低为10%。在直接投资项下又包括股本资本、用于再投资的收益和其他资本。

(2) 证券投资(Portfolio Investment)。证券投资即跨国投资者购进并保有某种证券,以期获取长期稳定收益的活动,又称间接投资,它对企业没有发言权。其主要对象包括股票、债券、商业票据、可转让定期存单和其他衍生金融工具,其中最主要的是股票和债券。投资的利息收支记录在经常项目中,本金还款记录在金融项目中。

(3) 其他投资。其他投资是指上述两种投资之外的跨国金融交易。这是一个剩余项目,包括所有直接投资、证券投资或储备资产未包括的金融交易,比如长短期的贸易信贷、贷款、货币和存款以及应收款项和应付款项等。

(三) 净误差与遗漏(Errors and Omissions)

净误差与遗漏是人为设立的一个项目,用于轧平国际收支平衡表的借贷方总额。理论上讲,国际收支平衡表按复式记账原理编制,其结果总是借贷相等的。但由于错误与遗漏的存在,如资料来源渠道复杂、统计口径不一、资料不全、计算错误或统计不及时以及其他一些原因,使得实际上国际收支平衡表借贷双方总额总是难以平衡,因而设立了"净误差与遗漏"项目来人为地加以平衡。如果经常项目、资本金融项目和储备与相关项目三个项目的贷方出现余额,就在净误差与遗漏项下的借方列出与余额相等的数字;反之则列在贷方。

小知识 2021年上半年我国国际收支保持基本平衡格局

(四) 储备资产(Reserve Assets)

储备资产又称官方储备项目,是指一国官方拥有的国际储备资产,反映一国一定时期内国际收支活动的结果,一国国际收支的状况最终都表现为官方储备资产的增减。当一国国际收支出现差额时,该国政府就要动用储备资产进行调节。因此,它是一个记录储备变化,而不是流量状况的项目。当经常项目和资本与金融项目出现顺差时,储备资产增加,记在国际收支平衡表的借方,用"-"号表示;出现逆差时,表示储备资产减少,记在国际收支平衡表的贷方,用"+"号表示。官方储备资产主要包括以下四类:一是黄金储备,是传统储备形式,现已退居二线;二是外汇储备,以外币表示的流动资产,为一线储备;三是在国际货币基金组织的储备头寸,即IMF会员国普通提款权中25%以黄金外汇所缴份额的部分,可自由动用;四是特别提款权(Special Drawing Rights,SDRs),是IMF会员国除普通提款权以外的提款权利,是一种按会员国所缴份额分配的账面资产。

小知识 净误差与遗漏形成的原因和国际比较

三、国际收支平衡表的编制原理

国际收支平衡表是按照复式记账法编制的。国际收支平衡表把全部交易活动划分为贷方、借方、差额三项,分别反映一国一定时期各项对外经济交易的发生额和余额。借方交易是对非居民进行支付的交易,其增加记借方,前面为"-"号,其减少记贷方,前面为"+"号(通常可省略);贷方交易是指从非居民那里获得收入的交易,其增加记贷方,前面为"+"号,其减少记借方,前面为"-"号。因此,凡属于收入项目、对外负债增加项目和对外资产减少项目均记入贷方；凡属于支出项目、对外负债减少或对外资产增加项目均记入借方。国际收支平衡表的记账方法按照"有借必有贷，借贷必相等"的复式记账原则来系统记录每笔国际经济交易。这一记账原则要求：每笔经济交易都要以相等数额记录两次，即一次记在贷方，一次记在借方。单方面转移虽不发生支付问题，但也要列入平衡表的借贷双方。

差额是记录借方与贷方的算术和，贷方数额大于借方为顺差，借方数额大于贷方为逆差。从每一个单项交易来看，差额总是有正有负，几乎不可能为零。因为一国与他国之间的任何相互交易在金额上都几乎不可能完全相等。但从国际收支平衡表的总差额来看，由于储备资产和错误与遗漏两个项目的设置起到了轧平账户的作用，所以借方总额与贷方总额相等，差额一定为零。这完全是出于会计记账要求账户平衡的需要而设计的。但真实的国际收支差额总是有正有负，尽管数额大小不同，但不是顺差就是逆差，几乎不可能完全相等。

我们以美国为例，列举 6 笔交易，来说明国际收支的记账方法。

【例 2-1】 英国商人从美国购买价值为 100 万美元的汽车，付款方式是英国银行提出美元存款支付货款。

分析：这笔交易包含两方面内容：一方面是美国商品出口，意味着美国拥有的资源减少，应记录在贷方。另一方面是英国商人的美元存款减少，或美国私人对外短期负债减少也就是美国在外的资产的增加，应记入借方。这笔交易记录为：

借：本国在国外银行的存款　　　　　　　　　　　　　　　　　　　100 万美元
　　贷：商品出口　　　　　　　　　　　　　　　　　　　　　　　　100 万美元

【例 2-2】 美国公司向法国购买 50 万美元的设备，用纽约银行的美元支票付款。

分析：这笔交易是反映美国进口商品，应记入借方，同时法国在美国银行的美元存款增加，也意味着美国私人对外短期负债增加，应记录在贷方。这笔交易记录为：

借：商品进口　　　　　　　　　　　　　　　　　　　　　　　　　　50 万美元
　　贷：本国在国外银行的存款　　　　　　　　　　　　　　　　　　50 万美元

【例 2-3】 外国人在美国旅游，支付了 10 万美元的费用，旅游者所需的美元是在该旅游者国家的美国银行兑换的。

分析：这项国际经济交易所涉及的内容有两项：其一，美国为外国居民提供了服务，为服务输出，应在贷方；其二，海外的美国银行存款增加，应在借方。这笔交易记录为：

借：在国外银行的存款　　　　　　　　　　　　　　　　　　　　　　10 万美元
　　贷：旅游收汇　　　　　　　　　　　　　　　　　　　　　　　　10 万美元

【例 2-4】 美国某企业在日本投资所得利润 175 万美元。其中 50 万美元用于日本当地的再投资，50 万美元购买日本商品运回国内，75 万美元调回国内结售给政府以换取本国货币。

分析：这笔交易所涉及的内容是：其一，美国在海外的直接投资收入，应在贷方中记录；其二，这笔钱一部分以再投资形式留在海外，一部分以商品的形式流入美国，对美国来说是进口，剩下以结售方式流入美国，美国的官方储备增加，这些都应记入借方。这笔交易记录为：

借：对外长期投资　　　　　　　　　　　　　　　　　　　　　　　　50 万美元
　　商品进口　　　　　　　　　　　　　　　　　　　　　　　　　　50 万美元

官方储备   75 万美元
  贷：海外投资利润收入   175 万美元

【例 2-5】美国政府向墨西哥国提供无偿援助，其中动用外汇库存 120 万美元，另有人道主义救援物资 80 万美元。

分析：这笔交易所涉及的三方面内容是：其一，美国政府的对外单方面转移，应在借方的经常转移项目下记录；其二，美国官方对外资产减少，应在贷方的储备资产项目下记录；其三，美国商品出口，意味着美国拥有的资源减少，应记录在贷方。这笔交易记录为：

借：经常转移   200 万美元
  贷：官方储备   120 万美元
      商品出口   80 万美元

【例 2-6】美国公民支取加拿大银行的加元存款购买加拿大某公司发行的加元债券，折合美元价值为 80 万元。

分析：这笔交易所涉及的两项内容是：其一，美国的资本输出，即国外长期资产增加，应在借方的证券投资项目下记录；其二，美国公民支取加拿大银行的加元存款购买债券，因此是美国私人对外短期资产减少，应在贷方的金融项目的其他投资项目中记录。这笔交易记录为：

借：证券投资   80 万美元
  贷：其他投资   80 万美元

根据以上会计分录，可以编制该年度美国的国际收支平衡表（见表 2-1）。

表 2-1　某年度美国的国际收支平衡表

单位：万美元

项　目	借方（-）	贷　方	差　额
一、经常项目	300	365	+65
货物贸易	②50 ④50	①100 ⑤80	+80
服务贸易	—	③10	+10
收入	—	④175	+175
经常转移	⑤200	—	-200
二、资本和金融项目	240	130	-110
直接投资	④50	—	-50
证券投资	⑥80	—	-80
其他投资	①100 ③10	②50 ⑥80	+20
三、储备资产	④75	⑤120	+45

续表

项　　目	借方（-）	贷　　方	差　　额
总计	615	615	0
四、净误差与遗漏	0	0	0

注：①~⑥分别表示上例6笔交易在借方和贷方的记录。

注意：经济交易记录日期以所有权变更日期为标准。在国际经济交易中，如签订买卖合同、货物装运、结算、交货、付款等一般都是在不同日期进行的，为了统一各国的记录口径，IMF明确规定采用所有权变更原则。

四、国际收支差额

在考察国际收支状况时，对以下四个项目差额的分析各国一般都比较重视。

（一）贸易收支差额（Trade Balance）

贸易收支差额亦称净出口，它是出口额与进口额之差。它集中反映一国在国际市场上的竞争能力，也在一定程度上表现出一国的经济实力。其差额在很大程度上决定一国国际收支的总差额。需要注意的是，理论分析中的进出口不仅包含货物，也往往包括服务。尽管贸易项目仅仅是国际收支的一个组成部分，不能代表国际收支的整体，但是，对于某些国家来说，贸易收支在全部国际收支中所占比重相当大，以至于经常性地把贸易收支作为国际收支的近似代表。此外，贸易收支在国际收支中还有它的特殊重要性。商品的进出口情况综合反映了一国的产业结构、产品质量和劳动生产率状况，反映了该国产业在国际上的竞争能力。因此，即使资本项目比重相当大的发达国家，仍然非常重视贸易收支的差额。

（二）经常项目差额

经常项目差额（Current Account Balance），即货物、劳务、收益加上经常转移等项目的差额。它反映了一国在对外经济关系中所拥有的可支配使用的实际资源的增减变化。可用来分析和衡量一国国际收支的真实平衡状况，对一国对外经济关系及国民经济的健康发展有重要作用和影响。其中，货物进出口差额即贸易收支差额的作用尤为突出。

（三）资本和金融项目差额

资本和金融项目差额（Capital and Financial Account Balance），即资本转移，非生产、非金融资产的收买或放弃，直接投资、证券投资和其他投资加上储备资产等项目的差额。它主要注重对国际资本流动的分析。资本和金融项目的净额集中反映了一国资本输出与输入的规模，对国际收支平衡以及发展中国家利用外资情况的分析有重要作用。尤其是其中储备资产项目的增减变化在会计上作为平衡国际收支账户使用；并且，储备资产的差额也能反映一国国际收支的顺逆差的数额。但要注意的是，储备资产的记账符号与国际收支的顺逆差的方向正好相反。

小知识 疫情全球蔓延下我国经常账户运行保持稳健

（四）总差额

总差额（Overall Balance）亦称国际收支差额，即用经常项目差额加资本与金融项目差额，再加净误差与遗漏项目的总差额减去储备资产的部分。总差额为正号，储备资产记负号，表示该国储备资产增加，国际收支顺差；反之，总差额为负号，储备资产记正号，表示该国储备资产减少，国际收支逆差。总差额的正负与国际收支的顺逆差呈正向关系，即总差额的盈余表示国际收支的顺差，总差额的赤字表示国际收支的逆差。

当一国实行固定汇率制时，总差额的分析意义更为重要。因为，国际收支的各种行为将导致外国货币与本国货币在外汇市场上的供求变动，影响到两个币种比价的稳定性。为了保持外汇市场汇率的稳定，政府必须利用官方储备介入市场以实现供求平衡。所以，总差额在政府有义务维护固定汇率制时是极其重要的。而在浮动汇率制度下，政府原则上可以不动用官方储备而听任汇率变动，或是动用官方储备调节市场的任务有一定弹性，相应的，这一差额的分析意义略有弱化。

小知识 2019年我国外汇收支呈现六大特点

第三节 国际收支的调节

一、国际收支平衡与不平衡的理解

国际收支平衡表是按照会计学的复式记账法编制的，因而借方总额与贷方总额是相等的。但这是人为形成的账面上的平衡。国际收支的真实平衡其实很少见。

国际收支平衡表上的各个项目可以划分为两种类型：一种是自主性交易（Autonomous Transactions），或称事前交易，它是经济实体或个人出于某种经济动机和目的而独立自主地进行的。经常项目和资本金融项目的各个项目属于自主性交易。自主性交易具有自发性，因而交易的结果必然是不平衡的。这会使外汇市场出现供求不平衡和汇率的波动，从而会带来一系列的经济影响。一国货币当局如不愿接受这样的结果，就要运用另一种交易来弥补自主性交易不平衡所造成的外汇供求缺口。另一种交易就是调节性交易（Accommodating Transactions）。它是指为弥补国际收支不平衡而发生的交易，即中央银行或货币当局出于调节国际收支差额、维护国际收支平衡、维持汇率稳定的目的而进行的各种弥补性交易（Compensatory Transactions），因而亦称为事后交易。储备与相关项目属于调节性交易。

理论上讲，一国的国际收支是否平衡，关键是看自主性交易所产生的借贷金额是否相等。当这一差额为零的时候，称为"国际收支平衡"。当出现贷方余额时，国际收支处于顺差；当出现借方余额时，国际收支处于逆差。补偿性交易是为调节自主性交易差额而产生的，所以它与自主性交易相反。当自主性交易出现贷方余额时，补偿性交易项下出现借方余额；当自主性交易出现借方余额时，补偿性交易项下应为贷方余额。一些书中所说的"线上项目"实际是指自主性交易项目，而"线下项目"则是指调节性交易项目。

通常情况下，每个国家或多或少都会出现国际收支不均衡，国际收支不平衡是绝对的。在此需要说明的是，一国国际收支在较短时间内和较小范围内的不平衡是正常现象，只有当国际收支长期地、持续地、大量地发生不均衡而又得不到有效改善，才会导致国际收支危机。

二、国际收支不平衡的原因

政府在采取国际收支调节措施之前，首先要分析引起国际收支不平衡的原因。通常将国际收支失衡归纳为周期性、结构性、收入性、货币性、资本性、偶发性不平衡等六种因素。

(一) 周期性不平衡

周期性不平衡（Cyclical Disequilibrium），即国民经济的循环性波动所引起的国际收支不平衡。市场经济周而复始地出现繁荣、衰退、萧条、复苏四个阶段，在周期的各个阶段，无论是价格水平的变化，还是生产和就业的变化，或是两者共同变化，都会影响国际收支，引起国际收支不平衡。一国经济处于衰退时期，社会总需求下降，进口需求也随之下降，在长期内该国国际收支会出现顺差，而其贸易伙伴国则可能出现国际收支逆差。反之，一国经济处于扩张和繁荣时期，国内投资消费需求旺盛，对进口的需求也相应增加，在短期内国际收支会出现逆差。第二次世界大战以后，由于各国的经济关系日趋紧密，各国的生产活动和国民收入受世界经济的影响亦日益增强，因此，主要工业国的商业景气循环易引起世界性的景气循环，使各国国际收支出现周期性不平衡。

(二) 结构性不平衡

结构性不平衡（Structural Disequilibrium），指一国经济、产业结构不适应世界市场供求结构变化而引起的国际收支不平衡。世界市场需求结构由于收入增长、科技革命、制度变迁、嗜好转移等众多因素而处于不断变化中。一般来说，生产结构的变动滞后于需求结构的变动，当世界市场的需求发生变化时，一国输出商品的结构如能随之调整，那么该国的贸易收支不会受到影响；反之，则该国的贸易收支和国际收支就会产生不平衡。此外，结构性因素也涉及一国应使其需求结构适应于世界市场供给结构的变动。例如，20世纪70年代石油输出国调整了石油产量，引起世界油价飙涨，许多国家未能及时开发煤炭、核能等替代能源，导致国际收支出现巨额逆差。由于产业结构的调整是一个长期的过程，所以结构性不平衡具有长期性。

(三) 收入性不平衡

收入性不平衡（Income Disequilibrium），指各国收入的平均增长速度差异所引起的国际收支不平衡。在其他条件不变的前提下，一国收入平均增长速度越快，该国进口量也会增长越多。因为收入增加会使居民增加对进口或国产消费资料的需求，引起企业增加对进口生产资料的需求。因此，收入增长较快的国家容易出现国际收支逆差，而收入增长慢的国家则易出现国际收顺差。且如果一国在收入增长过程中，通过规模经济效益和技术进步引起生产成本下降，则收入增长不仅使进口增加，还会使出口增长。因此，收入性不平衡以其他条件不变为前提。

(四) 货币性不平衡

货币性不平衡（Monetary Disequilibrium），指一国货币供应量和货币对内价值的变化与其他国家相比变动较大所引起的国际收支不平衡。货币性不平衡可以是短期的，也可以是中长期的。货币供应量与货币对内价值成反比。一国货币供应量增长较快，出现较高的通货膨胀，在汇率变动滞后的情况下，国内物价上升，货币对内价值下跌，出口商品价格相对上升而进口商品价格相对下降，导致出口减少、进口增加，从而出现国际收支逆差。当然通货膨胀还会引起该国货币一定程度的对外贬值，但一般来说，其汇率下跌的幅度要比物价上涨的幅度小得多，因而不会改变通货膨胀对国际收支的影响。另外在物价上升过程中，银行为了防止实际利率的过度下跌有可能提高名义利率，此时，较高的名义利率可能吸引资本流入，造成贸易逆差和资本项目顺差并存的局面。

（五）资本性不平衡

资本性不平衡（Capital Disequilibrium），指短期内资本大量流动或资本大量外逃，造成的国际收支失衡。一国不实行外汇管制或管制较松，经济实力较强，资本过剩或对资本需求较大，资本就会大量流出或流入，从而对该国国际收支产生很大影响。如一国国际收支顺差，且有大量资本流入，加大顺差；若一国国际收支逆差，又有大量资本因国内经济不稳定大量外逃，进一步加大逆差。应注意到，一些实力强的国家，其经常项目大量顺差，而由于资本大量外逃，反而出现国际收支逆差。如美国 1973—1976 年，国际收支经常项目虽有321.7 亿美元顺差，但资本输出净额高达 730.5 亿美元，使 1976 年为 104.9 亿美元逆差。当然资本输出带来收益，具有补偿性。只要这种国际收支不均衡差额不太大，才不会对经济发展造成不利影响。相反，一些实力不强的发展中国家，经常项目逆差大，但由于大量资本输入，形成表面上的国际收支顺差，这种顺差往往潜藏着危机。不少发展中国家由于资本流入过量，超过本国清偿能力，从而发生债务危机。

（六）偶发性不平衡

由偶发性因素造成的国际收支不平衡，称为偶发性不平衡（Accidental Disequilibrium）。除以上各种经济因素外，政局动荡和自然灾害等偶发性因素，也会导致贸易收支的不平衡和巨额资本的国际移动，从而使一国的国际收支不平衡。例如外贸进出口随生产、消费的季节性变化而变化，从而造成季节性的国际收支不平衡；无规律的短期灾变引起国际收支的不平衡，等等。这种偶发性不平衡一般程度较轻，持续时间不长，带有可逆性。

除以上引起国际收支不平衡的因素以外，国际政治关系、自然条件、心理预期等因素以及政府的政策等方面的变化，都会影响一国国际收支的稳定，从而导致国际收支的不平衡。

三、国际收支失衡对经济的影响

一般而言，一国国际收支不平衡是一种普遍的经济现象，在一定情况下具有积极意义，如一定的顺差会使一国的国际储备得到适度的增加，可以增强一国对外支付能力；一定的逆差可使一国适度利用外资，引进急需的技术和设备，加快本国经济的发展。但如果长期、大量的顺差或逆差得不到及时的调整和改善，将对一国的经济发展带来负面的影响。

（一）国际收支顺差对经济的影响

一国出现国际收支顺差的消极影响往往不如国际收支逆差那样明显，甚至有的时候国际收支顺差还会成为政府追逐的经济目标之一。但是，如果国际收支顺差长期存在而且数额巨大，则也会给一国经济带来消极影响。其主要表现为：

（1）国际收支顺差会给本币造成升值压力，一旦本币升值，用外币表示的本币价格将会上升，就会出现抑制出口、鼓励进口的局面，从长远看就会加重国内的失业问题。

（2）持续的顺差会导致该国外汇储备的增加，但同时也会在国内货币市场上造成本国货币增长的局面，会加剧本国的通货膨胀。

（3）不利于发展国际经济关系，一国的国际收支顺差意味着他国的国际收支逆差，因此长期的大额的顺差极有可能导致国际上的经济摩擦。

（4）国际收支顺差的原因如果主要是由于贸易收支顺差，则意味着国内可供使用资源的减少，不利于本国经济的发展。

（二）国际收支逆差对经济的影响

如果一国长期存在严重的国际收支逆差，会对该国经济发展产生以下影响：

（1）会引起该国货币贬值，如果属于严重逆差，则会引起该国货币的急剧贬值，对经济发展形成强烈冲击。国际收支持续的、严重的逆差会导致货币持有者兑换外币、抛售本币的情况发生，引起该国货币的急剧贬值，甚至动摇本国的货币信用。

（2）如果一国实行固定汇率制，或该国政府不愿接受本币急剧贬值以及由此带来的贸易条件恶化，就必然要动用外汇储备干预外汇市场以平衡国际收支逆差，从而使得该国的储备资产减少。

（3）储备资产的减少同国内货币的供应量存在着密切联系，外汇储备的减少会导致国内紧缩银根，利率因而上升，不利于企业融资和发展，从而对就业和收入均会产生很大的负面影响。

（4）从国际收支逆差形成的具体原因来说，如果是贸易收支逆差所致，将会造成国内失业的增加；如果资本流出大于资本流入，则会造成国内资金的紧张，从而影响经济增长。

一般来说，一国的国际收支越是不平衡，其不利影响也越大。虽然国际收支逆差和顺差都会产生种种不利影响，但相比之下，逆差所产生的影响更为险恶，因为它会造成国内经济的萎缩、失业的大量增加和外汇储备的枯竭，因而对逆差采取调节措施要更为紧迫些。对顺差的调节虽不如逆差紧迫，但从长期来看也还是需要采取政策措施进行调节的。

小知识 各国货币汇率变动影响留学　　　　　　**小知识** 外币汇率下跌　出境划算"血拼族"岁末出境扫货

四、国际收支的调节

国际收支不平衡对一个国家的国内经济和对外经济产生诸多的不利影响，而通过市场自身对国际收支不平衡进行调节是一个相对缓慢的过程。因此，在国际收支出现严重不平衡而市场调节机制失灵或有缺陷时，世界各国大都采取干预的方式，对国际收支失衡进行政策调节。下面着重分析在浮动汇率制度下，对国际收支不平衡的调节。

（一）运用经济政策

宏观经济政策主要包括两个方面：一是财政政策；二是金融政策。

1. 财政政策

财政政策调节国际开支，主要是通过财政开支的增减、税收补贴和税率的高低来实现的。当一国因进口增加、出口减少而发生逆差时，政府可采取削减财政开支，或出口退税、出口免税、进口增税和财政补贴，或提高税率以增加税收等措施，使社会上通货紧缩，迫使物价下降，从而刺激出口，抑制进口，逐步使逆差减少；如果出现顺差，则采取增加财政支出，或取消、减少财政补贴，或降低税率以减少税收等措施，刺激消费与投资，从而促使物价上涨，鼓励进口，抑制出口，使国际收支逐渐趋于均衡。

2. 金融政策

金融政策调整国际收支，主要是通过调节再贴现率、存款准备金率和公开市场业务等政策来达到目标的。调整再贴现率，就是通过对再贴现率升降的调整，以提高或降低银行存款利率来吸收或限制短期资本的流入，达到调节国际收支失衡的目的；增减存款准备金率的目的是通过扩张或紧缩信贷投放来影响国内信贷规模，达到调节国际收支失衡的目的；公开市场业务的操作，是通过增加或减少市场上流通的货币供应量，从而影响国内信贷规模，达到调节国际收支失衡的目的。

在实际中，为了减少并消除国际收支逆差，世界大多数国家通常运用紧缩政策，即在金融方面提高利率，增加银行存款准备金率，公开参与外汇市场买卖等；在财政方面则紧缩财政开支，增加税收。这种做法可以收效于一时，但对国内经济会产生副作用，因为紧缩政策使投资和消费减少，引起工商业衰退，失业人员增加。反之，为了解决顺差问题，采用膨胀政策，如降低利率、增加财政开支、减少税收等，则又势必会诱发通货膨胀，引起物价上涨，导致工人要求增加工资，产品成本增高，促进物价进一步上涨，通货膨胀加剧，最终形成恶性循环。因此，只有金融政策与财政政策齐头并举、双管齐下，通过影响社会总需求量，进而起到提高或降低国民收入水平的作用，才能最终达到平衡国际收支的目的。

（二）直接管制

直接管制是指一国政府以行政命令的办法，直接干预外汇自由买卖和对外贸易的自由输入和输出，同时采取差别汇率等办法也可达到管制外汇的目的。

关于外汇管制，通常各国采用的方式大致可分为行政管制与数量管制两种。

行政管制是指政府以行政手段对外汇买卖、外汇资产、外汇资金来源和运用所实行的监督和控制。其具体措施有：① 政府垄断外汇买卖。政府通过外汇管理机构控制一切外汇交易，汇率官定，限制买卖。② 政府监管私有外汇资产。政府强制国内居民申报他们所拥有的一切国外资产以便尽可能多地掌握外汇资产，在急需时可以使用。③ 管制进出口外汇。规定出口商所获外汇必须按官价卖给外汇指定银行，而进口商所需外汇必须向管理部门申请核准，不能以收抵支调剂使用。④ 控制资本输出、输入。不论资本输出、输入的金额多少，都必须逐笔向管理外汇的机关申报。未经批准，任何居民或非居民都不得向外借债，更不得将外汇、黄金输出境外。

数量管制是指对外汇收支实行数量调节和控制。其具体措施有：① 进口额限制。由外汇管理机构按照本国在某一时期内所需进口的物资数量和种类，对不同进口商所需外汇实行限额分配。② 外汇分成制。由外汇管理机构根据本国某些方面的需要制定出口所获外汇的分成比例。外汇分成制的具体形式有现汇留成、额度留成或者结汇证留成。③ 进出口连锁制。这是一种以出限进的制度，即需进口货物者，必须先行出口货物，只有能够出口货物者，才能取得相应的进口权。

对于外贸管制，各国所采用的方式大致可分为商品输入管制和商品输出管制。商品输入管制包括采用进口许可证制（Import License System）和进口配额制（Import Quota System）。前者是指进口商必须向有关政府机构提出申请，经批准取得进口许可证后才能输入某种商品；后者是指有关政府机构在一定时期内规定进口数量，按照地区或进口商品的种类分配给本国的进口商或外国的出口商。此外，也可采取提高关税的办法，限制某些商品的进口。商品输出管制主要包括出口许可证制（Export License System）或某些奖励出口的办法。出口许可证制是由于某些外销商品国内需求较多，或对国内工农业生产以及国防工业等关系较为密切，过多出口可能对国内经济产生不利影响；有些商品国内供给较丰富，而国外市场较狭窄，需求价格弹性大，过多出口直接影响销售价格，因而规定必须经过批准并取得许可证才能出口。为了减少逆差，一般对出口多采取奖励办法。例如，政府发给出口补贴，享受免税、退税优惠，给予出口信贷等，借以增强其国际市场竞争能力，以便促进出口贸易。

直接管制对平衡一国的国际收支，效果较为迅速和显著，不像运用财政金融政策那样，必须先通过汇率价格的变化并对生产活动产生影响后才能见效。因此，如果不平衡是局部的，则直接管制更为有效，不必牵动整个经济的变化。但运用经济政策则不然，无论是调整汇率，还是实行膨胀性或紧缩性的财政、货币政策，都会使整个经济发生变化。但是，一国的外汇和外贸管制，必然要影响到有经济联系的其他国家，有利于一国的措施，常常有害于其他国家，以致招来对方的相应报复，最终抵消预期的效果。

（三）外汇缓冲政策

各国都持有一定的国际储备，即黄金、外汇、国际货币基金组织的储备头寸以及特别提款权，用以对付国际收支短期性不均衡。同时，各国均备有专门基金，即所谓外汇稳定或平准基金（Exchange Stabilization Fund）作为外汇的缓冲体。在一般情况下，国际收支出现不均衡时，必定引起国际储备的增减，因而会影响国内金融的稳定。例如，国际收支出现逆差，国际储备必然减少，政府金融当局或外汇银行便会在市场上吸收与国际储备减少额等额的国内资金。反之，如果出现顺差，国际储备必然增加，政府或外汇银行将在市场上抛售与国际储备增长额等额的外汇。这些交易一般由中央银行在外汇市场上进行买卖，以调剂外汇的供求。如果经营得当，可以有效起到缓冲作用。但动用国际储备，实施外汇缓冲政策，仅能解决国际收支短期性的逆差，而不能解决持续性的长期逆差。如果一国国际收支出现根本性失衡，发生长期性逆差，运用此政策就会使该国的黄金、外汇储备枯竭。另外，如果一国货币币值不稳定，使人们对该国货币的信心发生动摇，从而引起大量的资本外逃，在这种情况下，即使动用国家储备也很难达到缓冲作用，进而使国际收支达到均衡。

（四）国际经济合作

上述调整政策，主要是从本国利益出发，而没有太多地去考虑他国利益。若各国都按照自己的实际进行交易，势必造成国际经济合作混乱，使各国利益受到损害。因此，在解决国际收支不平衡问题上，各国都要注重加强国际经济金融合作，具体包括：① 协调经济政策。为避免贸易摩擦，各贸易伙伴国加强磋商和对话，协调彼此间的政策，有助于各国国际收支不平衡的调节。如一年一度的七国财长会议、十国集团会议等，在协调经济政策方面都取得了良好的效果。② 推行经济一体化。随着地区经济一体化和全球经济一体化进程的加快，加速了贸易自由化，促进了生产要素的国际转移，使生产要素在国际上得到最优配置，提高了各国的劳动生产率，有助于从根本上解决国际收支不平衡问题。③ 加强国际间的信用合作。当一国由于国际收支出现不平衡，尤其是出现严重逆差时，极易引发金融危机，需要国际的紧急信贷来调节国际收支不平衡。④ 充分发挥国际金融机构在平衡一国国际收支中的作用。

当一国国际收支不平衡时，须针对形成的原因采取相应的政策措施。比如，如果国际收支不平衡是由暂时性原因形成的，可运用外汇缓冲政策；如果国际收支不平衡是由国内总需求大于总供给而形成的收入性不平衡，可运用财政货币政策，实行紧缩性政策措施；如果国际收支不平衡由经济结构性原因引起，可进行经济结构调整并采取直接管制措施。但以上的各种措施都有其局限性，都不能从根本上消除有关国家的国际收支不平衡。

小知识 世界主要国家针对国际金融危机的救助措施

第四节　我国的国际收支管理

一、我国的国际收支基本情况

新中国成立以来，我国的国际收支随着社会主义经济建设和对外开放事业的发展，经历了从狭义的外汇收支到广义的国际收支的发展过程。大致可以这样认为，从新中国成立初期到改革开放之前，由于受传统计划经济的影响，我国只编制外汇收支平衡表，以反映我国对外贸易和非贸易的收支状况，显然这样的平衡表不能反映我国与国外资金往来的情况。原因很简单，在改革开放之前，我国与西方国家之间的资金借贷关系很少，主要的对外经济活动一直是对外商品贸易和侨汇业务，其他经济交往近似于零。在此期间，虽然我国也曾参与过一些国际借贷和其他形式的国际融资业务，如20世纪50年代曾向苏联借入74亿旧卢布（当时约合19亿美元）长期贷款，用于中国的重点项目建设；20世纪60年代和70年代也曾采用延期付款的方式，引进过西方成套技术设备（约合价值6.7亿美元）。但总起来说，这些融资数量有限。同时，在这一时期，我国也向世界20多个发展中国家提供了一定数量的经济技术援助以及劳务合作项目，但是这些援外的支付以及后来援款的归还，我国均是把它作为财政开支来处理，并没有单独编制对国外资金的收支情况报表。

20世纪80年代以来，随着我国改革开放的发展，中国积极发展与世界各国之间的经济技术合作，并且把对外开放作为我国的一项长期的基本国策。30多年的改革开放的发展，中国与世界各国之间的经济、政治、文化等各方面的交往都有了巨大的发展，不仅对外贸易和利用外资的规模有了前所未有的扩大，而且旅游、金融、保险等各种服务贸易及对外承包、文教、科技等非贸易往来也取得了长足的进步。国际经济交往的这种发展变化反映在我国的国际收支中，不仅表现在经常项目有了很大的增长，而且表现在资本与金融项目的地位也显得日益重要。为此，必须建立一套既适合我国国情，又符合国际通行标准的完整的国际收支平衡表，以真实地反映我国对外经济交易的发展状况。此外，1980年我国正式恢复了在国际货币基金组织和世界银行中的合法席位，根据有关规定，作为国际货币基金组织的成员国，我国有义务向该组织报送国际收支平衡表。中国政府从1980年起开始建立国际收支统计制度，从1985年起陆续公布我国的国际收支平衡表，1997年及其以后的国际收支平衡表均按照《国际收支手册》第五版编制。除此之外，还需补充说明的是，我国国际收支平衡表所反映的对外经济交易，既包括我国与外国之间也包括我国内地与香港、澳门、台湾等地区之间的经济交易。表2-2为2015—2020年中国国际收支状况简表。

表 2-2　2015—2020 年中国国际收支状况简表

单位：亿美元

项　目	年　份					
	2015	2016	2017	2018	2019	2020
1. 经常账户	3 042	2 022	1 951	255	1 413	2 740
货物和服务	3 579	2 557	2 170	1 030	1 641	3 697
货物	5 762	4 889	4 759	3 952	4 253	5 150
服务	-2 183	-2 331	-2 589	-2 922	-2 611	-1 453
2. 资本和金融账户	-912	272	179	1 532	567	-1 058
资本账户	3	-3	-1	-6	-3	-1
金融账户	-915	276	180	1 538	570	-1 057
3. 储备资产变动额	3 429	4 437	-915	-189	193	-280
4. 净误差与遗漏	-2 130	-2 295	-2 130	-1 787	-1 981	-1 681

通过近几年的中国国际收支平衡表的分析，大致可以看出中国国际收支结构的基本特点：

第一，国际收支保持基本平衡。近年来，我国经常账户顺差从较高规模逐步趋向基本平衡，服务贸易由于旅行、知识产权使用费和运输的逆差导致较大规模的逆差，使得我国国际收支呈现基本平衡格局。

第二，非储备性质的金融账户波动加大，并逐渐成为决定国际收支平衡的主导因素。从主要交易项目来看，一是直接投资顺差逐渐收窄。二是证券投资项下跨境资金双向流动活跃。随着合格机构投资者制度的引入，以及沪港通、深港通、债券通的开通，中国资本市场更加开放，不论是股票投资还是债券投资，中国越来越受到全球资本的关注。三是其他投资阶段性波动。在跨境投融资渠道不断丰富和人民币汇率双向波动增强的背景下，其他投资账户波动幅度更大、频率更高。四是资本账户成为跨境人民币回笼的主要渠道。

第三，外汇储备保持基本稳定。2017 年以来，中国国际收支进入到基本平衡的新阶段，在人民币汇率双向波动加强的背景下，外汇储备存量一直稳定在 3.0 万亿～3.2 万亿美元的区间内。

小知识 改革开放 40 年来我国国际收支的发展演变：国际收支趋向基本平衡　应对外部冲击能力不断提升

小知识 如何看待我国国际收支平衡表金融账户逆差

二、我国的国际收支调节手段

根据我国经济发展的总体目标以及对外经济发展的需要，在国际收支调节政策的选择上应当注意：一是要按照我国经济发展的要求以及现有的金融、货币制度的实际，对国际收支进行调节；二是要注重调节政策所具有的阶段性特点，即根据经济发展的不同阶段，选择与实施不同的国际收支调节政策；三是要对调节政策进行组合搭配，并针对不同原因所产生的国际收支不平衡来选择切合实际的调节政策；四是要注意国际收支调节政策可能产生的对其他国家的影响，以避免引起贸易摩擦。

从我国经济发展的实际情况来看，国际收支的调节政策大致有以下三种选择：

第一，适当的货币政策与财政政策。要针对国际收支的不同状况选择、运用扩张性或紧缩性的财政货币政策。如通过调节海关关税、出口退税和进口关税以及对外商投资企业的税收政策起到调节国际收支的作用，或通过紧缩和放松信贷来调节总需求，从而调节贸易收支。

第二，合理运用调节国际收支平衡的汇率政策，以促进经济的内部平衡与外部平衡。在国际收支的调节政策中，汇率政策是一种比较直接且见效的调节政策。在运用汇率政策调节国际收支时，要注意汇率政策的适度性问题，同时汇率调整也是一个最为敏感的经济因素，汇率的稳定与否直接关系到人们对货币的信心，并最终会影响到对整个经济的信心。另外还要注意，由于人们一般说运用汇率政策调节国际收支往往是只强调它对贸易收支的影响，但实际上汇率调整对非贸易收支和资本与金融项目收支也都有影响。

第三，适当运用直接管制措施，来调节国际收支和保障国际收支的平衡。直接管制是目前大多数发展中国家实行的一种重要的调节国际收支的措施，这是由发展中国家的经济发展水平、经济结构以及管理能力和市场的发育程度所决定的。无疑，我国在这些方面与发达国家相比还有较大的差距，因此我国在选择国际收支调节政策时保持一定数量的直接管制，对维护我国的经济利益和发展对外经贸关系仍然是有帮助的。当然运用这一措施要注意运用得当，否则就可能适得其反，起不到应有的效果。随着我国社会主义市场机制的完善和经济实力的增强，将逐步放松直至取消外汇管制的政策措施。

第五节 国际储备

国际储备是国际收支平衡表中一项十分重要的内容。国际收支不平衡是对外经济交往中常见的现象。一国如果是国际收支顺差，则会使其黄金、外汇储备增加；如果是逆差，则该国必须以黄金、外汇储备来弥补。黄金、外汇储备是国际储备的重要组成部分。国际储备一方面来自一国自有的黄金和外汇储备，另一方面来自其向国外的借款。而一国能向国外借款规模的大小和借款条件的优劣，一般又与其黄金和外汇储备规模有着重要的联系。因此，每个国家都必须持有一定数额的黄金和外汇储备。

一、国际储备的概念及作用

（一）国际储备概念

国际储备（International Reserves）是指一国货币当局持有的、能随时用于弥补国际收支逆差、维持本币汇率稳定以及用于应付紧急支付、作为对外偿债的信用保证，并为世界各国所普遍接受的各种形式的资产。

在经济文献中，常常出现国际清偿能力的概念。国际清偿能力是一国货币当局持有国际流动、用以支持本国货币汇率、支付国际收支逆差和偿付到期外债的能力。这种能力分为现实能力和潜在能力两部分。现实能力是指在国际清偿时可动用的国际储备资产（自有储备），潜在能力是指在国际清偿时可以通过调配、借贷或动员等方法获得的国际储备资产，即该国在国外筹措资金的能力，向外国政府或中央银行、国际金融组织和商业银行借款的能力。因此，国际清偿能力包括自有储备和借入储备两部分。国际储备仅仅是一国具有的现实的对外清偿能力;而国际清偿能力则是该国具有的现实的和可能的对外清偿能力的总和。国际清偿能力常常被理论学界和外汇市场交易者视作一国货币金融当局维持其汇率水平能力的重要依据。就不同类型的国家而言,它们所拥有的国际清偿能力有很大的差距。一般来说,发达国家所拥有的国际清偿能力要比发展中国家强,因为发展中国家进入国际金融市场进行应急性筹资的能力受到极大的限制。如果一国对外筹资的能力受到完全的限制,则该国的国际清偿能力就等同于其国际储备。

国际清偿能力和国际储备关系见表2-3。

表2-3 国际清偿能力和国际储备关系

国际清偿能力	自有储备	1. 黄金储备 2. 外汇储备 3. 在IMF的储备头寸 4. 特别提款权	国际储备
	借入储备	1. 备用信贷 2. 互惠信贷协议 3. 支付协议 4. 商业银行的对外短期可兑换货币资产 5. 其他类似的安排	

作为国际储备资产应具备以下四个特征:

(1) 官方持有性,即作为国际储备资产,必须是掌握在该国货币当局手中的资产,非官方金融机构、企业和私人持有的黄金和外汇尽管也是流动资产,但不能算是国际储备资产。

(2) 充分流动性,即作为国际储备资产必须是随时可以动用的资产,如存放在国外银行的活期存款,随时可以变现的有价证券、国库券以及黄金等,这样的资产才能随时被用来弥补国际收支逆差,或干预外汇市场等。

(3) 普遍接受性,即这种资产在计价、结算、支付等方面被世界各国所普遍接受。

(4) 稳定性,即这种资产的货币价值必须相对稳定,不能因汇率、利率的变化而发生大幅度的价值下跌或损失。

(二) 国际储备的构成

目前,根据IMF的表述,一国国际储备的具体形式包括黄金储备、外汇储备、会员国在IMF的储备头寸和IMF分配给会员国尚未动用的特别提款权四种。不同形式的国际储备,在不同的历史时期所占的地位各不相同。

1. 黄金储备

黄金储备是一国货币当局持有的货币性黄金。在国际金本位制度下,黄金是最主要的储备资产,充当世界货币和平衡国际收支的最后手段。金本位制崩溃以后,纸币不再兑换黄金,黄金也不再作为纸币发行的准备金,但黄金仍然是主要的国际储备资产和国际结算的支付手段。与其他储备资产相比,黄金具有保值、可靠的优点,因此许多国家仍然持有大量的黄金储备。1978年4月1日生效的《国际货币基金协定》修正案规定黄金"非货币化",黄金作为货币的作用趋于淡化。但黄金作为一般财富的社会化身,可以较容易地转化为任何所需要的支付手段,所以它仍是国际储备的重要形式。

2. 外汇储备

外汇储备是指一国政府所持有的可以自由兑换的外币及其短期金融资产。其具体形态表现为:政府在国外的短期存款及其他可以在国外兑现的支付凭证和有价证券,如商业汇票、银行支票、外国政府国库券和长短期债券等。外汇储备是当今国际储备的主体,是最主要、最活跃的部分,同时也是各国国际储备资产管理的主要对象。

在金本位制下,外汇储备处于极其次要的地位。在布雷顿森林体系创立以后,外汇储备的地位虽有提高,但同黄金储备相比,直到 1960 年仍处于次要地位,仅占总额的 30.8%,而黄金储备占 63.2%。之后,外汇储备在国际储备总额中的比重迅速提高,1970 年达 48.6%,超过黄金储备的比重而占首要地位。1980 年扩大至 82.5%,1995 年为 91.4%,截至 2001 年年底达到了 93.74%。第二次世界大战前,英镑曾长期是世界各国主要的储备货币;第二次世界大战后,美元取代英镑成为主要的储备货币。20 世纪 70 年代以来,德国马克、瑞士法郎、法国法郎和日元也成为重要的储备货币。进入 21 世纪,欧元也成为重要的储备货币。

3. 会员国在 IMF 的储备头寸(Reserve Position in the Fund)

会员国在 IMF 的储备头寸也称普通提款权,是指会员国在 IMF 普通提款权账户中的债权头寸,是成员国可以自由提取和使用的资产。其资金来源主要是会员国缴存在 IMF 的相当于份额 25% 的黄金与外汇,再加上 IMF 用去的本国货币持有量部分而产生的对 IMF 的债权。

小知识 各国外汇储备

按照 IMF 的规定,加入 IMF 的国家须按一定份额缴纳一笔钱,称为份额。份额中 25% 在可兑换货币和特别提款权(《牙买加协议》生效前是黄金)缴纳,另外 75% 用本国货币缴纳。当成员国发生国际收支困难时,有权向国际货币基金组织申请可兑换货币贷款,被称为普通贷款,即成员国拥有普通提款权,用于解决会员国国际收支不平衡,但不能用于成员国贸易和非贸易的经常项目支付。最高限额为会员国向基金缴纳份额的 125%,期限为 3~5 年。

4. 特别提款权(Special Drawing Rights,SDRs)

特别提款权是 IMF 创设的无偿分配给会员国用以补充国际储备、弥补国际收支逆差的一种记账单位和储备资产。

SDRs 从 1970 年开始第一次分配给会员国,作为原有普通提款权以外的一种使用资金的特别权利,可用于会员国政府或中央银行 IMF 特别提款权账户之间的结算以及会员国对 IMF 的某些支付,也可用做政府对外承担金融债务和缔结互惠协定的保证金,或向其他会员国换取外汇,但不能直接用于国际贸易和非贸易支付。私人企业和商业银行不能持有和使用。

特别提款权作为各国国际储备资产的补充,与其他储备资产相比具有以下四个特点:第一,特别提款权获得更为容易,普通提款权的获得要以会员国的缴足摊额(份额)为条件,而特别提款权是由 IMF 按会员国的摊额予以"分配",不需缴纳任何款项,且这项权利的动用也不必事先定什么协议或事先审查。第二,普通提款权的融通使用需要按期偿还,而特别提款权无须偿还,是一种额外的资金来源。第三,特别提款权是一种有名无实的资产,虽然被称为"纸黄金",但不像黄金那样具有内在价值,也不像美元、英镑那样以一国政治、经济实力作为后盾,而仅仅是一种用数字表示的记账单位。第四,特别提款权仅仅是一种计价结算工具,不能直接用于流通手段。

(三) 国际储备的作用

国际储备的作用,可以从两个层次来理解。第一个层次,世界范围来考察国际储备的作用。随着世界经济和国际贸易的发展,国际储备也相应增加,它起着促进国际商品流动和世界经济发展的作用。第二个层次则是具体到每一个国家来考察。从一国角度来看,持有国际储备的主要目的有多种。

1. 弥补国际收支逆差

这是绝大多数国家持有国际储备最主要的作用。当一国发生短期性的、轻微的国际收支逆差时,可以通过动用国际储备予以弥补,而不必采取影响国内经济的财政货币政策来调节。当一国发生长期的、巨额的或根本性国际收支逆差时,一定规模的调整政策是必不可少的。这时,国际储备可以起到一种缓冲作用,它使政府有时间渐进地推进其财政货币调节政策,避免因猛烈的调节措施带来国内经济震荡。

2. 维持本国汇率稳定

本国货币在外汇市场上出现较大波动,会对本国经济产生不良影响。一国货币当局可利用国际储备来干预外汇市场,影响外汇供求,将汇率维持在一国政府所希望的水平上。当本国货币的汇率在外汇市场上呈下降趋势,为维护本国货币的国际地位,货币当局可以出售外汇储备购入本币,增加外汇供给,从而使本国货币汇率上升;当本国货币的汇率在外汇市场上呈上升趋势,为了防止本国货币过度升值带来的不良影响(如出口下降等),货币当局可以抛出本币购入外汇,增加本币供给,从而使本国货币汇率下降。因此,一国持有国际储备的多少表明了一国干预外汇市场和维持汇率稳定的实力。需要指出的是,外汇市场干预是试图改变外汇市场上本币与外币的供求关系来调节汇率的,它无法从根本上改变决定汇率的基本因素,而且各国货币当局持有的外汇储备总是有限的,因此,外汇市场干预只能对汇率产生短期和有限的影响。

3. 维护国际资信

国际储备对维护国际资信的作用,包含两层含义:一是可以用来支持本国货币价值稳定性的信心;二是可以作为政府向外借款的信用保证。首先,一国拥有充足的国际储备不仅在客观上使货币当局拥有较强的调控外汇市场的能力,而且还可以增强外汇市场上投资者对该国货币的信心。其次,一国国际储备状况是国际金融机构和国际银团提供贷款时评估其国家风险和借款资信的重要指标之一。一国拥有充足的国际储备,表明该国的债信和偿债能力较强,对外借款就比较容易;反之,对外借款则比较难。

4. 应付突发事件的需要

如果一国突发自然灾害,引起粮食短缺,就会增加对进口粮食的外汇支付;如果一国突发金融危机,就会引起资本外逃,本币贬值,为了稳定国内金融、经济秩序,也需要动用大量国际储备对外汇市场进行干预。其他突发事件如战争、意料之外的债务增加等,也会导致一国临时的对外支付增加。

5. 促进国内经济发展

对许多发展中国家而言,国际储备并不仅仅是干预外汇市场的手段,更是它们整个经济发展战略的重要组成部分。大多数发展中国家的出口结构均以初级产品为主,出口收入受国际市场需求的制约，数量有限，而其进口又存在较强的依赖性。因此，其国民经济的发展依赖于一定规模的国际储备。

二、国际储备的管理

国际储备管理是一国政府或货币当局根据一定时期内本国的国际收支状况和经济发展的要求，对国际储备的规模、结构和储备资产的使用进行调整、控制，从而实现储备资产的规模适度化、结构最优化和使用高效化的整个过程。一个国家的国际储备管理包括两个方面：一是国际储备规模的管理，以求得适度的储备水平；二是国际储备结构的管理，使储备资产的结构得以优化。通过国际储备管理，一方面可以维持一国国际收支的正常进行，另一方面可以提高一国国际储备的使用效率。

（一）国际储备管理的重要性

随着布雷顿森林体系的崩溃和浮动汇率制的实行，国际储备管理问题变得更为突出和重要。

1. 国际储备资产的汇率风险加大

在浮动汇率制度下，西方国家的关键货币之间汇率波动频繁，而且波动幅度较大，从而使国际储备资产的汇率风险增大。因此，必须加强对储备资产的管理。其具体表现主要在两个方面：

（1）在世界各国普遍实行浮动汇率制条件下，各国中央银行持有的外汇储备货币面临汇率频繁波动的风险，如果一国中央银行保持的外汇储备币种不当，就可能受到损失。因此，需要密切注意西方主要外汇市场的汇率变化趋势，根据情况不断选择变化储备资产的形式，加强储备资产的管理。

（2）在储备货币币种不断增加的情况下，各国对外贸易用于计价结算货币的汇率风险大大增加。

浮动汇率制度下，各种可自由兑换的西方国家货币都已成为储备货币，使国际储备资产的汇率风险复杂化。因此，必须根据各种货币不断变化的汇价和国际贸易支付结算的需要，来调配储备货币的结构。

2. 国际储备资产的利率风险增大

由于西方各国本身经济目标的重点不同，经济政策的理论依据不同，所以其利率水平各不相同。但各国利率水平会相互影响，导致利率经常波动。因此，国际储备管理还必须比较各种货币的利率差距，同时要充分考虑各种货币的名义利率及剔除通货膨胀后的实际利率之间的关系，来选择调配储备货币的币种，以确保国际储备资产的安全性和盈利性。

3. 国际储备资产日益多元化

国际储备资产的投资选择和选择风险同时增加了国际储备资产的多元化，为各国的储备资产保值增值和投资选择提供了更多的机会，但同时也带来了更大的投资选择风险。随着以欧洲货币市场为主的国际金融市场的迅速发展，信用方式日趋多样化，借贷凭证种类繁多，而且可以随意转让，资金调拨灵活方便。另外，各种有价证券的币种、面额、期限、利率、费用、收益等各不相同，这就使得储备资产的投资选择变得重要和复杂。其选择得当与否，直接关系到储备资产的盈利和安全性。因此，对国际储备资产的管理不仅要求注意汇率、利率的变化，还必须研究证券市场的变化和投资对象的特点等问题，从而加大了储备资产管理的难度和复杂性。

4. 黄金价格的剧烈波动对黄金储备价值的影响

黄金价格的剧烈波动影响黄金储备的价值，因此需加强对黄金储备的管理。自 1971 年 8 月美国宣布停止向外国中央银行按 35 美元兑换一盎司黄金以后，国际黄金市场价格不断上涨。在西方各国通货膨胀加剧、货币汇率和利率动荡的情况下，黄金便成了人们投机或保值而抢购的对象，导致市场金价经常暴涨、暴跌；而许多国家换算黄金储备经常要参考黄金市场价格。所以，金价的涨跌会影响储备资产的价值。黄金虽不像其他储备资产那样可供投资生息，但金价涨跌所带来的收益或损失还是会影响中央银行的黄金买卖决策。因此，也需要加强黄金储备的管理。

5. 保持适度的国际储备规模与结构

一国国际储备资产结构及外汇储备的币种结构必须与该国的贸易流向和债务结构相适应，并保持适度的国际储备量。这样做才能满足国际贸易及国际经济往来的需要。而这正是国际储备资产管理的主要内容。

(二) 国际储备总量的管理

1. 国际储备总量管理的含义

一国持有的国际储备越多，越能满足弥补国际收支逆差、稳定汇率、资信保证等的需要，但持有国际储备是有代价的，因此，一国并非持有国际储备越多越好。国际储备的总量管理就是要合理确定一个最适度的量，使持有国际储备的成本最小而又能达到最佳的使用效果。

2. 最适度国际储备量的确定方法

国际货币基金组织确定适度的国际储备量的指标主要有以下三个：

(1) 过去实际储备的趋势，即过去一年一国的国际储备量与其国内生产总值之间的比率（国际储备/GDP）。该指标反映了一国的经济增长对国际储备量的需求。一般认为在正常情况下，国际储备量与国内生产总值之比应为 10% 左右。

(2) 过去储备对国际收支综合差额趋势的比率，即过去一年一国的国际储备与其国际收支总差额之间的比率（国际储备/国际收支总差额）。该指标反映了一国国际收支不平衡对国际储备量的需求。

(3) 过去国际储备与进口额的比率，即过去一年一国的国际储备与其年进口额之间的比率（国际储备/年进口额）。该指标反映了一国对外贸易对国际储备量的需求。国际上一般认为，一国最适度的国际储备量应以满足该国 3 个月的进口支付额为标准，即国际储备量与当年进口额的比率为 25%，否则成本过高。但这个指标对不同类型的国家并不是平均分布的。发达国家的储备占进口总额的比重较低，为 18% 左右。石油输出国的比重较高，占 50% 左右；非产油国家的比重为 25% 左右。

在这三个指标中，第三个指标最重要，其应用也最广。由于国际储备的最基本用途是弥补国际收支逆差，而贸易收支是国际收支最重要的项目，加之此方法简单，易于操作。因此，这一指标目前不仅是 IMF 和国际银行在衡量各国国家风险时考虑的，而且也是各国衡量该国国际储备充足与否的最常用的指标。

(三) 国际储备结构管理

国际储备的结构管理是指如何使各项储备资产实现最佳的组合搭配以及如何使外汇储备

的各种储备货币保持合适的比例，以满足其经济发展和对外经济往来的需要。

一般来说，储备结构管理中主要遵循安全性、流动性和盈利性原则。安全性原则是指储备资产的价值必须具有相当的稳定性，不能波动频繁，大起大落；流动性是指储备资产能够迅速地兑现并用于支付；盈利性是指储备资产能够产生较高的收益，并不断增值。这三个原则之间是矛盾冲突的。收益较高的储备资产运用方式，如投资于外国证券，往往有风险，流动性也较低；流动性较高也较安全的方式，如存入外国活期存款账户，则收益较低。所以，必须在三者之间进行权衡，进行合理配置。

国际储备结构管理的内容就是合理安排国际储备的构成，以最大限度地发挥各种储备资产的作用。如上所述，国际储备包括黄金储备、外汇储备、在 IMF 的储备头寸和特别提款权四种形式。由于一国所持有的在 IMF 的储备头寸和特别提款权的数额是由该国在 IMF 所缴纳的份额、IMF 的分配和使用决定的，一国很难通过经济政策和管理手段进行主动增减。因此，对国际储备的结构管理主要集中在对黄金储备和外汇储备的管理上。

对黄金储备来说，由于其安全性很高，多数国家都保持一定量的黄金储备作为保值手段，但其流动性和盈利性很差，而且其价格受多种因素影响，变化令人琢磨不定，因此，其储备量不宜过多和进行频繁调整，以保持稳定为宜。事实上，自 20 世纪 80 年代以来，黄金在各国储备中的数量一直都是比较稳定的。而外汇储备作为国际储备的主体，其占国际储备的比例一直上升，目前已达 93% 以上。而且在通常情况下，当一国出现国际收支逆差进行外汇干预时，首先动用的就是外汇储备，其他储备资产主要用于保值和最后的支付手段。因此，对国际储备的结构管理，重点是对外汇储备的结构管理。

对外汇储备的结构管理包括对储备币种的结构管理和储备资产流动性的结构管理。

1. 外汇储备币种的结构管理

外汇储备币种的结构管理是指合理选择储备货币并确定它们在一国外汇储备中各自所占的比重。

在储备币种的选择上，应遵循以下原则：① 盈利性原则。应尽可能选择有升值趋势的货币（即硬币），这样可以保证储备资产价值的增值。② 安全性原则。应尽可能选择汇率波动较小的货币，这样可以保持外汇储备资产价值的稳定；或尽可能选择经常使用的货币，如选择与对外贸易支付、对外债务、弥补国际收支逆差和干预外汇市场等相一致的货币，这样可以避免因货币兑换而产生的交易成本和汇率风险。此外，还要使储备货币多样化，避免单一化，这样可以分散外汇风险，因为当某些货币贬值而遭受损失时，能从另一些货币升值带来的好处中得到补偿。需指出，不同的储备货币的软硬度（即汇率）是会不断变化的，因此，一国要根据汇率的变化对储备币种结构进行及时调整，目前可作为储备货币的主要有美元、欧元、日元、英镑、瑞士法郎等。

在储备货币比例的安排上，目前，世界上大多数国家都是实行以某种最重要的国际货币或该国使用最多的货币为主、其他货币为辅的多元储备货币结构。20 世纪 70 年代以来，虽然美元的储备地位有所下降，但目前在国际贸易和国际借贷中使用量最大的货币仍是美元，而且美国的货币市场和证券市场居世界之首，又是活跃的国际投资中心，因此美元在国际储备货币中仍占主导地位。欧元自产生以来，其储备地位就不断上升。日元和英镑的储备地位虽然也不断上升，但远小于美元和欧元。因此，目前大多数国家的储备货币中美元占最大比重，其次是欧元，然后是日元、英镑、瑞士法郎和其他储备货币。

2. 储备资产流动性的结构管理

在外汇储备币种的结构管理中，需要考虑的是安全性和盈利性之间的关系，为了减少外汇风险（提高安全性），大多数国家采取的是储备货币多元化的策略。那么，当币种确定以后，每种币种的投资结构即存款和各种证券的比重又应如何呢？这就涉及流动性和盈利性的关系问题。我们知道，流动性和盈利性呈反方向变动的：流动性越强，盈利性就越低。

储备资产按照流动性的高低可以分为三个档次：① 一级储备资产。它是指流动性最高但收益率最低的储备资产，如现金、活期存款、短期国库券、短期商业票据等，期限不高过3个月。② 二级储备资产。它是指收益率高于一级储备，而流动性低于一级储备但仍具有很高流动性的储备资产，如各种中期债券等，偿还期限为1～10年。③ 三级储备资产。它是指收益率最高但流动性最低的储备资产，如各种长期债券等，偿还期限为10年以上。

由于不同的储备资产的流动性和收益率不同，各国应根据具体情况合理安排三个档次的储备资产的比例。由于国际储备本身的性质，各国货币当局在安排其储备资产结构时通常较私人投资者更注重资产的流动性，而相对不那么积极追求盈利性。因此，就总体而言，各国通常持有较多的一级储备来弥补国际收支逆差和干预外汇市场等交易性需求；在满足了交易性需求后，再将剩余的储备资产用于在各种二级储备与三级储备之间进行分散组合投资，以期在保持一定流动性条件下获取尽可能高的预期收益率。就投资工具而言，各国大都尽量限制储备资产投资于国际银行和存在国家风险的国家或投资于公司证券，而愿意投资于信誉较高国家的政府债券和 AAA 级的欧洲债券。

（四）我国的国际储备管理

1. 我国国际储备管理政策的目标

根据我国经济特点和国际储备管理应遵循的一般原则，我国设立的国际储备管理目标主要包括以下四个方面：

（1）保持一定的流动性。为了适应外汇流入、流出量的季节性、周期性变化，中央银行必须以流动资产的形式保持相当数量的外汇储备，以满足我国经济增长所必要的进口和偿债能力的需要。

小知识 金砖国家外汇储备库将启动

（2）获得一定的收益。充分利用国家外汇储备资产，进行安全妥善的投资，以获得更多的利益；并尽量消化过多的储备，缩小闲置资金数量。

（3）维护外汇资产的价值。对国家所持有的外汇储备资产要根据各种货币汇率、利率变动情况和预测不断进行调配，以避免由于汇率变动和利率升降带来的损失。

（4）提供应付不测事件的需要。保持国际储备的目标之一，就是要在战争或自然灾害等不测事件发生时，能从容应付，以防止我国国内经济和对外经济关系出现危机。在这方面，黄金所起的保护作用要胜于其他一切国际资产。因为黄金作为一般财富的社会化身，即使是在最动乱的时候也能找到买主。我国国际储备中也保留了一定量的黄金；同时，采取了藏富于民的黄金政策。另外，国家还允许除中央银行以外的其他金融机构持有国外资产，以便在国家急需时，可以动员出来应急。

除此以外，还可以服从一定时期特定的政治需要留出一定量的储备。

以上几个方面的指标，不外乎是对储备资产的盈利性、流动性和安全性的考虑。应根据我国和世界经济变动情况做出不同的选择。如国家储备危急时，流动性是主要目标；国际市场利率、汇率强烈波动时，维持储备资产价值，安全性是主要目标；国际储备资产充裕时，则应以提高储备资产的盈利性为主要目标。

由于1994年我国外汇体制改革，实行单一的、有管理的浮动汇率，人民币大幅度贬值，大大刺激了我国的出口，导致我国外汇储备迅猛增加。一些年份，我国外汇储备持有量已经超过了所需要的额度。因此，我国的储备管理方针，一方面是要尽可能消化过多的储备，另一方面则是要强调其安全性和盈利性目标，以防止储备货币的利率、汇率风险。

2. 我国国际储备现状分析

我国历年的外汇储备规模如表2-4所示。由表2-4可以看出，我国外汇储备于2006年突破万亿美元。不到3年一举突破2万亿美元。2011年，外汇储备突破3万亿美元。2013年年末，国家外汇储备余额为3.82万亿美元，再度创出历史新高。这一数据相比2012年年末增加5 097亿美元，年增幅也创出历史新高。

中国外汇储备主要经历了三个阶段：一是快速积累期。2003—2013年，受经常账户和非储备性质金融账户顺差规模快速增长以及人民币汇率单边升值影响，国际资本大量涌入中国，导致这一时期外汇储备快速积累，外汇储备余额由2003年0.40万亿美元上升至2013年3.82万亿美元，涨幅达9.6倍。二是快速下降期。2014—2016年，国际资本连续三年净流出，加上2015年"811汇改"后美元指数走强，人民币汇率贬值压力骤升，导致外汇储备规模大幅缩水。三是基本稳定期。2017年以来，中国国际收支进入到基本平衡的新阶段，在人民币汇率双向波动加强的背景下，外汇储备存量一直稳定在3.0万亿～3.2万亿美元的区间内，2019年外汇储备余额为3.11万亿美元，较上年小幅增长352亿美元，外汇储备规模相对稳定为推进人民币国际化提供了信用支持和兑换保障。另外，外汇储备占全部对外资产的比重开始逐年降低，民间部门持有外汇资产的比重持续上升，"藏汇于民"政策效果正在逐渐显现，外汇管理向着"平衡管理"方式迈进。

表2-4　2000—2020年我国历年外汇储备规模　　　　　　　单位：亿美元

年度	金额
2000	1 655.74
2001	2 121.65
2002	2 864.07
2003	4 032.51
2004	6 099.32
2005	8 188.72
2006	10 663.44
2007	15 282.49
2008	19 460.30
2009	23 991.52
2010	28 473.38
2011	31 811.48
2012	33 115.89

续表

年度	金额
2013	38 213.15
2014	38 430.18
2015	33 303.62
2016	30 105.17
2017	31 399
2018	30 727
2019	31 079
2020	32 165

数据来源：国家外汇管理局网站

（1）我国外汇储备增加的原因，主要包括以下两点：

① 经常项目与金融和资本项目双顺差。近年来，我国货物进出口贸易规模保持增长，受此影响，经常项目持续保持较大顺差；又由于我国经济发展态势良好，人民币汇率保持稳定，外国投资者信心不断增强，因而外商来华直接投资和金融机构境外投资都迅速上升。到2010年年末，中国已成为全球第二大直接投资流入国，贸易顺差和直接投资净流入收支顺差比超过80%。外汇资金大量流入，银行、企业和居民都不愿持有外汇，就在市场上卖给中央银行，造成外汇储备增加。目前在经常项目下，人民币可以自由兑换，但由于资本项目尚未开放，因而国际上的"热钱"通过合法途径进入中国变得很困难。不过，现阶段市场普遍对人民币升值怀有持续的心理预期，导致大量"热钱"以各种非法途径进入中国内地，助推了外汇储备的快速增长。

② 发达国家实行量化宽松货币政策，加剧了我国经常项目和资本项目"双顺差"。发达国家实行量化宽松货币政策，实际上是开动机器印钞票。其中一部分用于购买中国商品，国内大量价廉物美的商品流向国外，生产过程中产生的污染却留在国内，耗费的资源、能源也记在中国头上。

（2）巨额外汇储备的作用。外汇储备具有弥补国际收支赤字、保持汇率稳定、偿还对外债务等功能。超大规模的外汇储备除了具有上述功能外，还有其他的功能，尤其对我国这个逐步走向深层次开放的发展中国家来说。

① 为资本项目的开放保驾护航。资本项目开放是我国经济改革的下一个目标，也是一个长期而又艰巨的任务。资本项目的开放首先要放开汇率，使汇率能够反映市场的供求状况而自由波动。但是，汇率强烈的波动，会影响我国经济的稳定。此时，我国的巨额外汇储备能够起到稳定汇率的作用，为资本项目的开放保驾护航。例如，当外汇供小于求时，我们可以动用外汇储备，抛出外汇，满足市场对外汇的需求。

② 提供应对经济危机的能力。在当今世界经济大发展的时代，经济危机爆发越来越频繁，经济危机的危害也越来越大。对于一个国家来说，具有应对经济危机的能力显得尤为重要。巨额的外汇储备可以为我国提供应对经济危机的能力。巨额的外汇储备为我国申请国际贷款提供了信誉保障，而国际贷款是应对经济危机的最有力措施之一。

③ 提升我国的国际地位。巨额外汇储备在很大程度上提升了我国的国际地位。我国在 IMF 份额的增加、在国际事务中话语权的增加都与我国的巨额外汇储备有关系。

（3）巨额外汇储备带来的问题。任何事情都具有两面性，巨额的外汇储备也有它的问题。对于具有 3.82 万亿美元外汇储备的我国来说，它所带来的损失可能还大于收益。

① 外汇储备资产的缩水。巨额的外汇储备最大的问题，就是管理的问题。在我国的外汇储备中，美元占 60% 左右，然而汇改以来美元对人民币一直贬值。那么，我国以美元储备的外汇资产就一直在缩水。尽管我们有 1 万多亿的美国国债，但有数据显示国债的利息收入不能弥补美元缩水带来的损失。不仅仅美元，日元、欧元对人民币都有贬值的趋势。尤其是金融危机以来，美国为了应对金融危机带来的经济萧条，不断推出量化宽松政策，使人民币升值压力进一步加大，美元储备资产缩水情况更为严峻。2012 年，日本安倍政府上台后，加大了货币的发行，使日本的通货膨胀率显著上升，以此来改变日本经济停滞的局面，这同时造成了日元对人民币的贬值，使我国的日元储备持续缩水。

② 国内较严重的通货膨胀和房价上涨。由于我国对外汇的管理较为严格，外汇不能在国内流通，企业或者个人取得的外汇收入都要拿到商业银行兑换成人民币。商业银行再到央行把外汇兑换成人民币。这样，央行就印发了与兑换的外汇等值的人民币。而这部分人民币所对应的产品是用来满足外国人需求的，那么对于我国来说，相当于多印发了外汇增量这么多的人民币进入市场流通。产品还是这么多，人民币多了必然造成通货膨胀。伴随着我国外汇储备显著的增加，我国通货膨胀率也在攀升。尤其是金融危机以前，我国的通货膨胀增长趋势（用 CPI 增长率表示）与外汇储备的增长趋势几乎相同。2008 年以来，受金融危机的影响，我国的出口受挫，外汇储备增长率下降，但由于刺激经济的政府宽松货币政策使 CPI 增长率呈现了上升的趋势。总体而言，通货膨胀率与外汇储备的增长率呈现几乎相同方向的变动。调控通货膨胀，需首先控制外汇储备的增长。此外，我国的高房价也与巨额的外汇储备不无关系。由于我国劳动力成本低廉，与多发的与外汇增量等值的那部分人民币大部分被出口企业主及相关生产企业主赚得。我国的投资渠道有限，股市运行又不太正规，这使大多数人把这部分钱投到了增加房地产用地受限制的房地产行业，这就造成了房价的高涨，房地产行业的泡沫。金融危机以前，房价的增长趋势与外汇储备的增长趋势大体相同。

③ 与其他国家经济和政治上的摩擦。外汇储备很容易成为衡量一国对外经济的标准。我国的巨额外汇储备就标志着我国长期的经常项目的顺差。而长期的逆差影响一国的国际收支，是很多国家特别关注的问题。以美国为首的西方国家的长期逆差，使它们以巨额外汇储备为依据对我国施加各种压力，如人民币升值等。同时，巨额的外汇储备也成为这些逆差国制造各种经济和政治摩擦的把手。近年来，针对我国的各种反倾销、反补贴案层出不穷，严重影响了我国外交、对外经济的发展。

3. 我国的国际储备政策实施

根据国际储备管理的目标和我国经济发展的实际需要，我国采取的国际储备政策保持了我国自己的特色。

（1）黄金政策实施，主要是采取官方黄金储量基本保持不变，藏富于民的政策。我国从 1980 年恢复在 IMF 的地位后，确定划出了 400 吨（相当于 1 270 万盎司）的黄金作为储备，以后就一直没有变动过。这样的黄金储量，不论是相对于国民生产总值，还是相对于进口额及占整个国际储备的比重，与世界上一般国家相比，都不算少。由于黄金储备不能生息盈利，所以我国的黄金储备基本上是保持不变的政策。对于国内新生产的黄金，除必要的工业用金外，首饰等奢侈品在逐年增加，已实现藏富于民的方针。

（2）外汇储备的政策实施。外汇储备管理是我国国际储备管理的主要方面。我国外汇储备管理同样包括两个方面：外汇储备水平管理和外汇储备结构管理。

① 保持适度外汇储备规模。保持适度外汇储备规模是外汇储备水平的核心内容。世界上发展中国家的外汇储备一般是保持在相当于 3 个月左右进口额的水平，但由于各国具体情况不同，外汇储备水平也不尽相同。根据我国的具体情况，不一定保持这么高，可稍低于一般发展中国家的储备水平，只保持相当于两个月左右进口额的水平就可以。

② 外汇储备构成。我国的外汇储备实际可分为两部分：一部分是国家外汇库存，一部分是中国银行外汇结存。国家外汇库存是国家以出口商品和劳务换来的，而中国银行外汇结存则是中国银行，包括其海外分支机构，在国内外吸收的外汇存款，减去对国内外的外汇贷款和投资后的余额。其中除去 10 亿美元的自有资金外，其余的都是中国银行的对外负债，实质上都是其营运资金。

由于中国银行的外汇结存是业务周转的库存资金，不仅流动性大，要支付一定的代价，而且在必要时也不能全部动用。所以，在适度外汇储备水平一定的情况下，这部分外汇储备在整个外汇储备结构中应放在次要地位，而把我国出口和劳务换来的，代表我国真正经济实力的国家外汇库存放在首要地位，在外汇储备构成中占较大比例。

小知识 我国外汇储备规模创 2016 年以来新高

本章小结

1. 国际收支是一国对外经济交往活动的系统反映，一国国际收支状况是通过国际收支平衡表来反映的。

2. 国际收支平衡表是按照复式记账法编制的，在平衡表中全部经济交易活动被划分为借方交易和贷方交易。借方交易是对外国居民支付的交易，贷方交易接受外国居民支付的交易。凡属于支出项目、对外负债减少或对外资产增加项目均记入借方。凡属于收入项目、对外负债增加或对外资产减少项目均记入贷方。

3. 国际收支平衡表在编制过程中，尽管各国在具体项目设定上存在差异，但其基本内容大体一致，即由经常项目、资本和金融项目、净误差与遗漏、储备资产四个部分构成。对国际收支平衡表进行分析已成为世界各国货币金融管理当局制定有关贸易、金融及对外投资政策的具体依据。

4. 国际收支平衡是一种相对理想的国际收支状态，国际收支不平衡是经常的、不可避免的经济现象，导致国际收支不平衡的原因很多，其结果表现为一国国际收支顺差或逆差。

5. 当国际收支出现不平衡时，政府有必要采取措施对国际收支不平衡进行调节，使之趋于或达到均衡状态。在不同的国际货币制度下，国际收支不平衡的调节机制不同。在浮动汇率制度下，对国际收支逆差主要采取财政政策和金融政策、直接管制、外汇缓冲政策、国际经济合作等措施进行调节。

6. 国际储备是一国货币当局所持有的、能随时用于弥补国际收支逆差、维持本币汇率稳定以及用于应付紧急支付、作为对外偿债的信用保证，并为世界各国所普遍接受的各种形式的资产。它具有官方持有性、充分流动性、普遍接受性、稳定性等特点。国际储备由黄金储备、外汇储备、在 IMF 的储备头寸和特别提款权组成。国际储备管理包括规模管理和结构管理两个方面。外汇储备应注重多元化资产组合。

7. 我国国际储备规模和结构问题已成为各方关注的重点。外汇储备的增长加强了我国的金融实力，同时也迫切要求改革和完善储备管理体制和营运机制，提高我国国际储备管理水平，以确定适度的外汇储备量。

✓ 关键名词

国际收支　国际收支平衡表　自主性交易　调节性交易　国际储备　储备头寸

✓ 练习与思考

一、判断题

（　　）1. 国际借贷和国际收支密切相关，二者的含义没有差异。
（　　）2. 股息、红利、利息等属于资本与金融项目。
（　　）3. 国际收支平衡表的经常项目和金融项目都是按总额记录的。
（　　）4. 汇率的贬值一定能够产生扩大出口、减少进口的效应。
（　　）5. 在纸币流通条件下，一国的国际收支已无法借助黄金的输出、输入而自动调节。
（　　）6. 储备货币发行国可持有较少的国际储备。
（　　）7. 实行固定汇率的国家所需的国际储备可以较少，实行浮动汇率的国家应当拥有较多的国际储备。
（　　）8. 根据国际储备的性质，所有可兑换货币所表示的资产都可成为国际储备。
（　　）9. 一国的国际储备就是该国外汇资产的总和。
（　　）10. 一般情况下，一国国际储备量与国民生产总值之比在发达国家较高，在发展中国家较低。

二、选择题

1. 若一国的国际收支平衡表中，储备资产项目为-100 亿美元，则表示该国_____。
   A. 增加了 100 亿美元的储备　　B. 减少了 100 亿美元的储备
   C. 人为的账面平衡，不说明问题　D. 无法判断

2. _____是指一国在一定日期对外债权债务的综合情况。
   A. 国际收支　　B. 国际借贷　　C. 贸易收支　　D. 资本收支

3. 当经常项目与资本项目所形成的缺口数字为-180 亿美元时，假定官方储备实际增加数为-200 亿美元，则误差与遗漏应记入_____。
   A. 借方 380 亿美元　　B. 借方 20 亿美元
   C. 贷方 20 亿美元　　　D. 贷方 380 亿美元

4. 下列项目中应记入国际收支平衡表中的有_____。
   A. 当年到期必须立即结清的外汇收支
   B. 在编制表时已全部结清的项目
   C. 在这一时期已发生，但需要跨期结清的项目

D. 已经进行的易货贸易、记账贸易
E. 已收到的补偿贸易中的设备等价款

5. 下列属于我国居民的有_____。
   A. 美国使馆的外交人员   B. 某一日资的外商独资企业
   C. 在法国使馆工作的中国雇员   D. 国家希望工程基金会
   E. 在北京大学留学三年的英国留学生

6. 下列各项中应该记入国际收支平衡表贷方的项目有_____。
   A. 货物的进口   B. 服务输出   C. 支付给外国的工资
   D. 接受的外国政府无偿援助   E. 私人汇出的侨汇

7. 国际收支出现顺差时应采取的调节政策有_____。
   A. 扩张性的财政政策   B. 紧缩性的货币政策
   C. 鼓励出口的信用政策   D. 降低关税

8. 国际清偿力的范畴较国际储备_____。
   A. 大   B. 小   C. 等同   D. 不能比较

9. 特别提款权是_____创造的储备资产。
   A. 世界银行   B. 本国中央银行
   C. 国际货币基金组织   D. 国际金融公司

10. 一个国家的经济发展速度越快、规模越大，则对该国的国际储备的需求_____。
    A. 越大   B. 越小   C. 无变化

11. 一个国家的对外贸易条件越好、对外融资能力越强，则国际储备可以_____。
    A. 适当减少   B. 适当增加   C. 保持不变

12. 可划入一国国际储备的有_____。
    A. 外汇储备   B. 普通提款权   C. 特别提款权
    D. 黄金储备   E. 商业银行的外汇结存

13. SDRs 具有_____的职能。
    A. 价值尺度   B. 支付手段   C. 贮藏手段   D. 流通手段

14. 国际储备的作用有_____。
    A. 平衡财政收支   B. 充当干预资产，维持本币汇率
    C. 增加对外投资、提高国内消费   D. 平衡国际收支
    E. 作为向外借债的保证

15. 确定一国国际储备适度规模的数量指标有（   ）。
    A. 国际储备量与国民生产总值之比   B. 外债余额与国民生产总值之比
    C. 国际储备量与月平均出口额之比   D. 国际储备量与月平均进口额之比
    E. 国际储备与对外债务总额之比

三、简答题
1. 国际收支的含义是什么？经常项目、资本项目、储备资产之间的关系是怎样的？
2. 国际收支不平衡是怎样产生的？它对一国经济会产生怎样的影响？
3. 有人说：经常项目顺差对一国有利，资本项目顺差对一国不利。你怎样看？
4. 国际收支不平衡的调节政策有哪些？如何运用？

5. 下列哪种情况会使一国官方储备项目余额增加，为什么？
   A. 外国商业银行向本国企业贷款
   B. 外国政府豁免本国政府承担的部分外债
   C. 跨国公司以设备对本国投资，开办工厂
6. 国际储备和国际清偿能力的区别是什么，分别包含哪些内容？
7. 国际储备由哪些部分组成？

四、案例分析

香港外汇储备超4 300亿美元，内地外汇储备近3.1万亿美元，什么概念？

据央行数据，2020年5月我国外汇储备较上月增加102亿美元至31 017亿美元。香港金管局也表示，香港有4 400亿美元的外汇储备支持，弹药充足。显然，外汇储备作为一个国家或地区的"小金库"，具有重要的作用。

什么是外汇储备？

外汇储备是一个国家或地区的央行或货币当局所拥有的外汇资产，是国际清偿能力和支付能力的体现，在某些时候也是调节汇率等的重要手段。目前，各国的外汇储备一般由外汇（由美元、欧元、英镑和日元等主要结算货币构成）、IMF储备、黄金储备、特别提款权四部分构成。在大多数国家，外汇储备的形成主要是通过出口：当本国外贸企业出口赚回的外汇，或国外投资机构在国内直接投资，然后这些外汇去银行将外汇兑换成本币流向国内，而银行所收到的这些外汇，变成了外汇储备。

内地和香港外汇储备变动，原因几何？

（1）银行结售汇和央行的外汇市场操作。前者指的是银行兑换本币所形成的外汇，后者指的是央行在外汇市场上通过买入或卖出外汇所拥有的外汇。据财信国际经济研究院统计，2020年5月份银行结售汇顺差在50亿美元左右，央行交易因素导致外汇储备损耗量可能在780亿美元左右。

（2）汇率变动。由于美元是国际主要结算货币，因此我国持有的外汇储备资产也主要是美元，而美元指数或汇率的变动也会影响包括我国在内的多国外汇储备。据统计，5月美元指数98.26，环比下降0.76%。预计由于美元汇率波动导致5月份我国外汇储备增加94亿美元左右，即汇兑收益94亿美元左右。

（3）海外直接投资。海外资金来华办企业，都属于这类。他们将手中的美元兑换成人民币进行投资，而银行拿到的这些美元便形成了外汇资产。此外还包括一些间接投资，比如买基金等做资产配置。据统计，截至2020年3月末，境外机构和个人持有的境内股票、债券、贷款和存款余额达到6.38万亿元，折合约9 046亿美元，较2019年3月末增加约921亿美元。

外汇储备的"特殊用途"

记得1997年亚洲金融危机吗？当年索罗斯做空泰铢，而泰国央行则必须要动用大量外汇储备去买回索罗斯抛售的泰铢，才能避免泰铢泛滥而大幅贬值。可惜泰国央行的美元储备根本不足以抵御索罗斯的抛售。资料显示，在泰铢危机发生前，泰国债务曾高达790亿美元，而泰国的外汇储备只有300多亿美元。此前在捍卫英镑的反击战中，英国政府也以消耗

了269亿美元的外汇储备为代价宣告失败。

但是在1998年6月份索罗斯大肆抛售港币时，中央政府给予了香港全国外汇储备的支配权，把索罗斯的空单全部买回。虽然最终香港资本市场财富蒸发了2.2万亿港元，但留得青山在不愁没柴烧，香港的实力仍存，依然繁荣向前。

时至今日，随着人民币国际化步伐不断加快，以及新兴货币的崛起，美元储备地位还能维持多久呢？

http：//forex.hexun.com/2020-06-15/201549093.html

分析要求：

1. 外汇储备对一个发展中国家的重要作用表现在哪里？

2. 近年来，中国外汇储备维持在较高水平。请结合所学知识和中国国情，分析中国持有国际储备的合理水平。

实训课堂

一、技能训练

1. 下列情况在美国国际收支平衡表上应如何记录？

（1）一家美国出口商向意大利客户出口2 000美元的商品。

（2）一个日本游客到美国旅游，到达美国机场后，在机场银行用日元兑换了1 000美元。当他离开美国时兑换的1 000美元全部花完。

（3）一个成为美国公民的匈牙利移民向他在匈牙利的朋友寄出1 000美元的支票。

（4）一家瑞士银行购买3 000美元的美国短期财政部库券（证券投资），用该行的美国银行账户提款支付。

（5）一个美国公民购买一家德国公司新发行的公司债券1 000美元，用他在纽约银行的账户支付，结果是美国公司持有德国公司发行的债券，而德国公司拥有美元的存款。

2. 以甲国为例，写出以下六笔交易的会计分录，并将结果编制一张简单的国际收支平衡表。

（1）甲国企业出口价值100万美元的设备，这一出口行为导致该企业在海外银行存款的相应增加。

（2）甲国居民到外国旅游花销30万美元，这笔费用从该居民的海外存款账户中扣除。

（3）外商以价值1 000万美元的设备投入甲国，兴办合资企业。

（4）甲国政府动用外汇储备40万美元向外国提供无偿援助，另提供相当于60万美元的粮食药品援助。

（5）甲国某企业在海外投资所得利润150万美元。其中75万美元用于当地的再投资，50万美元购买当地商品运回国内，25万美元调回国内结售给政府以换取本国货币。

（6）甲国居民动用其在海外存款40万美元，用以购买外国某公司的股票。

以上6笔交易构成的国际收支账户

单位：万美元

项　目	借　方	贷　方	差　额
商品贸易			

续表

项　　目	借　　方	贷　　方	差　　额
服务贸易			
收入			
经常转移			
经常项目合计			
直接投资			
证券投资			
其他投资			
官方储备			
资本与金融项目合计			
总计			

3. 根据下列某国不完整的某年列表计算并分析。

（1）先计算，之后在空格内分别填上正确的数字。

（2）如果该国以前数年也一直处于这种国际收支情况，该国货币的对外汇率一般会怎样？

（3）该国国际收支是顺差还是逆差，具体金额是多少？

（4）该国外汇储备是增加了还是减少了？

单位：10亿美元

经常项目差额　商品输出	161.61
商品输入	-139.59
贸易差额	
服务及收益收入	47.71
服务及收益支出	-52.63
服务及收益差额	
私人转移（净）	-3.77
官方转移（净）	-6.56
转移差额	
资本和金融项目差额	-10.58
资本项目差额	-4.48
金融项目差额	
储备资产	
净误差与遗漏	1.08

二、实训项目

实训目的：学会运用国际收支平衡表的数字，解读一国经济现象。

实训形式：网上调查。

项目内容：

1. 查找我国近5年国际收支资料，讨论分析近几年的中国国际收支平衡表的贸易差额、经常项目差额和总差额各是多少？这些差额说明了什么，原因何在？联系企业和个人实际，谈谈我国国际收支现状对我国外贸行业及整个国民经济产生了哪些积极的和不利的影响。

2. 目前美国经常项目出现巨额逆差意味着什么？

调查渠道：有关金融网站及其有关刊物。

要求：以组为单位，每组推荐发言人在课堂进行专题讨论。

附录

中国国际收支平衡表（2019年）

单位：亿美元

项目	2019
1. 经常账户	1 413
贷方	29 051
借方	-27 638
1.1　货物和服务	1 641
贷方	26 434
借方	-24 793
1.1.1　货物	4 253
贷方	23 990
借方	-19 737
1.1.2　服务	-2 611
贷方	2 444
借方	-5 055
1.1.2.1　加工服务	154
贷方	157
借方	-4
1.1.2.2　维护和维修服务	65
贷方	102
借方	-37
1.1.2.3　运输	-590
贷方	462
借方	-1 052
1.1.2.4　旅行	-2 188

续表

项目	2019
贷方	358
借方	-2 546
1.1.2.5 建设	51
贷方	144
借方	-93
1.1.2.6 保险和养老金服务	-62
贷方	48
借方	-110
1.1.2.7 金融服务	15
贷方	39
借方	-24
1.1.2.8 知识产权使用费	-278
贷方	66
借方	-344
1.1.2.9 电信、计算机和信息服务	80
贷方	349
借方	-270
1.1.2.10 其他商业服务	194
贷方	692
借方	-498
1.1.2.11 个人、文化和娱乐服务	-31
贷方	10
借方	-41
1.1.2.12 别处未提及的政府服务	-21
贷方	16
借方	-37
1.2 初次收入	-330
贷方	2 358
借方	-2 688
1.2.1 雇员报酬	31
贷方	143
借方	-112

续表

项目	2019
1.2.2　投资收益	−372
贷方	2 198
借方	−2 570
1.2.3　其他初次收入	11
贷方	18
借方	−7
1.3　二次收入	103
贷方	259
借方	−157
1.3.1　个人转移	1
贷方	40
借方	−40
1.3.2　其他二次收入	102
贷方	219
借方	−117
2. 资本和金融账户	567
2.1　资本账户	−3
贷方	2
借方	−5
2.2　金融账户	570
资产	−1 987
负债	2 558
2.2.1　非储备性质的金融账户	378
资产	−2 180
负债	2 558
2.2.1.1　直接投资	581
2.2.1.1.1　资产	−977
2.2.1.1.1.1　股权	−849
2.2.1.1.1.2　关联企业债务	−128
2.2.1.1.1.a　金融部门	−175
2.2.1.1.1.1.a　股权	−191
2.2.1.1.1.2.a　关联企业债务	16

续表

项目	2019
2.2.1.1.1.b 非金融部门	−802
2.2.1.1.1.1.b 股权	−658
2.2.1.1.1.2.b 关联企业债务	−144
2.2.1.1.2 负债	1 558
2.2.1.1.2.1 股权	1 313
2.2.1.1.2.2 关联企业债务	246
2.2.1.1.2.a 金融部门	184
2.2.1.1.2.1.a 股权	159
2.2.1.1.2.2.a 关联企业债务	25
2.2.1.1.2.b 非金融部门	1 374
2.2.1.1.2.1.b 股权	1 153
2.2.1.1.2.2.b 关联企业债务	221
2.2.1.2 证券投资	579
2.2.1.2.1 资产	−894
2.2.1.2.1.1 股权	−293
2.2.1.2.1.2 债券	−601
2.2.1.2.2 负债	1 474
2.2.1.2.2.1 股权	449
2.2.1.2.2.2 债券	1 025
2.2.1.3 金融衍生工具	−24
2.2.1.3.1 资产	14
2.2.1.3.2 负债	−37
2.2.1.4 其他投资	−759
2.2.1.4.1 资产	−323
2.2.1.4.1.1 其他股权	−15
2.2.1.4.1.2 货币和存款	−863
2.2.1.4.1.3 贷款	331
2.2.1.4.1.4 保险和养老金	−12
2.2.1.4.1.5 贸易信贷	368
2.2.1.4.1.6 其他	−132
2.2.1.4.2 负债	−437
2.2.1.4.2.1 其他股权	0

续表

项目	2019
2.2.1.4.2.2　货币和存款	-557
2.2.1.4.2.3　贷款	425
2.2.1.4.2.4　保险和养老金	18
2.2.1.4.2.5　贸易信贷	-288
2.2.1.4.2.6　其他	-35
2.2.1.4.2.7　特别提款权	0
2.2.2　储备资产	193
2.2.2.1　货币黄金	0
2.2.2.2　特别提款权	-5
2.2.2.3　在国际货币基金组织的储备头寸	0
2.2.2.4　外汇储备	198
2.2.2.5　其他储备资产	0
3. 净误差与遗漏	-1 981

第三章

外汇管制

✓ 学习目标

通过本章学习,应掌握外汇管制的概念、目的、机构与措施;了解我国外汇管理的历史沿革,经常项目可兑换的标准与内容,掌握中国现行的外汇管理措施。

✓ 重难点

1. 外汇管制的概念、目的、机构;
2. 外汇管制措施;
3. 我国现行外汇管制的主要内容。

✓ 课前思考

韩国放松外汇管制引发金融危机

20 世纪 80 年代中期之前,由于当时韩国国际收支状况不佳,对外债务较大,韩国政府一直保持着广泛的资本控制制度。80 年代中后期,韩国国际收支出现顺差,政府逐渐放松了对外直接投资的管理控制。管理制度方面简化了申请手续,加快了审批程序。1992 年韩国又颁布了《海外直接投资制度改善方案》和《外汇管理规定修正案》等涉及海外投资的相关法律,支持企业的海外投资。1994 年韩国实行了"限制目录单"制度,除少数政府规定的业务范围外,放开了对外直接投资的行业控制。20 世纪 90 年代以来,韩国外汇管制进一步放松,规定只有 1 000 万美元以上的外汇投资项目才需报批,30 万美元以下的小项目只需获得外汇银行的认可,即可进行对外直接投资。这种做法诱发许多韩国企业将大宗项目分割为小项目投资海外,逃避外汇监管,成为引发 1997 年金融危机的因素之一。

思考:20 世纪 80 年代以来,东亚和拉美地区的新兴工业化国家在推进金融体制改革方面采取了一系列措施,如放松银行业务限制,取消外汇管制,开放证券市场,鼓励本国金融机构对外扩张等等,加快了金融自由化、国际化的步伐。特别是在不到三年的时间内,震荡全球的金融危机居然都在发展中国家脱贫致富的部分"龙""虎"国发生,这是一个发人深省的问题,我们要思考的第一个问题是,发展中国家放松对外资流动的控制,大量引进外资是否正确?第二个问题是国际金融投机商利用的机会来自哪里?这些国家发生金融危机的深层原因还有哪些?

第一节 外汇管制概述

一、外汇管制的概念

（一）外汇管制的含义

一国居民到国外旅游或出国留学能兑换多少外汇？个人或企业能否按照意愿将外汇存入现钞账户或现汇账户？出口企业是否可以将出口获得的外汇全部存入企业外汇账户？进口用汇如何兑换外汇？一国居民能否到国外购买证券？外资银行进入一国是否可以经营所有业务？这些问题都涉及外汇管制。那么，什么是外汇管制？

外汇管制（Foreign Exchange Control）又称外汇管理，是指一个国家或地区为了执行某一时期的金融货币政策，以法律、法令、条例等形式对外汇资金的收购和支出、汇入和汇出、本国货币与外国货币的兑换方式及兑换比价等方面采取的限制。

（二）外汇管制的产生与发展

外汇管制始于第一次世界大战期间。当时国际货币制度濒于崩溃，美、法、德、意等参战国都发生了巨额的国际收支逆差，本币对外币汇率剧烈波动，大量资本外逃。为集中外汇资财进行战争，减缓汇率波动及防止本国资本外流，各参战国在战时都取消了外汇的自由买卖，禁止黄金输出，实行了外汇管制。1929—1933年世界经济危机时期，很多在战后取消外汇管制的国家又重新实行外汇管制，一些实行金块和金汇兑本位制的国家也纷纷实行外汇管制。1930年土耳其首先实行外汇管制，1932年，德国、意大利、奥地利、丹麦、阿根廷等20多个国家也相继实行了外汇管制。

第二次世界大战爆发后，参战国立即实行全面严格的外汇管制。1940年，在100个国家和地区中，只有11个国家没有正式实行外汇管制，外汇管制范围也比以前更为广泛。战后初期，西欧各国基于普遍存在的"美元荒"等原因，继续实行外汇管制。20世纪50年代后期，西欧各国经济有所恢复，国际收支状况有所改善，从1958年开始，各国不同程度地恢复了货币自由兑换，并对国际贸易收支解除外汇管制，但对其他项目的外汇管制仍维持不变。1961年，大部分IMF的会员国表示承担《国际货币基金组织协定》第八条所规定的义务，即避免外汇限制而实行货币自由兑换。但时至20世纪90年代，绝大多数国家仍在不同程度上实行外汇管制，即使名义上完全取消了外汇管制的国家，仍时常对居民的非贸易收支或非居民的资本项目收支实行间接的限制。而且，一般来说，一国经济发展稳定，国际收支呈现顺差或基本平衡，外汇储备比较充裕，那么该国的外汇管制就较为宽松，甚至可能名义上取消管制。反之，则可能加强管制，以维护本国利益和促进经济协调发展。

二、外汇管制的目的

对那些经济实力雄厚、外汇充足的国家来说，实行外汇管制的目的是限制资本过剩；对那些经济实力较弱、外汇短缺的国家来说，实行外汇管制的目的是谋求国际收支平衡，防止资本外逃，积累外汇资金，维持本国币值稳定。

小知识 外汇管制引发的社会动荡

1. 限制资本外逃，改善国际收支逆差

在战争时期，本国政局动荡，货币发行过多，物价上涨，引起大量资本外逃。资本外逃的目的，并非追求较高的利息收入，而在于保障资金安全。由于资本不断外流，使本国的国际收支逆差增大，加上通货膨胀使投资利润减少，引起投资不足，使国内经济陷入恶性循环。为了防止资本外逃，实行外汇管制，在一定程度上可以满足国内投资的资金需要，并通过"奖出限入"等措施的推行，借以改善国际收支逆差。这是第一次世界大战时期和20世纪30年代各国实行外汇管制的最主要的目的之一。

2. 增加黄金、外汇储备，增强本币信誉

黄金、外汇储备是国际储备中最重要的两个组成部分，它是衡量一个国家国力的重要标志。第一次世界大战、第二次世界大战时期，购买战略物资、补充军事给养，必须以黄金支付，实行外汇管制，可以及时动员黄金外汇，以应国家急需。另外，实行外汇管制，可集中外汇资产，节约外汇支出，在一定程度上可以提高本币的对外价值，增强本币信誉，加强一国的国际经济地位。

3. 增加财政收入，抑制通货膨胀

实行外汇管制，国家垄断了外汇买卖业务，经营外汇的利润归国家所有。另外，外汇税的课征、许可证的审批、预交存款制等规定，使国家有一定额外的财政收入，对解决财政紧张状况，不无裨益。当国内物价上涨时，通过对进口所需外汇给予充分供应，或按优惠汇率结售，则可增加货源，抑制物价上涨，保持物价的稳定。

4. 稳定汇率，扩大出口

实行外汇管制，对汇率进行严格管理。当官方汇率确定后，在一定时期内保持不变，这有利于对外贸易的成本核算。在确定官方汇率的同时，还可以规定不同类别的"奖出限入"汇率，以促进某些商品的出口，抑制某些商品的进口。

5. 作为谈判手段，保护本国产业

外汇管制可以配合保护关税政策，对那些不利于本国工业和新兴工业的进口商品实行限制，对促进本国工业发展的先进技术、设备及原材料的进口给予鼓励。从而保护了本国产业，扩大了就业。当前世界各国之间的经济贸易关系十分密切，一些国家为了保护本国经济的发展和谋求国际收支状况的改善，往往以邻为壑，实行歧视性的贸易关税政策。实行外汇管制，可以以相类似的手段对上述国家的进口实行种种限制，以便增强贸易谈判地位，迫使对方放宽贸易限制，取消歧视性的关税。

三、外汇管制的机构

外汇管制机构主要有四种类型：

（1）由中央银行行使外管权力，如荷兰、瑞典等。

（2）由政府的某一职能部门行使外管权，如法国的经济部财政司是主管外汇工作的机构。

（3）由政府几个职能部门在适当分工的基础上共同管汇，如日本是由大藏省、通产省和日本银行合作行使管汇职能。

（4）由政府设置专门机构负责，如我国的外汇管理局、意大利的外汇管制署。

小知识 为防止外汇储备下跌 阿根廷政府开始限制海外购物

四、外汇管制的对象

外汇管制的对象是指外汇管理法规和政策等作用的对象,包括对人的管制、对物的管制、对地区的管制和对国别的管制。

(一)对人的管制

对人的管制通常分为居民和非居民。对居民和非居民的外汇管制往往采取不同的政策和规定。由于居民的外汇支出涉及居住国的国际收支问题,故管制较严;对非居民的管制则较宽。

(二)对物的管制

对物的管制,即对外汇及外汇有价物进行管制,其中包括外国货币(钞票、铸币)、外币支付凭证(汇票、本票、支票、银行存款凭证、邮政储蓄凭证)、外币有价证券(政府公债、国库券、公司债券、股票、息票)以及其他在外汇收支中所使用的各种支付手段和外汇资产。大多数国家把黄金、白银等贵金属也列入管制对象之中。

(三)对行业的管制

对行业的管制主要是一些新兴工业化国家采取的办法。对于技术成分低及传统出口行业采取较严格管理,对附加值高的新技术和重工业出口采取较优惠的管理政策。对高新技术和生活必需品进口较松,而对高消费的奢侈品的进口管理较严。我国执行过的外汇留成制度,是典型的行业差别政策。

(四)对地区的管制

对地区的管制包括两层含义:一是指在本国境内实行外汇管制,但对国内不同的地区实行不同的外汇管制措施。如我国的外汇管理条例规定,在我国保税区内的外汇收支活动和外汇经营活动,目前适用《保税区外汇管理办法》,保税区的外汇政策优于区外,保税区内企业可以保留外汇账户,实行自愿结汇制度,区内企业经济交往活动以及区内企业与区外企业经济交往可以以外币计价结算。二是指在一个货币区内,成员国统一对外实施外汇管制,而在成员国内部办汇兑、结算相对自由,如欧盟。

(五)对国别的管制

这是指针对不同国家、地区实行不同的资本输出/入、商品进出口的管制办法。

五、外汇管制的类型

国际上根据管制的内容和程度不同,把实行外汇管制的国家分为三种类型。

(一)严格实行外汇管制的国家和地区

这类国家和地区无论是对国际收支中的经常项目还是资本项目,都实行严格管制。凡实行计划经济的国家和大多数发展中国家大多属于这一类型。据统计,这种类型的国家和地区有90多个。

(二)实行部分外汇管制的国家和地区

这种类型的国家和地区对非居民的经常性外汇收支(包括贸易和非贸易)不加限制,准许自由兑换或汇出国外,而对资本项目的外汇收支,则加以限制。实行这类外汇管制的国家经济比较发达,国民生产总值较高,贸易和非贸易出口良好,有一定的外汇黄金储备。目前列入这一类型的国家和地区大约有40个。我国属于这一类国家。

(三) 名义上取消外汇管制的国家和地区

这种类型的国家和地区准许本国和本地区货币自由兑换成其他国家和地区的货币，对贸易和资本项目的收支都不加限制。一些工业很发达的国家，如美国、英国、德国、瑞士等以及国际收支有盈余的一些石油生产国，如科威特、沙特阿拉伯、阿拉伯联合酋长国等均属于这一类型。这类国家和地区经济很发达，国民生产总值高，贸易和非贸易出口在国际市场上占相当份额，有丰富的外汇黄金储备。目前列入这一类型的国家和地区大约有 20 个。

由以上外汇管制的分类可看出，一个国家和地区外汇管制的宽严程度，完全取决于这个国家和地区的经济金融情况和国际收支情况以及外汇和黄金储备的多少。因此，随着世界经济格局的变化和经济秩序的重新组织，每个国家对外汇进行管制的程度也会不断变化和发展。

第二节 外汇管制的内容与措施

尽管各国由于国际收支状况不同，实行外汇管制的侧重点也不尽一致，但是所有国家的外汇管制都是运用一定的管理工具、管理方法，围绕国际收支主要项目进行，管制的基本内容包括对贸易和非贸易外汇、资本流动、汇率、贵金属输出/入及国际储备资产管制等。

一、对贸易外汇的管制

贸易外汇收支是决定一国国际收支状况的最主要项目，因此对贸易外汇的管制就成为各国外汇管制的重点。各国特别是贸易逆差国都希望通过对贸易外汇的管制达到奖出限入、改善国际收支的目的。

(一) 进口付汇管制

进口付汇管制就是对进口商品用汇的管制，其目的是为了限制与国内相竞争的商品进口，并禁止某些奢侈品及非必需品进口，以便节约外汇支出和保护本国工业。多数国家实行进口许可证制度，由外汇管制机关签发进口许可证，进口商只有获得进口许可证，才能购买进口所需外汇。此外，对进口限制还同时采取以下八种措施：

(1) 征收进口税和进口附加税。有些工业化国家为了保护本国工业，还对某些商品的进口征收反倾销税，以限制其进口。

(2) 进口存款预交制，即要求进口商在进口某项商品时，向指定银行预存一定的进口货款，银行不付利息。这部分存款可在商品进口时退还，或进口商品最后支付完成时退还，也可于存款后 30 天、60 天、90 天或 120 天退还。存款数额的确定有两种情况：一种是根据进口商品的类别或性质，按进口货款总值，收取一定的比例；另一种则根据进口商品所属的国家或地区，按进口货款总值，收取一定的比例。进口预先存款通过占压进口商品资金，减少其进口支付能力，从而减少进口。

(3) 对进口数量（包括进口总量或某项商品进口数量）实行限制，超过限额的一律不准进口。

(4) 实行国家统一控制，所有进口统一由国家指定的进口单位办理，其他企业不能参与进口业务，以保证外汇的集中使用。

（5）限制进口商对外支付使用的货币。

（6）进口商品要获得外国提供的一定数额的出口信贷，否则不准进口。

（7）提高或降低开出信用证的押金额，以控制进口。

（8）进口商在获得批准进口以前，必须完成向指定银行的交单工作，使进口商不能与有关银行做进口押汇、融通资金，从而增加成本。

（二）出口收汇管制

出口收汇管制是大部分国家普遍实行的外汇管理措施。国家为了减少和防止逃、套汇现象，保持国际收支平衡，一般都要求出口商在商品出口后要将货款调回境内，存放在境内的银行，或按规定在外汇指定银行办理结汇。同时，世界各国对出口一般都采取鼓励政策，以开拓海外市场，扩大出口规模，增加外汇收入。各国鼓励和刺激出口的措施主要有以下五种：

（1）信贷支持。由银行对某些出口产品的生产和销售提供资金支持和信贷担保。

（2）出口补贴。由国家对某些成本较高或盈利较小的出口商品给予补贴，许多国家对农产品的出口都提供补贴，如欧盟等。

（3）出口退税。商品如在国内销售要按规定征税，但如果是出口，则退还各种间接税，以降低出口成本，增加盈利。

（4）以优惠利率贴现出口商的汇票。

（5）政府机构承保汇率波动风险。

各国普遍实行"奖出"原则，对出口的限制比较少见。但在个别情况下，有的国家出于政治上的原因，会禁止某些尖端技术和战略物资的出口；或者是迫于国际贸易保护主义的压力，对于某些本国在国际市场上具有很强竞争力的商品采取措施，限制出口。

二、对非贸易外汇的管制

非贸易外汇收支的范围比较广泛，除贸易外汇和输出/入国境的国际资本以外的一切外汇收入均属于非贸易外汇收支，主要包括运输费、保险费、港口使用费、邮电费、佣金、利润、股息、利息、专利费、稿费、旅游费，等等。实行非贸易外汇管制的目的，在于集中该项目的外汇收入，限制相应的外汇支出。实行外汇管制的国家一般都对非贸易外汇的收入与支出实行严格管理。

（一）在非贸易外汇收入方面

（1）外汇留成，即规定收汇者可按留成比例提留部分外汇后，将剩余部分结售给指定银行。

（2）限期结汇，即规定有非贸易外汇收入者将其收入在规定期限内向指定银行结汇。

（3）允许非贸易外汇收入者将所收入外汇在国内开立外汇账户进行存储，免收利息税，并保证自由支取和按规定携带出境。

（4）允许收汇者将部分或全部外汇按市场汇率兑换本币，不强制使用官方汇率。

（二）在非贸易外汇支出方面

（1）实行许可证制或预交存款制，其规定与商品贸易许可证制、预付存款制相同。

（2）实行限额制，即对出国访问、留学、旅游等规定用汇限额，并按限额供售外汇。

（3）规定购买外汇的间隔。如有的国家规定，因私和公务出国一般一年内可购汇一次或两次。

（4）征收外汇兑换税。当居民以本币购买外汇时，要按本币的价值征收一定比例的税收。这一做法通常用于出国旅游等项开支上，以限制此类开支。

总之，对非贸易外汇收支的管理也体现了"奖出限入"的宗旨，即鼓励非贸易创汇，限制某些类型的用汇，其目的在于集中外汇收入，节约外汇使用。

近年来对非贸易外汇管制具有以下四个特点：

（1）不但多数发展中国家对非贸易外汇收支进行管制，发达国家也进行管制。如法国政府曾规定，居民可在任何时候自由地向国外汇款，每人每次最多为3 000法郎的等值外币，对公事出差的基本外汇配额除5 000法郎外，每人每天加1 000法郎等值外币，超过基本配额的任何类型旅游外汇须经法兰西银行批准。

（2）从20世纪80年代中期开始，多数发达国家和新兴工业化国家或地区都放宽对非贸易外汇的收支管制，如意大利、以色列放宽了在国外使用信用卡的规定，日本放宽了对海外劳务支付的控制等等。

（3）从发展中国家看，基本上对非贸易外汇收支均有相对严格的限制规定，但是对技术进口的费用支出与外国投资收入的汇出在某种程度上有放松的倾向，以达到较好地引进外国先进技术和改善投资环境的目的。

（4）为了促进旅游事业的发展，增加这方面的外汇收入，许多国家正在不断调整有关的外汇管制措施。

三、对资本输出/入的管制

国际货币基金组织的规定，"各成员未经基金组织同意，不得对国际经常往来的付款和资金转移施加限制，但是在必要的情况下可以对国际资本转移采取一些限制"。因此，对资本输出/入的管制，在世界各国外汇管制中具有相当重要的地位。由于各国经济发展和国际收支状况不同，对资本输出/入管制的目的、要求也不相同，做法也很不一样。一般来说，外汇资金过剩，国际收支长期顺差的国家，为了避免本币汇率过分上浮，影响出口商品的竞争能力，往往采取限制外国资本流入或鼓励本国资本输出的措施。对于发展中国家来说，通常把资本流入作为发展本国经济的一个资金来源，因而采取一系列措施鼓励外国资本在本国投资，大力吸引外资流入，限制资本输出。

（一）限制外国资本流入或鼓励本国资本输出的措施

（1）通过银行限制资本流入。如规定银行吸收非居民存款要缴纳较高的存款准备金，规定银行对非居民存款不付利息或倒收利息，限制商业银行对非居民出售本国的远期货币业务，等等。

（2）通过企业限制资本流入。如限制非居民购买本国的有价证券，限制居民借用外国资本，等等。

（二）鼓励外国资本流入或限制本国资本输出的措施

（1）对外资企业实行优惠税率政策，鼓励外国资本流入。

（2）对外商投资提供完备的基础设施配套，提供各方面的优惠服务。

（3）冻结账户，是指未经管汇机构批准，在账户上的资产，包括外国人的银行存款、证券及其他资产，不能动用，严禁汇出。

（4）直接限制企业在国外投资，限制居民购买外国有价证券。

（5）征收利息平衡税。规定本国居民购买外国证券一律征税，使国外投资的收益和国内投资收益相等，甚至更低，从而达到限制资本流出的目的。

四、对黄金、现钞输出/入的管制

实行外汇管制的国家一般禁止私人输出/入黄金，若由于国际收支的不平衡急需输出或输入黄金，则由本国中央银行或指定银行办理。

实行外汇管制的国家较多的也对本国货币的输出/入进行管制，因为输出本国货币不仅可以被利用作为资本输出的手段，而且还会导致在外国市场上本币汇率下跌，所以许多国家都明令禁止本币现钞的大量出入境，有些国家只规定携带出入境的最高数额或要求携带者必须向有关部门登记，以监测和控制本币现钞的国际转移。但总的来说，目前各国尤其是发达国家对本国货币和黄金的输出/入已逐渐出现放松的趋势。

五、对外汇汇率的管制

所谓汇率管制，是通过以法定汇率代替自由汇率，并允许市场存在或实行复汇率的一种制度，其目的是扭转国际收支逆差和稳定对外汇率。汇率管制包括法定汇率制度和复汇率制两个方面。

法定汇率制度的活动规则：当本国国际收支逆差，外汇供不应求而引起外汇汇率过高时，中央银行即出售外汇，收进本币，有意识地压低外汇汇率，防止其继续上升；反之，当本国国际收支出现顺差时，外汇供过于求，而引起外汇汇率过低，中央银行就买入外汇，供应本币，抬高外汇汇率，阻止汇率继续下跌。这种以外汇平准基金间接管理外汇的措施，对稳定国际收支短期不平衡而造成的汇率波动，效果是较好的，但对长期性国际收支不平衡造成的汇率波动收效不大，因为后者需要投入大量的基金才能平衡供求关系，而一国的外汇平准基金毕竟有限，如果人为地一味利用该基金维持本国的对外币值，可能会使外汇储备丧失殆尽。

复汇率制指一国规章制度和政府行为导致该国货币与其他国家的货币存在两种或两种以上的汇率。复汇率制盛行在固定汇率制时期，1973年各国普遍推行浮动汇率制后，复汇率制日益减少，但并没有销声匿迹。有的国家对进出口商品征收不同的关税，实际上等于提高了法定汇率，这是一种变相的复汇率制。

第三节 经常项目可兑换的标准与内容

一般情况下，按照自由兑换的程度，货币可兑换包括完全自由兑换和经常项目下可兑换两种基本类型。完全自由兑换货币是指一国货币既实现了经常项目下的可兑换，也实现了资本项目下的可兑换。经常项目下可兑换货币是指一国成为《国际货币基金协定》第八条会员国之后，便取消了对其国际收支的经常项目下对外支付和转移的限制。

一、对经常项目下支付转移不加限制

一国对居民从国外购买经常项目下商品或劳务所需外汇要予以提供,允许其对外支付,不以各种形式或手段加以限制、阻碍或推迟。

二、不实行复汇率

一国政府或其财政部门所采取的导致该国货币与其他国家的即期外汇的买入、卖出汇率的差价和该国各种汇率之间买入、卖出汇率的差价超过2%者,IMF均视其为实行复汇率。也就是说,由于政府行为的影响、指导或参与而导致有效汇率多元化就是复汇率。导致复汇率的措施包括针对不同交易采取不同汇率,外汇买卖课税制、预扣税款制、由国家进行贴补的汇率风险担保制、双重(或多重)外汇市场、进口存款预交制,实行外汇拍卖制不能满足需要另在市场购买,其价格超过拍卖价格2%等。此外,如果一国挂牌的本币与各种外币的即期汇率与国际市场这类外币的即期汇率比价不一致,其差额超过1%,存在时间超过一周者,也属于复汇率。

三、兑换其他会员国积累的本币

《国际货币基金协定》第八条第四款规定:IMF 的会员国应另一会员国的请求,对其因经常项目而积累的本币,无条件地兑换成外币。此外《国际货币基金协定》第三十条 D 款还规定实现经常项目下可兑换,应对以下四项内容的对外支付不加限制:① 所有对外贸易、其他经常性业务(包括劳务)以及正常短期银行业务有关的支付;② 应付贷款利息和各项投资净收入支付;③ 数额不大的偿还贷款本金或摊提直接投资折旧的支付;④ 数额不大的家庭生活费用汇款。但是,要求兑换的国家应当证明这种积存是由经常性交易获得的,而且这种兑换是为了支付经常性交易。

IMF 并未要求所有会员国在加入该组织时立即成为第八条会员国。《国际货币基金协定》第十四条做出了一些过渡性安排,允许会员国暂保留一些汇兑限制,但要每年向 IMF 提出报告,并针对取消外汇管制的步骤和时间安排与 IMF 进行磋商。

四、经常项目下可兑换与限制的界限

(1) 来源于其他原因或其他目的而出现的间接外汇支付限制,不属于对经常项目下支付限制。为承担《国际货币基金协定》的第八条义务的国家,对经常项目下支付实行限制的行为主体是国家,采取的手段是直接(而非间接)限制外汇的支付转移,如果一国源于其他原因或目的而出现的外汇支付限制,则不属于对经常项目下支付的直接限制,也就不违背可兑换所承担的义务。例如,某国禁止某些奢侈品的进口,并在外汇条例中明确禁止奢侈品进口用汇,这不属于对经常项目下支付的限制。

(2) 政府规定以某种特定形式和渠道支付或转移外汇,不属于对经常项目下支付的限制。例如,一国限制居民在国外使用信用卡,不违反《国际货币基金协定》第八条规定,因为居民可以用钞票或其他外汇支付凭证进行对外支付。

(3) 为实现监测目的而规定的验证和登录手续,不属于对经常项目下支付的限制或阻碍。

(4) 非政府行为所引起的支付阻碍或拖延不属于对经常项目下支付的限制。由于债务人破产或债权人要求法院扣押债务人资产，从而导致债务人无法偿付其对外负债，不应视为对经常项目下支付的限制，只有政府行为或明文规定而引起的对经常性支付的限制、拖延，才属于外汇限制。

（5）其他。实行外汇留成制，外汇收入部分上缴制，外汇收入结售汇制和规定进口方以特定的货币支付出口货款，不违反经常项目下可兑换义务。

需要说明的是，一国货币即使实现了完全自由兑换也并不等于成为国际上可自由兑换的国际货币，即实现了国际化。《国际货币基金协定》第三十条F条款规定，国际化的货币须是被广泛用于国际交易的支付、在世界主要外汇市场普遍进行交易的货币。

第四节　我国的外汇管理

一、我国外汇管理的必要性

我国是一个发展中国家，经济基础薄弱且人口众多，尽管近些年国民经济有了较快增长，国家经济实力和外汇储备得到了一定增强，但实行外汇管理仍然必要。

（一）实行外汇管理是我国深化经济改革和对外开放的客观需要

改革开放以来，我国对外商品和劳务贸易增长很快，贸易依存度不断提高，资本输出量已达到相当规模，对外经济交往越来越频繁，国际贸易、国际经济交往可能引发的风险越来越大。在这种形势下，要巩固和进一步扩大改革开放的成果，就不能放弃外汇管理。否则，就容易造成外汇资金流失，加剧国内资金短缺，改革开放难以深化，从而影响经济稳定健康发展。

（二）实行外汇管理是保持我国国际收支平衡的需要

国际收支平衡是保障我国经济顺利健康发展的需要，随着我国对外经济交往的不断扩大，外汇收支迅速增加。为使我国外汇收支能发挥其积极作用，防止盲目引进外资和资金的外逃以及保持国内财政、信贷、外汇和物资的平衡，就需要加强外汇管理，以维护我国国际收支平衡。

（三）实行外汇管理是维护我国人民币统一市场的需要

人民币是我国内地唯一的法定货币，国内禁止一切外币流通。但是近些年来，一些不法分子、私人使用某些外币在国内计价和流通，扰乱了国内金融秩序，沿海一些地区地下钱庄所进行的非法外汇交易仍然猖獗。为严肃国家货币制度，维护国内正常的金融秩序，有必要通过外汇管理维护人民币统一市场，消除外币流通的侵扰。

（四）实行外汇管理是提高我国用汇经济效益的需要

我国是一个发展中国家，更需要实行并加强外汇管理，将国家有限的外汇资金集中起来，用在国民经济最需要的地方，以防止外汇资金的过度分散，提高使用外汇资金的经济效果。

二、我国外汇管理的发展与变革

新中国成立以来，我国外汇管理体制大致经历了计划经济时期、经济转轨时期、外汇管理体制的改革深化时期、入世后外汇管理体制的调整完善时期以及2008年以后外汇管制放松时期五个阶段。

（一）计划经济时期（1953—1978年）

1979年以前，我国的外汇管理体制是按照计划经济体制要求而建立的。我国实行高度集中的外汇管理体制，其方针是"集中管理，统一经营"，即一切外汇收支由国家管理，一切外汇业务由中国人民银行经营。

（二）经济转轨时期（1979—1993年）

党的十一届三中全会以来，随着我国对外经贸活动的发展和经济体制改革的进行，我国外汇管理体制改革取得了很大进展。

1. 外汇管理步入正轨

这体现在外汇管理机构的设立和公布外汇管理条例两个方面。1979年3月，国务院批准设立国家外汇管理总局，作为国务院的直属机构，行使全国外汇管理的职能；1982年8月，改称国家外汇管理局，划归中国人民银行，由中国人民银行行使国家的外汇管理职能；1990年1月决定国家外汇管理局改为国务院直属机构，加强了外汇管理工作。

1980年12月18日，国务院颁布了《中华人民共和国外汇管理暂行条例》，此后又颁布了30多个实施细则，使我国外汇管理的立法和制度日益完善。

2. 实行外汇留成制度

为改革统收统支的外汇分配制度，调动创汇单位的积极性，增加外汇收入，1979年8月国务院决定实行贸易外汇和非贸易外汇额度留成办法，即在外汇由国家集中管理、统一平衡、保证重点的同时，实行贸易和非贸易外汇留成，区别不同情况，适当留给创汇对象和企业一定比例的外汇，以解决发展生产、扩大业务所需要的物资进口。外汇留成的对象和比例由国家规定。留成外汇的使用须符合国家规定，有留成外汇的单位如本身不需用外汇，可以通过外汇调剂市场卖给需用外汇的单位使用。留成外汇的范围和比例逐步扩大，指令性计划分配的外汇相应减少。

3. 建立外汇调剂中心，形成外汇调剂价格

外汇市场实行公开调剂市场和外汇调剂中心两种模式。在20个中心城市建立了外汇调剂公开市场，进行场内竞价交易；在其他中心城市建立了外汇调剂中心，买卖双方通过调剂中心议价交易。

外汇留成制度和外汇调剂中心是在特定的历史条件下产生的，虽然在当时起到了一定的积极作用，但随着市场经济的逐步深入和发展，其弊端逐渐显现，需要进行新一轮的改革。

（三）外汇管理体制的改革深化时期（1994—2001年）

随着对外开放、经济体制改革的深入发展，原来的外汇管理体制已不适应社会主义市场经济体制的需要。1993年12月28日，中国人民银行发布《关于进一步改革外汇管理体制的公告》，决定从1994年1月1日起实行新的外汇管理体制。其主要内容有：

1. 实现人民币汇率并轨，实行以市场供求为基础的、单一的、有管理的浮动汇率制

在1994年1月1日之前，我国实行的是双重汇率制度，当时人民币官方汇率与市场调剂汇率并存。此次并轨，通过将人民币汇率从1美元兑换5.80元人民币的基础上贬值33%，使官方汇率与调剂汇率合二为一，统一确定在1美元兑换8.70元人民币的水平。汇率并轨后，外汇供求关系是决定人民币汇率的主要因素，政府只在必要时予以干预和调剂。

2. 实行外汇收支结售汇制，取消了外汇留成和上缴

从 1994 年 1 月 1 日起，除外商投资企业外，国内所有企事业单位、机关和社会团体的各类外汇收入必须及时调回国内，并按银行挂牌汇率无条件地全部结售给外汇指定银行，取消原来实行的各类外汇留成、上缴和额度管理体制。

3. 实行银行售汇制，取消了用汇的计划审批

允许人民币在经常项目下可有条件兑换。对于经常项目下的外汇支出，取消了以往的计划审批制度，实行进口配额管理，特定产品进口管理的货物和实行自动登记制的货物，须凭许可证、进口证明或进口登记表、相应的进口合同和与支付方式相关的有效商业票据（发票、运单、托收凭证等）到外汇指定银行购买外汇外，其他符合国家进口管理规定的货物用汇、贸易从属费用、非贸易经营性对外支付用汇，凭合同、协议、发票、境外机构支付通知书到外汇指定银行办理兑付。

4. 建立银行间外汇交易市场

1994 年 4 月 1 日中国外汇交易中心在上海成立，同年 4 月 4 日中国外汇交易中心正式运营。中国外汇交易中心采用会员制，实行撮合成交、集中清算制度，并体现价格优先、时间优先的原则。

5. 严格外债管理，建立偿债基金，健全国际收支的申报制度

我国将严格实行外债的计划管理和外债登记制度，并鼓励债务人设立偿债基金，以确保国家的对外信誉。同时，建立和健全国际收支的申报制度，通过定期对外汇收支与国际经济交易情况进行分析和预测，加强国际收支的宏观管理。

6. 停止发行外汇兑换券

从 1980 年起，我国发行外汇兑换券，用于防止套汇和套购紧缺物资的行为，方便来华人员的购物和其他支付活动。外汇券的发行达到部分预期目的，但也带来一些问题，如外汇兑换券能购买到当时的一些紧缺商品，结果使外汇兑换券的实际价值高于同样面值的人民币，一些不法分子因此大肆炒卖外汇兑换券，进行黑市交易，从而对人民币的信誉产生消极影响。此次外汇管理体制改革，停止外汇兑换券的发行和使用，同时取消外国货币在我国境内的计价、结算和流通，在境内统一使用人民币，既维护了人民币的信誉，也方便了各国人士来华从事贸易等各种交流活动。

（四）入世后外汇管理体制的调整完善时期

2001 年加入世界贸易组织以来，中国对外经济迅速发展，国际收支持续较大顺差，改革开放进入了一个新阶段。外汇管理主动顺应加入世贸组织和融入经济全球化的挑战，进一步深化改革，继续完善经常项目可兑换，稳步推进资本项目可兑换，推进贸易便利化。

1. 大幅减少行政性审批，提高行政许可效率

根据国务院行政审批改革的要求，2001 年以来，外汇管理部门分三批共取消 34 项行政许可项目，取消的项目占原有行政审批项目的 46.5%。按照《行政许可法》的要求，对保留的 39 项行政许可项目进行了全面清理，对这些项目办理和操作程序予以明确规定和规范，提高行政许可效率。

2. 进一步完善经常项目外汇管理，促进贸易投资便利化

允许所有中资企业与外商投资企业一样，开立经常项目外汇账户，几次提高企业可保留现汇的比例并延长超限额结汇时间。多次提高境内居民个人购汇指导性限额，简化相关手续。简化进出口核销手续,建立逐笔核销、批量核销和总量核销三种监管模式,尝试出口核销分类管理;推广使用"出口收汇核报系统",提高出口核销业务的准确性、及时性。实行符合跨国公司经营特点的经常项目外汇管理政策,便利中外资跨国企业资金全球统一运作。

3. 稳步推进资本项目可兑换,拓宽资金流出入渠道

放宽境外投资外汇管理限制,将境外投资外汇管理改革试点推广到全国,提高分局审核权限和对外投资购汇额度,改进融资性对外担保管理办法,大力实施"走出去"战略。允许部分保险外汇资金投资境外证券市场,允许个人对外资产转移。实行合格境外机构投资者制度,提高投资额度,引进国际开发机构在中国境内发行人民币债券,促进证券市场对外开放。允许跨国公司在集团内部开展外汇资金运营,集合或调剂区域、全球外汇资金。出台外资并购的外汇管理政策,规范境内居民跨国并购和外国投资者并购境内企业的行为。规范境内居民通过境外特殊目的公司开展股权融资和返程投资的行为。

4. 积极培育和发展外汇市场,完善有管理的浮动汇率制

2005年7月21日汇率改革以前,积极发展外汇市场:改外汇单向交易为双向交易,积极试行小币种"做市商"制度;扩大远期结售汇业务的银行范围,批准中国外汇交易中心开办外币兑外币的买卖。7月21日,改革人民币汇率形成机制,实行以市场供求为基础、参考一揽子货币进行调节、有管理的浮动汇率制度。配合这次改革,在人民银行的统一领导和部署下,外汇管理部门及时出台一系列政策促进外汇市场发展,包括:增加交易主体,允许符合条件的非金融企业和非银行金融机构进入即期银行间外汇市场;引进美元"做市商"制度,在银行间市场引进询价交易机制;将银行对客户远期结售汇业务扩大到所有银行,引进人民币兑外币掉期业务;增加银行间市场交易品种,开办远期和掉期外汇交易;实行银行结售汇综合头寸管理,增加银行体系的总限额;调整银行汇价管理办法,扩大银行间市场非美元货币波幅,取消银行对客户非美元货币挂牌汇率浮动区间限制,扩大美元现汇与现钞买卖差价,允许一日多价等。

5. 加强资金流入管理,积极防范金融风险,调整短期外债口径

对外资银行外债实行总量控制,外资银行向境内机构发放的外汇贷款按照国内外汇贷款管理。实行支付结汇制,严控资本项目资金结汇。将外商投资企业短期外债余额和中长期外债累计发生额严格控制在"投注差"内,明确规定外商投资企业的境外借款不可以结汇用于偿还国内人民币贷款。以强化真实性审核为基础,加强对出口预收货款和进口延期付款的管理。将境内机构180天(含)以上、等值20万美元(含)以上延期付款纳入外债管理,同时规范了特殊类外商投资企业的外债管理,并将境内贷款项下境外担保按履约额纳入外债管理,由债务人逐笔登记改为债权人定期登记。加强对居民和非居民个人结汇管理。

6. 强化国际收支统计监测,加大外汇市场整顿和反洗钱力度

加快国际收支统计监测预警体系建设,初步建立高频债务监测系统和市场预期调查系统,不断提高预警分析水平。加大外汇查处力度,整顿外汇市场秩序,积极推进外汇市场信用体系建设,初步建立起了以事后监管和间接管理为主的信用管理模式。建立和完善外汇反洗钱工作机制,2003年起正式实施大额和可疑外汇资金交易报告制度,加强反洗钱信息分析工作。

(五) 2008年以后外汇管理放松时期

2008年以后,尤其是近年来,中国国际收支形势发生了根本性变化,"双顺差"格局持续保持，外汇储备迅猛增长，出现了由外汇短缺转为外汇储备增长过快的局面，至2013年年底我国外汇已达到3.82万亿美元，我国成为除美国外国际支付能力最强的国家。在这样的背景下，我国外汇管理放松不断取得新的进展。

1. 2008年，新修订的《中华人民共和国外汇管理条例》公布并施行

2008年8月6日又一次修订的《中华人民共和国外汇管理条例》公布并施行，从制度上解决了外汇管理面临的新情况新问题，全方位地体现了这一时期外汇管理放松局面。

新条例关于外汇管理改革的规定主要体现在以下三个方面：

（1）条例对经常项目外汇管理的规范。条例总则第五条和第二章是对经常项目外汇管理的主要规范。与原条例相比，新条例大大简化了经常项目外汇收支管理的内容和程序。条例规定对经常性国际支付和转移不予限制，并进一步为经常项目外汇收支提供便利。取消经常项目外汇收入强制结汇要求，经常项目外汇收入可按规定保留或者卖给金融机构；规定经常项目外汇支出按付汇与购汇的管理规定，凭有效单证以自有外汇支付或者向金融机构购汇支付。为保证经常项目外汇收支具有真实、合法的交易基础，条例要求办理外汇业务的金融机构应当对交易单证的真实性及其与外汇收支的一致性进行合理审查，同时规定外汇管理机关有权对此进行监督检查，监督检查可以通过核销、核注、非现场数据核对、现场检查等方式进行。

（2）条例对资本项目外汇管理的规范。资本项目外汇管理的规范主要集中在条例第三章，是条例修订的重点内容之一。一是为拓宽资本流出渠道预留政策空间。简化对境外直接投资外汇管理的行政审批，增设境外主体在境内筹资、境内主体对境外证券投资和衍生产品交易、境内主体对外提供商业贷款等交易项目的管理原则。二是改革资本项目外汇管理方式。除国家规定无须批准的以外，资本项目外汇收入保留或者结汇应当经外汇管理机关批准；资本项目外汇支出国家未规定需事前经外汇管理机关批准的，原则上可以持规定的有效单证直接到金融机构办理，国家规定应当经外汇管理机关批准的，在外汇支付前应当办理批准手续。三是加强流入资本的用途管理。要求资本项目外汇及结汇后人民币资金应当按照有关主管部门及外汇管理机关批准的用途使用，并授权外汇管理机关对资本项目外汇及结汇后人民币资金的使用和账户变动情况进行监督检查。

（3）强化对跨境资金流动的监测，建立国际收支应急保障制度。完善跨境资金流动监测，对于掌握外汇收支情况，防范国际金融风险具有重要意义。条例一方面在总则中明确要求国务院外汇管理部门对国际收支进行统计监测，定期公布国际收支状况；另一方面要求金融机构通过外汇账户办理外汇业务，并依法向外汇管理机关报送客户的外汇收支及账户变动情况。有外汇经营活动的境内机构，还应当按照国务院外汇管理部门的规定报送财务会计报告、统计报表等资料。按照条例的上述规定，外汇管理机关可以全方位对跨境资金流动进行监测。同时，建立国务院外汇管理部门与国务院有关部门、机构的监管信息通报机制。

此外，根据世界贸易组织规则，总则第十一条规定"国际收支出现或者可能出现严重失衡，以及国民经济出现或者可能出现严重危机时，国家可以对国际收支采取必要的保障、控制等措施"。

2. 中国放松外汇管制，出口收汇强制调回终结

2010年12月31日，国家外汇管理局为提高境内企业资金使用效率，进一步促进贸易便利化，支持境内企业"走出去"，根据《中华人民共和国外汇管理条例》的有关规定，发布《关于实施出口收入存放境外管理的通知》（汇发〔2010〕67号），决定在前期试点基础上，自2011年1月1日起，在全国范围内实施《货物贸易出口收入存放境外管理暂行办法》及其操作规程。此项政策的主要内容包括：一是对境内企业出口收入存放境外实行开户登记制度。境内企业符合出口收入来源且在境外有实际支付需求、近两年内未违反外汇管理规定等条件的，均可向所在地外汇局提出申请；二是对境内企业出口收入存放境外实行规模管理。存放境外的规模，由境内企业根据实际需求向所在地外汇局提出，外汇局进行登记备案；三是简化出口核销、联网核查等业务操作，实行企业事后报告制度；四是对境内企业境外账户收支实施非现场监测，对异常情况实施现场核查。此项政策的出台，是适应市场经济发展需要、深化外汇管理体制改革、进一步推进贸易便利化的重大举措，既可以平衡贸易项下的资金流出入，又可以切实为境内企业进行跨境资金运作提供便利，支持境内企业"走出去"发展壮大。对跨境贸易收支较为频繁的企业，可减少其外汇资金跨境划转费用及汇兑成本；对参与国际市场程度较高、集团化管理能力强的企业，有助于其提高资金使用效率，降低境外融资成本，进一步增强国际竞争力。

3. 简化直接投资外汇管理，促进贸易投资便利化

为进一步促进贸易投资便利化，国家外汇管理局发布了《国家外汇管理局关于进一步改进和调整直接投资外汇管理政策的通知》，并于2012年12月17日起实施。该《通知》主要包括以下三方面内容：一是取消部分直接投资项下管理环节。取消直接投资相关账户开立、入账、结汇以及购付汇核准；取消直接投资常规业务的境内外汇划转核准；取消外国投资者境内合法所得再投资核准；取消减资验资询证；取消外商投资性公司境内再投资的外汇登记及验资询证。二是进一步简化现有管理程序。简化直接投资项下外汇账户类型；简化资本金结汇管理程序；简化外商投资企业验资询证及转股收汇外资外汇登记程序；大幅简化审核材料、缩短办理时限。三是进一步放松直接投资项下资金运用的限制。放宽直接投资项下外汇账户开立个数及异地开户限制；放宽直接投资项下异地购付汇限制；放宽境外放款资金来源及放款主体资格限制，允许境内主体以国内外汇贷款对外放款，允许外商投资企业向其境外母公司放款。该《通知》的发布，共取消了35项行政审核，简化合并了14项行政审核，大大减少了直接投资项下行政许可事项，有利于降低社会成本，进一步促进贸易投资便利化，服务实体经济发展。

（六）经济新常态下的外汇管理新时期（2013年以来）

2012年中国共产党第十八次全国代表大会提出要"全面提高开放型经济水平"，把出口和进口放在同等重要的地位，提高利用外资的能力，加快走出去的步伐，加强区域之间的开放与合作，提高抵御风险的能力，这就要求外汇管理政策要做出相应的改变，以服务开放型经济发展。

第一，改变服务贸易外汇管理政策，简化外商直接投资的外汇管理程序。2013年7月，中国改革服务贸易相关外汇制度，取消事前审批。服务贸易的外汇收入可以在规定期限内、按照规定的条件调回国内，也可以置于国外，可以自行保留，也可以办理结汇。为进一步深化资本账户下的外汇管理改革，提高管理效率，外汇管理局决定取消境内和境外直接投资项目下的外汇登记核准制度，银行对其审核后可以直接办理相关业务，同时还取消了境外再投资外汇备案以及直接投资外汇年检等，这简化了部分外汇业务办理程序。对外资企业的外汇资本金实行意愿结汇制度，比例暂定为100%，国家可以根据具体情况进行调节。第二，扩大金融市场双向开放。为了更好地利用国际国内两个市场、两种资源，服务国内经济参与全球竞争，中国扩大了金融市场的双向开放，推出很多跨境证券投资新机制。2014年开通的沪港通、2015年实施的内地与香港基金互认工作、2016年启动的深港通、2017年推出的债券通，都促进了香港与内地金融市场的相互联通。2018年，解除QFII、RQFII锁定期要求和QFII资金汇出比例限制，增加QDII额度。第三，外汇储备投资多元化。自2001年加入WTO以来，我国的外汇储备增长迅速，截至2018年已经增加到30 727.12亿美元。为了更好地利用庞大的外汇储备，并贯彻习近平总书记于2013年提出的"一带一路"倡议，中国使用外汇储备出资设立了多种基金。这些基金的设立既有助于促进外汇储备投资多元化，带来一定的经济收益，又有助于贯彻执行习近平总书记提出的"一带一路"倡议，同时还可以为中国相关企业提供更加广阔的发展平台，鼓励国内更多企业"走出去"，从而解决国内存在的产能过剩问题。第四，改革汇率形成机制。2015年中国进行"811汇改"，汇改后人民币汇率应在综合选取多种货币的基础上，为每种货币赋予一定的权重，由此形成货币篮。以货币供求变化为依据，综合考虑货币篮中的币种与人民币汇率指数的变化情况，使人民币汇率保持在适宜的均衡水平，逐步形成有管理的浮动汇率体系。2016年，人民币被IMF纳入特别提款权，这说明人民币正在向国际化大步迈进。第五，以自贸区为试点继续放松对外汇的管制，建立并完善跨境融资的宏观审慎管理体系。在自贸区内，基本解除对资金跨境流动的限制，增加投资和融资的汇兑便利，通过提供多种对冲手段，为企业走出国门、在境外投资提供便利条件，并提高海外投资企业的融资能力。2015年2月，全口径跨境融资的宏观审慎管理政策开始在上海自贸区进行试点，对于试点企业和金融机构，中央银行和外汇管理局对外债不再进行事前审批，允许其在规定限额内自主开展本外币跨境融资，国家统一管理跨境融资的本外币、本外资主体、短期和中长期外债。这次试点取得了成功，积累了可以复制和推广的经验。自2017年1月13日起，这项政策的实施范围扩大到了全国。2013年以来，我国外汇市场出现了"跨境资本流出增加—外汇储备不断减少—人民币面临贬值压力"的负向螺旋，外汇市场形势严峻，官方储备迅速下降。我国外汇储备在2014年2季度达到峰值，然后便开始下降，这与美国加息等国际形势密切相关。为了应对这些问题，中国外汇管理局通过采取上述积极措施，成功稳定了外汇市场，避免了外汇市场受到高强度冲击。

本章小结

1. 外汇管制是指一个国家为防止资金的大量外逃或流入，维持国际收支的平衡和本币汇率稳定，通过法律、法令或法规而对外汇资金的收支、买卖、借贷、转移及国际结算，对本国货币的兑换及汇率所进行的管理。

2. 外汇管制的内容包括对出口外汇、进口外汇、非贸易外汇、资本输出/入、黄金、现钞输出/入和汇率等方面的管制。

关键名词

外汇管制　法定汇率　复汇率　经常项目可兑换　完全自由兑换　外汇平准基金

练习与思考

一、判断题
(   ) 1. 外汇管制就是限制外汇流出。
(   ) 2. 只有实现了资本项目下的货币兑换，该国货币才能被称为可兑换货币。
(   ) 3. 国际收支巨额顺差的发达国家对资本输出/入无限制。
(   ) 4. 中国银行是我国经营外汇业务的唯一指定银行。
(   ) 5. 境外投资者可直接进入境内 B 股市场，无须审批。

二、选择题
1. 我国外汇管理的主要负责机构是_____。
   A. 银监会   B. 国家外汇管理局
   C. 财政部   D. 中国银行
2. 我国实行经常项目下人民币可自由兑换，符合国际货币基金组织_____。
   A. 第五会员国规定   B. 第十四会员国规定
   C. 第八会员国规定   D. 第十二会员国规定
3. 我国境内外资企业与国内企业买卖商品时，应以_____计价结算。
   A. 人民币   B. 外资企业母国货币
   C. 第三国货币   D. 双方协定货币
4. 目前人民币汇率形成机制是钉住_____。
   A. 单一美元   B. 单一欧元   C. 一揽子货币   D. 全世界所有货币
5. 中国企业可经国家外汇管理局批准，在核定的最高金额内保留经常项目外汇收入，超过限额部分按市场汇率卖给外汇指定银行，超过核定金额部分最长可保留期限为_____。
   A. 30 天   B. 50 天   C. 60 天   D. 90 天

三、简答题
1. 人民币有无可能在未来实现区域国际化？
2. 实行外汇管制对中国有哪些好处？
3. 入世后外汇管理体制主要有哪些变化？
4. 经常项目可兑换包括哪些内容？
5. 外汇管制的常见措施有哪些？

四、案例分析
要求：阅读下列国家外汇管理局近年通报的外汇违规典型案例，回答问题。

案例 1：湖南籍谢某非法买卖外汇案

2018 年 3 月至 2020 年 1 月，谢某通过非法移机境外的境内商户 POS 机刷卡等方式，非法买卖涉赌外汇资金 28 次合计 86.2 万美元。

该行为违反《个人外汇管理办法》第三十条，构成非法买卖外汇行为。根据《外汇管理条例》第四十五条，处以罚款 59.3 万元人民币。处罚信息已纳入中国人民银行征信系统。

案例 2：四川籍王某非法买卖外汇案

2018 年 6 月至 2019 年 10 月，王某通过地下钱庄非法买卖外汇 23 笔，金额合计 141.2

万美元。

该行为违反《个人外汇管理办法》第三十条,构成非法买卖外汇行为。根据《外汇管理条例》第四十五条,处以罚款167.4万元人民币。处罚信息纳入中国人民银行征信系统。

案例3:深圳市博驰供应链管理有限公司非法买卖外汇案

2018年6月,深圳市博驰供应链管理有限公司通过地下钱庄非法买卖外汇3笔,金额合计301.4万美元。

该行为违反《外汇管理条例》第四十五条,构成非法买卖外汇行为。根据《外汇管理条例》第四十五条,处以罚款248.7万元人民币。处罚信息纳入中国人民银行征信系统。

案例4:北京金盛泰投资咨询有限公司非法买卖外汇案

2018年11月至2019年2月,北京金盛泰投资咨询有限公司通过地下钱庄非法买卖外汇2笔,金额合计101.6万美元。

该行为违反《外汇管理条例》第四十五条,构成非法买卖外汇行为。根据《外汇管理条例》第四十五条,处以罚款48.2万元人民币。处罚信息纳入中国人民银行征信系统。

案例5:北京银行上海分行违规办理转口贸易案

2017年7月,北京银行上海分行未按规定尽职审核转口贸易真实性,在企业重复提交提单的情况下,违规办理转口贸易付汇业务。

该行上述行为违反《外汇管理条例》第十二条。根据《外汇管理条例》第四十七条,处以罚没款人民币84万元。

案例6:浙江义乌农村商业银行违规办理收结汇案

2017年5月至2019年1月,浙江义乌农村商业银行未尽审核责任,违规办理虚假贸易收结汇业务。

根据《外汇管理条例》第四十七条,对该行责令改正,处罚没款人民币57.27万元。

资料来源:国家外汇管理局网站。

问题:

1. 查阅并熟悉《个人外汇管理办法》《外汇管理条例》内容。
2. 讨论:个人和企业应如何避免外汇业务违规?

第二篇

实 务 篇

第四章

外汇交易实务

✓ 学习目标

通过本章学习，应掌握外汇交易基本知识，如外汇交易的基本惯例与规则；掌握各种外汇交易方式的概念及操作方式及其实际应用；理解典型的衍生外汇交易的特点和原理，懂得实际运用机理。

✓ 技能目标

通过对主要外汇交易方式的操作练习，做到能利用我国银行提供的外汇交易品种，为企业选择合适的交易方式规避外汇风险；在对外贸易业务中能进行进出口报价的汇率折算，用不同币种向对方报价。

✓ 重难点

1. 即期外汇交易的报价；
2. 远期汇率的标价方法及计算；
3. 择期外汇交易、掉期外汇交易的特点和原理；
4. 外汇期货交易和外汇期权交易的原理及应用；
5. 汇率在进出口业务中的实际运用技巧。

✓ 课前思考

我国某出口企业2020年办理了2 000万美元1年期结售汇业务，其签约价为1美元兑换人民币6.950 0元，2021年企业办理的远期结售汇业务到期时，市场即期人民币汇率为1美元兑换人民币6.450 0元，一年时间人民币对美元升值了7%左右。如果企业前期没有办理远期结售汇业务，而是全部按照收汇时的市场价结汇，损失将超过万元。

思考：外汇市场交易方式除了远期结售汇外还有哪些？企业为何要办理远期结售汇业务？

✓ 任务驱动，做中学

福建力源有限责任公司（以下简称力源公司）成立于1999年，是一家具有进出口经营权的贸易公司，在美国、英国、中国香港、日本、荷兰、尼日利亚设有分支机构。该公司下设：办公室、资本运作部、项目发展部、市场部、研发部、财务部、人事行政部等部门。该公司主要从事纺织服装、鞋类、日用品、机电产品等产品的进出口业务、国际仓储运输、环保材料生产经营销售、投资及投资管理等多项业务，具备丰富的国际贸易经验，拥有一支专业化的经营团队，建立了国际国内市场的营销网络，在国内外赢得良好声誉，具有较强的综合实力。林伟是该公司新招聘的外贸业务员，第一次涉及进出口业务中经常要处理的本、外币货款之间的兑换、折算或改换报价。本章，我们将跟着林伟，一起完成外贸业务中碰到的不同货币之间的兑换与报价。

第一节 外汇交易概述

一、外汇交易的概念

外汇交易（Foreign Exchange Transaction）就是以约定的汇率将一种货币转换为另一种货币，并在确定的日期进行资金交割的业务。

国际经济往来的发展必然伴随着货币的清偿和支付数量的增长，进而促进外汇交易的发展。外汇交易的类型有多种，其中即期外汇交易、远期外汇交易和掉期交易是外汇市场上的基本交易形式，在此基础上，又出现套汇交易和套利交易，这些交易形式被称为传统外汇交易形式。在20世纪70年代以后，又出现了许多衍生外汇交易形式，如外汇期货交易、外汇期权交易、货币互换交易等。然而传统外汇交易形式无论在交易总量上，还是在每笔交易的平均额上都远远超过衍生外汇交易形式。传统的外汇交易形式既是学习国际金融知识的基础，也是从事对外贸易工作人员必备的基本技能。选择有利的外汇交易方式，是国际金融实务要研究的重要问题之一。

二、外汇交易的参与者

参与外汇交易的当事人是多种多样的，既有各国的中央银行、商业银行、外汇经纪商、非银行金融机构，也有经济实体和个人。这些交易主体既有投资者，也有专门从事外汇投机的机构和个人等。其中最主要的参与者包括以下四类：

（一）外汇银行

外汇银行包括专营或兼营外汇业务的本国商业银行、设在本国的外国商业银行的分支机构和其他金融机构。大多数外汇交易是通过外汇银行进行的，因而外汇银行是外汇市场的主要参与者，是外汇市场的主体，它们参与外汇市场的主要目的就是盈利和避险。除银行之外，还有众多的金融机构参与外汇交易，包括外汇经纪公司、投资银行、储蓄银行、证券公司、保险公司、财务公司、专业投资基金组织等。外汇银行同这些金融机构一起，构成了外汇市场中最活跃的交易力量，它们资金实力雄厚，交易量庞大，其交易对汇率波动具有不可低估的影响。

（二）外汇经纪人

外汇经纪人是指介于外汇银行之间或外汇银行与客户之间、传播价格信息、撮合外汇买卖双方成交、以赚取佣金的中介人，其本身并不持有头寸和承担风险。外汇经纪人必须经过所在国的中央银行批准才能营业。不过，随着现代通信网络的发展以及银行间竞争的加剧，银行在国外主要外汇市场上进行买卖时一般不通过经纪人，而是直接同其他银行打交道。还有一种经纪商，专门代理客户买卖外汇，赚取佣金，比上述的经纪商规模小。20世纪90年代初，随着科技及电子通信技术的迅速进步，一种新的经纪渠道——"电子经纪"系统应运而生，并对传统的经纪业务方式提出了巨大的挑战。

(三) 客户

客户是指参与外汇交易的公司和个人等，如进出口商、投资者、留学生、旅游者、投机商等，他们出于交易、保值或投机的目的通过外汇银行进行外汇买卖，以期获得或出售外汇，其中以进出口商为主。客户不能直接进入银行间同业市场参加外汇交易。它们对外汇交易的需求往往需要通过银行、其他金融机构的代客业务或银行的柜台业务来实现。客户是外汇市场的最终供应者和需求者，但他们不是价格的提供者，而是价格的接受者，但通常只能接受银行提出的外汇报价，与银行进行外汇交易。

(四) 中央银行

在大多数国家中，中央银行代表政府对外汇市场进行干预。其主要功能在于监督金融体系的运作，并维持金融体系的稳定成长，以实现政府的政策目标。具体地说，中央银行主要是充当两个角色：一是充当外汇市场的管理者，通过制定和运用法规、条例等，对外汇市场进行监督、控制和引导，使外汇市场上的交易有序进行，并能最大限度地符合本国经济政策的需要。二是为了稳定汇率、防止国际短期资金的大量涌入或抽出对本国外汇市场造成猛烈冲击，进而影响本国产业及经济的发展，各国中央银行直接参与外汇市场上的交易活动，根据国家政策需要买进或卖出外汇，以影响外汇汇率走向。中央银行不仅要维持一个有秩序、有效率的外汇市场，更扮演了外汇的最终供给者或需求者的角色。

三、外汇交易的层次

由于外汇交易的参与者有以上四类，因而外汇交易按主体划分，就有三个层次。

1. 外汇银行与客户之间的外汇交易，以商业性外汇交易为主

这一层次又称为"零售业务（市场）"，每笔交易金额一般较小，主要是在银行与跨国公司、地方进出口商、政府和个人之间进行。其交易的目的主要是为了债权债务关系的结算清算、贸易融资及国际投资、外汇保值避险以及外汇投机等。

2. 外汇银行同业之间的外汇交易，是指以金融性外汇交易为主的市场交易

这一层次又称"批发业务（市场）"，交易量占外汇交易的绝大部分，且每笔交易金额通常较大。参与者主要是各类银行，其交易的目的主要是为了轧平资金头寸或通过外汇投机而盈利。

头寸表示一种资金状态，反映在某个时点上外汇的债权（资产）和债务（负债）的差额。在外汇买卖中，当外汇买入大于外汇卖出时，称为"长头寸"或"多头"，长头寸持有者要承担汇率下跌的风险。因为，如果未来汇率下跌，则长头寸持有者将遭受买贵的损失。反之，称为"短头寸"或"空头"，短头寸持有者要承担汇率上升的风险。银行经营外汇的原则是"买卖平衡"，银行头寸当天要进行轧差。轧平外汇头寸是指外汇银行对外汇买卖业务进行调整，使其收入和支出达到大致平衡的行为，即所谓抛长补短，将长头寸卖出，短头寸买进。但这种轧平并不意味着银行在买卖外汇后都需要立即进行平衡，它们可根据国际金融市场的情况、自身资力的大小以及对汇率变动的趋势的预测来决定立即轧平，或加以推迟。

3. 外汇银行与中央银行之间的交易

中央银行为了维持汇率稳定和合理调节国际储备量,直接参与商业银行外汇市场买卖,调整外汇市场资金的供求关系,使汇率维系或限制在一定水平上。当市场外汇供不应求,外汇汇率上涨时,中央银行抛售外币,收回本币;当市场上外汇供大于求,外汇汇率下跌时,中央银行买进外币,投放本币。当一国货币的汇价发生剧烈波动时,该国家的中央银行不仅在本国外汇市场上,而且还在国际外汇市场上,特别是波动最剧烈的国外市场上买进或卖出外汇,进行干预。一些国家均有专门的机构(如外汇平准基金)和专门的资金从事该项活动。

四、外汇交易的规则及程序

(一)无形外汇市场的交易规则

由于无形外汇市场上每天的交易金额非常巨大,而发生交易的双方又不是面对面地进行交易的,所以这个市场的参与者都必须严格遵守各种约定俗成的外汇交易规则。这些交易规则主要有:

(1)使用国际标准货币符号。

(2)以美元为中心的双价制报价法。除了有特别的说明之外,所有报出的货币汇率均采用以某种货币针对美元的形式。银行在报价时对每一种货币应同时报出买入价和卖出价,即所谓双价制。

(3)使用统一的标价方法。除了美元兑英镑、澳大利亚元、新西兰元和欧元的汇率是以美元作为计价货币(间接标价法),美元兑其他各种货币的汇率都是以美元作为标准货币(直接标价法)。

(4)交易单位通常是100万美元。通常说的一手(One Dollar)即100万美元,交易额为100万美元的整数倍,交易金额一般在100万~500万美元(或其等价的其他货币)之间。这是针对银行同业间大批量的外汇买卖所使用的汇率。对于一般进出口商或投资者感兴趣的适用于小规模外汇交易的汇率,必须在询价时预先说明,并具体报出买卖金额。在这种情况下,银行会对其原先的报价作出适当的调整,使其使用的汇率更有利于银行而不利于客户。

(5)交易双方必须恪守信用。共同遵守"一言为定"的原则和"我的话就是合同"的惯例,交易一经成交不得反悔。以电话交易的有电话录音,以电传交易的有电传打印的交易记录,以路透社交易系统交易的也有该系统打印出来的文字记录。

(6)使用规范化的语言。为了能在汇率频繁变动的环境中迅速而无误地成交,在外汇交易磋商过程中经常出现一些简略语。在使用外汇交易行话时必须注意规范化。下面摘录即期外汇交易中的常用语,如表4-1所示:

表4-1 外汇交易中的常用语

BID/BUY/TAKE 买进	OFFER/SELL/GIVE 卖出
MINE/YOURS 我方买进/我方卖出	ASK PRICE/ASK RATE 卖方开价/讨价
ASKED PRICE 卖方报价	QUOTE PRICE 报价
DEALING PRICE 交易汇价	INDICATION RATE 参考汇价

续表

OUT/OFF 取消报价	CEILING RATE 最高价
OUTRIGHT FORWARD 直接远期	DISCOUNT&PREMIUM 贴水/升水
OVER BOUGHT（LONG）多头	OVER SOLD（SHORT）空头
POSITION 头寸	SQUARE 平仓
GO NORTH 上升	GO SOUTH 下降
NORMAL 正常金额	LARGE/SMALL 大/小金额
CONFIRMATION 确认书	MP（MOMENT PERIOD）稍候
VALUE DATE/DELIVERY DATE/MATURITY DATE 起息日、交割日、结算日	
I SELL YOU FIVE USD 我卖给你 500 万美元	
WHICH WAY ARE YOU 你做哪一头（你想买还是卖）	

（二）无形外汇市场的交易程序

无形外汇市场进行外汇交易程序通常是：

（1）（客户）自报姓名、单位名称：询价行叫通对方电话、电传或在路透社交易机上输入自己的终端密码呼叫对方银行，并自报家门，说明自己的姓名。

（2）（客户）询价（Inquiry）：询价行自报家门后要求对方银行（报价行）报价。询价内容包括交易币种、外汇种类、金额、交割日期等，询价方无须表明自身是以买方还是卖方身份询价，身份的选择将取决于对方的报价。

（3）（银行）报价（Quotation）：报价行根据客户的询问立即回答，报价具有法律约束力。报价一般采用简单形式，只报出最后两位小数，但在确认成交汇价时须将大数标明。

（4）（双方）成交（Done）：客户表示买卖金额，银行表示承诺。一般当报价方报出询价方所需汇价后，询价方应迅速做出反应，或成交或放弃，而不应与报价方讨价还价。

（5）（银行）确认（Confirmation）：报价行表示"OK，Done"交易告结束。然后证实买卖货币（Currency）、金额（Amount）、汇率（Rate）、起息日（Value Date）和收付账户（Payment）等，五项缺一不可的内容。

（6）（双方）交割（Delivery）：交易当事人将卖出货币解入对方指定银行的存款账户中。

须区分"成交"与"交割"两个步骤。成交仅指确定买卖关系，即确定外汇交易的买方、卖方、外汇买卖的币种、数量和价格等，并不发生实际收付行为。交割是指成交后，买卖双方实际收付货币的行为。

第二节 传统的外汇交易方式

【林伟的任务 4-1】

2021 年 2 月 22 日，力源公司外贸业务员林伟在当天需要完成以下两笔业务：

第一，公司当天收到外商支付货款 20 万美元，由于担心美元会贬值，决定于当日兑换成人民币，具体可兑换出多少人民币呢？林伟需要运用所学知识核实银行业务员兑换的金额是否正确。

第二，公司当天需要用人民币兑换 10 万英镑，用于支付给国外进口商的货款。林伟将根据查询到的各家银行牌价（如下表），选择其中最优惠报价完成相关计算并到就近银行网点进行兑换，他应该如何选择与正确计算？

2021 年 2 月 22 日，查询各家银行美元和英镑的外汇行情如表 4-2 所示：

表 4-2 各家银行美元和英镑的外汇牌价

日期：2021 年 2 月 10 日　　　　　　　　　　　　　　　　　单位：人民币元/100 外币

银行名称	交易单位	现汇买入价（美元）	现汇卖出价（美元）	现汇买入价（英镑）	现汇卖出价（英镑）
中国银行	100	645.43	648.17	901.69	908.33
中国工商银行	100	645.40	647.85	902.41	908.48
中国建设银行	100	645.45	648.10	901.94	908.73
中国农业银行	100	645.32	647.90	902.18	908.52

一、即期外汇交易

（一）即期外汇交易概念

即期外汇交易（Spot Exchange Transaction），又称现汇交易，是指买卖成交后，在两个营业日（Working Day）内完成资金交割的外汇业务。它是外汇交易中最基本的交易方式，约占外汇交易总额的 2/3。

（二）即期外汇交易的交割日

交割发生的那一天称为"交割日（Spot Date）"，又称结算日、有效起息日。不同外汇市场规定的即期交易的交割日不同。

1. 标准日交割（Value Spot）

标准日交割指在成交日之后的第二个营业日交割，又称 T+2 交易。目前大多数的即期外汇交易都采用这种类型，尤以欧美市场为典型。

但两天中若逢两个结算国之一（美国除外）的周末或节假日，交割日需要顺延至下一个营业日，但顺延不能跨月。例如，某年 6 月 6 日在伦敦外汇市场成交了一笔英镑兑美元的标准日交割的即期外汇交易，则其交割日应为 6 月 8 日，若 6 月 8 日恰逢英国银行的非营业日，则向后顺延。如果双方是 6 月 28 日（星期四）成交，则交割日应为 6 月 30 日（星期六），6 月 30 日为非营业日，但交割日不能顺延至 7 月，而应往前推到 6 月 29 日（星期五）。

2. 隔日交割（Value Tomorrow or VAL TOM）

隔日交割指在成交日之后的第一个营业日交割，又称 T+1 交易。采用这种类型的主要是亚洲的一些国家，如日本、新加坡等。

3. 当日交割（Value Today or VAL TOD）

当日交割指在成交当日进行交割，又称 T+0 交割。如以前在香港市场美元与港元的交易可在成交当日进行交割，1989 年其改为标准日交割。

（三）即期外汇交易的结算方式

即期外汇交易的结算方式有电汇、信汇、票汇三种，与之相对应的汇率称为电汇汇率、信汇汇率和票汇汇率。

1. 电汇

电汇是汇出行以加押电报、电传或国际金融电讯协会（SWIFT）等电信手段向汇入行发出付款委托，指示和授权汇入行解付一定金额给收款人的一种汇款方式。电汇虽然成本较高，但结算安全、及时，加速收款人资金周转，减少其外汇风险，有利于收款人。

2. 信汇

信汇是以航空信函的方式向汇入行发出付款委托，指示和授权汇入行解付一定金额给收款人的一种汇款方式。信汇凭证是信汇付款委托书，其内容与电汇委托书内容相同，只是汇出行在信汇委托书上不加密押，而以负责人签字代替。对于汇款人来说信汇成本低，但收款时间长，不利于收款人。一般仅用在小额交易汇款。

3. 票汇

票汇指汇出行应汇款人申请，开立以汇入行为付款人的汇票，列明收款人的姓名和所在地区、汇款金额等交给汇款人，由其寄给收款人或自行携带出国，凭票取款的一种汇款方式。其特点是汇入行无须通知收款取款，由收款人持票上门自取；收款人可通过背书转让汇票；到银行取款的可能不是汇票上列明的收款人本人，而是其他人，所以票汇涉及的当事人较多。三种方式中，票汇成本最低。

银行同业之间的交易都采用电汇的方式。银行与客户之间的交易可根据客户的要求采用电汇、信汇或票汇的方式，一般来说，采用信汇和票汇较少，大部分交易都采用电汇的方式。

1977 年 9 月，SWIFT 正式启用，这是一个国际的计算和联络网，专门用来处理国与国之间银行转账和结算。目前大多数国际性大银行都已加入该系统，这使得国与国之间银行的转账极其迅速和安全。

（四）即期外汇交易的报价

即期外汇交易依据的汇率就是即期汇率、现汇率，它是所有外汇汇率的基础，其他外汇交易的汇率都在此基础上计算出来的。在即期外汇交易过程中，报价是关键。买入汇率和卖出汇率之间的差异，称为价差。价差是报价者承做外汇交易的利润及承担风险的报酬。报价是否具有竞争力首先取决于价差的大小。价差越宽，报价方获利的机会越大，但其报价的竞争力就越差。通常外汇交易员在报价时应考虑到以下五个因素：

第一，报价行的外汇头寸。报价行在接到询盘时要考虑是否已持有某种货币的多头或空头及金额大小和成本价格水平。如果报价行已经持有询价者所询货币的多头并且金额很大，那么它在报价时可能会偏低开报该币价格；反之，报价行则提高价格以吸引询价者抛售。

第二，市场的预期心理。如果市场有明显的预期心理，货币的走势就容易向预期的价位波动。交易员必须了解目前市场的预期心理以调整所持头寸，使自己处于有利地位。

第三，询价者的交易意图。一般情况下，询价者在询价时不必透露买卖意图，而报价者必须同时报出买价和卖价。交易员需要试探和估计对方的意图，如果估计对方意欲购买，就会略微抬高价格；反之，会压低价格。

第四，各种货币的风险特征和短期走势。每种货币各有其风险特性和短期走势，只有对货币的风险特性和极短期走势有充分的了解和准确的预测，才能在报价时报出适当的价格。

第五，收益率与市场竞争力。交易员在报出价格之后，就希望询价者愿意以其所报出的价格来交易。然而为了增加竞争力，需要缩小买卖价差，即利润相对减少。因此交易员在报价时必须顾及市场竞争力与收益率。

（五）即期外汇交易的功能与应用

即期外汇交易主要有三个功能：一是结算支付功能，如支付进出口贸易等外汇款项或归还外汇贷款；二是保值与避险功能；三是外汇投机功能。

【例 4-1】 外汇银行轧平外汇敞口头寸。

某日，中国银行某分行的美元头寸超买 100 万美元，而日元头寸又超卖了 13 765 万日元。为减少外汇买卖风险，该银行打算及时弥补日元头寸。当天国际市场美元兑日元的即期汇率为 1 美元=127.55 日元。经联系，该行与日本东京银行于当天达成一项即期外汇买卖交易，按现汇率卖出 100 万美元，买入 12 755 万日元。第二天双方分别按对方要求将卖出的货币解入对方指定的账户内，完成整个外汇交易过程。

【例 4-2】 客户保值。

2021 年 2 月 22 日，美元兑日元即期汇率为 105.39。根据贸易合同，某进口商将在同年 8 月 1 日支付 2 亿日元进口货款，进口商的资金来源只有美元。因担心支付日美元兑日元贬值而增加换汇成本，该进口商于 2 月 1 日通过即期外汇买卖进行保值，用 195.33 万美元按即期价格 105.39 买入 2 亿日元，并将日元存入银行，到 6 个月后支付。若 8 月 1 日美元兑日元果真贬值，即期汇率为 103.39，则该进口商可减少进口成本 3.89 万美元（199.22-195.33）。

【例 4-3】 国际结算。

某日，我国 A 公司收到一笔出口货款金额为 55 万美元的国外汇款，要求其开户银行中国银行兑换成人民币存入其人民币存款账户。若当日汇率为：USD/CNY=8.266 6/78

问：A 公司存款账户增加了多少人民币？

解：A 公司把 55 万美元现汇卖给银行，采用买入价。因而 A 公司存款账户增加的人民币金额为：55 万×8.266 6=454.663（万元）

（六）即期外汇交易实例

A 银行与 B 银行所进行的英镑兑美元的交易，其过程如下：

A：GBP 5 MIO	A：询问英镑兑美元比价，交易额 500 万英镑。
B：1.824 3/47	B：报价为 GBP1=USD1.824 3/47。
A：MY RISK	A：不满意 B 所报价格（在数秒钟之内可以再次询问价格）
A：NOW PLS	A：再次向 B 询问价格。
B：1.824 4 CHOICE	B：报价，以 1.824 4 的价格，任 A 选择是买还是卖。

A：SELL PLS，MY USD TO A NY	A：选择卖出英镑，金额为 500 万英镑，并告知对方将其所买入的美元汇到 A 的纽约银行账户上。
B：OK DONE，AT 1.824 4 WE BUY GBP 5 MIO AG USD，VAL MAY-20，GBP TO MY LONDON，TKS FOR DEAL，BI BI	B：告知对方此交易达成，并确认在 1.824 4 的价格下我以美元买入 500 万英镑，交割日为 5 月 20 日；请将我买的英镑汇入我在伦敦的账户上。
A：TKS FOR PRICE BI BI	A：谢谢 B 的报价。

【林伟的任务 4-2】

力源公司出口一批服装到美国，合同金额为 60 万美元，预计三个月后收汇，签约时汇率为 1 美元=6.108 3 人民币元。目前美元与人民币汇率波动频繁，而本合同业务利润微小，如果汇率有较大变化则可能产生亏损。外贸业务经理高国明担心美元兑人民币的汇率下降，决定以远期外汇交易来防范外汇风险，派林伟到中国银行福州茶亭支行完成具体业务。中国银行挂牌汇率三个月美元远期汇率为 1 美元=6.084 6 人民币元。林伟接到任务后，认为美元兑人民币的汇率很有可能上升，建议不用进行远期外汇交易。你是如何认为的？

二、远期外汇交易

（一）远期外汇交易概念

远期外汇交易（Forward Exchange Transaction）又称期汇交易，是指外汇买卖双方以约定的汇率成交后，并不立即办理交割，而在未来确定的日期才进行交割的外汇交易。远期外汇交易的交割期限有的长至 1 年，短至几天，通常为 1 个月、2 个月、3 个月、6 个月，其中最常见的是 3 个月。

远期外汇交易与即期外汇交易的区别：

（1）交割日期不同。这是区分即期和远期的最主要标准。即期外汇交易的交割日期为成交后两个营业日以内，远期外汇交易的交割日期为成交后两个营业日以后。

（2）使用汇率不同。即期汇率是成交当时的汇率，它受各种因素的影响而随时发生变化；远期汇率是签订合同时事先协商的汇率，一旦签订合同，汇率就固定下来，不随其他条件的变化而变化，又称协定汇率。

（3）主要作用不同。即期外汇交易的主要作用是为了满足交易性的需要，而远期外汇交易的主要作用是为了规避外汇风险和保值。

（4）交割方式不同。即期外汇交易交割时必须足额交割，远期外汇交易交割时不一定要足额交割，可以进行差额交割。

（二）远期外汇交易的交割日

远期外汇交易的交割日或有效起息日在大部分国家是按月而不是按天计算的。其报价是"规则"日期的报价，如 1 月期、2 月期、3 月期、6 月期和 12 月期远期等。远期交割日的确定有以下四种规则：

（1）日对日。远期交易的交割日期是在即期交割日之后的整数月的对应日。如果目前的即期交割日为 4 月 21 日，则 1 月期远期交易的交割日将是 5 月 21 日。

（2）节假日顺延。如果远期交割日为周末或假日，则交割日将为下一个营业日。

(3) 月末对月末。即如果即期起息日为当月的最后一个营业日，则所有的远期起息日是相应各月的最后一个营业日。

(4) 不跨月。如远期交割日恰逢月底且该日为银行公休日，为了保证远期交易在当月进行，需要将交割日提前至前一个营业日进行而不能推迟至下一月。

【例 4-4】一般的远期外汇交易的交割日。

交易日：4 月 14 日星期五

即期交割日：4 月 18 日星期二（交易日之后两个营业日）

1 月期交割日：5 月 18 日星期四

2 月期交割日：6 月 19 日星期一（6 月 18 日为星期日）

3 月期交割日：7 月 18 日星期二

【例 4-5】月末/月末交易。

交易日：6 月 26 日星期三

即期交割日：6 月 28 日星期五（6 月的最后一个营业日）

1 月期交割日：7 月 31 日星期三（7 月的最后一个营业日）

2 月期交割日：8 月 30 日星期五（8 月的最后一个营业日）

（三）远期汇率的标示方法

根据国际惯例通常有三种远期汇率报价方法：直接报价法、升贴水报价法、远期点数标示法。

1. 直接报价法

直接完整地报出不同期限远期外汇买卖的买入和卖出价。这种报价方式一目了然，日本、瑞士等国家采用这种方法。如某日，美元兑日元的 3 个月远期汇率为 USD/JPY = 110.50/110.65，6 个月远期汇率为 USD/JPY = 115.45/115.72。

2. 升贴水报价法

在外汇市场上以升水、贴水和平价来表明远期汇率与即期汇率的差额。升水表示远期外汇比即期外汇贵，贴水表示远期外汇比即期外汇贱，平价表示两者相等。

【例 4-6】某日伦敦外汇市场英镑兑美元的即期汇率为：1 英镑 = 1.426 8 美元，如 3 个月后美元远期外汇升水 0.45 美分，则 3 个月美元远期汇率为：1 英镑 = 1.422 3 美元（1.426 8-0.004 5）；如 3 个月后美元远期外汇贴水 0.45 美分，则 3 个月美元远期汇率为：1 英镑 = 1.431 3 美元（1.426 8+0.004 5）。

由于汇率的标价方法不同，通过升贴水报价法计算远期汇率的原则也不相同。在直接标价方法下，远期外汇升水，远期汇率计价货币数量多于即期汇率计价货币数量；远期外汇贴水则反之。在间接标价方法下，如果远期外汇升水，则远期汇率计价货币数量少于即期汇率计价货币数量；远期外汇贴水则反之。我们可将上述关系归纳如下：

标价法	远期外汇	计算规则
直接标价法	升水：	期汇价=现汇价+升水
	贴水：	期汇价=现汇价-贴水
间接标价法	升水：	期汇价=现汇价-升水
	贴水：	期汇价=现汇价+贴水

3. 远期点数标示法

点数是指小数点后的第四位数，远期点数报价法是报出远期汇率和即期汇率差价点数的报价方式，又可称为掉期率报价方式。由于远期汇率总是随着即期汇率变动而变动，直接标出远期汇率则要经常修改，在业务上非常不便。而远期点数则比较稳定，因此在外汇市场上通常采取远期点数标价法。下面用表4-3说明点数报价方式。

表4-3 远期点数报价举例

项　目	GBP/USD	USD/HKD
即期汇率	1.706 0/70	7.253 5/45
1个月	25/20	10/15
3个月	64/57	20/30
6个月	128/103	55/70
12个月	230/200	85/110

怎样阅读这份报价表？如何由远期点数得到远期汇率？

首先我们要明确不论即期还是远期汇率，标价第一个（前面的）价格总是小于第二个（后面的）价格，银行买入价总是小于卖出价。相对即期交易，在远期交易中银行要承担较大的风险，因此，远期汇率的银行买卖价差，其幅度大于即期汇率的价差，而且越远期，买卖差价越大。

在表4-3中的各个不同交割时期的远期点数，其第一列与第二列在排列上呈现两种方式：一种是前大后小，如GBP/USD；另一种是前小后大，如USD/HKD。根据"远期汇率的买卖价差，其幅度大于即期汇率的价差，而且越远期，买卖差价越大"的原则，我们可得出如下的远期点数计算实际远期汇率的规律：

即期汇率　　远期差价点数　　远期汇率
小/大　　+　　小/大　　=　　小/大
小/大　　-　　大/小　　=　　小/大

简单地说，就是远期点数前小后大排列的话，远期汇率等于即期汇率加上差价点数，远期点数前大后小排列，远期汇率则等于即期汇率减去差价点数。但在不同的标价法下，辨别外汇升水还是贴水，却呈现不同的规律。点数报价法计算方法归纳如表4-4所示。

表4-4 点数报价法的表示方式和计算方法

点数排列方式	远期汇率的计算方法	辨别外汇升水还是贴水
小/大	(+) 即期汇率加差价点数	直接标价法：升水
		间接标价法：贴水
大/小	(-) 即期汇率减差价点数	直接标价法：贴水
		间接标价法：升水

表4-3中：

GBP/USD 英镑的即期汇率　　1.706 0/1.707 0

3 个月（贴水）　　　−64/57
英镑的远期汇率　　1.699 6/1.701 3

表示3个月英镑贴水或3个月美元升水。

即期汇率中买卖差价是10点，远期汇率中买卖差价是17点，说明远期汇率买卖差价扩大了。如果错误地用了加法，则远期汇率买卖差价缩小为3点，显然是错误的。

（四）远期外汇交易的类型

1. 固定交割日的远期外汇交易（Fixed Forward Transaction）

固定交割日的远期外汇交易，指外汇交易合同规定某一确定日期履行货币交割，既不能提前也不能推迟的交易方式。进出口商从订立贸易合同到支付货款，通常都要经过一段时间，也就是说，他们要在将来某一日（一般是合约到期日）才能获得外汇收入或支付外汇货款。

2. 可选择交割日的远期外汇交易——择期交易（Optional Forward Exchange）

择期外汇买卖是远期外汇交易的一种特殊形式，是指在远期外汇买卖合同中，买卖双方事先不固定交割的具体日期，而是约定在未来的一段时间内任何一天均可进行资金交割的交易方式。客户选择交割日的期限可以约定为具体日期后到合同终止日为止的一段时间，也可以约定合同有效期内的某个月份或某几个月份。

选择交割日的权利在客户手中，因此择期外汇买卖为客户进行资金调度提供了较大的灵活性。而银行将承受比固定交割日的远期外汇交易更大的外汇风险，因此银行要求在择期交易的汇率上得到补偿。具体讲，若远期外汇升水，银行在卖出择期外汇时，其要求的汇率是择期期限结束时的汇率；银行买入择期外汇，则使用接近择期开始时的汇率。若远期外汇贴水，则恰恰相反。银行对择期远期交易的定价过程是首先计算出约定期限的首天和尾天的远期汇率，根据客户的交易方向从中选择一个对银行最有利的报价。

【例4-7】新加坡进口商某日从美国进口价值25 000美元的货物，双方约定货款在6个月内支付，但具体日期尚不能确定。因此，该进口商在签订贸易合同时与银行签订一项择期交易，择期期限为第3个月到第6个月。问：该进口商需要支付多少新加坡元？当时新加坡外汇市场的USD/SGD报价如下：

即　期　　1.810 0/10
1月期　　1.794 5/60
3个月　　1.789 0/920
6个月　　1.751 0/50

解：该合同适用汇率为3个月美元卖出汇率1.792 0，这是银行择期出售美元的最高价。所以该进口商须支付新加坡元金额为：25 000×1.792 0=44 800。

（五）远期外汇交易的作用

在远期外汇交易市场上进行交易主要包括外汇银行、进出口企业以及外汇投机者，他们进行交易的目的各不相同。

1. 规避外汇风险

在国际贸易、国际投资等国际经济交往中，由于从合同签订到实际结算之间总存在着一段时差，在这段时间内，汇率有可能向不利方向变化，从而使持有外汇的一方蒙受风险损失。为了避免这种风险，进出口商会在签订合同时，就向银行买入或卖出远期外汇，当合同到期时，即按商定的远期汇率买卖所需外汇，从而锁定进口付汇成本或出口收汇收益。

【例 4-8】锁定进口付汇成本。

某年 4 月 2 日，美国 A 公司与德国 B 公司签订了一份贸易合同，进口一套设备，金额为 180 万欧元，货款结算日为 7 月 4 日。A 公司预测欧元 3 个月后会升值，于是在 4 月 2 日与银行签订了一份 3 个月的远期外汇交易合同，用美元买入 180 万欧元，起息日为 7 月 4 日。

4 月 2 日即期汇率为：EUR/USD = 1.080 0/10

3 个月的远期点数为：40/30

A 公司选做远期外汇交易，则将进口付汇成本锁定为：180 万欧元 × 1.078 0 = 194.04 万美元。

即使欧元兑美元升值，A 公司也不必承担升值的风险。假定 7 月 4 日即期汇率为 EUR/USD = 1.092 0/30，A 公司则比购现汇支付进口货款节省进口成本 2.7 万美元（180 万欧元 × 1.093 0 − 194.04 万美元）。

【例 4-9】锁定出口收汇收益。

某年 5 月 8 日美国出口商乙公司签订出口合同，延期 1 个月（6 月 10 日）收取出口货款 4 亿日元。5 月 8 日美元兑日元的汇率水平为 133，1 个月远期汇率为 132.80。乙公司担心美元兑日元升值，希望提前 1 个月固定出口收益，规避汇率风险。遂同银行做一笔远期外汇买卖，按 1 个月远期汇率 132.80 卖出 4 亿日元，买入 301.2 万美元（4 亿日元 ÷ 132.80），起息日为 6 月 10 日。

这笔远期外汇买卖成交后，美元兑日元的汇率便可固定下来，无论国际外汇市场的汇率水平如何变化，乙公司都将按 132.80 的汇率向外汇银行卖日元买美元。假如乙公司等到收到货款的日期才进行即期外汇买卖，如果 6 月 10 日美元兑日元的即期市场汇率水平升至 140，那么甲公司必须按 140 的汇率水平卖出 4 亿日元，只能买入 285.7 万美元（4 亿日元 ÷ 140），与做远期外汇买卖相比，出口公司将少收 15.5 万美元收益。

2. 外汇银行为了平衡其外汇头寸

当面临汇率风险的客户与外汇银行进行外汇交易时，实际是将汇率变化的风险转嫁给了外汇银行。而银行在它所做的同种货币同种期限的所有远期外汇交易不能买卖相抵时，就会出现期汇和现汇的超买或超卖，处于汇率变动的风险之中。为了避免外汇风险，银行需要将多头抛出、空头补进，轧平各种币种各种期限的头寸。例如，一家英国银行在一个月的远期交易中共买入 10 万美元，卖出 6 万美元，这家银行持有 4 万美元期汇的多头，若美元在这一个月内跌价，该银行将蒙受损失。因此，这家银行一定会向其他银行卖出 4 万美元期汇。银行的这种外汇买卖被称为外汇头寸调整交易。

3. 投机者利用远期外汇市场进行外汇投机

与外汇银行利用市场轧平风险头寸的动机不同，外汇投机者是有意识地持有外汇头寸以获得风险利润。外汇投机者与规避风险的套期保值者的一大区别是前者没有已发生的商业或金融交易与之对应。但是，投机者的存在起到了活跃市场的重要作用。外汇投机者能否获得投机利润主要取决于其预测是否正确。若预测正确，可获收益；若预测错误，则要蒙受损失。例如，如果某投机者预测某种货币今后 3 个月会升值，他将在期汇市场上先行买入 3 个月该种货币期汇若干，若到期果然升值，他到时在现汇市场上高价卖出，实现对冲，无须太多资金就可获得投机利润。在期汇市场上先买后卖的投机交易被称作买空（Buy Long or Bull）；在期汇市场上先卖后买的投机交易被称作卖空（Sell Short or Bear）。买空或卖空并不需要真正进行买卖，只需交割汇率变动的差价即可。

（六）远期汇率的决定

在一个充分流动的外汇市场和货币市场中，远期外汇价格的决定因素有三个：即期汇率、买入货币与卖出货币间的利率差、远期期限的长短。远期汇率是根据利率平价原理计算和报价的，远期汇率与即期汇率的差异充分反映了两种交易货币利率的差异。

【例4-10】

假设，欧元的年利率为4.5%，美元年利率6.5%，外汇市场即期汇率为EUR/USD=0.8500。出口商将在6个月后得到10万欧元货款。该出口商欲将10万欧元货款转换为美元，但又担心欧元6个月内贬值，到期换汇时美元数量减少，因此，出口商通过即期外汇市场及资金借贷来保值。采取的步骤如下：

借入10万欧元，借期6个月，利率4.5%；同时在即期外汇市场预先卖出10万欧元，买入美元；并将换得的美元存入银行，存期6个月，利率6.5%。

① 借入10万欧元的利息成本=10万欧元×4.5%×6/12=2 250欧元

以美元计算该利息成本=2 250欧元×0.8500=1 912.5美元

② 在即期外汇市场卖出10万欧元，换得85 000美元（10万欧元×0.8500）

③ 85 000美元存期6个月，利息收入=85 000×6.5%×6/12=2 762.5美元

④ 通过上述保值措施，最终得到的美元数如下：

本金85 000美元+利息收入2 762.5美元-利息成本1 912.5美元=85 850美元

6个月远期汇率　100 000欧元=85 850美元

6个月 EUR/USD=0.858 5，即6个月远期汇率与即期汇率之间的差价是85点。

根据上述计算，我们可得出远期汇率、升贴水点数的计算公式为：

远期汇率=即期汇率+即期汇率×（标价货币利率-基准货币利率）×月份/12

升水（或贴水）的具体数字=即期汇率×两地利率差×月份/12

升（贴）水年率=（远期汇率-即期汇率）/即期汇率×（12/月数）×100%

在直接标价法下，该年率正数为外汇升水年率，负数为贴水年率，间接标价法下则相反。

将上例导入公式，6个月EUR/USD远期汇率=0.85+0.85×（6.5%-4.5%）×6/12=0.858 5

外汇升（贴）水的具体数字应为：0.850 0×（6.5%-4.5%）×6/12=0.008 5

升（贴）水年率应为：（0.858 5-0.850 0）÷0.850 0×12/6×100%=2%，与两地利差相等。

由此可见，远期汇率、即期汇率和利率三者之间的关系是：

① 其他条件不变，一般情况下，利率较高的货币远期汇率表现为贴水，利率较低的货币远期汇率表现为升水。

② 远期汇率和即期汇率的差异，取决于两种货币的利率差异，并大致和利率的差异保持平衡。

（七）远期外汇交易实例

A：BANK OF CHINA GUANGDONG　　A：我方是中国银行广东分行，请报7月

CALLING YEN FORWARD OUTRIGHT VALUE 6TH JULY FOR 5 USD

B：SWAP 138/132 SPOT 23/28

A：3 MINE

B：OK DONE
AT 106.96 WE SELL USD 3 MIO AGAINST YEN VALUE 6TH JULY YEN TO BANK OF TOKYO TOKYO FOR OUR A/C 12345 THKS FOR CALLING N DEAL BI BI

A：USD TO BANK OF CHINA NY FOR A/C 54321, TKS FOR PRICE BI BI

6日交割的美元/日元远期汇率，金额为500万美元。

B：远期点数为138/132，即期汇率为108.23/108.28。（注：即期汇率中的大数108取自当时路透社即期行情）

A：我方买入300万美元。

B：好，成交，
按1美元等于106.96日元我方卖出300万美元，交割期为7月6日。日元划到在东京的东京银行我方往来账户12345，再见。

A：美元划到中国银行纽约分行我方往来账户54321，谢谢，再见。

三、掉期外汇交易

（一）掉期外汇交易的概念

掉期外汇交易（Swap Transaction）是指投资者同时进行两笔方向相反、交割期限不同、货币与金额相同的外汇交易。掉期交易不会改变交易者的外币持有额。

（二）掉期外汇交易的类型

按照期限的差异，掉期交易可以分为三种类型。

1. 一日掉期

一日掉期指两笔数额相同、交割日相差一天、方向相反的外汇掉期。分两种可能的安排：其一，今日对次日掉期，即把第一个交割日安排在成交的当天，并将第二个反向交割日安排在次日。其二，是较为常见的明日对后日掉期，即把第一个交割日安排在明天，第二个反向交割日安排在后天。

一日掉期主要用于银行同业的隔夜资金拆借，其目的在于避免进行短期资金拆借时因长余头寸或短缺头寸的存在而遭受汇率变动的风险。

2. 即期对远期掉期

即期对远期掉期是指在买进（或卖出）一笔即期外汇的同时，卖出（或买进）同一笔远期外汇。也就是同时进行即期和远期的同种外汇买卖，数额相同，方向相反。这是最常见的掉期交易形式，它主要用于避免外汇资产到期时外币即期汇率有所下降，或外币负债到期时即期汇率有所上升可能带来的损失，也可用于货币的转换、外汇资金头寸的调整。

3. 远期对远期掉期

远期对远期掉期是指在买进（或卖出）交割期限较短的远期外汇的同时卖出（或买进）同等数量的交割期限较长的同种远期外汇，即"买短卖长""卖短买长"。它既可以用于套期保值，也可用于套期图利和投机。

（三）掉期外汇交易的运用

企业机构或银行从事掉期交易一般出于以下四种目的：轧平货币的现金流量；两种货币

之间的转换；调整外汇交易的交割日；套期保值，进行盈利操作。

1. 轧平货币的现金流量

就银行资金流量而言，因为交割时间上的差距会产生资金缺口，银行从事掉期交易不但可以平衡资金流量，而且不影响外汇头寸。

【例 4-11】

银行 A 分别承做了四笔外汇交易：

① 卖出即期美元 300 万；

② 买入 3 个月的远期美元 200 万；

③ 买入即期美元 150 万；

④ 卖出 3 个月远期美元 50 万。

可见，银行外汇头寸在数量上已轧平，但是资金流量有明显的缺口，即远期 3 个月的多头 150 万美元和即期的空头 150 万美元。银行为规避资金缺口可能带来的风险，可以承做一笔即期对 3 个月远期的掉期交易：买入即期美元 150 万，卖出 3 个月远期美元 150 万，以轧平资金流量。

2. 两种货币之间的转换

掉期可以用于从 A 货币转换成 B 货币，然后从保值的角度出发，再用 B 货币转换成 A 货币，这样，就可以满足客户对不同货币资金的需求。例如，某企业需要日元，但银行贷款给企业的是美元。这时企业就可以做一年掉期交易，即期卖出美元，买入日元，满足其对日元的需求。但今后企业要以美元偿还银行贷款，同时为防范美元升值付出更多日元的汇率风险，企业须同时卖出远期日元，买入远期美元。

3. 改变持有货币的期限

客户做远期外汇买卖后因某种原因需要提前交割，或由于资金不到位或其他原因需要延迟交割而展期，都可以通过叙做掉期交易对原来的交割日进行调整。

【例 4-12】一家美国贸易公司在 6 月份预计 9 月 1 日将收到 10 万瑞士法郎货款，为防范汇率风险，公司按远期汇率水平 1.605 0 同银行叙做了一笔 3 个月远期外汇买卖，买入美元、卖出瑞士法郎，交割日为 9 月 1 日。但到了 8 月底，公司得知进口商将推迟付款，在 10 月 1 日才能收到这笔货款。于是公司向银行提出要求，将远期外汇买卖的交割日由 9 月 1 日推迟至 10 月 1 日。为满足客户的要求，银行通过一笔 Spot ag 1 Month 掉期外汇买卖，Sell/Buy CHF10 万，将 9 月 1 日的头寸转换至 10 月 1 日，掉期汇率为贴水 15。银行将原来的远期汇率 1.605 0 按掉期汇率进行调整，变为 1.603 5。

4. 套期保值

掉期还可以用于套期保值，避免外汇风险。例如，某日本企业筹得 100 万美元向美国进口价值 100 万美元的设备，3 个月后支付货款。当前外汇市场 USD/JPY 即期汇率 153，3 个月期 150。为了获取价差利益，又避免外汇风险和按时支付美元货款，该客户按 USD/JPY 即期 153，与银行签订即期合同，以 100 万美元购入 1.53 亿日元；同时还签订远期合同，按 USD/JPY 3 个月远期汇率 150，卖出 1.5 亿日元，购回 100 万美元。这样，不仅保证美元付款义务的按时完成，不致遭受汇率损失，还盈利 300 万日元及其 3 个月利息。

四、套汇交易

(一) 套汇交易概念

套汇交易（Arbitrage）又称为地点套汇（Space Arbitrage），是利用不同外汇市场上汇率的差异从价格低的市场买进，在价格高的市场卖出，套取差价利润的外汇交易。套汇交易的结果使低汇率的货币需求增加，供给减少，汇率上升；同时使高汇率的货币需求减少，供给增加，汇率下降，最终使不同外汇市场的汇率趋于一致。在全球金融电子化的今天，不同地区、不同时间的汇率差别是转瞬即逝的，汇差机会的出现与捕捉已经越来越难。

(二) 地点套汇的类型与操作

地点套汇按交易方式划分，又可分为直接套汇和间接套汇。

1. 直接套汇（Direct Arbitrage）

直接套汇也称两角套汇，是指利用两个不同地点的外汇市场之间的某货币汇率差异，在两个市场上同时买卖同一货币，贱买贵卖，从中牟利的行为。

【例 4-13】同一时间伦敦、纽约两个外汇市场的即期汇率如下：

纽约外汇市场 USD/HKD = 7.534 5/55

香港外汇市场 USD/HKD = 7.538 5/95

套汇者在香港外汇市场以 7.538 5 的价格，用 100 万美元买进 753.85 万港元，同时在纽约外汇市场以 7.535 5 的价格将 753.55 万港元电汇纽约（卖出），购进美元 100 万，如果不计套汇成本，套汇者就可以获得差额利润 0.3 万港元。

2. 间接套汇（Indirect Arbitrage）

间接套汇又称三角套汇或多角套汇，是指套汇者利用三个或三个以上不同地点的外汇市场上的三种或多种不同货币之间的汇率差异，同时贱买贵卖，从中赚取利润的行为。

由于多个外汇市场涉及多种不同的货币的套算率，计算比较复杂，无法直观发现是否存在套汇机会，故进行多角套汇时，首先应判断三种及以上货币汇率之间是否存在汇率差异。若有汇率差异，可赚取套汇利润；若无汇率差异，套汇无利可图，就无套汇机会。判断汇差的方法是先将各市场汇率折算成用同一标价法表示的汇率，并将单位货币的单位统一为 1。其次，把这些汇率连乘，乘积不等于 1，说明存在套汇机会（不考虑货币资金调度成本），等于 1 时则无套汇机会。

在直接标价法下，卖出价连乘积小于 1 时套汇有利，可按此顺序转换币种，实现利润；大于 1 时套汇赔本，说明按此顺序套汇将亏本。

在间接标价法下，卖出价连乘小于 1 时蚀本，说明不可按此顺序套汇；大于 1 时有利，说明应按此顺序依次转换币种套汇有利润。

【例 4-14】某日香港、纽约、伦敦外汇市场汇率如下：

香港外汇市场 USD/HKD = 7.750 0/80

纽约外汇市场 USD/GBP = 0.640 0/10

伦敦外汇市场 GBP/HKD = 12.200 0/50

操作过程：① 判断套汇机会：将香港市场转换为间接标价法，HKD/USD = 0.128 9/0.129 0，卖出汇率连乘积为：0.128 9×0.640 0×12.200 0 = 1.006 451>1，说明存在套汇机会，且币种循环顺序为（对客户来说）：

香港外汇市场 卖 HKD，买 USD（用 0.128 9 汇率）

纽约外汇市场 卖 USD，买 GBP（用 0.640 0 汇率）
伦敦外汇市场 卖 GBP，买 HKD（用 12.200 0 汇率）

② 进行套汇操作，实现利润。假设某客户用 100 万港元投入套汇活动，实现的利润如下：

首先在香港外汇市场上以 USD/HKD = 7.758 0 价格卖出 100 万港元，买入 12.889 万美元；

其次在纽约外汇市场上以 USD/GBP = 0.640 0 价格卖出 12.889 万美元，买入 8.248 万英镑。

最后在伦敦外汇市场上以 GBP/HKD = 12.200 0 价格卖出 8.248 万英镑，买入 100.625 6 万港元。

实现 6 256 港元套汇利润（100.625 6 万-100 万）。

套汇交易只有在没有外汇管制，没有政府干预的条件下，才能顺利进行。具备这一条件的欧洲货币市场是套汇交易的理想市场。跨国公司或跨国银行进行资金的国际性转移时，也可利用不同市场的汇率差异顺便套汇，谋取利润。

五、套利交易

（一）套利交易概念

套利交易（Interest Arbitrage）亦称利息套汇、时间套汇，是指套利者利用不同国家或地区短期利率的差异，将资金从利率较低的国家或地区转移至利率较高的国家或地区，从中获取利息差额收益的一种外汇交易。

（二）套利交易的类型

根据套利者是否对外汇风险进行防范，套利交易可分为非抵补套利和抵补套利两种。

1. 非抵补套利

非抵补套利（Uncovered Interest Arbitrage）是指利用两国市场的利息率差异，单纯地把短期资金从利率低的市场调到利率高的市场进行投资，以谋取利息差额的收益。这种套利不同时进行反向操作轧平头寸，要冒汇率变动的风险，因而具有投机性质。

【例 4-15】假设美国金融市场上 6 个月定期存款年利率为 6%，而英国 6 个月期定期存款年利率为 4%。则英国某投资者可以年利率 4% 的利率借入英镑资金，然后购买美元现汇，存于美国银行，做 6 个月的短期投资。这样如果汇率不变，则他以 10 万英镑套利，6 个月后可获利润 1 000 英镑[100 000×（6%-4%）×6/12]（不计其他费用）。

但是，6 个月后，汇率是不大可能维持原有水平的。在前述的远期汇率的决定理论分析及实证检验都已表明，利率水平高的国家的货币汇率是贴水。尤其目前的浮动汇率制下，投资期满时的即期汇率是不确定的，风险很大，故套利者往往会利用远期外汇交易对其投资收益进行保值。

2. 抵补套利

抵补套利（Covered Interest Arbitrage）是指套利者把资金从低利率市场调往高利率市场的同时，在外汇市场上卖出高利率货币的远期，以避免汇率风险的一种套利形式。这实际上是将远期和套利交易结合起来。从外汇买卖的形式看，抵补套利交易是一种掉期交易。抵补套利是市场不均衡的产物，然而随着抵补套利活动的不断进行，货币市场与外汇市场之间的均衡关系又会重新得到恢复。

【例 4-16】 纽约金融市场年利率 9%，伦敦金融市场年利率 11%，纽约外汇市场英镑兑美元即期汇率为 GBP/USD = 1.560 0/20，一年远期英镑贴水为 20/10。现在，一套利者向美银行贷款 200 万美元套利。抵补套利者买进即期英镑的同时，卖出远期英镑，会促使即期英镑上涨，远期英镑贴水，如果远期英镑贴水接近两地之间 2% 的利差，则套利将无利可图。因此，套利的先决条件是两地利差>年贴水率，或两地利差<年升水率。那么，应首先计算年贴（升）水率或掉期率，以便与两地利差进行比较，依公式：

年贴（升）水率 =（远期汇率 − 即期汇率）/即期汇率 × 12/月数 × 100%
= 0.002 0 ÷ 1.562 0 × 12/12 × 100%
= 0.128%

年贴水率为 0.128%，小于 2% 的两地利差，套利可以进行。

然后，在纽约市场按 GBP/USD = 1.562 0 的汇率以 200 万美元买入 128.04 万英镑现汇存入伦敦的银行一年。

交易到期时结果为：

① 计算利息损益：

借入美元所付利息：200 万 × 9% = 18 万美元

英镑存款应收利息：128.04 万 × 11% = 14.08 万英镑

按照一年远期英镑买入价 1.558 0（1.560 0 − 0.002 0）计算，英镑存款利息折合 14.08 万 × 1.558 0 = 21.94 万美元

所以利息纯收入：21.94 − 18 = 3.94 万美元

② 计算掉期成本：

（即期汇率 − 远期汇率）× 英镑本金 =（1.562 0 − 1.558 0）× 128.04 万
= 0.512 2 万美元

③ 套利净利润：

利息纯收益 − 掉期成本 = 3.94 万 − 0.512 2 万 = 3.427 8 万美元

六、我国的个人外汇买卖

一直以来，我国外汇指定银行对个人只经营传统的外汇储蓄业务，而不经营个人外汇买卖。但随着我国对外经济交往的日益扩大，我国居民手中持有的外汇资产数量越来越多，对持有外汇资产的居民来说，如何使手中的外汇资产保值、增值成为其关注的要点，而对各家银行来讲，通过什么样的渠道将居民手中的外汇吸引进本行来也是至关重要的。因此，各家商业银行竞相推出各种各样的外汇理财产品，我国个人外汇买卖也如火如荼地发展起来。

传统外汇储蓄业务是一种存取业务，以获取利息为目的；而个人外汇买卖是一种交易行为，以获取汇率差额为主要目的，同时客户还可以通过该业务把自己持有的外币转为更有升值潜力或利息较高的外币，以赚取汇率波动的差价或更高的利息收入。因此个人实盘外汇买卖是继股票、债券后又一金融投资热点。

个人外汇买卖一般有实盘和虚盘之分。进行虚盘交易时向银行缴纳一定的保证金后，可进行交易金额放大若干倍的外汇交易。目前按我国有关政策规定，只能进行实盘外汇买卖，还不能进行虚盘外汇交易。个人实盘外汇买卖，俗称"外汇宝"，是指个人客户在银行通过

柜面服务人员或其他电子金融服务方式进行的不可透支的可自由兑换外汇（或外币）的交易。目前，在我国外汇市场，已有中国银行、中国建设银行、中国工商银行等商业银行开展了个人实盘外汇交易业务。各大外汇指定银行的个人外汇买卖可交易的货币种类各不相同，但基本上都包括美元、欧元、日元、英镑、瑞士法郎、港元、澳大利亚元等主要货币，有的银行还包括加拿大元、新加坡元等。

居民个人可以通过个人实盘外汇买卖进行以下两类的交易：一是与美元有关的货币兑换交易，如美元兑欧元、美元兑日元、英镑兑美元、美元兑瑞士法郎、澳大利亚元兑美元等。二是以上非美元货币之间的交易，如英镑兑日元、澳大利亚元兑日元、日元兑瑞士法郎等，此类交易被称为交叉盘交易。银行根据国际外汇市场行情，按照国际惯例进行报价。个人外汇买卖的价格是由基准价格和买卖差价两部分构成的。买价为基准价减买卖差价，卖价为基准价加买卖差价。

（一）个人实盘外汇买卖规则须知

作为个人外汇买卖的投资者，不但要了解有关外汇及国际外汇市场的基本知识，更要明确我国外汇买卖的一些基本规则。

（1）个人实盘外汇买卖是外币和外币之间的买卖，人民币不是可自由兑换货币，因此，人民币不可以进行个人实盘外汇买卖。

（2）个人外汇买卖不需要单交手续费，银行的费用体现在买卖价格的不同上。此外，根据国际惯例，一般银行对大额交易实行一定的点数优惠，即在中间价不变的基础上，缩小银行买入价和卖出价的价差。

（3）个人实盘外汇买卖对交易金额有具体规定：通过柜台进行交易，一般最低金额为100美元；电话、自助交易的最低金额略有提高。为了最大可能地为客户提供优惠，有些银行的最低金额在50美元或更优惠的水平。

（4）个人实盘外汇买卖一旦成交，不能撤销，这与国际惯例是完全一致的。

（5）个人外汇买卖要在银行正常工作日进行，电话交易时间略有延长，公休日、法定节假日及国际市场休市日均不办理此项业务。

（6）根据国家外汇管理的有关规定，现钞不能随意换成现汇。个人外汇买卖业务本着钞变钞、汇变汇的原则。尽管如此，目前大部分银行除对个别货币有现钞和现汇之分外，个人实盘外汇买卖现钞、现汇价格是一样的。

（7）个人实盘外汇买卖的清算方式是 T+0，即客户进行柜面交易，及时达成了货币的互换；客户进行电话交易或自主交易，在完成一笔交易后，银行电脑系统立即自动完成资金交割。如果行情动荡，投资者可以在一天内抓住多次获利机会。

（二）个人外汇买卖的交易手段

目前，个人实盘外汇买卖的交易手段有三种：柜台交易，即个人客户可在银行规定的时间内到银行大厅通过柜面服务完成个人外汇买卖；电话交易，指个人客户在银行规定的时间内，使用音频电话，按规定的操作方法自行按键操作，通过银行的个人外汇买卖电话交易系统，进行个人外汇买卖；自助交易，指个人客户在银行营业时间内，通过营业厅内的个人理财终端，按规定的方法操作，完成个人外汇交易的方式。三种交易手段各有优点：柜面交易有固定的交易场所，有现场氛围，特别适合初涉外汇宝交易的投资者；电话交易，成交迅捷，并可异地操作，特别适合工作繁忙的白领投资者；自助交易，信息丰富，并提供多种技术分析图表,特别适合对外汇交易有一定经验的投资者。

个人实盘外汇买卖的交易方式有两种:市价交易,又称时价交易,即根据银行当前的报价即时成交;委托交易,又称挂盘交易,即投资者可以先将交易指令留给银行,当银行报价到达投资者希望成交的汇价水平时,银行电脑系统就立即根据投资者的委托指令成交,目前此种交易方式只适用于电话交易、自助交易。

第三节 创新的外汇交易方式

外汇期货交易和外汇期权交易的产生是20世纪70年代以来国际金融发展历史的一个里程碑,它标志着国际金融业务进入快速创新时期。本节主要介绍外汇期货、外汇期权和货币互换等三种具有代表性的新的金融工具。

一、外汇期货交易

(一)外汇期货交易的含义

外汇期货交易(Foreign Exchange Future)是指在有形的交易市场,通过结算所的下属成员——清算中心或经纪人,根据成交单位、交割时间标准化的原则,按固定价格买卖远期外汇的一种业务。外汇期货交易的买卖对象是期货合同。

外汇期货交易的参与者有买卖双方、经纪人、外汇期货交易所和清算中心。期货交易所实行会员制,只有会员才可以在交易所内直接交易,非会员(如客户)必须以订单的形式委托和授权会员(如会员经纪商)进行交易,会员经纪商代理客户达成交易后要收取一定的佣金。买卖双方无须直接碰头,外汇期货买卖双方向交易所交存保证金,并在清算中心注册登记、建立账户方可进行买卖。一旦成交,通过清算中心进行结算。

(二)外汇期货交易的主要内容

1. 标准化合约

(1)标准交易单位。国际性外汇期货交易市场均规定各种货币的标准交易数量即交易单位,每次交易量只能是交易单位的整数倍。例如芝加哥国际货币市场(IMM)规定,一份英镑合约金额为2.5万英镑,一份瑞士法郎合约金额为12.5万瑞士法郎。不同的外汇期货市场所规定的标准交易单位有所不同。

(2)交割时间标准化。外汇期货合同的期限最长不超过15个月,外汇期货交易日可以是任一营业日,但是交割日必须是交易所规定的日子。芝加哥IMM规定期货合同的交割日为一年中的3月、6月、9月和12月的第三个星期三,如果恰巧不是营业日的话,则顺延至下个营业日。

因此,外汇期货是标准化的远期外汇买卖,其交易币种、交易数量、交割时间等都由交易所统一规定,只有价格是变动的。

2. 价格是以美元作为计价货币的标价

外汇期货交易货币的标价均以美元为标价币,即每单位货币值多少美元数来标价。例如,加拿大元的期货合同标价为1加元=0.5882美元。除此之外,其他细则均与即期外汇交易的报价相同。

3. 初始保证金、维持保证金与追加保证金

为了防止交易双方的违约行为,一方面,买、卖外汇期货的客户必须向其经纪公司交付保证金;另一方面,经纪公司又必须向交易所的清算机构票据交换所缴纳保证金。这种双重保证金制度,保证了外汇期货市场的正常运行。保证金并不计算任何利息。

保证金分为初始保证金以及维持保证金两种。初始保证金是客户开仓时最初缴纳的保证金,其金额一般为合约价值的5%~10%。维持保证金,又称最低保留值,是各交易所对保证金的最低数作出的规定金额。当客户交易受损而造成初始保证金低于最低保留值时,客户必须追加款项,使保证金数额恢复到原有水平,这部分需要新补充的保证金就是追加保证金,即当保证金账户余额低于维持保证金时所要补至初始保证金水平的差额。

初始保证金存入后,随着期货价格的变化,投资者尚未结清的期货合约与市场价格相比就出现了账面盈亏,结算公司在每个结算日结束后,根据当日的结算价格——一般为交易所每天收市前最后半分钟或1分钟的价格平均数,对投资者未结清的合约进行重新估价,确定当日的盈亏,记入保证金账户,这就是期货市场"逐日钉市制度"。因此,随着期货价格的变化,投资者保证金账户的余额也在不断调整中。当保证金账面余额高于初始保证金时,高出的部分可以随时提走;但当账面余额低于维持保证金时,交易者将被要求在固定的时间内补足保证金至初始保证金水平,否则,他的经纪人或交易所有权在目前的市场价格下强行平仓,损失部分将在客户的保证金中扣除。

4. 清算

外汇期货交易的清算是通过清算中心每天进行集中清算。当持有空头外汇期货合同的交易者在到期日执行合同卖出外汇时,清算中心向其支付美元;当持有多头外汇期货合同的交易者在到期日执行合同交付美元时,清算中心向其支付外汇。

5. 交割

在外汇期货交易中,95%的合约是在到期日之前就已经抛售的,只有少量的合约由最初的交易者进行实际交割。通常,交易者通知经纪人按照指定的金额准备合同交割,经纪人接到通知后转告清算中心。清算中心根据头寸情况,通知国内和国外的银行支付或收进经收支轧差后剩余的美元和外汇余额,银行按照实际货币收支情况借记或贷记客户账户。

6. 佣金

佣金是指外汇期货市场交易者付给经纪人的费用。费率无统一规定,一般由经纪人与客户协商解决。

(三) 外汇期货交易与远期外汇交易的区别

外汇期货交易与远期外汇交易都是买卖双方事先签订合同,把购买或出卖外汇的汇率固定下来,在将来预定时间进行交割的货币买卖业务。它们的基本功能是一致的,都具有规避外汇风险和进行外汇投机的作用。然而,外汇期货交易和远期外汇交易又存在许多区别,它们之间的不同点如表4-5所示。

表4-5 外汇期货交易与远期外汇交易的不同点

不同点	外汇期货	远期外汇
交易目的	保值或投机,风险与收益不固定,其中有大量投机者和套利者	保值或投机,大量参与者目的是套期保值。在保值时针对性更强,可使风险全部对冲

续表

不同点	外汇期货	远期外汇
买卖双方的合同与责任关系不同	买方或卖方各自与清算所具有合同责任关系,故由清算所承担信贷风险,但买卖双方无直接合同责任关系	买卖双方(顾客和银行)签有Forward contract,具有直接合同责任关系
合约特征	外汇期货市场对买卖货币期货的成交单位、价格、交割期限、交割地点均有严格的、标准化的规定,不得逾越,也不能灵活掌握	买卖远期外汇的成交单位、价格、交割期限、交割地点均无统一规定,买卖双方可自由议定
是否缴纳保证金	外汇期货交易的各方都应向清算所缴纳一定比率保证金,并每日调整保证金金额	一般是以客户的信用作为履约的保证,交易者不必缴纳保证金
交易的组织与实现方式	在特定的时间、具体交易场所进行;有严格的交易程序和规则;信息集中、公开、透明;由有资格的经纪人公开竞价为实现交易的主要形式	无集中交易场所;交易时间不受任何限制;组织较松散;电传、电话为实现交易的主要方式
报价内容与成交价	买方只报买价,卖方只报卖价;成交价以在交易所公开竞价方式确定	买方或卖方通过电信工具双向报价;不具备期货价格的公开性、公平性与公正性
是否直接成交与是否收取佣金	通过经纪人,收取佣金	一般不通过经纪人,不收取佣金
是否最后交割	不以实际交割为目的,绝大部分期货合约在到期前就已通过反向交易平仓,实际交割率通常只有1%~2%	一般是以实际交割为目的,90%以上将于到期日被实际交割;其余的则通过找差价方式来清算
是否收取手续费	每一标准合同,清算所收一定的手续费	银行一般不收手续费

(四) 外汇期货交易的作用和实际操作

外汇期货交易的作用主要表现在套期保值和投机的功能。

1. 外汇期货的套期保值

外汇期货的套期保值是当现货市场存在某一笔交易时,在期货市场上进行一笔买卖方向相反、期限相同的交易,以期保值。在正常情况下,由于期货价格和现货价格受相同因素的影响,其变动的方向总是与即期汇率的变动方向一致。所以通过在两个市场反向操作,即在现汇市场买进(卖出),就在期货市场上卖出(买进),如果现汇交易发生亏损(盈利),期货交易一般会盈利(亏损),两者相互抵消或部分抵消,以降低风险损失,固定交易成本或收益。

外汇期货套期保值可以分为多头套期保值和空头套期保值两种。

（1）多头套期保值。多头套期保值又称买入套期保值，是指在现汇市场上处于空头地位者，在期货市场上先买入与现汇市场存在风险同币种的外汇期货，然后卖出期货对冲，目的是防止汇率上升带来的风险。它适用于有远期外汇支出的场合，如进口、出国旅游、短期负债还款等。

【例 4-17】假定 3 月份，一美国公司从英国进口价值 100 万英镑的设备，6 个月后付款。签约时的汇率为 GBP1＝USD1.8，若 6 个月后（9 月 1 日）现汇率为 GBP1＝USD1.95。

问：① 若美国公司不采取保值措施，6 个月后支付货款损失多少美元？

② 美国公司如何利用期货市场进行套期保值？（不考虑期货交易的佣金和保证金及其利息）

解：① 美国公司不采取保值措施，6 个月后应支付货款为：100 万×1.95＝195 万美元，若按签约日的汇率计算应支付：100 万×1.8＝180 万美元。所以美国公司损失了 15 万美元。

② 美国公司利用期货市场进行套期保值，具体操作如下：

为了防止现货市场上英镑未来汇率上升，3 月 1 日美进口商在期货市场买入 40 份（每份合约的交易单位为 25 000 英镑）6 月期英镑期货合约，价格为 GBP/USD＝1.9，再于 9 月 1 日以价格 2.08 将 40 份合约卖出，弥补现货市场的亏损。上述计算如表 4-6 所示。

表 4-6　多头套期保值

时期	现汇市场	期货市场
3月1日	签订进口合同，约定6个月后付款100万英镑，按当日即期汇率 GBP1＝USD1.8 计算，计划付款180万美元	买入40份9月份交割的英镑期货合约，期货汇率为 GBP1＝USD1.9，总值为190万美元
9月1日	以当日即期汇率 GBP1＝USD1.95 买入100万英镑，共需支付195万美元	卖出40份9月份交割的英镑期货合约，期货汇率为 GBP1＝USD2.08，总值为208万美元
盈亏额	亏损 195 万－180 万＝USD150 000	盈利 208 万－190 万＝USD180 000
损益	期货市场的盈利弥补现汇市场的亏损，净盈利尚余 30 000 美元	

两点说明：

第一，在实际交易中，两个市场的交易金额不一定相等。期货市场的交易金额是标准化的，因此现货市场的交易金额不一定正好为期货合约金额的整数倍。

第二，两个市场的价格走势一样，但差额不一定相等。

所以运用期货交易套期保值，只能消除部分现汇市场的风险。而当预期与实际相反时，则还会出现由现货市场的盈利弥补期货市场的亏损的情况。

（2）空头套期保值。空头套期保值又称卖出套期保值，是指在现货市场上处于多头地位的人，为防止汇率下跌的风险，在期货市场上先卖出期货，然后在将来买入期货对冲，来弥补现汇交易的风险损失。它一般应用于未来存在外汇收入的情况，如出口、提供劳务、对外投资、到期收回应收债权等。

【例 4-18】美国某出口商于某年 2 月 1 日与英国的进口商签订了价值 500 万英镑的合同，双方约定于 3 月 1 日交付货款，当时的即期汇率为 GBP1＝USD1.465 0。该公司为避免 1

个月后英镑贬值的损失，同时在外汇期货市场上卖出 80 份（每份合约的交易单位为 62 500 英镑）3 月份到期的英镑期货合约，成交的期汇汇率为 GBP1＝USD1.454 5。1 个月后英镑果然贬值，现汇市场上汇率为 GBP1＝USD1.446 0，相应的，期货市场上期货价格也下降为 GBP1＝USD1.435 0，如果不考虑期货交易的佣金和保证金及其利息，求其综合损益。

解： 如果不考虑期货交易的佣金和保证金及其利息，该公司在现汇市场上卖出英镑换回美元，比 1 个月前损失：（1.446 0－1.465 0）×5 000 000＝－USD 95 000

同时，该公司在期货市场上做对冲交易，可获盈利：

$$（1.454\ 5－1.435\ 0）×62\ 500×80＝USD97\ 500$$

由此，该出口商就可将其在期货市场上的盈利去弥补在现汇市场上的损失，最终还可净赚 0.25 万美元。上述计算可以用表 4-7 清晰地表示出来。

表 4-7　空头套期保值

时期	现汇市场	期货市场
2 月 1 日	签订出口合同，1 个月后可收到 500 万英镑，按当日即期汇率 USD1.465 0/GBP 计算，预计可换回 732.5 万美元	卖出 80 份 3 月份交割的英镑期货合约，成交的期货汇率为 USD1.454 5/GBP，合约总值为 727.25 万美元
3 月 1 日	收到 500 万英镑货款，按当日即期汇率 USD1.446 0/GBP 卖出，可获得 723 万美元	买进 80 份 3 月份交割的英镑期货合约，成交的期货汇率为 USD1.435 0/GBP，合约总值为 717.5 万美元
盈亏额	亏损 732.5 万－723 万＝USD 95 000	盈利 727.25 万－717.5 万＝USD 97 500
损益	净赚 2 500 美元（97 500－95 000＝USD 2 500）	

2. 外汇期货的投机

有些人参与外汇期货交易的目的是利用汇率变动牟利。投机的原则是：当预期某货币价格会上升时，投机者先买进该币期货合同，待该币价格上涨后再抛出，即先贱买后贵卖，从中获利。反之，当预期某货币价格将下跌时，先贵卖后贱买，赚取差价利润。这两种外汇期货的投机业务分别称为"买空"和"卖空"。

【例 4-19】 某投机者预测加拿大元兑美元的汇率会上升，于是利用期货市场买入 10 份（每份合约 10 万加元）某月交割的加元期货合约，成交价格为 CAD1＝USD 0.637 5。一个月后加拿大元果然升值，价格变为 CAD1＝USD 0.686 8，则将未到期 10 份合约卖出对冲平仓，不考虑费用共获利：10×10 万×（0.686 8－0.637 5）＝49 300 美元。

投机交易存在巨大风险，一旦投机者预测失误，则要蒙受巨额损失。但外汇期货的投机交易是期货市场正常运行所必不可少的，他们通过主动承担金融风险，为套期保值者转移风险提供了必备的条件。

二、外汇期权交易

（一）外汇期权交易的概念与特点

外汇期权交易（Foreign Currency Option）是指期权购买者向期权出售

小知识 人民币汇率大幅波动引关注，外汇期货还有多远？

者支付相应期权费之后，即有权在约定的到期日或期满前按协定汇率履行或放弃买卖约定的外汇。

外汇期权交易的对象不是"货币"本身，而是一种"选择的权利"，即将来可以根据市场情况有决定买或不买、卖或不卖的选择权。外汇期权交易的买卖双方权利义务、收益与风险不对等。期权对于期权合同的购买方是一种权利，而不是义务，即买方不必承担买进或卖出外汇的义务。使用外汇期权交易可以用有限的成本（期权费）锁定无限的汇率风险：当到期时市场价对买方不利则执行期权；市场价对买方有利则不执行期权，采用市场价交易。他最大的损失或风险就是亏了期权费，而收益却是无限的。对于期权合同的卖方，因为收取了期权的期权费，就承担了如期或到期之前由买方所选择的交割义务的责任，承担汇率变动的风险，卖方最大的收益是期权费，但损失却是无限的。

外汇期权交易在形式上具有以下特点：

（1）外汇期权交易的协定汇价都是以美元为报价货币。

（2）外汇期权交易一般采用标准化合同。如澳大利亚元 50 000、英镑 12 500、加拿大元 50 000、日元 6 250 000、瑞士法郎 62 500 等。

（3）期权既可在场内交易，也可在场外交易。场内期权交易方式与期货交易基本一致，是指在外汇交易中心与期货交易所进行的交易。场外期权交易是指在外汇交易中心与期货交易所之外进行的交易，没有严格的合约标准和保证金要求，双方通过某种形式的交易对话明确交易内容，一般包括交易方向、期权内容与种类、成交金额、执行价格、期权费、到期日、截止时间以及资金账户等项目。期权场外交易的比例较大，在合约开始时，场外交易期权的卖方不必支付保证金，而期权买方则通常必须支付全部的期权费。

本节主要讨论交易所内的期权交易。

（二）外汇期权合约的主要项目

场内外汇期权合约是一种标准化合约，除了价格是市场公开竞价形成的之外，其他条款如交易品种、交易金额、交易时间、到期日与交割日等都是事先规定好的。

1. 交易方向

期权交易必须确定货币交易方向。因为外汇买卖在买入一种货币的同时也意味着卖出另一种货币，所以对一项外汇期权来说，它是一种货币的买权，同时也是另一种货币的卖权。必须明确它是哪一种货币的买权和哪一种货币的卖权（如表4-8所示）。通常"USD CALL EUR PUT"称为美元买权、欧元卖权，表示期权的买方有从卖方买入美元，同时卖出欧元的权利。

表4-8 买卖双方在买权、卖权中的权利义务

	看涨期权（买权）	看跌期权（卖权）
期权买方	有权按约定价格买入某种货币	有权按约定价格卖出某种货币
期权卖方	有义务应买方要求卖出某种货币	有义务应买方要求买入某种货币

2. 期权费（Premium）

期权费又称保险费、权利金，指期权合约成交后由期权购买方向期权出售方支付的合同费用，是期权买方获得选择权的代价，也是为了补偿卖方的风险损失。无论合同购买者最终

是否执行合同，这笔费用均归合同出售者所有。期权费高低受市场现行汇率、协定汇率、汇率预期波幅、期权的有效期、利率波动与利率差、期权的供求关系等因素的影响。

一般，期权买方须在期权成交日后的第二个银行营业日支付期权费给卖方。

3. 执行价格（Strike Price）

执行价格又称协定价格或履约价格，是期权交易双方约定的期权到期日或到期日之前双方交割时所采用的汇率。只有当期权购买方要求执行期权或行使期权时，双方才会据此汇率进行实际的货币收付。

4. 到期日（Expiry Date）

期权的到期日就是期权买方决定是否要求履约的最后日期。超过这一时限，即表明买方已放弃这一权利。

（三）外汇期权的种类

1. 根据执行权利的日期划分，可分为欧式期权和美式期权

（1）欧式期权（European Option）。欧式期权，是指买方在期权合约到期日之前不能要求卖方履约，仅在到期日当天才可要求履约的一种期权。

（2）美式期权（American Option）。美式期权，是指买方可以在成交日到期权合约到期日之间的任何时间要求卖方履约的一种期权。

例如，某公司买入 10 万加元的美式期权，期权的协定价格为 1 加元＝0.856 4 美元，到期日为 11 月 10 日。这样购买者就获得了下列权利：在从购买日至 11 月 10 日之间的任何营业时间内，都可按 1 加元＝0.856 4 美元的价格买入 10 万加元。而如果这是一个欧式期权，购买者便只能在 11 月 10 日当天行使或放弃期权。

在交易所内进行的期权交易多为美式期权，而在场外交易的期权多数是欧式期权。同等条件下，美式期权的价格一般要高于欧式期权。

2. 根据期权内容可分为看涨期权和看跌期权

看涨期权又称买入期权（Call Option），是指期权购买者可在约定的到期日（前）以约定价格从期权出售者买进一定数量外汇的权利。期权买方预期某货币将会升值所采取的交易策略，买进这种期权后，若日后市场价格上涨，他们仍可以较低的约定价格买入这种外汇，从而避免市场价格上涨带来的损失或从中谋取价差收益。

看跌期权又称卖出期权（Put Option），是指期权购买者可在约定的到期日（前）以约定价格向期权出售者卖出一定数量外汇的权利。期权买方预期某货币将会贬值所采取的交易策略，买进这种期权后，若日后市场价格果真下跌后仍可以较高的执行价格卖出该货币，从而避免市场价格下跌所带来的损失或从中赚取价差收益。

（四）外汇期权交易的作用及运用

外汇期权主要具有保值和投机两种功能。具有远期外汇支出的进口商可用买进外汇看涨期权以固定成本，减轻风险；具有远期外汇收入的出口商可用买进看跌期权达到同样目的。

1. 买入看涨期权（主要适用于进口商或借款人）

【例 4-20】香港某进口商须在 3 个月后支付 50 万美元的进口货款，当时即期汇率为 USD1＝7.778 8 HKD，担心 3 个月后美元升值，于是，香港进口商以协定价格 USD1＝7.766 7 HKD 买入 3 个月期美元看涨期权 10 份（每份 5 万美元），期权费为 HKD0.08/USD。试说明当 3 个月后市场汇率分别为大于、小于和等于合同汇率时，香港进口商的具体操作和成本。

案例解答：

若在3个月后市场汇率大于合同汇率7.7667，则执行期权。总费用为50万×(7.7667+0.08)＝392.335万港元。若3个月后市场汇率小于合同汇率，比如为7.65，则放弃执行期权合约，在外汇市场直接购买现汇美元，总费用为50万×(7.65+0.08)＝386.5万港元，比执行期权合约节约成本5.835万港元。若3个月后市场汇率等于合同汇率7.7667，则执行期权或不执行期权均可，成本一致。

通过期权交易，香港进口商将最大成本锁定在392.335万港元。当市场汇率下降时，进口商最大亏损为期权费；当市场汇率上升时，进口商可获得执行期权的收益。

【例4-21】英国某企业参加瑞士建设部门举办的国际公开招标，结果在两个月后公布，届时，中标者将获得200万瑞士法郎的一期款，其他款项将从此后的固定日期用瑞士法郎支付。如果瑞士法郎在两个月内贬值，则中标企业将蒙受损失。为了防范风险，该企业购买200万两个月后到期的瑞士法郎卖出期权，如果该企业中标，并且瑞士法郎贬值则可行使期权按事先约定的较高汇率出售瑞士法郎，若瑞士法郎升值，它可以不执行期权而按较高的市价卖出瑞士法郎。如该企业未中标，它可以放弃期权。

本例如果采用远期外汇交易避险，当该企业中标且瑞士法郎贬值，它可以保值；但该企业未中标或该企业中标但瑞士法郎升值，企业必须履行远期合同，丧失利用瑞士法郎升值获利的机会。所以对于不确定的外汇流动，外汇期权交易是一种较为理想的套期保值手段，且无论汇率朝哪个方向变动，外汇期权均给期权买方留有获利机会。

2. 买入看跌期权（主要适用于出口商或贷款人）

【例4-22】日本某公司将于3个月后收回一项货款，金额为100万美元。由于担心3个月后美元贬值，于是该公司买入美元的看跌期权。协定价格为USD1＝JPY130，期权费为USD1＝JPY0.03。试计算：

① 盈亏保本点和执行期权的收益。

② 当市场汇率分别为130、140、110和129.98时该公司的盈亏状况。

案例解答：

① 盈亏平衡点＝合同汇率－期权费＝130－0.03＝129.97。

执行期权的收益＝100万×(130－市场汇率－0.03)

② 当市场汇率＝130时，可以执行也可以不执行期权。卖出100万美元的总收入为：100万×(130－0.03)＝12 997万日元。

当市场汇率＝140大于合同汇率130时，不执行期权：按市场汇率卖出100万美元的总收入为：100万×(140－0.03)＝13 997万日元。

当市场汇率＝110小于合同汇率130时，执行期权。总收入为12 997万日元。执行期权收益为：100万×(130－110－0.03)＝1 997万日元。

当市场汇率＝129.98大于129.97且小于130时，执行期权，但期权收益仍不足以弥补期权费支出，有部分亏损。

（五）外汇期权交易、期货交易与远期交易的比较

外汇期权交易、期货交易与远期交易都是买卖双方事先签订合约而不进行现货交割的外汇交易，它们的基本功能都是为交易者提供避险保值和投机的便利。但外汇期权交易比即期、远期外汇交易和货币期货都有更高的灵活性。三者的不同之处如表4-9所示。

表4-9 远期外汇交易、外汇期货交易、外汇期权交易的比较

比较项目＼种类	远期外汇交易	外汇期货交易	外汇期权交易
交易方式	买卖双方通过电话等方式直接进行交易	在交易所内以公开竞价的方式进行	场内以公开竞价方式进行，场外自由交易
合约	自由议定	标准化	场内标准化，场外自由议定
履约义务	交易双方都有履约义务	交易双方都有履约义务	买方有执行合约或放弃履约的选择权
交割日期	自由议定	标准化	自由议定，在到期日或到期前任何时间交割
保证金	无，但银行对客户都保留一定的信用限额	买卖双方均需缴纳保证金且每日计算盈亏，并补交或退回保证金多余部分	买方只支付期权费，卖方按期权费缴纳保证金，不必每日计算盈亏，到期前无现金流动
价格波动	无限制	对各类合约有每日价位最高波动幅度	无限制
参与者	银行和公司机构为主	交易所会员或在其开户的任何投资者	银行和公司机构为主
信用风险	大	小	由外汇期权清算公司付款保证、清算所付款保证
转让性	不可转让	可转让	可转让
主管当局	银行内部自行监控	商业期货交委会	证券交易委员会

资料来源：杨青. 国际金融［M］. 广州：暨南大学出版社，2006：73.

三、货币互换交易

（一）货币互换的概念

货币互换（Currency Swap）是指两个独立的借款人同意在一定期限内，交换不同货币贷款资金的本金与利息支付的协议。货币互换的基本程序是：双方按照协定汇率互换本金，该汇率一般是互换开始时的市场即期汇率；在约定的付息日，互换除本金以外的利息，利息

按协议所规定的利率和本金计算；互换协议到期，再按原协议汇率再次互换回原交易开始时互换的本金。一般来说，双方互换的货币的名义本金应相等；利息互换通常为一年一次；互换可长达 5～10 年。

（二）货币互换的作用

货币互换交易是降低长期资金筹措成本和资产、债务管理中防范利率和汇率风险的最有效的金融工具之一。

1. 降低融资成本

货币互换是双方相互交换各自的融资优势，最终对互换双方都有利。互换还可以提供给市场参与者一些正常条件下无法获得的市场渠道，如以本国利率借入外国货币。

2. 防范汇率或利率风险

货币互换交易是一种中长期交易，互换双方将汇率或利率在互换初期就事先确定下来，避免了未来汇率或利率变动所带来的风险。

（三）货币互换的运用实例

【例 4-23】美国的 A 公司和英国的 B 公司分别在英国与美国开设子公司，A 公司的子公司需要筹措一笔欧元资金，而 B 公司的子公司则需要美元资金。作为外国公司，它们很难以优惠的利率筹措到低成本的资金，但它们的母公司作为本国公司却往往可以在各自国内获得较优惠的利率条件，如表 4-10 所示。

表 4-10　A、B 公司货币互换前可筹资金的利率成本

	美元债券	欧元债券
A 公司（美国）	6%	4.8%
B 公司（英国）	6.4%	4.6%

A 公司在其本国（美国）债券市场上筹资显然占有优势。可以按 6% 的利率成本筹集美元资金；而 B 公司也在其本国（英国）债券市场上占有优势，可以按 4.6% 的利率成本筹集到欧元资金。A、B 两家公司利用双方在各自市场上的优势，通过银行进行货币互换，以降低双方筹资成本。具体步骤如下：

① A 公司在本国市场发行 5 年期美元债券，年利率 6%；B 公司在本国市场发行 5 年期欧元债券，年利率 4.6%；

② 银行安排 A、B 两家子公司叙做期限为 5 年的货币互换，双方首先按约定的汇率交换所筹集的本金。如此 A 公司获得所需的欧元资金，B 公司获得所需的美元资金。

③ 在 5 年里，A 公司将定期通过银行支付 B 公司欧元利息，按固定利率计算，B 公司将利息收入用于支付所发行的欧元债券利息。同理，B 公司将定期通过银行支付 A 公司美元利息，按固定利率计算，A 公司将利息收入用于支付所发行的美元债券利息。

④ 互换期间，双方商定所支付的固定利率，均希望利率成本降低若干，于是经协商，A 公司同意按 4.6% 年率支付欧元利率，B 公司按 6.2% 年率支付美元利率。互换过程中双方实际支付的利率条件如表 4-11 所示。

表 4-11 A、B 公司进行货币互换后实际应付的利率成本

项目	美元	欧元
A 公司（美国）		4.6%（比自主筹资应付 4.8% 年利率降低 0.2% 年率的利率成本）
B 公司（英国）	6.2%（比自主筹资应付 6.4% 年利率降低了 0.2% 年率的利率成本）	

⑤ 到期日，A、B 公司将本金按期初约定的汇率重新交换回来。A 公司通过银行向 B 公司支付欧元本金，B 公司通过银行向 A 公司支付美元本金，如此双方都能偿付各自发行的债券。

上例中 A、B 双方通过货币互换，对风险与收益实现双向锁定，既因期初和期末名义本金不变而规避了汇率风险，又降低了融资成本。安排交易的银行因承担了信用风险，获得 0.2% 年利率的收益报酬。

几点说明：

① 若 A、B 两家公司有一家公司在两种货币的借款上都具有绝对优势，则按两家公司具有的比较优势进行借款。

② 货币互换通常需要通过中介机构进行，这样互换双方将损失一部分收益作为中介费。

③ 双方借款的利率不一定都是固定利率，也可以是固定利率与浮动利率或浮动利率与浮动利率。

第四节 汇率折套算与进出口报价

【林伟的任务 4-3】

力源公司需要出口一批运动鞋到英国，价值 50 万美元，对方公司要求力源公司用英镑报价，于是高国明经理要求林伟根据当天（2021 年 2 月 22 日）中国银行的行情将 50 万美元改报成英镑价。林伟第一次碰到改换报价币种的情况，是用买入价还是用卖出价来计算呢？这可难坏了他，我们一起来帮助他解决吧。

在进出口业务中，如果外国进口商要求出口商报出用外币表示的商品价格或者既报出以本币表示的商品价格，也报出用外币表示的商品价格。对此，如何进行进出口报价呢？这就需要掌握本币与外币的折算方法，正确运用汇率的买入价与卖出价，权衡进口报价。

一、即期汇率的折算

（一）外币/本币折为本币/外币

外币/本币折为本币/外币，也就是将一个单位的外币兑多少本币折为一个单位的本币兑多少外币，计算方法为：1 除以已知汇率的具体数字。

【例 4-24】已知某日香港外汇市场：USD/HKD = 7.778 7

求：HKD/USD = ？

解：HKD/USD = 1/7.778 7 = 0.128 6

（二）外币/本币的买入价和卖出价折为本币/外币的买入价和卖出价

外币/本币的买入价和卖出价折为本币/外币的买入价和卖出价，也就是已知一个单位的外币兑多少本币的买入价和卖出价，计算一个单位的本币兑多少外币的买入价和卖出价。计算方法：用1分别除以已知汇率的买入价和卖出价。注意：求买入价时，以1除以已知的卖出价；求卖出价时，以1除以已知的买入价。

【例 4-25】已知某日香港外汇市场外汇牌价为 USD/HKD = 7.778 7/7.788 7

求：HKD/USD 的买入价和卖出价？

解：HKD/USD = $\dfrac{1}{7.788\,7} \Big/ \dfrac{1}{7.778\,7}$

答：HKD/USD = 0.128 4/0.128 6

二、即期汇率的套算

当任意两种货币无直接比价时，则要通过第三种货币间接计算，而得出的汇率就是套算汇率。

（一）两对已知汇率中，基准货币相同，标价货币不同，求不同的标价币之间的比价

【例 4-26】中国银行汇率报价如下：

已知：USD/JPY = 119.59/119.89
　　　USD/HKD = 7.791 8/7.795 8

试计算新汇率 JPY/HKD。

技巧口诀：将两个已知汇率交叉相除，并注意，新汇率的标价币在原汇率中的数字放在分子上，从小到大放置；新汇率的基准货币在原汇率中的数字放在分母上，从大到小放置。

解：JPY/HKD = $\dfrac{7.791\,8}{119.89} \Big/ \dfrac{7.795\,8}{119.59}$

JPY/HKD = 0.065 0/0.065 2

同理，思考：HKD/JPY = ?

（二）两对已知汇率中，标价货币相同，基准货币不同，求不同的基准价币之间的比价

【例 4-27】某银行汇率报价如下：

GBP/AUD = 2.682 8/2.683 8
HKD/AUD = 0.214 6/0.215 2

试计算新汇率 GBP/HKD。

技巧口诀：将两个已知汇率交叉相除，并注意，新汇率的基准币在原汇率中的数字放在分子上，从小到大放置；新汇率的标价币在原汇率中的数字放在分母上，从大到小放置。

解：GBP/HKD = $\dfrac{2.682\,8}{0.215\,2} \Big/ \dfrac{2.683\,8}{0.214\,6}$

GBP/HKD = 12.466 5/12.506 1

同理，思考：HKD/GBP = ?

（三）一已知汇率的基准货币与另一已知汇率的标价币相同，求另一基准货币与另一标价货币之间的比价

【例 4-28】国际汇率市场某银行报价如下：

USD/JPY = 118.62/118.92

GBP/USD = 1.596 2/1.599 2

试计算新汇率 GBP/JPY。

技巧口诀：两个已知汇率的比价同向相乘。

解：GBP/JPY = 118.62×1.596 2/118.92×1.599 2

GBP/JPY = 189.34/190.18

思考：JPY/GBP = ? 同理计算吗？

三、正确运用汇率的买入价与卖出价

一般外汇市场公开报价报出买入价和卖出价双向价格，交易中若误用了这两种价格就会受到很大损失。所以在实际中要正确应用汇率的买入价与卖出价。

（一）本币报价改换为外币报价，折算时应用买入价

【例 4-29】某香港出口商对外报价某种商品每千克 100 港元，客户回电要求改报美元。已知当日香港外汇市场外汇牌价为 USD/HKD = 7.778 7/7.788 7。

解：将港元本币报价改换为外币美元报价，则用美元兑港元的买入价计算：100/7.778 7 = 12.86（美元）

答：香港出口商对外改报价为某种商品每千克 12.86 美元。

为什么本币报价折算外币报价应用买入价？以此为例，香港出口商如果按美元报价说明出口商欲收取外币，那么出口商则须将收入的外币货款向银行兑回本币，即银行买入外币，所以用买入价折算。

（二）外币报价改换为本币报价，折算时应用卖出价

【例 4-30】香港某服装厂生产每套服装的报价为 50 美元，现外国进口商要求其改用港元报价，也就是说这家服装厂要把 50 美元的报价改为港元报价。当日香港外汇市场外汇牌价为 USD/HKD 7.778 7/7.788 7。

解：将外币美元报价改换为港元本币报价，则用美元兑港元的卖出价计算：

50×7.788 7 = 389.44（港元）

答：香港某服装厂对外改报价为每套服装 389.44 港元。

为什么外币报价折成本币报价应用卖出价？出口商原收取外币，改为本币报价，则收回本币，出口商需以本币向银行兑回原外币，即为银行卖出外币，所以用卖出价折算。

（三）将一种外币改为另一种外币报价，折算时以外汇市场所在国家的货币视为本币，仍运用以上原则

【例 4-31】我国向英国出口商品，原报价为 10 000 美元/单位，英国进口商要求我方改用英镑报价，按下列即期汇率我方应报价多少？

已知：当日伦敦外汇市场 GBP/USD = 1.608 5/1.609 0

纽约外汇市场 USD/GBP = 0.616 7/0.617 2

解：若运用伦敦外汇市场牌价，则将英镑视为本币，美元视为外币，美元报价改换为英镑报价应视为外币折本币，应用卖出价：10 000÷1.608 5 = 6 216.97（英镑）。

若采用纽约外汇市场牌价，则将美元视为本币，英镑视为外币，美元报价改换为英镑报价应视为本币折外币，应用买入价：10 000×0.617 2 = 6 172（英镑）。

在实际业务中应结合具体情况，灵活掌握这一原则。例如出口商品的竞争能力较差，库存较多，款式陈旧而市场又较呆滞，这时报价也可按中间价折算，甚至还可给予适当折让，以便扩大商品销售。

四、进口报价的权衡

对进口商而言，如果一种商品有两种货币报价（既有本币报价也有外币报价或两种外币报价），那么选择哪种货币报价有利呢？一般以即期汇率表作为确定进口报价可接受水平的主要依据。

一种商品有两种货币报价时，只能换算同一种货币或换算成第三种货币，然后比较其价格是否可以接受。例如我国进口的商品，一般在我国国内销售，因此可以和人民币进行比较用以计算成本和利润。

【例4-32】我某公司从德国进口商品，对方分别以欧元和美元报价，每件商品为100欧元和128.63美元。这两种货币没有可比性，只能折算为同一种货币或折算为第三种货币进行比较。

① 将两种报价折成人民币进行比较。

当日我国某银行外汇牌价：EUR/CNY = 8.045 0/8.109 6

USD/CNY = 6.233 5/6.258 5

欧元报价折人民币为 100×8.109 6（卖出价）= 810.96（元）

美元报价折人民币为 128.63×6.258 5（卖出价）= 805.03（元）

两种报价折成的人民币进行比较，美元报价的人民币成本低于欧元报价的人民币成本。如果不考虑其他因素，我国进口商可以接受美元报价。

② 将两种报价折成同一种货币进行比较。

同一商品不同货币的进口报价，按国际外汇市场的即期汇率表，统一折算进行比较。

如上例以当天国际外汇市场的欧元兑美元的比价：EUR/USD = 1.287 7，将欧元折算成美元，再与美元进行比较，从中选择合算的货币报价。

按此比较，每个商品100欧元的报价折成美元为 100×1.287 7 = 128.77（美元）> 128.63美元。

如果不考虑其他因素，我国进口商可以接受美元报价。

五、远期汇率在进出口报价中的运用

上述买入价和卖出价折算原则，不仅适用于即期汇率，也适用于远期汇率。

（一）汇率表中的远期贴水点数，可作为延期收款的报价标准

远期汇率表中升水货币就是要升值的货币，贴水货币就是要贬值的货币。在进出口贸易中，国外进出口商在延期付款条件下，要求我方用两种货币报价，作为出口商用升水货币报价合算，用贴水货币报价会有损失。例如，A货币为升水，B货币为贴水，以A货币报价可按原价报出；如果以B货币报价则应考虑B货币对A货币贴水后的损失。

【例4-33】我公司向美国出口设备，如果即期付款每台报价2 000美元，现美国进口商要求我方以瑞士法郎报价，并在货物发运后3个月付款。问我方应报多少瑞士法郎？

计算过程：

第一步，查阅进口商当日纽约外汇市场汇价表。

USD/CHF 即期汇率 1.603 0/1.604 0，3 个月远期 140/165。说明瑞士法郎贴水。

第二步，计算 USD/CHF 3 个月远期实际汇率。

$$1.603\ 0+0.014\ 0=1.617\ 0$$
$$1.604\ 0+0.016\ 5=1.620\ 5$$

第三步，计算瑞士法郎的报价。

因 3 个月后才能收款，所以把 3 个月后瑞士法郎贴水的损失加在货价上。

瑞士法郎的报价＝原美元报价×USD/CHF3 个月远期实际汇率
　　　　　　＝2 000×1.620 5（买入价）＝3 241 瑞士法郎

（二）在一"软"一"硬"两种货币的进口报价中，远期汇率是确定接受软货币加价幅度的根据

如上所述，出口商用"软"币报价就要加价，那么作为进口商，对延期付款交易中"软"币报价是否接受，如何衡量呢？

在进口业务中，假定某一商品从合同签订到外汇付出约需 3 个月，国外出口商以"硬""软"两种货币报价，其以"软"币报价的加价幅度，不能超过该货币与相应货币的远期汇率，否则进口商应接受"硬"币报价，只有这样才能达到在货币与汇价方面都不吃亏的目的。

【例 4—34】某日苏黎世外汇市场 USD/CHF 即期汇率为 2.000 0，3 个月远期汇率为 1.950 0。某公司从瑞士进口零件，3 个月后付款，每个零件瑞士出口商报价 100 瑞士法郎，如进口商要求瑞士出口商以美元报价，则其报价水平不能超过 3 个月远期汇率 51.3 美元（100/1.950 0＝51.3）。

如果瑞士出口商以美元报价，每个零件超过 51.3 美元，则进口商不能接受，仍应接受每个零件 100 瑞士法郎的报价。因为接受瑞士法郎"硬"币报价后，进口商以美元买瑞士法郎 3 个月远期进行保值，以防瑞士法郎上涨的损失，其成本也不过 51.3 美元。可见，在进口业务中做到汇价与货价都不吃亏，"硬"币对"软"币的远期汇率是核算软币加价可接受幅度的标准。

本章小结

1. 即期外汇交易也称现汇交易，是指交易双方以当天外汇市场的价格成交，并在两个营业日内进行交割的外汇交易形式。

2. 远期外汇交易又称期汇买卖，即预约购买或出售外汇的业务，所使用的汇率是交易双方协商的汇率。

3. 择期外汇交易指进行外汇远期交易时，不规定具体的交割日期，只规定交割的期限范围，客户对交割日在约定的期限内有选择权。

4. 掉期交易是指外汇交易者在外汇市场上买进（或卖出）某种外汇时，同时卖出（或买进）相等金额、但期限不同的同一种外汇的交易活动。

5. 套汇交易是利用不同外汇市场的汇率差异来套取利润的交易方式。套汇交易分为直接套汇和间接套汇等。

6. 套利交易是利用不同市场利率的差异来套取利差。套利交易分为抵补套利和非抵补套利两类。

7. 外汇期货交易是指买卖双方在交易所内,以公开叫价的方式确定汇率,买入或卖出标准日交割的、标准交割数量的外汇。外汇期货通过保证金的增减来实现利润(亏损),具有风险转移和投机功能。

8. 外汇期权交易是一种选择权交易。外汇期权的购买者最大的损失是期权费,而收益则是无限的。外汇期权交易既可以把损失减到最小,同时又不放弃汇率波动带来的利益。

9. 货币互换是一种控制中长期汇率风险的方法,其过程包括期初本金互换、期中利息互换和期末本金互换。

10. 在进口业务报价中,将本币报价改为外币报价,折算时应用买入价;将外币报价改用本币报价,折算时应用卖出价;将一种外币改为另一种外币报价,折算时以外汇市场所在国家的货币市场视为本币。在进口报价权衡中,是以即期汇率表作为确定进口报价可接受水平的主要依据,一种商品有两种货币报价时,可以折算为同一种货币或折算为第三种货币,然后比较其价格是否可以接受。以上原则在远期汇率表的应用方面同样适用。

✓ 关键名词

外汇交易　即期外汇交易　远期外汇交易　择期外汇交易　掉期交易　套汇交易　套利交易　套期保值　外汇期货交易　外汇期权交易　货币互换

✓ 练习与思考

一、判断题

（　　）1. 即期外汇交易也称现汇交易,所以其外汇买卖必须在当日办理交割。

（　　）2. 套汇和套利都是国际金融市场上的投机行为。

（　　）3. 掉期交易可以由一笔即期交易和一笔远期交易构成,但是不可以由两笔期限不同的远期交易构成。

（　　）4. 在期货交易中,清算所既充当期货合同购买方的卖方,又充当期货合同出售方的买方。

（　　）5. 商业银行在进行外汇买卖时,常遵循买卖平衡的原则,即出现多头时,就卖出;出现空头时,就买入。

（　　）6. 外汇期权业务只有避险保值的功能,而没有投机的功能。

（　　）7. 择期外汇交易中,客户有权选择起息日,银行承担的风险较大,因此要价较高。

（　　）8. 外汇供求的主要中介人是外汇银行。

（　　）9. 外汇自由市场即外汇黑市。

（　　）10. 在间接标价法下,外汇升水时其远期汇率等于即期汇率加升水数字,贴水时则等于即期汇率减去贴水数字,直接标价法恰恰相反。

二、选择题

1. 利用三个不同地点的外汇市场上的汇率差异,同时在三个外汇市场上买卖外汇的行为称为_____。

A. 直接套汇　　　B. 间接套汇　　　C. 两角套汇　　　D. 三角套汇

2. 下列汇率中最高的是_____。

　　A. 电汇汇率　　　B. 信汇汇率　　　C. 票汇汇率　　　D. 即期汇率

3. 两种货币的利差是决定它们远期汇率的基础，利率低的货币，其远期汇率会_____。

　　A. 升水　　　　　B. 贴水　　　　　C. 平价　　　　　D. 不变

4. 如果外汇的买卖双方在5月10日达成了合同，当天是星期五，那么应在_____结束之前完成交割。

　　A. 11日　　　　　B. 12日　　　　　C. 13日　　　　　D. 14日

5. 德国某公司进口一批机器设备，6个月后以美元付款，该公司为了防范汇率风险，采取的管理方法可以是_____。

　　A. 做远期外汇交易买入远期美元　　　B. 在期货市场做美元多头套期保值
　　C. 买进一笔美元看跌期权　　　　　　D. 做远期外汇交易，卖出远期美元

6. 合同买入者获得了在到期以前按协定价格出售合同规定的某种金融工具的权利，这种行为称为_____。

　　A. 买入看涨期权　B. 卖出看涨期权　C. 买入看跌期权　D. 卖出看跌期权

7. 纽约外汇市场，瑞士法郎即期汇率为 USD/CHF 1.508 6～95，三个月远期点数为 10～15，则实际远期汇率为_____。

　　A. 1.509 6～1.508 0　　　　　　　B. 1.507 6～1.508 0
　　C. 1.507 6～1.511 0　　　　　　　D. 1.509 6～1.511 0

8. 最具灵活性的外汇业务是_____。

　　A. 择期业务　　　B. 远期业务　　　C. 欧式期权　　　D. 美式期权

9. 下列说法正确的有_____。

　　A. 外汇期货交易属于远期外汇交易的一种。
　　B. 抛补型套利，是指套利者在把资金从利率低的国家调往利率高的国家的同时，还通过在外汇市场上买入远期高利率的货币，以防范汇率风险。
　　C. 由于通信技术的迅速发展和不断完善，套汇机会越来越多。
　　D. 将各个外汇市场上的汇率都变成直接标价法，然后将每个市场的汇率进行连乘，若乘积小于1，则无法套汇。
　　E. 上述说法都不正确。

10. 外汇掉期交易的作用有_____。

　　A. 改变外汇币种　　　　　　　　　　B. 改变持有货币的期限
　　C. 锁定进出口业务成本　　　　　　　D. 锁定筹资成本
　　E. 投机

三、填空题

1. 银行在为顾客提供外汇买卖的中介服务中，如果在营业日内一些币种的出售额高于购入额，称之为_____。

2. 远期外汇比即期外汇贵，称此外汇远期_____；而远期外汇比即期外汇贱，则称之_____。

3. 即期外汇交易是指买卖双方成交后，在_____日内办理交割的外汇买卖。
4. 若某日，USD1 = CNY8.271 6，USD1 = JPY130，则日元与人民币的汇率为_____。
5. 远期汇率升（贴）水的计算公式为_____，其折年率为_____。
6. 外汇期权交易中，期权合同的买入者为了获得这种权利，必须付给出售者一定的费用，这种费用称为_____、_____或_____。

四、名词解释
即期外汇交易　远期外汇交易　掉期交易　套汇　套利　外汇期货交易　套期保值　外汇头寸　买空　卖空　买权　卖权

五、简答题
1. 无形外汇市场有哪些交易规则？
2. 比较外汇期权交易、期货交易与远期外汇交易的异同点。
3. 简述远期汇率与利率的关系。
4. 试述货币互换的流程。

六、案例分析

巴林银行倒闭事件

巴林银行，历史显赫的英国老牌贵族银行，世界上最富有的女人——伊丽莎白女王也信赖它的理财水准，并是它的长期客户。

尼克·利森，国际金融界"天才交易员"，曾任巴林银行驻新加坡巴林期货公司总经理、首席交易员，以稳健、大胆著称。在日经225期货合约市场上，他被誉为"不可战胜的利森"。

1994年下半年，利森认为日本经济已开始走出衰退，股市将会有大涨趋势。于是大量买进日经225指数期货合约和看涨期权。然而"人算不如天算"，事与愿违，1995年1月16日，日本关西大地震，股市暴跌，利森所持多头头寸遭受重创，损失高达2.1亿英镑。这时的情况虽然糟糕，但还不至于能撼动巴林银行，只是对利森先生来说已经严重影响其光荣的地位。利森先生凭其天才的经验，为了反败为胜，再次大量补仓日经225期货合约和利率期货合约，头寸总量已达十多万手。

要知道这是以"杠杆效应"放大了几十倍的期货合约。当日经225指数跌至18 500点以下时，每跌一点，利森先生的头寸就要损失两百多万美元。

"事情往往朝着最糟糕的方向发展"，这是强势理论的总结。

2月24日，当日经指数再次加速暴跌后，利森所在的巴林期货公司的头寸损失已接近整个巴林银行集团资本和储备之和。融资已无渠道，亏损已无法挽回，利森畏罪潜逃。

巴林银行面临覆灭之灾，银行董事长不得不求助于英格兰银行，希望挽救局面。然而这时的损失已达14亿美元，并且随着日经225指数的继续下挫，损失还将进一步扩大。因此，各方金融机构竟无人敢伸手救助巴林这位昔日的贵宾，巴林银行从此倒闭。

一个职员竟能在短期内毁灭一家老牌银行，究其各种复杂原因，其中，不恰当地利用期货"杠杆效应"、知错不改、以赌博的方式对待期货是造成这一"奇迹"的关键。

虽然最后很快抓住了逃跑的利森，但如果不能抓住期货风险控制的要害，更多的"巴林事件"还会发生，包括个人投资者的小"巴林事件"。

思考题：
1. 巴林银行倒闭的原因是什么？我们从中应该吸取哪些教训？
2. 利森是由于什么交易失败导致巴林银行倒闭的？

实训课堂

一、技能训练

1. 计算出下列各货币兑 SGD 的交叉汇率。设 USD/SGD 1.415 0/60。
   （1） EUR/USD　1.122 0/30，求 EUR/SGD。
   （2） GBP/USD　1.526 0/80，求 GBP/SGD。
   （3） USD/HKD　7.745 0/80，求 HKD/SGD。
   （4） AUD/USD　0.721 0/20，求 SGD/AUD。
   （5） USD/JPY　110.30/38，求 SGD/JPY。

2. 现美国货币市场的年利率为 10%；英国货市市场的年利率为 6%，假设外汇市场行情如下：美元兑英镑的即期汇率　GBP/USD = 1.465 5～65
   　　　　　6 个月远期　　　　　　　15～32
   一投资者用 10 万英镑进行 6 个月套利交易，计算该投资者的损益情况。

3. 某公司 1 个月后将有一笔 100 万英镑应收款，同时在 3 个月后将对外支付 100 万英镑。现时外汇市场行情是：
   美元兑英镑的即期汇率　GBP/USD = 1.465 5～76
   　　　1 个月远期　　　　　　　15～32
   　　　3 个月远期　　　　　　　42～50
   该公司如何进行掉期交易，试计算结果。

4. 设某日外汇市场行情如下：
   美国纽约：　　GBP/USD = 1.490 0/10
   瑞士苏黎世：　USD/CHF = 1.720 0/10
   英国伦敦：　　GBP/CHF = 2.251 0/20
   假设你有 100 万英镑，问：
   （1） 请计算该市场中是否存在套汇机会？
   （2） 如果有套汇机会，应该如何操作，套汇收益是多少？

5. 假定某美国公司 1 个月后有一笔 50 万英镑外汇收入，GBP/USD 即期汇率为 1.320 0 美元。为避免 1 个月后英镑贬值的风险，决定卖出 8 份 1 个月到期的英镑期货合约（8×62 500 英镑），成交价为 GBP1 = USD1.322 0。一个月后英镑果然贬值，即期汇率为 GBP1 = USD1.280 0，相应的，英镑期货合约的价格也下降到 GBP1 = USD1.282 0。如果不考虑佣金、保证金及利息等，试计算其盈亏。

6. 英国一家出口公司获利 3 000 万美元，6 个月后收汇，设即期汇率为 GBP/USD = 1.700 0。为保值该公司买入 6 个月期权，协议价格为 GBP/USD = 1.750 0，期权费为每英镑 0.02 美元。如果 6 个月后实际汇率为 GBP/USD = 1.800 0，则该公司是否应做期权交易？盈亏如何？

7. 我国某公司出口某商品原报价每吨 1 000 美元离岸价，现外商要求改报瑞士法郎价格，依下列两种情况应分别改报多少法郎？

① 中国外汇市场上，USD1＝CNY8.260 0/8.263 0，CHF1＝CNY6.140 0/6.144 0。

② 纽约市场上 USD1＝CHF1.450 0/1.456 0。

8. 我国某外贸公司进口仪表，外商提出的商品单价美元报价和瑞士法郎报价分别为200美元和310瑞士法郎，即期付款。当时纽约外汇市场 USD/CHF1.600 0。那么，我公司接受何种报价较为有利？为什么？

9. 我国某公司对外报出口商品每吨 10 000 人民币，客户回电要求改报美元。那么，我公司应报多少美元？（查阅我国当日某家银行的外汇牌价）。

二、实训

实训项目（一）

1. 实训目的：学会运用柜台、电话和网络等交易形式进行外汇交易。

2. 实训方式：实际调查、网上调查相结合。以组为单位整理、汇总和分析写出调研报告，并在课堂进行汇报交流。

3. 项目内容：

（1）比较国内开展个人实盘外汇买卖的各家银行的以下情况：开办时间、交易币种、开户手续、交易步骤、开户金额、单笔交易最低金额、点差、交易方式、交易时间、自动刷新时间。

（2）各家银行开展个人实盘外汇买卖中有哪些方面的特色服务？有哪些方面的优惠？有哪些个性化的服务？

4. 调研单位：

国有银行：中国银行、中国工商银行、中国建设银行、中国农业银行；

股份制银行：招商银行、交通银行、中信实业银行、光大银行、兴业银行、民生银行。

实训项目（二）

1. 实训目的：学会个人实盘外汇买卖交易的操作。

2. 实训方式：网上模拟。

3. 项目内容：网上模拟个人实盘外汇买卖的交易。

4. 实训步骤：

第一步，选择具有网上模拟功能的网站（如外汇通网站）。

第二步，进入该网站下载交易软件。

第三步，虚拟开户。

第四步，每位学员初始资金：模拟外汇实盘资金美元10万元，模拟外汇虚盘资金美元10万元。虚拟交易有效时间为1个月。

第五步，进行模拟交易。

第六步，计算盈亏。

第七步，每人写出实训报告。

第五章

外汇风险管理

✓ 学习目标

通过本章学习,应了解外汇风险的概念、基本类型及所产生的影响;掌握各种外汇风险防范措施与手段,并能在实际中灵活运用。

✓ 技能目标

在掌握外汇风险管理方法的基础上,能识别外汇风险,并针对国际商务企业的具体情况,设计规避外汇风险的方案。

✓ 重难点

各种防范外汇风险的措施与手段。

✓ 课前思考

香港A贸易公司的日常资金以美元持有,其经营的业务主要是从欧洲国家进口货物,再销往香港地区和内地,一笔进出口交易周期约为4个月。从欧洲国家选购产品或用品时,以欧元结算,而销售到香港与内地则以美元结算,即收入美元,支付欧元。因此每次进货都要经历美元兑欧元的转化,用以支付欧元进口货款。如果美元兑欧元的汇率在上述转化过程中波动较大的话,尤其是欧元如果升值,则A公司将会在每一次的业务中都面临巨大的汇兑损失风险。而这同样是大多数进出口公司都会受到的困扰。

思考:外汇风险还有哪些形式?有何方法与措施可以较好地防范外汇风险呢?

✓ 任务驱动,做中学

本章我们仍根据力源公司进出口业务中可能涉及的外汇风险,跟随公司资本运作部经理李显朋和市场部外贸业务员林伟,一起思考并完成相关工作任务。

第一节 外汇风险概述

自1973年布雷顿森林体系崩溃以来,西方主要国家普遍实行浮动汇率制度,国际金融市场汇率频繁波动,短时期汇率暴涨暴跌的现象时有发生。20世纪70年代后各国普遍放松外汇管制,加之金融创新产品的推出,各国外汇市场和资本市场的联动关系更加紧密。20

世纪 80 年代以来投机资本在外汇市场中所起的作用越来越突出。尤其是经历了 20 世纪 90 年代的多次世界性金融危机后，各国货币汇率更加不稳定，给各国经济带来了巨大和深远的影响。世界范围内的外汇汇率、利率和商品价格的波动性明显提高，许多涉外企业不仅面临商业风险、政治风险，还要面临外汇风险可能带来的损失。经营稳健的经济主体一般都不愿意让经营成果经受这种自身无法预料和控制的汇率变化的影响。树立外汇风险意识，注意采取避险措施，对国家、涉外企业、银行和个人都有着重大经济意义。外汇风险管理已成为涉外企业经营中风险管理的重点。

一、外汇风险的含义

外汇风险（Foreign Exchange Exposure），又称汇率风险，是指一个组织、经济实体或个人在一定时期内，以外币计价的资产或负债因汇率的变动而引起其价值上涨或下跌，从而得到意外收益或蒙受损失的可能性。

掌握外汇风险的含义，需要明确以下问题：

（1）外汇风是一种不确定状态，其结果既可能是损失，也可能是意外的收益。

（2）外汇风险产生的直接原因是汇率的变动。如果没有两种不同货币间的兑换或折算，也就不存在汇率波动所引起的外汇风险。如果一个企业在某笔对外交易中只是使用本币计价收付，或只以某种外币计价收付，不牵涉本币与外币的兑换，就不存在汇率风险。

（3）存在不同货币的兑换和时间是构成外汇风险的两个因素。进行不同货币间的兑换，才有汇率的问题；在未来时间实现收付外汇，才有汇率变动的问题。汇率的变化总是与一段时间期限相对应的，时间长短对汇率风险大小有直接影响：时间越长，在此期间汇率变动的可能性就越大，外汇风险相对越大；时间越短，则反之。从时间越长，风险越大的角度讲，外汇风险包括时间风险和价值风险两个部分。本币与外币兑换涉及的汇率变动风险被称为价值风险（也称货币风险）；汇率风险涉及的时间长短被称为时间风险。改变了时间结构，如缩短一笔外汇债券债务的收取偿付时间，可减少时间风险，但不能消除价值风险，因为外币与本币折算的汇率变动（即价值风险）依然存在。

（4）外汇风险的对象并不是全部的外币资产与负债，而是外汇资产与负债的差额，即"敞口""风险头寸"或称"头寸暴露"。具体来说，在外汇交易中，受险部分表现为外汇资产大于外汇负债，即多头、超买，或表现为外汇资产小于外汇负债，即空头、超卖。

二、外汇风险的分类

根据外汇风险作用对象和表现形式，基本外汇风险可分为三种：在经营活动过程中产生的风险为交易风险；在经营活动结算中产生的风险为会计风险；预期经营收益由于汇率变动产生的风险为经济风险。

（一）交易风险（Transaction Exposure）

交易风险是指在以外币计价的交易中，由于外币和本币之间以及外币与外币之间汇率的波动，而引起的应收资产与应付债务价值变化的风险。属于外币计价的交易主要有以下三项：第一，以外币计价的商品、劳务的进出口交易；第二，以外币结算的借款或贷款；第三，面额为外币的其他金融资产交易。

交易风险又可分为外汇买卖风险和交易结算风险。

1. 外汇买卖风险

外汇买卖风险又称金融性风险，产生于本币和外币之间的反复兑换。这种风险是因买进或卖出外汇而存在的。外汇银行承担的外汇风险主要就是这种外汇买卖风险。银行以外的企业所承担的外汇买卖风险存在于以外币进行借贷或伴随外币借贷而进行的外贸交易之中。

【例 5-1】日本某银行于某年某月分别买入 1 月期 10 万美元和卖出同样期限的 8 万美元，出现 2 万美元"风险敞口"，通常将这 2 万美元称为多头，这种多头将来在卖出时会因汇率水平变化而发生盈亏。当时 1 美元兑换 100 日元，该银行及时平衡头寸，卖出 2 万美元多头可收回 200 万日元。若该行不采取应对措施，如果 1 个月后 1 美元兑换 90 日元，那么该行只能收回 180 万日元，损失 20 万日元。

【例 5-2】中国某金融机构在日本筹集一笔总额为 100 亿日元的资金，以此向国内某企业发放 10 年期美元固定利率贷款。按当时日元兑美元汇率，1 美元合 200 日元，该机构将 100 亿日元折成 5 000 万美元。但 10 年后日元兑美元汇率变成 1 美元合 110 日元，仅 100 亿日元的本金就需要 9 090.9 万美元。而该金融机构到期收回本金 5 000 万美元与利息（按 10%计）500 万美元，总计 5 500 万美元，连借款的本金都难以弥补，这就是该金融机构因所借外币汇率上浮所经受的风险。

2. 交易结算风险

交易结算风险又称商业性外汇风险，是指以外币计价进行贸易及非贸易业务的一般企业所承担的外汇风险，是伴随商品或劳务买卖的外汇交易而发生的，主要由进出口商承担。交易结算风险是基于将来进行外汇交易而将本国货币与外国货币进行兑换，由于将来进行交易时所适用的汇率没有确定，所以存在风险。进出口商从签订合同到债权债务的清偿，通常需要经历一段时间，而这段时间内汇率可能会发生变动。于是，未结算的金额就成为承担风险的受险部分。

【例 5-3】德国出口商输出价值 10 万美元的商品，1 月 1 日在签订出口合同时，欧元与美元的汇价为 1 欧元：0.96 美元，出口 10 万美元的商品，可换回 10.416 7 万欧元，但当货物装船后，4 月 1 日交单结算时，美元汇价下跌，欧元上升，汇价变为 1 欧元：1.05 美元。这样，德国出口商结汇时的 10 万美元只能兑换回 9.523 8 万欧元。于是由于汇率波动使出口商损失了 8 929 欧元。在这里，签订合同时的 10 万美元金额便是该德国出口商的受险部分。则德国出口商在外汇风险中蒙受的损益见表 5-1。

表 5-1　德国出口商在外汇风险中蒙受的损益

交易程序	交易金额	行使汇率	受险部分	出口收入
签订合同 （1 月 1 日）	10 万美元	EUR1＝USD0.96	10 万美元	预期应收入欧元： 10 万÷0.96＝10.416 7 万
办理结算 （4 月 1 日）	10 万美元	EUR1＝USD1.05 （欧元相对升值）	0	实际收入欧元： 10 万÷1.05＝9.523 8 万

同样，进口商从签订合同到结算也要承担外汇风险，原理与出口商相同，只是承担的因汇率变动而产生的风险与出口商刚好相反。

【例 5-4】英国某进口商从德国进口机器零件，双方商定以美元计价结算。每个零件价格 1 000 美元。1 月 1 日签订合同时的汇价为 1 英镑：2 美元，英国进口商应支付 500 英镑方能兑换到 1 000 美元，如果进口商将零件的国内销售价定为 550 英镑，那么每个零件可获 50 英镑利润。但是合同到期结算时，英镑的汇价下跌，变为 1 英镑＝1.9 美元，则 1 000 美元的零件就要支付 526.3 英镑，如果按原定销价在国内销售，英国进口商只能获得 23.7 英镑的利润，结果其预期利润因汇价变动而减少。这里，1 000 美元一个零件便是英国进口商承担外汇风险的受险部分。英国进口商在外汇风险中的损益见表 5-2。

表 5-2 英国进口商在外汇风险中的损益

交易程序	交易金额	行使汇率	受险部分	进口支出
签订合同 （1 月 1 日）	1 000 美元	GBP1＝USD2.0	1 000 美元	预期应支付美元： 1 000÷2＝500
办理结算 （4 月 1 日）	1 000 美元	GBP1＝USD1.9 （美元相对升值）	0	实际支付美元： 1 000÷1.9＝526.3

（二）会计风险（Accounting Exposure）

会计风险也称为转移风险、折算风险，是指跨国企业为了编制统一的财务报表，将以外币表示的财务报表用母公司的货币进行折算或合并时，由于汇率变动而产生的账面上的损益差异。会计风险产生于经营活动后，它是从母公司的角度来衡量其受损程度；造成的损失不是实际交割时的真实损失，只是账面上的损失。

外汇会计风险来源于会计制度的规定，并受不同国家会计制度的制约。由于汇率的变化，公司资产负债表中某些外币项目金额也会发生变动。公司在编写报表时，为了把原来用外币计量的资产、负债、收入和费用，合并到本国货币账户内，必须把这些用外币计量项目发生额用本国货币重新表述。这种称作折算的重新表述，要按照公司所在国政府、会计协会和公司确定的有关规定进行。

【例 5-5】美国某公司在英国的子公司的往来账户余额为 100 万英镑。年初时 GBP 1＝USD1.03，英国子公司账户余额折算成美元为 103 万美元。年末时美元升值，英镑贬值，GBP1＝USD0.99，此时，英国子公司账户余额折算成美元只有 99 万，英镑余额价值降低了 4 万美元。根据美国的会计制度规定，这笔损失可记在母公司收益的损失上，或通过一个备抵账户直接冲销股东收益。

会计风险虽然只是账面上的损益，但对企业还是要产生一些影响：一是影响企业纳税额度；二是影响企业资产，若子公司所在国货币贬值，即使它不把利润汇往母公司，但由于要以母公司所在国货币衡量，则导致集团公司资产价值减少；三是影响公司股票价格，因为会计风险影响公司的业绩报告中的损益情况，从而给企业带来融资能力等方面的障碍。

（三）经济风险（Economic Exposure）

经济风险又称经营风险，是指因外汇汇率变动企业在将来特定时期的收益发生变化的可能性，即企业未来的现金流量的现值的损失程度。收益变动幅度的大小，主要取决于汇率变动对企业产品数量及价格成本可能产生影响的程度。例如，当一国货币贬值时，一方面出口商因出口货物的外币价格下降有可能刺激出口使其出口额增加而获益；另一方面，如果出口商在生产中所使用的主要原材料为进口品，因本国货币贬值会提高本币表示的进口品的价格，出口品的生产成本就会增加。结果该出口商在将来的纯收入可能增加，也可能减少，该出口商的市场竞争能力及市场份额也将发生相应的变化，进而影响到该出口商的生存与发展潜力。

该定义有两个需要注意的方面：第一，它所针对的是意料之外的汇率变动，意料之中的汇率变动不会给企业带来经济风险；第二，它所针对的是计划收益，因为意料之中的汇率变动对企业收益的影响已经在计算计划收益的过程中加以考虑，所以经济风险并未包括汇率变动对企业收益的全部影响。

虽然交易风险、会计风险与经济风险都是由于未预期的汇率变动引起的企业或个人的外汇资产或负债在价值上的变动，但侧重点各有不同。三种外汇风险的区别见表5-3。

表5-3　三种外汇风险的区别

区别点	交易风险	会计风险	经济风险
发生的时间	经营过程中	经营结果	预测企业未来收益
造成的损益真实性	真实的	账面的	潜在的
衡量损益的角度	单笔的交易	母公司	企业整体
衡量风险的时间	一次性的	一次性的	长期的
损益表现的形式	客观性	客观性	动态性和主观性

从损益结果的计量上看，交易风险可以从会计程序中体现，是用一个明确的数字表示的，可以从单笔独立的交易测量其损益结果，也可以从子公司或母公司经营的角度来测量，具有静态性和客观性的特点。经济风险的测量不是来源于会计程序，而是来源于经济分析，侧重于企业的全局，从企业整体经济上进行预测、规划和分析，它涉及企业财务、生产、价格、市场等各方面，因而带有一定的动态性和主观性的特点。

从测量时间上看，交易风险与会计风险的损益结果，只突出了企业过去已经发生的交易在某一时点的外汇风险的受险程度；而经济风险则要测量将来某一时间段出现的外汇风险。不同时间段的汇率波动，对各期的现金流量、经济风险受险程度以及企业资产价值的变动将产生不同的影响。

因此，能否避免经济风险在很大程度上取决于企业的预测能力。预测的准确程度将直接影响该企业在生产、销售和融资等方面的战略决策。它对企业的影响比交易风险和会计风险大，不但影响公司在国内的经济行为与效益，还直接影响公司的涉外经营效益或投资效益。在各种外汇风险中，交易风险和经济风险是企业最主要的外汇风险。

交易风险是本章的重点。经济风险是国际投资研究的范畴，不作为本章论述的重点。会计风险受不同国家的会计制度与税收制度所制约，有不同的折算方法，折算损益的金额及处理也不同，也不作为本章论述的重点。

第二节　外汇风险管理措施

【李显朋的任务5-1】

力源公司进口支付的货币主要有欧元和英镑，而该公司的外汇收入主要以美元为主，该公司在2021年2月签订了一批进口合同，涉及300万美元左右的非美元（欧元、英镑）支付,此时欧元兑美元汇价在 1.36 美元,英镑兑美元在 1.64 美元,在此期间,该企业大约还有 100 万美元的外汇收入,但收付款日期并不一致。公司资本运作部经理李显朋根据当前汇率波动情况,认为有必要采取积极的保值避险措施,对未来可测算的外汇支付锁定汇率风险,于是根据公司当前情况立即着手设计规避风险方案,供公司领导决策。如果你是资本运作部经理,你如何设计避险方案?

【例5-6】2020 年 10 月,我某进出口公司代理客户进口比利时纺织机械设备一套,合同约定:设备总价为 99 248 540.00 比利时法郎;价格条件为"FOB" Antwerp;支付方式为100%信用证;最迟装运期为 2021 年 4 月 25 日。

2021 年元月,我方开出 100%合同金额的不可撤销信用证,信用证有效期为 1994 年 5 月 5 日。开证金额是由用户向银行申请相应的美元贷款 276 万元(开证日汇率美元对比利时法郎为 1∶36)。

2021 年 3 月初,卖方提出延期交货请求,我方用户口头同意卖方请求:延期 31 天交货。我进出口公司对此默认,但未作书面合同修改文件。3 月底,我进出口公司根据用户要求对信用证作了相应修改:最迟装运期改为 5 月 26 日;信用证有效期展至 2021 年 6 月 21 日。

时至 4 月下旬,比利时法郎汇率发生波动,4 月 25 日为 1∶37(USD/BFR),随后一路上扬。5 月 21 日货物装运,5 月 26 日卖方交单议付,同日汇率涨为 1∶32。在此期间,我进出口公司多次建议用户做套期保值,并与银行联系做好了相应准备。但用户却一直抱侥幸心理,期望比利时法郎能够下跌。故未接受进出口公司的建议。卖方交单后:经我方审核无误,单证严格相符,无拒付理由,于是我进出口公司于 6 月 3 日通知银行承付并告用户准备接货,用户却通知银行止付。因该笔货款是开证行贷款,开证时作为押金划入用户的外汇押金账户。故我进出口公司承付不能兑现。后议付行及卖方不断向我方催付。7 月中旬,卖方派员与我方洽谈。经反复协商我方不得不同意承付了信用证金额,支出美金 310 余万元。同时我进出口公司根据合同向卖方提出延迟交货罚金要求 BFR 1 984 970.00(按每 7 天罚金 0.5%合同额计),约合 62 000.00 美元(汇率为 1∶32)。最终卖方仅同意提供价值 3 万美元的零配件作为补偿。

此合同我方直接经济损失约 31 万美元,我银行及进出口公司的信誉也受到严重损害。

分析我方在操作过程中的失误:

1. 计价支付货币选用不当

在远期交货的大宗货物买卖中(即当合同金额较大时),选用汇率稳定的货币作为支付货币,是国际货物买卖合同洽商的基本原则,也是买卖双方都易于接受的条件;除非我们能够预测某种货币在交货期会发生贬值,为获取汇率变化的利益而选用某种货币。即通常所说的"进口选软币,出口选硬币",但这只是单方面的期望,而且应建立在对所选货币汇率变化趋势的充分研究之上。但实际上交易的对方也会作出相应考虑。因此我们说,当以货物买卖为目的的合同金额较大时,选用汇率稳定的货币支付是比较现实的。在本案中,合同金额近 300 万美元,交货期为签约后 6 个月。我方在未对汇率做任何研究的情况下,接受以比利时法郎为支付货币的交易条件,这就给合同留下了汇率风险损失的隐患。

2. 轻率接受延期交货条件，使风险成为现实

当交货前卖方提出延迟交货请求时，我方仍未意识到合同的潜在风险，无条件地接受了卖方的要求，虽未做书面的合同修改但却按卖方提出的条件修改了信用证。这时若意识到汇率风险，则完全应以汇率风险由卖方承担作为接受延迟交货的条件，实际情况证明：正是这无条件地接受延期交货使得我方的汇率风险变成现实。

3. 风险处理不当，造成重大损失

4月下旬比利时法郎上涨时我方进出口公司为避免或减少损失，建议采取套期保值的做法是十分正确的，但用户却心存侥幸，拒绝采取防范措施。结果损失发生且无法挽救时又无理拒付，造成我方经济、信誉双重损失。

在上一节的讨论中，我们知道国际企业在经营过程中存在外汇风险，接下来的问题是，企业是否需要管理外汇风险以及采取何种方法去避险。在制订外汇风险管理办法时，应考虑以下几个方面的问题：如何看待风险，是否进行弥补，要弥补应该弥补到什么程度，选择哪种避免风险的措施等。本节重点讨论国际商务企业对交易风险的管理。外汇风险管理的基本原则是，在一定的管理成本下，使汇率变动对企业造成的经济损失最小化。只有从减少外汇风险损失中得到的收益大于为减少风险所采取措施的成本费用时，防范外汇风险的措施才有意义。国际商务企业防范外汇交易风险，可供选择采用的管理方法可以分为十类。

一、合理选择计价货币，做好货币组合

外汇风险的大小与外币币种关系密切，交易货币币种不同，外汇风险也不一样。在国际商务活动中，选择什么货币计价，将直接影响到交易双方各自的经济利益。选择计价货币实际上是有意识地选择对交易者自身有利的货币作为计价结算货币，这样不但能避免汇率变动带来的风险损失，还可能从变动中获益。

（一）尽量选择本币结算

选择本币的目的是避免货币兑换而出现的外汇风险。目前主要工业化国家的出口贸易大部分是以本币计价的，如美国、英国等国家。随着日本经济地位的不断发展，日本企业以日元进出口计价的结算与日俱增。但是并不是任何国家都可以用自己的本币来计价的。人民币的自由化将有助于推进以本币结算的进程。当然，使用本币结算实际上是将汇率风险由一方转给了另一方，所以对方如不愿意接受，则影响买卖的成交。

（二）"收硬付软"

妥善选择计价货币的基本原则是"收硬付软"，即债权尽量选择"硬"币，债务尽量选择"软"币计价结算。出口商、借贷资本输出方应争取使用"硬"币，即汇率相对稳定而且具有升值趋势的货币；而进口商、借贷资本输入方应争取使用"软"币，即具有贬值趋势的货币。这一方法的实质在于将汇率变动所带来的损失推给对方。

当然，"软"与"硬"是个相对概念。在某一时期，某种货币表现为"硬"货币，但另一时期它又表现为"软"货币，二者的地位变化，关键要立足于准确的汇率预测和分析。

使用何种货币作为计价结算货币取决于交易双方的贸易条件和实力，而且还受商品种类、地区或对方贸易传统结算货币习惯的限制。使用"收硬付软"原则必须结合商品价格、

市场行情和贸易条件等综合考虑、灵活决策。比如，通过调整商品价格，把汇率变动的风险计进商品价格中。通常用"硬"币报价时货价可以略低一些；用"软"币报价时货价可以略高一些。当某一时期市场以买方为主时，进口商占据有利条件，可以选择有利货币；如果是卖方市场，则出口商有权选择有利货币。

需要特别指出的是，我国进出口企业需要特别注意研究的货币是美元与人民币之间汇率变动及欧元与人民币之间汇率变动趋势。这是因为我国绝大部分进出口贸易和对外借贷都与美元计价相关，美元汇率稳定与否直接关系到我国企业活动的利益。近年来，欧盟各国已成为我国贸易的重要合作伙伴，2002年欧元的全面流通进一步影响到欧元汇率及欧元和人民币汇率，而我国在外汇管制上又有特殊的内容规定。所以，特别关注美元、欧元等汇率的走势研究，直接关系到我国经济活动的利益。

(三) 采用"软""硬"币搭配使用的方法

当双方在货币选择上各持己见、无法达成协议时，可采用软硬币各半计价的折中方法，互不吃亏。

(四) 采用多种货币组合计价

这一方法又称"一揽子货币"计价法，指在进出口合同中使用两种以上的货币来计价以消除外汇汇率波动所带来的风险。若其中一种货币升值或贬值，而其他货币的价值不变；或几种货币升值，而另外几种货币贬值，收益与损失相互抵消，都可减轻外汇风险的程度或消除外汇风险。在中长期的大型机械设备进出口上采用这种方法比较合适。

二、预测汇率变化，调整收付期

当计价货币确定后，由于各种经济、政治和偶发性因素影响，汇率可能改变原来变动的趋势，"硬"币可能趋软，"软"币可能趋硬。因此，国际商务企业在签约后应该关注汇率变化的趋势，必要时采用更改收付日期的方法减少外汇风险带来的损失，这种方法又称提前或拖延收付法，即涉外经济实体根据对计价货币汇率的走势预测，将收付外汇的结算日或清偿日提前或拖延，以达到防范外汇风险或获取汇率变动收益的目的。具体说，对于出口商或债权人，如果预测计价货币的汇率将下浮，可以征得交易对方的同意，争取提前收入外汇，以避免所收进的外汇兑换成本币的数额减少的损失；反之，如果预测计价货币的汇率将上浮，可以争取或同意延期收进外汇，以获得所收进的外汇兑换成本币的数额增多的好处。对于进口商或债务人来说，则应相反操作。

【例5-7】假设5月8日，法国A公司向美国B公司出口一批商品，价值100万美元，两个月后收款。签约时汇率为1美元=0.9565欧元，A公司预计美元要贬值，因而希望提前1个月收回以美元计价的应收账款。假设6月8日A公司如愿按1美元=0.9565欧元提前收款100万美元，可兑换为95.65万欧元。若7月8日美元贬值为1美元=0.9405欧元，A公司可减少损失1.6万欧元。

如果B公司没有这种预见，或者认为美元将升值，则B公司可能同意提前付款；但是，如果B公司也认为美元会贬值，那么法国A公司只有给对方一定比例的折扣，才能使之提前支付。

反之，法国A公司预测美元有大幅度升值的可能，希望推迟收回以美元计价的应收账款，而对方也乐意推迟付款。这样通过预测汇率变动趋势更改外汇资金的收付日期，国际企业可以减轻因汇率剧烈变化所致的损失。

但是，有些外汇管制较严格的发展中国家对更改收付日期方法的运用有一定限制，如有的发展中国家鼓励迟付早收，禁止早付迟收。

三、订立保值条款

订立保值条款是指在国际经济交易中，交易双方经过协商，同意在交易合同中签订条款来分摊未来潜在的外汇风险。由于传统商业习惯（如石油交易采用美元计价）或其他原因不得不采用可能贬值的货币进行计价时，出口商可能面临货币贬值带来的损失。如果在交易合同中加入保值条款，利用某种价值较稳定的货币或综合货币等进行保值，支付时按保值货币对支付货币的新汇率进行调整，可以减少货币贬值带给企业的损失。常用的方法一般有：

（一）"硬"货币保值

指在合同中规定以"硬"币计价，"软"币支付，记录两种货币当时的汇率，在执行合同时，如果由于支付货币的汇率下浮，则合同中的金额要等比例调整，按照支付日的支付货币汇率计算，折合成软币进行支付。

【例 5-8】日本某商社向英国出口小汽车，英方坚持使用英镑计价付款，日方则提出必须用日元保值，并且按合同签订之日结算，英方同意。当时的汇率是英镑兑日元 1：126.72，小汽车单价为 4 000 英镑，折合 50.688 万日元，到付款时，该汇率下跌为 1：118.58，按照合同，英国进口商支付的货币就不是单价 4 000 英镑，而是 4 275 英镑（50.688 万÷118.58）。日本商社避免了英镑贬值带来的汇率风险。

（二）一揽子货币保值

一揽子货币保值又称综合货币单位保值，即在签订合同时，将所选择的货币同一揽子货币的汇率固定，并规定一揽子货币所选择的权重，如果汇率发生变动，则在结算时，根据汇率变动幅度和每种所选择货币的权重，对支付的合同货币金额作相应的调整。由于一揽子货币中各种汇率有升有降，汇率风险分散，币值相对稳定，所以可以把风险限制在一定幅度内，有效地避免外汇风险。在当前国际交易中，比较普遍的是使用特别提款权、欧洲货币单位（欧元）作为一揽子货币。

（三）物价指数保值

物价指数保值是指以消费品的物价指数或双方同意的某种商品的物价指数进行保值，合同的价格仅为参考价格，成交时根据物价指数的变动情况再对货价进行调整。如果汇率变动与物价指数变动脱节，那么采用物价指数保值条款更能防范风险。

（四）滑动价格保值

滑动价格保值是指交易双方在签订贸易合同时，买卖商品的部分价格暂不确定，根据履行合同时市场价格或生产成本费用的变化加以调整。在交货时间较长、金额较大的成套设备交易中，为避免汇率变动带来损失，通常双方协商在合同中加入滑动价格保值条款。

在签订贸易合同时买卖双方应确定滑动公式的主要问题，包括：① 滑动部分占货价的比例，不滑动部分所占的比例；② 滑动价格的组成及比例，主要由原材料费和工资两大部分组成；③ 材料价格指数和工资指数的依据与资料来源等。

(五) 加列价格调整条款

在进出口贸易中,出口方以本币或"硬"币计价,进口方以本币或"软"币计价,都是一种向国外交易对手转嫁外汇风险的方法。按上述原则来选择计价货币,对出口商有利,则对进口商无利,反之亦然。为此,在出现双方争执,达不成一致时,进口商或出口商可通过调整合同条件的方法弥补因使用不利的计价货币可能蒙受的损失。在进出口贸易中,企业常通过将汇率损失摊入出口商品价格中或将汇率变动可能造成的损失从进口商品价格中剔除的方法,来转嫁汇率风险。

四、选择适当的结算方式

对外贸易出口收汇的基本原则是"安全、及时"。"安全"收汇的含义有两方面:一是货款不会遭到进口方拒付;二是出口收汇不会遭受外汇汇率变动带来的损失。"及时"是指货款按时收回,外汇风险变动与时间长短成正比,时间越长,风险越大,拒付的可能性也越大。所以,为了实现安全、及时收回货款,应慎重选择合适的结算方式。在国际贸易中常用的结算方式包括汇付、托收和信用证三大类型。对于出口商而言,完全使用商业信用的汇付方式风险最大,采用银行信用的信用证结算方式的风险最小。如有可能,出口商应该尽量采用即期信用证结算方式,即期信用证结算方式是最符合安全、及时收汇原则的结算方式。采用远期信用证结算方式,可以保障收到货款,但是不及时,外汇汇率仍有可能发生变动,如果计价货币贬值,出口商仍然会遭受外汇风险带来的损失。如果国际市场价格疲软,商品积压较多,在了解进口商资信可靠的情况下,也可接受托收结算的方式。相对而言,托收中的付款交单(D/P)比承兑交单(D/A)结算方式较为安全,风险较小。不考虑其他因素,可以将结算方式按面临的风险从小到大的顺序排列为:即期信用证、远期信用证、付款交单、承兑交单、电汇、信汇和票汇。

如果出口商品库存积压,款式陈旧,国际市场价格疲软,在贸易对手资信可靠、该出口商品在对方国家尚有一定销路、对方国家付汇控制相对不严的情况下,也可接受托收与汇付方式。

五、利用外汇交易与借贷投资业务

交易合同签订后,涉外经济主体可以利用外汇市场和货币市场来消除外汇风险。其中,如何利用远期外汇交易、外汇期货交易、外币期权交易、掉期交易以及货币互换交易等外汇业务进行套期保值,防范外汇风险,已经在前面章节进行介绍,本节不再举例赘述。

(一) 即期外汇交易法

即期外汇交易法是指企业通过进行与现有风险头寸货币币种相同、金额相同、资金流向相反的外汇交易,来消除两个营业日内汇率变动给企业带来的外汇风险的方法。必须指出,即期外汇交易法只是将第三天交割的外汇汇率固定下来,其避险作用十分有限。利用即期外汇交易来消除外汇风险,支付结算的日期与外汇交易的交割日必须在同一时点上。

(二) 远期外汇交易法和择期外汇交易法

包括择期外汇交易在内的远期外汇交易可使企业将握不定的实际远期汇率固定下来,使汇率变动的时间结构由未来提前到现在,并创造了与风险头寸相对应的、流向相反的外汇资金流动,既能消除时间风险,也能消除货币风险,并能预计贸易成本和实际收益。因此,它比即期外汇交易法更广泛地用于防止外汇风险。

(三) 外币期权交易法

外币期权交易法是指通过买进与风险头寸货币同币种、同金额、同期限,但资金流向相反的看涨期权或看跌期权,来消除外汇风险的方法。外币期权交易具有防范外汇风险的作用,表现在:第一,合同协定汇率使未来不确定的汇率转化为确定的汇率;第二,它具有更大的灵活性,当协定汇率对期权的买方有利时便履约,反之则不履约。这种灵活性是远期外汇交易与外币期货交易所不具备的。

(四) 外汇期货交易法

外汇期货交易法是指企业通过买卖与风险头寸同币种、同金额、同期限,但资金流向相反的外币期货合同,来消除外汇风险的方法。需要指出的是,外币期货交易由于有保证金制度,能使范围比较广泛的人进行这种交易防范外汇风险,这是它优于远期外汇交易的地方。但是,它的交易成本一般高于远期外汇交易。

(五) 掉期交易法

掉期交易法就是用即期对远期的掉期交易来防范外汇风险的方法,即企业在即期买进(卖出)某种外币的同时,卖出(买进)远期外汇,同样可消除时间风险与价值风险。

【例 5-9】我国某公司为从美国进口机械设备筹集资金 1 000 万美元,3 个月后支付设备进口货款。当前国际金融市场即期汇率为 1 美元 = 108 日元,3 个月的远期汇率为 1 美元 = 100 日元。为了防范外汇风险,该公司与银行签订了按 1 美元 = 108 日元的汇价,以 1 000 万美元购买 10.8 亿日元的即期外汇交易合同,与此同时,该公司还按照 1 美元 = 100 日元的远期汇率以 10 亿日元购回 1 000 万美元的远期外汇交易合同。这样的掉期交易既保证了美元免受外汇风险的损失,又获得 8 000 万日元 (10.8 亿 - 10 亿)盈利及 3 个月的存款利息。

(六) 借款法与投资法

通过创造与未来外汇收入或支出相同币种、相同金额、相同期限的债务或债权,也可以达到消除外汇风险的目的。

借款法是指有远期外汇收入的经济实体,通过借入一笔与远期外汇收入相同币种、相同期限、相等金额的资金,改变时间结构,防范汇率风险的一种方法。

【例 5-10】美国某公司半年后将从英国回收一笔 100 万英镑的应收账款。为避免半年后英镑汇率下跌的风险,该公司向银行借入为期半年的 100 万英镑,并立即将这笔英镑作为现汇卖出,以补充其美元流动资金。半年后,该公司再利用从英国回收的英镑收入,偿还银行贷款。此时,即使英镑严重贬值,对美国公司也无任何经济影响,从而避免了汇率风险。该公司的净利息支出作为避免外汇风险所花费的成本。

借款法可以改变外汇风险的时间结构,缩短外汇风险存在的时间,使外币债权人将计划的未来外汇交易提前进行,尽快将外币转化为本币,从而避免风险。但如果不把借款变卖成本币,则只消除时间风险,仍存在价值风险。

投资法是指有远期外汇支付的经济实体,通过投资一笔与远期外汇支出金额、期限和币种都相同的资金,改变时间结构,防范汇率风险的一种方法。

【例5-11】某公司3个月后有一笔1 000万美元的应付账款。该公司将同等金额的美元投放于货币市场,做3个月的定期存款投资,以使未来的外汇风险转至现时。3个月后用收回的美元投资偿付1 000万美元应付账款。如果在3个月后即使美元汇率上升,该公司将不受风险损失。此例中关键是投资期限与未来外汇支出的期限相同。

投资法和借款法虽然都能改变时间结构,防范汇率风险,但借款法是将未来的外汇收入转移到现在,而投资法是将未来的外汇支付转移到现在。

小知识 NDF——无本金交割远期外汇交易

小知识 人民币 NDO——人民币无本金交割汇率

六、平衡法与组对法

(一)平衡法

平衡法是通过计价货币选择,在同一时期内,创造一个与受险货币币种相同、金额相等、方向相反的交易,使外汇资金有进有出,货币收付数额达到或者接近平衡,以抵消或减轻汇率变动风险。

【例5-12】某企业进口合同1月1日签订,7月1日需付款100万美元,4月1日出口价值100万美元,正好是7月1日收款,则7月1日 100万美元收付相抵消。不管美元汇率如何波动,都不会给该企业造成外汇风险损失。

这种方法一般企业难以实现,但在国际企业(包括银行)如有大量进出口业务或外汇交易,可适当采取平衡法。

(二)组对法

组对法是指一个经济实体针对某种外汇的敞口头寸,创造一个与这种货币相联系的反方向资金的流动,以减少外汇风险损失。组对法与平衡法的区别是:平衡法是基于同一种货币对冲,而组对法则是基于两种不同货币的对冲,要求是选择固定汇率且汇率较稳定的正相关关系的两种货币。

如中国公司向美国出口一批以美元计价的商品,为避免美元贬值,可同时安排一笔金额相同、支付时间相同的以港元计价支付的货物进口。因港元是钉住美元的,港元与美元汇率变动方向趋同。当结算时,美元兑人民币出现贬值时,港元对人民币会同比例贬值,使公司成本相应减少,以抵消中国公司受美元贬值的损失。

组对法较平衡法灵活性大,易于采用,但却不能消除全部风险,而只能减缓货币风险的潜在影响。借助于组对法,有可能以组对货币(第三种外币)的得利来抵消某种具有风险外币的损失。但是,运用组对法时应慎重,如果选用组对货币不当,也会产生两种货币都发生价值波动的双重风险。

七、贸易融资法

在进出口贸易中，运用相应的资金融通技术，是现代国际贸易的发展方向之一，也是防范汇率风险的有效方法。

（一）利用打包放款

打包放款是指出口商在备货时用国外进口商银行开来的信用证为抵押，向本国的银行申请贷款，银行在从开证行收回货款后，将从货款中扣除贷款本金和利息。从出口商的角度来说，打包放款等于出口商把货款提前借来，并把打包放款的期限（自信用证抵押之日起至收回贷款之日）内的汇率风险转嫁给银行。

（二）利用出口押汇

在采取出口押汇方式中，出口商在货物发运后，将货运单据交给银行，银行在审核单证相符后，以出口单据作抵押，把与货款等额的外汇押给出口方。出口方取得银行的押汇以后，如果预计该种货币的汇率将下跌，就及时把它换成其他货币；如果预测该货币汇率可能上升，也可保存该货币。出口押汇使出口商受险期缩短了，使汇率风险敞口缩小了，减少了汇率风险。同时给出口方带来了许多的主动权。

（三）利用保付代理或票据贴现

这两种方法主要适用于出口商防范其汇率风险。采取保付代理方法是出口商装运货物取得单据后，立即将单据卖给保付代理组织，取得现金。这样，出口商便很容易地将汇票到期之前的风险转嫁给保付代理人，其代价则为出口商向代理人支付的保付代理费。

采取票据贴现方法是出口商将未到期的外币票据拿到银行去贴现，向银行提前兑取现款。贴现时，银行通常按照当天的汇率将外币折算成本币付给出口商。这样，在票据余下的期限内，如果外币行市发生不利变化，其损失便由银行去承担。当然出口商也要向银行支付一定的贴现费用。

（四）利用卖方信贷

在中长期国际支付中，采取卖方信贷方式是出口方银行以优惠利率向本国出口商提供的中长期信贷，出口商可采取以分期付款或赊销方式将设备卖给进口商，然后进口商再按协议分期偿付设备货款。这样，出口商从其开户银行得到出口贷款后，可将该笔外汇收入在外汇场上即期卖出，换成本币，避免了汇率风险，同时也加速其资金周转，该贷款用进口商偿还的外汇抵付，这样出口商的外汇负债被其外汇资产（即收取进口商的货款）所轧平，如果在得到出口信贷后汇率发生不利变动，出口商则免于经济损失。

小知识 工行双保理护航"深圳制造"远销海外

但在使用卖方信贷时，出口商除要支付贷款利息外，还须进行信贷保险，支付保险费以及贷款承担费和管理费等。

（五）利用买方信贷

买方信贷是由出口国银行向进口商提供的用于大宗货物进口的优惠利率贷款。贷款银行并不直接把款额付给进口商，而是将它视同进口商支付的货款付给出口商，贷款银行收到货运单据后即付货款，使出口商应收账款提前收回，汇率风险受险期因而缩短。

（六）利用福费廷方式

采取利用福费廷方式是在延期付款的大型技术设备交易中，出口商把经进口商承兑的远期汇票，无追索权地向出口商所在地的银行或大金融公司贴现。这样，出口商将其承担的汇率风险转嫁给办理福费廷业务的银行。同时有利于出口商的资金融通和周转。采取福费廷方式，也要付出利息、管理费、承担费等费用。

八、划拨清算法

划拨清算方式是交易双方约定，在一定时期内，双方所有的经济往来均以同一种货币计价，每笔交易的金额，只在账面上进行划拨，到规定期限后统一清算。这样，大部分交易额可互相抵消，并不需要实际支付。因此，双方都能大大减少计价货币汇率变动的风险。

小知识 利用贸易融资避险

但采取划拨清算方式的也存在一些缺陷。一是这种方式一般只适用于经济往来十分密切的交易双方之间，否则就很难达成协议；二是即使能达成协议而且根据双方向对方提供货物的可能性，协议中也已包含了一定的信用额度，但实际交易往往会突破这一额度，从而意味着贸易出超方给对方提供了无息信贷；三是为了双方收支平衡，贸易入超方则可能提供一些对方并不需要的商品。这种方式较多地应用在双方政府之间，而在外汇银行或进出口商之间应用较少。

九、易货贸易法

易货贸易是在换货的基础上，把同等价值的进口和出口直接联系起来，构成一笔商品互换的交易。狭义的易货贸易是指买卖双方各以一种等价物的货物进行交换，同时成交，同时付货，不用支付货币。广义易货贸易是指双方交换的货物都通过货款支付清算，双方都存在购买对方同值货物的义务。易货贸易计价货币和结算货币同为一种货币，因此可以避免外汇风险。

小知识 中国宝武与全球铁矿石巨头实现人民币跨境结算

十、外汇风险保险法

外汇风险保险法是指国际商务企业事先交纳一定的保险费给专门的外汇保险机构，当企业因汇率变动而蒙受损失时，可以得到保险机构补偿的一种方式。外汇风险保险法属于进出口保险的一种。许多西方国家都设立了外汇风险保险制度，只要符合汇率变动保险制度的条件，国际商务企业便可以按规定投保。

作为"奖出限入"政策的一部分，许多国家的政府都设有专门的机构办理汇率风险保险业务。参加官方或半官方机构所开办的汇率保险，是控制外汇风险的方法之一。西方发达国家办理此项业务的保险机构有英国的"出口信贷保证局"、德国的"海尔梅斯出口信贷保险公司"、美国的"进出口银行"、日本的"输出/入银行"、荷兰的"尼德兰信贷保险公司"等。这些保险机构所提供的汇率风险保险的标的不同，由投保人按期缴纳少量的保险费，由承保机构负担全部或部分的汇率风险，包括损失和收益。

外汇风险保险法的做法是：投保企业向保险机构提供有关单据证明，并缴纳一定比例的保险费，保险机构对投保企业货币汇率的波动幅度加以规定。若汇率波动在规定的幅度内，保险机构对投保企业遭受的损失负责赔偿,对超过规定幅度的损失则不负赔偿责任;若因汇率变动超过规定幅度而产生收益,则该收益归保险机构所有。通过投保外汇风险,进出口商即使用"软"货币计价成交,在一定幅度内,汇率波动的损失仍然可以获得补偿。

外汇风险保险法的作用表现在:由于外汇风险在一定程度上被转嫁给了保险机构,一方面国际商务企业可以扩大国际经济交易;另一方面保险机构也可以得到保险收益。

综上所述,可以看出,防止外汇风险的一些方法是在风险已经存在后采取的,也有一些是在风险发生前采取的。此外,防止外汇风险的方法与技术有些只可消除时间风险,有些只可消除货币风险,有些则两者均可消除。只有即期合同法、远期合同法、平衡法、货币期货合同法、期权合同法、择期合同法、掉期合同法等能够独立地用于外汇保值;提前收付法、拖延收付法、借款法、投资法必须同即期外汇交易相结合才能全部消除外汇风险,达到外汇保值的作用。现将各种防止外汇风险方法的效果,摘要列表如下,以便掌握与区分,见表5-4。

表5-4 防止外汇风险的方法

消除风险的类别			减少风险的影响	避免风险环境
时间风险	时间风险与货币风险	货币风险		
提前收付法 拖延收付法 借款法 投资法	远期合同法 即期合同法① 平衡法 货币期货合同法 期权合同法 择期合同法 掉期合同法 划拨清算法	即期合同法②	选好计价货币 多种货币组合法 组对法 调整价格法 签订保值条款法 即期L/C结算法 远期L/C结算法 各种贸易融资法 外汇风险保险法	易货贸易法 本币计价法

注:① 指对于两天内需要结清的外币债权债务。
② 指对于超过两天的外币债权债务。

小知识 日本企业采取的应对外汇风险措施

第三节 外汇风险管理的组合方法

【李显朋的任务5-2】

力源公司从美国进口价值100万美元的机床,90天后付款,公司资本运作部经理李显朋查询当天中国银行美元与人民币之间的牌价以及3个月远期牌价,分别利用远期合同法、

BSI 法、LSI 法为公司设计规避风险的方案，供公司领导决策。我们一起来了解如何用组合方法来规避外汇风险。

上一节所讲的防止外汇风险的方法，除运用外汇市场与货币市场有关业务外，还从贸易合同的签订、计价货币的选择、贸易策略的确定上来考虑减少或消除货币风险。本节则集中阐述利用外汇、货币市场业务以消除外汇风险的方法。如前所述，有些方法，如提前收付法，则必须与其他方法相互配合，综合利用，才能消除全部风险，这种综合利用的防险方法有借款-即期合同-投资法（Borrow-Spot-Invest，简称 BSI 法）和提前收付-即期合同-投资法（Lead-Spot-Invest，简称 LSI 法）。BSI 法与 LSI 法一般称为外汇风险管理的组合方法。现将这些组合方法在应收外汇账款与应付外汇账款中的具体运用及其消除时间风险与价值风险的机制过程进行分析。

一、组合方法防止外汇风险在应收外汇账款中的具体运用

（一）BSI 法在应收外汇账款中的具体运用

具有应收账款的企业，为了防止汇率变动，先借入与应收外汇等值的外币，以此消除时间风险，同时，通过即期交易把外币兑换成本币，以此消除价值风险，然后，将本币存入银行或进行投资，以投资收益来贴补借款利息和其他费用。应收款到期时，就以收入的外汇归还银行贷款。

【例 5-13】美国 A 公司 90 天后有 10 万欧元的应收账款，该敞口头寸使其承受欧元对美元汇率波动的风险，在汇率风险管理中，A 公司可向银行借入 10 万欧元，借款期也为 90 天，从而改变外汇风险的时间结构。A 公司立即通过即期外汇交易，按 1 欧元 = 1.210 0 美元的汇价将 10 万欧元卖为美元，获得 12.1 万美元。随后用 12.1 万美元投放于美国短期货币市场，投资期也为 90 天。90 天后，A 公司以 10 万欧元应收账款归还银行借款，从而消除外汇风险。在收回投资时，它用美元投资利息偿付欧元借款利息；如果前者不足以偿付后者，则视它为避免汇率风险付出了一定代价。操作过程如图 5-1 所示（单实线箭头表示外币欧元流动，双实线箭头表示本币美元流动）。

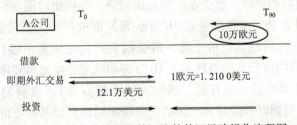

图 5-1　BSI 法消除应收外汇账款外汇风险操作流程图

图 5-1 显示，在 T_0，即办汇日，也就是采取防止风险方法的当天，通过借款、即期外汇交易、投资三种方法的综合运用，外币与本币的流出与流入都相互抵消了，90 天后国外进口商付给 A 公司的外币账款，正好用以偿还从银行的借款，剩下一笔本币的流入，外汇风险全部抵消。

（二）LSI 法在应收外汇账款中的具体运用

具有应收账款的企业，在征得债务方同意后，以一定折扣为条件，请其提前支付货款，

以消除时间风险;紧接着通过即期交易,将收取的外汇兑换成本币,从而消除价值风险。最后,将换回的本币进行投资,所获得的收益可完全或部分抵补因提前收汇造成的折扣损失。

【例 5-14】 如上例,美国 A 公司 90 天后从德国 B 公司回收一笔 10 万欧元应收货款,为防止汇率波动,该公司征得德国 B 公司的同意,在给其一定折扣的情况下,要求其在两天内付清这笔货款(暂不考虑折扣具体数额)。该公司取得这笔 10 万欧元货款后,立即通过即期交易换成本币,并投资于美国货币市场。由于提前收款,消除了时间风险,由于换成本币,又消除了价值风险。操作流程如图 5-2 所示(虚线箭头表示象征性流动)。

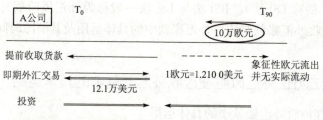

图 5-2　LSI 法消除应收外汇账款外汇风险操作流程图

在此与 BSI 法的应收账款做法基本相似,但不同的是 BSI 的首先是从银行借款,以借款利息为成本;而 LSI 是请付款方提前支付货款,以给其一定的折扣为成本。图 5-2 显示,在办汇日 T_0 有一笔提早支付的外币欧元流入,将该外币通过即期外汇交易买成本币美元,以本币进行投资,在办汇日当天,外币及本币流出入均彼此抵消。到 T_{90} 时,不再有真正的外币流动,仅有一笔回收的本币收入。

二、组合方法防止外汇风险在应付外汇账款中的具体运用

(一) BSI 法在应付外汇账款中的具体运用

具有应付账款的企业,在签订贸易合同后,借入相应数量的本币,同时以此购买结算时的外币,消除了价值风险。然后以这笔外币在国际金融市场上做相应期限的短期投资,改变了时间风险。付款期限到期时,该企业收回外币投资,并向出口商支付货款。

【例 5-15】 美国 A 公司从德国进口 10 万欧元的电机产品,支付条件为 90 天远期信用证。A 公司为防止 90 天后欧元汇价上涨,遭受损失,它先从美国银行借入一笔本币美元,借款期限 90 天;然后向该行其他银行买入 10 万即期欧元;接着再将刚买入的欧元投放于欧洲货币市场或美国货币市场(或存款、或购入短期债券等),投资期也为 90 天。当 90 天后,A 公司应付款项到期时,恰好其欧元的投资期限届满,以其回收的欧元投资偿付其对德国 B 公司的 10 万欧元货款。通过 BSI 实现了应付欧元的反向流动,所以消除了应付欧元账款的风险。操作流程如图 5-3 所示。

需要指出的是,如果在办汇日 T_0 借款时,外汇市场即期牌价为 1 欧元 = 1.210 0/08 美元,则 A 该应借入 12.108 万美元以购进 10 万欧元。

从图 5-3 看出,运用 BSI 法消除应付账款外汇风险所借入的是本币,而非外币,进行投资所用的是外币,而非本币(在应收账款应用中,借款是借外币,投资用本币,两者币种操作顺序不同)。同时可以看出,通过 BSI 法是货币的流出入完全抵消,消除了全部外汇风险,只剩下一笔本币的支出,即以美元归还银行的贷款。当然如果 A 公司自由资金充裕,

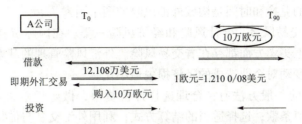

图 5-3　BSI 法消除应付外汇账款外汇风险操作流程图

可利用自身流动资金,不一定非从银行借款不可。

BSI 法与借款法的主要区别在于操作中它多出一道投资程序,从而既能提前利用资金,也可以投资收益完全或部分抵补承担借款利息的代价。

(二) LSI 法在应付外汇账款中的具体运用

具有应付账款的企业,先从银行借入本币,按即期汇率兑换成应付外汇,紧接着提前付账款,从债权人那里获得一定的折扣。其所获得的折扣可完全或部分抵补借款利息的损失。

如上例,美国 A 公司用 LSI 法来消除应付账款外汇风险的话,在最后一步骤,以买得的欧元提前支付德国 B 公司货款。实际上,利用 LSI 法消除应付外汇账款风险的步骤应该是先借款(Borrow),再与银行签订即期合同(Spot),最后再提前支付(Lead),该程序应为 Borrow-Spot-Lead,但国际传统习惯上均不叫 BSL,而叫 LSI。操作流程图 5-4 所示。

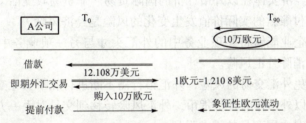

图 5-4　LSI 法消除应付外汇账款外汇风险操作流程图

从图 5-4 可以看出,经过借本币,以本币换外币,再以外币提前偿付,全部风险消除,将来只有一笔本币流出,借款到期时用本币偿还借款。BSI 和 LSI 在消除应付外汇账款外汇风险时的机制作用是一样的。只不过,BSI 最后一步是投资,获得利息;LSI 最后一步是提前付款,从债权人处获得一定的折扣。

上述 LSI 法消除外汇应收账款和应付账款的汇率风险的操作程序都是三部曲。两者区别在于:在应收账款应用中,是请付款方提前支付货款,将外币换本币,用本币投资;在应付账款应用中,是借本币,将本币换外币,提前支付账款。

1. 汇率风险是指一个经济实体或个人,在一定时期内以外币计价的资产与负债,因外汇汇率变化而引起其价值上涨或下跌的不利变化的可能性。外汇风险又包括价值风险和时间

风险，存在不同货币的兑换和时间是构成外汇风险的两个因素。

2. 外汇风险分为交易风险、会计风险和经济风险三类。在国际贸易、国际借贷、国际筹资、国际投资和外汇买卖方面都存在着交易风险。外汇风险管理的基本原则是，在一定的管理成本下，使汇率变动对企业造成的经济损失最小化。

3. 外汇风险管理的一般方法有：合理选择计价货币，做好货币组合；预测汇率变化，调整收付期；订立保值条款；选择适当的结算方式；利用外汇交易与借贷投资业务；平衡法与组对法；贸易融资法；划拨清算法；易货贸易法；外汇风险保险法等十类，这些方法中有些只可消除时间风险，有些只可消除货币风险，有些则两者均可消除。

4. 外汇风险管理的组合方法有 BSI 法，即将借款法、即期外汇交易、投资法三种方法组合运用；LSI 法，即将提前收付法、即期外汇交易、投资法三种方法组合运用，可以同时既消除时间风险又消除价值风险。

✓ 关键名词

外汇风险　交易风险　会计风险　经济风险　时间风险　价值风险　BSI 法　LSI 法

✓ 练习与思考

一、判断题

（　　）1. 一笔应收或应付外币账款的时间结构对外币风险的大小具有间接影响。

（　　）2. 一个经济实体在以外币计价的国际贸易、非贸易收支活动中，由于汇率波动而引起应收账款和应付账款的实际价值发生变化的风险是经济风险。

（　　）3. 如果企业能够将某项业务中的外汇头寸与另一项业务中的外汇头寸相互抵消，便能够尽可能地消除外汇风险。

（　　）4. 为避免外汇交易的风险，外汇银行需不断进行轧平头寸交易。

（　　）5. 如果以外币作为计价货币，外汇风险转移到交易对手一方，出口以外币计价的比例高，说明海外对本国商品的需求强烈。

（　　）6. 如果出口国的货币为可自由兑换货币，则以出口国货币作计价货币的机会较多。

（　　）7. 进行外汇风险管理后一定会盈利。

（　　）8. 近年来，欧元汇率逐步攀升，美元汇率逐步下跌，因此，进口时应选用美元计价和结算，出口时应选用欧元计价结算。

（　　）9. 美国出口商以美元作为出口计价货币，不存在汇率波动风险。

（　　）10. 美国某公司 3 个月后有一笔欧元应付款，若预测欧元对美元的汇率将下跌，该公司可推迟支付以减轻汇率风险。

二、选择题

1. 属于外汇风险管理的组合方法是_____。

A. 掉期交易法　　　　　　　　B. LSI 法
C. Lends & Lags 法　　　　　　D. 外汇期货交易法

2. 当一个企业有_____时，它具有双重外汇风险。

A. 同时间的相同外币、相同金额流出、流入

B. 一种外币流入，一种外币流出，且流出、流入的时间不同

C. 本币收付

D. 流入的外币和流出的外币属同种外币、同等金额

3. 在同一时期内，创造一个与存在风险的流向相同币种、相同金额、相同期限的资金反向流动的做法，是防止外汇风险中的_____。

A. 平衡法　　　　　　　　B. 组对法

C. 提前收付法　　　　　　D. 拖延收付法

4. 有外币债权或债务的公司，与银行签订购买或出售远期外汇的合同是所谓的_____保值法。

A. 货币期货合同　　　　　B. 货币期权合同

C. 即期合同　　　　　　　D. 远期合同

5. 某国际企业拥有一笔美元应收账款，且预测美元将要贬值，它会采用_____方法来防止汇率风险。

A. 提前收取这笔美元应收账款

B. 推后收取这笔美元应收账款

C. 签订一份买进等额美元的远期外汇合约

D. 签订一份买进等额美元的外汇远期合约

6. 防止外汇风险的平衡法是组成与应收（付）外币_____的资金流动。

A. 货币种类不同，金额相当，不同时间，相反方向

B. 货币种类相同，金额相同，相同时间，相同方向

C. 货币种类相同，金额相同，相同时间，相反方向

D. 货币种类不同，金额相当，相同时间，相反方向

7. 外汇风险是_____。

A. 因外汇汇率波动而引起的外汇敞口的损失

B. 因利率波动引起的外币资产的减少和负债的增加

C. 因外汇汇率波动而引起的外汇资产减少和负债增加的损失

D. 因外汇汇率波动而引起的外汇敞口损失的可能性

8. 外汇风险头寸是_____。

A. 全部外汇资产的金额

B. 全部外汇负债的金额

C. 外汇资产与外汇负债之和

D. 暴露于外汇风险之中的那部分资产与负债

9. 只能消除时间风险的方法有_____。

A. 即期合同法　　　　　　B. 拖延收付法

C. 提前收付法　　　　　　D. 借款法

10. 如果进口合同不得不用"硬"币计价，而出口合同又不得不用"软"币计价，那么_____。

A. 应运用价格调整法进行补救

B. 信贷交易中的债权债务人不能运用价格调整法防范外汇风险
C. 价格调整的适度性取决于交易主体的主观意愿

三、填空题

1. 根据外汇风险作用对象和表现形式，基本外汇风险可分为_____、_____和_____等三种。
2. _____和_____是构成外汇风险的两个因素。
3. 价格调整法是指当出口用_____计价结算、进口用_____计价结算时，企业通过调整商品的价格来防范外汇风险的方法。
4. 收付汇时间间隔越长，外汇风险越_____。
5. 外汇风险的对象并不是全部的外币资产与负债，而是_____的差额。具体来说，受险部分表现为外汇资产大于外汇负债，即_____；或表现为外汇资产小于外汇负债，即_____。

四、名词解释

外汇风险　交易风险　借款法　投资法　组对法　平衡法　BSI　LSI

五、简答题

1. 如何利用外汇与借贷投资业务来防范外汇风险？
2. 假设 2021 年 2 月中旬外汇市场行情为：即期汇率 USD1=JPY105.40/105.50，如果可以看出美元表现为贴水，一美国进口商从日本进口价值 10 亿美元的货物，在 3 个月后支付。为了避免日元兑换美元升值所带来的外汇风险，进口商从事了远期外汇交易的套期保值。

（1）若美国进口商不采取避免汇率变动风险的保值措施，现在就支付 10 亿日元需要多少美元？

（2）设 3 个月后的汇率为 USD1=JPY104.00/104.10，则到 2021 年 5 月中旬才支付 10 亿日元需要多少美元？比现在支付日元预计要多支出多少美元？美国进口商如何利用远期外汇市场进行套期保值？

六、案例分析

中信泰富衍生品巨亏事件

中信泰富是大型国企中信集团在香港的 6 家上市公司之一。该公司在澳大利业有一个名为 SINO-IRON 的铁矿项目，该项目是澳大利亚西部最大的磁铁矿项目。这个项目总投资约 42 亿美元，很多设备和投入都必须以澳元来支付。中信泰富从 2008 年至 2010 年对澳元的需求都很大。整个投资项目的资本开支，除当时的 16 亿澳元之外，在项目进行的 25 年期内，还将在全面营运的每年度投入至少 10 亿澳元。为了降低项目面对的货币风险，公司签订了若干杠杆式外汇买卖合约。

2008 年 10 月 20 日，中信泰富（00267）发布公告称，公司为降低该铁矿项目面对的货币风险，签订若干杠杆式外汇买卖合约而引致亏损，实际已亏损 8.07 亿港元。至 10 月 17 日，仍在生效的杠杆式外汇合约按公平价定值的亏损 147 亿港元。换言之，相关外汇合约导致已变现及未变现亏损总额为 155.07 亿港元。

中信泰富投资的杠杆外汇合约被称为累计目标可赎回远期合约，英文原名是 accumulated target knock-out forward contracts。这种产品的原理可近似看作中信泰富向对手方购买一个澳元兑美元的看涨期权以及卖出两个看跌期权，行权价格都是 0.87 美元/澳元。当澳元汇率高于 0.87 美元/澳元时，中信泰富以低于市场价的 0.87 美元/澳元每天买入 1 个单位外汇而获利，但当汇率下降到 0.87 美元/澳元以下时，则中信泰富必须每天以 0.87 美元/澳元的高价买入 2 个单位外汇。

在合约开始执行的 2008 年 7 月初，澳元兑美元价格持续稳定在 0.90 美元/澳元以上，澳元一度还被外界认为可能冲击到"平价美元"的地位。这样的一个合约似乎看上去是个好买卖。但是到了 8 月上旬，国际金融市场风云突变，澳元兑美元接连走低，特别是 10 月初澳元出现暴跌，巨亏就此酿成。

经营国际贸易的公司，除了需要面临国内企业所面临的风险以外，还面临着由于汇率波动带来的外汇风险。从上述案例中我们不难看出，外汇风险管理不但十分有必要，而且要掌握科学的方法。

国际金融（第六版）学习指导书　主编陈雨露、王芳　中国人民大学出版社　2020 年 1 月第 1 版　第 64 页

分析：谈谈你从本案例获得的经验总结或风险防范体会。

✓ 实训课堂

一、技能训练题

1. 某年某日本商社有一笔 3 个月美元应付款，若预测付款日时日元对美元汇率将下跌，为减少汇率风险损失，该商社应该提前结汇还是推迟结汇，为什么？

2. 假定某企业从日本进口一条生产线，合同金额 6 亿日元，支付期 6 个月，当时市场即期汇率 USD/JPY 144.50，种种迹象表明日元将会升值，试述如何运用 BSI 法和 LSI 法消除日元汇率的风险？

二、实训项目

1. 实训目的：学会识别汇率风险，掌握运用防范汇率风险的方法。

2. 实训形式：实地调查。

3. 项目内容：通过调查企业（包括银行）或身边的人和事，列举案例说明在兑换外汇存款、个人外汇买卖、进出口、国际投资、国际融资等方面的汇率风险的表现，并提出防范汇率风险的建议或方案。

4. 调查渠道：企业（包括银行）或身边的人。

5. 实训步骤：

第一步：调查，收集资料。

第二步：在调查研究基础上，每人写出实训报告。

第三步：分组讨论上述项目内容，每组推荐发言人在课堂进行交流。讨论时通过分析实际案例，提出防范汇率风险的建议或方案。

第六章

国 际 结 算

✓ 学习目标

通过本章的学习，应了解主要的国际结算惯例，掌握汇票、本票、支票等三大结算工具的定义、种类、内容及其流通程序，明确汇款、托收、信用证等传统国际结算方式的业务流程、业务要求，了解国际结算中新的结算方式，并学会在不同条件下选择适当的结算方式。

✓ 技能目标

能解释汇款、托收、信用证的使用；能画出电汇、即期跟单托收、远期跟单托收、承兑交单、即期信用证的业务流程图；熟练选择不同条件下适当的国际结算方式。

✓ 重难点

1. 汇票、本票、支票等结算工具的使用及其异同点，特别是汇票的运作程序（汇票行为）；
2. 汇付、托收、信用证、银行保函等结算方式及其区别，特别是信用证结算的特点和程序。

✓ 课前思考

B公司经实地看样后与A公司签订了价值10万美元的购货合同，采用即期信用证支付方式。交货期临近，A公司仍未收到B公司开来的信用证。几经催问，B公司告知由于资金困难，暂时无法开证，并提出改为托收方式，交单方式为即期付款交单（D/P）。A公司表示同意接受，并备货发运。过了一段时间，B公司又来电称，由于当地市场价格下跌，货物不太好销，建议将交单方式由即期付款交单改为30天承兑交单（D/A 30天）。考虑到货物已到目的港，如果该客户不赎单，把货物变卖或运回，损失将很大。故A公司接受了B公司D/A 30天的付款要求。汇票承兑到期时，A公司仍未收到B公司的货款。再与B公司联系，均联系不上，而货物早已被B公司提走，造成了不可弥补的损失。

思考：在本例中，进口商B公司步步为营，先利用以银行信用为基础的信用证结算方式诱使A公司与之签订合同；然后又设计将信用证方式改为以商业信用为基础的托收结算方式，但采用的是风险较低的即期付款交单方式；最后，在货物到港时，又找理由迫使A公司接受风险较大的承兑交单方式，从而使其在开具承兑汇票后就可以取得货物运输单据并凭单提货，最后造成 A 公司钱货两空的损失。托收与信用证结算的区别是什么？各自的风险及防范措施有哪些？

✓ 任务驱动，做中学

2020 年 10 月，力源公司市场部外贸业务员林伟先后有三项任务待完成，具体见本章第三节。

第一节　国际结算概述

一、国际结算的含义

各国之间由于政治、经济、文化等交往会引起一定的债权债务关系，而国际上使用一定的工具和方式办理货币收付，以清算国与国之间债权债务关系的活动称为国际结算（International Settlement）。

国际结算按国际经济交易的主要类型可分为国际贸易结算和非贸易结算两大类。国际贸易结算是国际上交换货物所引起的债权债务的结算，也就是买卖货物的价款及贸易从属费用（例如运费、保险费、佣金等费用）的收付，它与进出口贸易有密切关系。非贸易结算是指除货物进出口以外的国际政治、经济和文化往来，例如国际旅游、国外亲友馈赠、出国留学、对外捐助、劳务输出和工程承包、国际技术转让、外汇买卖、对外投资和融资等引起的跨国货币收付，非贸易结算的内容反映一国对外经济联系的各个方面。通常，对外贸易在一国国际收支中所占比重最大，因此，贸易结算构成国际结算的主要内容。本章主要介绍国际贸易结算。

在提到结算时，不能不提及另一个概念——清算，它们之间是有一定的区别的。结算的对象是在银行和各经济主体之间完成的，银行是一个媒介，经济主体是最终的债权人和债务人。而清算，则是在银行与银行之间完成的，它是通过一个清算系统对集中到银行的各类票据进行轧差，以了结银行间由于代收代付所引起的债权债务关系。通常商业银行最后的清算都是由中央银行来完成的。在本章，主要论及的是银行与国际经济的参与者之间的结算。

国际结算产生于国际贸易，并随着国际贸易和其他经济文化交流的发展而发展。国际结算主要经历了现金结算、非现金结算和电子结算三个发展过程。而随着银行的加入，特别是国外代理行的普遍建立，银行成为国际结算不可或缺的部分。至 19 世纪末，票据结算方式已趋完善，银行成为国际结算的核心。20 世纪初电子货币——信用卡在美国出现以后，从根本上改变了银行的支付方式和结算方式。20 世纪 80 年代以来，电子技术的广泛应用，对国际结算的影响则更为深远，发达国家的银行把现代化通信技术和电子计算结合起来，构建"银行电子国际结算系统"，大大提高了国际结算的效率，而且具有安全、快捷、准确、便利的特点，使国际结算业务由非现金结算走向了电子结算。其中，最常用的系统是环球银行同业金融电信协会（Society for Worldwide Inter-bank Financial Telecommunication，SWIFT），全球已有 170 多个国家和地区加入这一系统中来。现今又由于因特网的出现和 EDI（电子数据交换）的使用，未来的结算方式将是网络银行的电子支付系统,全面实现电子化和数字化。

二、国际贸易惯例

随着国际贸易的快速发展,国际结算的量也在飞速扩大。为了能使结算更为规范化,更为快捷,需要有一个大家共同遵守的原则或行为规范,而且一旦在结算中有纠纷出现,也需要解决纠纷的依据。国际贸易惯例是国际贸易和国际结算长期发展的产物。相关的国际贸易惯例可以说是实际结算业务中的行动指南,便利国际结算的过程,在结算中发挥着不可或缺的作用。在国际贸易结算中常见的国际贸易惯例有以下四种。

(一)《跟单信用证统一惯例》(Uniform Customs and Practice for Documentary Credits,UCP)

《跟单信用证统一惯例》由国际商会于 1929 年拟定实施。该统一惯例对信用证有关当事人的权利义务、信用证条款的规定以及操作规则都作了明确的解释,为世界各国商人所接受,成为国际贸易界人士参照执行的国际惯例。随着国际经济的不断发展变化,国际商会适应时代的要求,先后在 1933 年、1951 年、1962 年、1974 年、1981 年、1993 年对其进行了多次修改。UCP 规范了信用证的银行信用的性质,对受益人的利益做了充分的保护,比较适合高风险和竞争激烈的国际贸易环境。最近一次的修改是 2007 年 1 月 1 日起实行的《跟单信用证统一惯例 600》(UCP600),与以前的各版本相比,它更为完善,更适应了新的国际贸易形势的需要。目前一般的信用证都标明该证依据 UCP600 开立,否则,难以被有关当事人所接受。2001 年 12 月国际商会银行委员会又编写并出版了"eUCP",为提交信用证项下的电子单据提供必需的准则。

(二)《托收统一规则》(Uniform Rules for Collection,URC)

《托收统一规则》由国际商会编写和出版,是国际贸易和国际结算方面的重要国际惯例之一。国际商会为协调托收业务中各当事人之间的矛盾,于 1958 年曾起草拟订了一套《商业单据托收统一规则》(Uniform for Collection of Commercial Paper,即国际商会第 254 号出版物),后经 1967 年、1978 年、1995 年多次修订,现行版本《托收统一规则》为国际商会第 522 号出版物(以下简称 URC522),于 1996 年 1 月 1 日起正式实施。URC522 对托收各当事人的义务与责任、托收项下的程序,如提示、付款、利息、费用等,均作了比较详尽明确的规定。全文共 26 条,分为总则、托收的形式与结构、提示方式、义务和责任、付款、利息、手续费及其他费用、其他规定共 8 个部分。我国已正式加入国际商会,我国银行在采用托收方式结算时,必须按照 URC522 的解释和原则来处理。

(三)《国际商会跟单票据争议专家解决规则》(ICC DOCDEX Rules)

《国际商会跟单票据争议专家解决规则》(ICC Rules for Documentary Instruments Dispute Resolution Expertise,DOCDEX)是由国际商会的银行技术与实务委员(ICC Commission on Banking Technique and Practice,简称"银行委员会")制定并于 1997 年 10 月公布实施的,解决由于适用《跟单信用证统一惯例》和《跟单信用证项下银行间偿付统一规则》(Uniform Rules for Bank-to-Bank Reimbursements under Documentary Credits,URR)而引发的争议。根据此规则,信用证当中的任何一方当事人与其他当事人就信用证产生争议时,可以向国际商会设在法国巴黎的国际专业技术中心(International Centre for Expertise,简称"中心")提出书面申请,由该中心在银行委员会提名的一份专家名单中指定三名专家,根据当事人陈述的案情和有关书面材料，经与银行委员会的技术顾问（Technical Adviser）协商后，就如何解决信用证争议以该中心的名义做出决定，称为 DOCDEX 裁定。

DOCDEX 自 1997 年问世以来，已经对 20 多起信用证纠纷出具了裁定意见，为适应新的形势要求，银行委员会于 2002 年 3 月对其做了如下修订：① 扩大了 DOCDEX 的适用范围。将 DOCDEX 的适用范围由原来的 UCP、URR 扩展到其他的国际商会规则，包括"托收统一规则"和"见索即付保函统一规则"，以使更多的用户可从中获益。因而 DOCDEX 的名称也由原来的《跟单信用证纠纷专家解决规则》（Documentary Credits Dispute Resolution Expertise, ICC Publication No. 577）调整为《跟单票据纠纷专家解决规则》（Documentary Instruments Dispute Resolution Expertise, ICC Publication No. 811）。② 提高了收取额外费用的门槛。DOCDEX 规定每笔案件收取 5 000 美元的标准费用，如果涉案金额超过 10 万美元，中心可收取不超过 5 000 美元的额外费用。此次修订将收取额外费用的门槛从 10 万美元提高到 50 万美元，以增强 DOCDEX 对潜在用户的吸引力。③ 确立了 DOCDEX 的永久性地位。通过此次修订，DOCDEX 被确立为永久性的以专家为基础的纠纷解决机制，为寻求快捷高效地解决其纠纷的当事人提供一个实用的选择。

（四）国际保理公约与惯例

有关保理业务的国际惯例有两个，一个是国际保理商联合会 1990 年修订本《国际保理业务惯例规则》；另一个是国际私法协会的《国际保理公约》。前者的条款比较细致，侧重于对各方当事人责任、权利、义务的规范，实际可操作性很强。特别是对进口保理商和出口保理商之间关于信用风险的承担、付款责任、应收账款转移的合法性等方面，都给予了详细的说明。而后者只是概要地说明了该公约的适用范围，对各方当事人的责任和应收账款的转让进行了一般性的说明。总之，如果二者加在一起，那么作用会更完善。

第二节 国际结算工具

国际结算有现金和票据两种支付工具，其中现金结算仅限于交易金额非常小的业务，大多数货款都是以票据结算。国际结算中的票据包括金融票据和商业单据两部分。这里的金融票据是指以支付金钱为目的，由出票人签名并约定自己或另一个人无条件支付确定金额的可流通转让的有价证券。金融票据是国际通行的结算和信贷工具，是可以流通转让的债权凭证。商业单据则是为实现资金的转移而出具的书面证明，它可以是一个简约的合约，表现为对不在其占有下的金钱和货物拥有所有权的凭证。国际贸易结算中常涉及的商业单据有商业发票、运输单据、保险单据等基本单据以及包装单据、原产地证明书、装船通知、检验证明书、受益人证明书等附属单据。本章主要介绍常用的汇票、本票和支票等金融票据。

一、票据的特性

1. 流通转让性

流通转让性是票据的基本共性，也是票据的最大魅力之一。票据转让人通过背书方式将票据转让给受让人，而受让人善意地支付对价即可获提该票据，取得票据的全部权利，而不必通知受票据的债务人，并且其权利不受其转让人的权利缺陷的影响，这时的票据实际上成为货币资金的载体。另外，票据的流通性还要受票据法的约束，它的流通转让性是相对的。

2. 无因性

票据是无须过问原因的证券，只要具备法定形式要件，便产生法律效力，即在票面上并不写明出票、转让原因，只要票据记载合格，票据受让人就能取得票据文义载明的权利。即使其基础关系（又称实质关系）因有缺陷而无效，票据行为的效力仍不受影响。如甲签发汇票给乙，签发票据的原因是甲购买了乙的商品。之后，甲发现乙提供的商品有质量问题，但这并不能免除甲对乙的票据责任，至于甲乙间的商品质量纠纷只能另行解决。

3. 要式性

要式性指票据必须严格依照票据法所规定的格式制成。票据法规定的必要项目须齐全且合法，否则票据无效。票据各当事人的关系，完全以文字记载为准。要式性指出票行为是一种严格的书面行为，票据行为的要式性有利于票据的安全流通。

4. 提示性

拥有票据权利的人，即持票人向债务人要求履行支付义务时，必须向后者提示汇票，否则债务人没有履行付款的义务，即使是要求付款人进行承兑，也要进行提示。因此，票据法规定了票据的提示期限，超过期限则丧失票据权利。

5. 返还性

持票人在收到支付的票款后，应将票据交还付款人，从而结束票据的流通。票据归入付款人的档案，付款人的责任解除。

国际贸易结算中使用的票据主要有汇票、本票和支票，其中以汇票最为普遍。

二、汇票

（一）汇票的含义

汇票（Bill of Exchange）是出票人签发的，委托付款人在见票时或者在指定日期无条件支付确定的金额给收款人或持票人的票据。汇票的使用方式有"顺汇法"和"逆汇法"两种。逆汇法是指出口商开出的汇票，要求付款。顺汇法是指进口商向其本地银行购买银行汇票，寄给出口商，出口商凭此向汇票上指定的银行取款。

（二）汇票的法定必要项目

① 汇票的字样：Bill of Exchange 或者是 Exchange for、Draft。

② 无条件支付命令，pay to。

③ 一定的金额。金额有大写小写之分，如果二者不一致，以文字大写为准，the sum of。

④ 付款期限一般分为见票即付和远期付款两种。见票即付 at sight or on demand，而远期付款则进一步可分为：第一，见票后一定时间付款，at...days after sight；第二，出票后一定时间付款，at...days after date；第三，固定日期付款，on a fixed day。

⑤ 付款人名称与付款地点，To。

⑥ 收款人名称。收款人一般又称汇票的抬头人。填写方法有三种：第一，指示性抬头，pay to the order of；第二，来人抬头，pay bearer；第三，限制性抬头，pay to the only。

⑦ 出票人签名。

⑧ 出票日期和地点。

空白汇票示样：

No. _____   Dated _____
Exchange for
　　At _____ sight of this First of Exchange（second of the same tenor and date unpaid）, pay to the order of _____ the sum of
Drawn under _____
To：
                                                        Authorized signature

汇票填列示样：

```
Exchange for USD5 000.00                              Due Oct. 18 201x
                                                      Hong Kong July 10 . 201x.
   (1)         (3)                                         (8)
At 90 days after sight pay to the order of A bank
   (4)              (2)         (6)
the sum of five thousand US dollars
                (3)


To B Bank,
London.                                               For C Company
   (5)                                                HongKong.
                                                          (7)
                                                      Signature
```

（三）汇票行为

汇票行为，也称汇票的业务流程，它是票据法中规定的票据在使用过程中必要的法律程序。其基本行为主要有出票、提示、承兑和付款。如果需要转让，还有背书等，如图6-1所示。票据法规定，汇票行为大多也适用于本票和支票。

小知识 国际贸易结算中的汇票实样

1. 出票（Issue）

出票人填写汇票，签字并将它交给持票人的过程称为出票。出票后，票据对各当事人具有法律效力。对出票人来说，对汇票负有担保承兑和担保付款两方面的责任。对汇票的付款人来说，这时并不产生效力，付款人可以根据自己与出票人的关系决定是否付款。对汇票的收款人来说，获得汇票成为持票人，即可拥有票据权利，也就是拥有付款请求权和追索权。

图6-1　汇票的票据行为简图

2. 背书（Endorsement）

背书是持票人在汇票背面写下指示，并签字，将汇票权利转让给他人的行为。经过背书，票据权利即由背书人转移至被背书人。背书人对票据所负的责任与出票人相同，背书人对其后手，有担保付款人承兑及付款的责任。持票人行使其票据上的权利，以背书之连续作为他取得正当权利的证明。

国际贸易实务中的背书，通常有三种类型：

一是特别背书（Special Endorsement），又称记名背书，指支付给某人或其指定人，其形式是：pay to the order of _____。被背书人再作记名背书，转让给他人，那就有了第二背书人和第二被背书人。这样背书的汇票可以经过连续背书多次转让。

二是限制性背书（Restrictive Endorsement），是指支付给具体某人。其形式是：pay to _____ only。

三是空白背书（Black Endorsement），又称不记名背书，指不记载被背书人的姓名，只有背书人的签名。这种形式是：pay to bearer。空白背书的汇票凭交付而转让，与来人汇票相同，交付者可不负背书人的责任。空白背书与记名背书之间可互为转化。

背书是一个重要的汇票行为，通过这一环节，汇票才能发挥它的流通性的功能，理论上讲，只要是在汇票的有效期内，汇票可以经过无数次的背书，对一个具有连续背书的汇票来说，汇票的背书次数越多，背书人也就越多，汇票的担保人也就越多，汇票也就越具有安全性。

3. 提示（Presentation）

持票人向付款人出示汇票，要求其承兑或付款的行为。对远期汇票而言，持票人在一定时间内向付款人所作的提示是承兑提示，而对于即期汇票或已到期的远期汇票来说，持票人的提示则是付款提示。

4. 承兑（Acceptance）

付款人对远期汇票表示承担到期付款责任的行为。付款人在汇票上写明"承兑"字样，注明承兑日期并由付款人签字，交还持票人。付款人对汇票作出承兑，即成为承兑人，承兑人是汇票的主债务人，承担支付票面金额的义务。

付款人承兑汇票后有下列三种做法：

① 国内一般发承兑回单。

② 国外一般在汇票上注明 ACCEPTED 已承兑字样，并签章。汇票交还持票人。

③ 国际结算中一般在承兑后，由承兑银行发加押电传至提示行，注明承兑日期即可。电文如下：

YOU ARE ADVISED YOUR DRAFT NO. _____ FOR USD _____
HAS BEEN ACCEPTED ON _____ DATE
× BANK

汇票的承兑可以有普通承兑和限制性承兑两种方式：

第一，普通承兑（General Acceptance）。它是一般性承兑，汇票付款人对汇票的内容全部接受，无条件地承兑。如：

第六章 国际结算

```
        Accepted
      April 20, 2021
        (signed)
```

第二，限制性承兑（Qualified Acceptance）。承兑人作承兑时另外附一些条件，或对汇票内容作一定的修改。常见的限制承兑有：

☆ 有条件承兑（Conditional Acceptance），是指须接受承兑人所提出的条件后，收款人方能得到支付。

```
             Accepted
           July 23, 2021
  Payable on Delivery of Bill of Landing
          For ABC Company
             (signed)
```

☆ 部分承兑（Partial Acceptance），是指对汇票金额的一部分金额到期付款。例如，汇票的票面金额为 USD1 000.00，而作如下承兑：

```
                Accepted
              Dec. 10, 2021
Payable for amount of nine thousand US dollars only
             For ABC Company
    (或者 Payable with 90% of the Amount)
                (signed)
```

☆ 限制地点承兑（Local Acceptance），是指承兑时对付款地点进行限制。

```
                  Accepted
                July 23, 2021
Payable on the counter of Bank of China, New York and there only
               For ABC Company
                  (signed)
```

5. 付款（Payment）

对即期汇票或者到期的远期汇票而言，持票人提示，付款人进行付款的行为。付款人在付款时，具有下列责任：第一，当持票人提示时，应当立即付款，最迟不得超过24小时；第二，要对背书的连续性进行鉴定，在没有获得持票人有权利缺陷证明的前提下付款。

6. 拒付（Dishonor）

拒付又称退票。当持票人提示汇票，要求承兑和付款时，遭到付款人的拒绝。对远期汇票而言，在汇票没有到期前的拒付就是拒绝承兑；对即期汇票和到期的远期汇票而言，拒付就是拒绝付款。

7. 拒付通知（Notice of Dishonor）和拒绝证书（Protest）

当持票人遭到拒付，要在24小时内通知所有的前手，即将票据权利转让给他人，其目的是为了让他们做好偿付准备，并做成拒绝证书，请拒付地的法定公证处进行公证。

8. 追索权（Right of Recourse）

追索权指汇票遭到拒付后，持票人对其前手背书人或出票人有要求其偿还汇票金额及追索费用的权利。

（四）汇票的主要类别

1. 根据出票人的不同，汇票可以分为商业汇票和银行汇票

凡是由商号、个人开立的汇票叫商业汇票（Commercial Bill）。在国际贸易中，商业汇票的付款人可以是买方，也可以是买方指定的银行。

凡是由银行开立的汇票叫银行汇票（Banker's Bill）。银行汇票的付款人也是银行。

2. 根据在使用过程中是否附商业单据，汇票可分为光票和跟单汇票

光票（Clean Bill）是指在流通过程中，不附带任何商业单据的汇票。在国际贸易结算时一般用于附属费用的支付。银行汇票在使用中多用光票。

跟单汇票（Documentary Bill）是指在流通过程中，附带商业单据的汇票。商业汇票一般为跟单汇票。在国际贸易中，大多使用的是跟单汇票。

3. 根据付款时间的不同，汇票可以分为即期汇票和远期汇票

汇票上规定在提示或见票时立即付款的汇票称为"即期汇票"（Sight Bill）。即期汇票无须承兑。若汇票上没有明确表示付款日期，也没有注明到期日，即可视为见票即付的即期汇票。

汇票上规定付款人于一指定日期或将来一个可以确定的日期付款的汇票称为远期汇票（Time bill）。

4. 根据承兑人不同，可将汇票分为商业承兑汇票和银行承兑汇票

商业承兑汇票（Trader's Acceptance Bill）是由一家工商企业开出，以另一家工商企业为付款人的远期汇票，在另一家工商企业承兑后，该汇票即为商业承兑汇票。它建立在商业信用基础之上。

银行承兑汇票（Banker's Acceptance Bill）也是由一家工商企业开出，但以一家银行为付款人的远期汇票，在银行承兑后，该汇票即为银行承兑汇票。它建立在银行信用基础之上。银行承兑汇票不一定是银行汇票。

一张汇票可以同时具备以上几种性质。例如一张商业汇票同时又可以是即期的跟单汇票，一张远期的商业跟单汇票，同时又是商业承兑汇票。

三、本票

（一）本票的含义

本票（Promissory Note）是由出票人签发的，保证自己在见票时无条件支付确定的金额给收款人或持票人的票据。出票人既是制票人，又是票据的主债务人。

各国对本票内容的规定各不相同。我国《票据法》规定，本票必须记载下列事项：① 表明"本票"字样；② 无条件的支付承诺；③ 收款人或其指定人（未写明即为持票

人）；④ 出票人签字；⑤ 出票日期和地点；⑥ 付款期限（未写明即为见票即付）；⑦ 确定的金额。未记载以上事项之一的，本票无效。

本票样式：

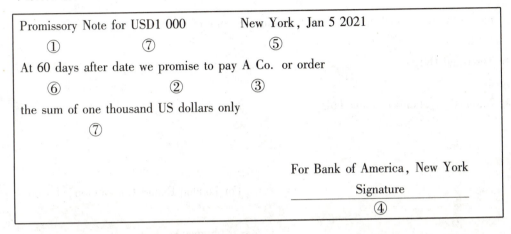

从本票的式样来看，本票的必要项目中没有付款人一栏，另外将汇票中的无条件支付命令变成无条件支付承诺，而汇票的字样变成了本票的字样。其他项目均与汇票无区别。

（二）本票种类

本票按出票人的不同，分为商业本票和银行本票。由工商企业或个人签发的称为商业本票或一般本票；由银行签发的称为银行本票。中央银行发行的见票即付的、来人抬头的本票，可以视同纸币，代替现钞在市场流通。美国大商业银行发行的可转让定期存单，也属银行本票。

商业本票又可按付款时间分为即期本票和远期本票。即期本票是见票即付的本票；远期本票则是承诺于未来某一规定的或可以确定的日期支付票款的本票。远期本票一般不具备再贴现条件，特别是中小企业或个人开出的，因其信用保证不高，因此很难流通。银行本票都是即期的，国际结算中使用的大多为银行本票。

四、支票

（一）支票的含义

支票（Cheque/Check）是以银行为付款人的即期汇票，即出票人（银行存款人）对银行（受票人）签发的，授权银行立即付款给某人或其指定人的无条件书面支付委托。出票人签发支票时，应在付款银行存有不低于票面金额的存款。如存款不足，持票人在向银行提示支票要求付款时就会遭到拒付，这种支票被称为空头支票。

我国《票据法》规定，支票必须记载以下事项：① 表明"支票"字样；② 无条件的支付委托；③ 付款银行或付款人名称；④ 出票人签名；⑤ 出票日期与地点；⑥ 付款地点（未写明即为付款银行所在地）；⑦ 必须写明"即付"（未写明即为见票即付）；⑧ 确定的金额；⑨ 收款人名称。未记载规定事项之一的，支票无效。

支票示样：

```
Cheque for GBP5 000.00 No.5451022
      ①                                          London, Jan. 1st 2021
                                                              ⑤
       pay to the order of British Trading Company the sum of pounds sterling
              ②                    ⑨
       Five Thousand Only.
              ⑧
       TO: National Westminster Bank Ltd.
                         ③
            London
              ⑥
                                          For London Export Corporation, London
                                                          ④
                                                      (Signed)
```

从支票的样式来看，支票的必要项目中没有期限一栏，可以看出，支票即期付款的特点。

(二) 支票种类

1. 记名支票（Check Payable to Order）

出票人在收款人栏中注明"付给某人（或其指定人）"，转让流通时须由持票人背书，取款时须由收款人在背面签字。

2. 不记名支票（Check Payable to Bearer），又称空白支票

收款人一栏可空白，无须背书即可转让，取款时无须收款人在背面签字。

3. 划线支票（Crossed Check）

在支票的票面上划两条平行线的支票，不同于一般支票。一般支票可委托银行收款入账，也可由持票人自行提取现款；而划线支票只能委托银行代收票款入账。使用划线支票的目的是在支票遗失、被人冒领时，还有可能通过银行代收的线索追回票款。

4. 保付支票（Certified Check）

为避免出票人开空头支票，收款人或持票人可以要求银行在支票上加盖"保付"印记，以保证到时一定能得到银行付款。

5. 银行支票（Banker's Check）

一银行签发的由另一银行付款的支票，即银行即期汇票。

(三) 支票的效期

支票有一定的效期，但由于支票是代替现金的即期支付工具，所以有效期较短。我国《票据法》规定，支票的持票人应当自出票日起 10 日内提示付款；异地使用的支票，其提示付款的期限由中国人民银行另行规定。超过提示付款期限的，付款人可以不予付款，出票人仍应当对持票人承担票据责任。

五、汇票、本票、支票的比较

汇票、本票、支票有相同点，即它们同属票据，都具有票据的特征，但在票据权利上，还是存在着一定的差异，这些差异表现见表6-1。

表6-1　汇票、本票、支票三者的区别

项目	汇票	本票	支票
性质	支付命令	支付承诺	支付命令，也是授权支付，付款者是银行等金融机构
使用区域	不限	同城或本国	不限
提示与承兑	远期汇票必须提示与承兑	不须提示与承兑	即期付款，不须提示与承兑
付款期限远期付款	见票即付或远期付款（常见≤1年）	见票即付或远期付款（≤2个月）	见票即付一国内：5～10天异国同洲：20天异国不同洲：70天
当事人	基本当事人三个：出票人、付款人、收款人	基本当事人两个：出票人（付款人），收款人	基本当事人三个：出票人（银行存款户）、付款人（商业银行）、收款人
责任	承兑前，出票人是主债务人；承兑后，承兑人是主债务人	出票人是主债务人	出票人是主债务人
追索权	对出票人、背书人、承兑人均可追索	对出票人追索	对出票人追索
能否止付			可以
开立份数	一式两份或多份	一式一份	一式一份

第三节　国际结算方式

【林伟的任务6-1】

2021年2月20日，力源公司向日本B公司出口一批日用品。合同对货物规格、包装和运输做了详尽的规定。B公司提出鉴于双方是第一次合作，交易数量小，在付款方式上希望采用电汇方式。力源公司业务员林伟按期将货物装船发运，并将提单传真至B公司。但由于时值周末，力源公司没有获得B公司反馈。周一，B公司告知传真已收，但提单号码无法辨认，请力源公司确认。力源公司在当日下午把确认后的提单号码传真给B公司。B公司答应第二天便办理汇款。第二天，B公司发来传真，称已对到港货物进行了检验，并对货物在规格上的部分不符合提出异议，同时表示不能立即支付货款。力源公司立即对该问题进行了调查，提出合理解释，并请对方谅解。但B公司仍以货物规格偏小导致无法销售为由，坚持要求力源公司在价格上做进一步减让，双方陷入僵局。作为这笔业务的经办人，你认为林伟运用电汇结算方式有纰漏吗？

现代国际结算方式按资金的流向和结算工具传递的方向可以分为顺汇和逆汇两大类。顺汇是由付款人或债务人主动通过银行将一定金额付给收款人或债权人的结算方式。按照这种方式，结算工具的传递方向与资金的流动方向一致。逆汇是由债权人以出具票据的方式，委托银行向国外的债务人收取一定金额的结算方式。因其结算工具的传递方向和资金的流动方向相反故称为逆汇。在国际结算的主要方式中，汇款属于顺汇，而托收和信用证属于逆汇。

一、汇款

（一）汇款结算方式的含义

汇款（Remittance），也称汇付，是汇款人通过银行，利用一定的结算工具，将款项汇至收款人的一种结算方式。汇款方式有四个主要当事人：

汇款人（Remitter），是委托银行将款项汇给其他人的一方，在国际贸易结算中通常是进口方。

汇出行（Remitting Bank），是接受汇款人的委托，将款项汇出的银行，一般是进口方所在地的银行。

汇入行或解付行（Paying Bank），是接受汇出行的委托，向收款人解付汇款的银行，通常是收款人所在地的银行。

收款人（Payee），收取汇来的款项的一方，一般是指出口方。

（二）汇款的种类

由于使用的结算工具不同，汇款方式一般可分成电汇、信汇、票汇等三种，汇款方式应在买卖合同中明确规定使用何种具体方式和货款汇到的期限。

1. 电汇（Telegraphic Transfer，T/T）

电汇是汇出银行根据汇款人的申请，以密押电报或电传的方式通知国外汇入行，指示其解付一定的金额给收款人的一种汇款结算方式。其结算流程图如图6-2所示。

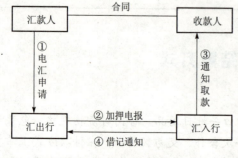

图6-2 电汇结算程序图

第一步，电汇申请。由汇款人填写电汇申请书，同时将所汇款项及所需费用交给汇出行，并取得电汇回执。第二步，汇出行接到电汇申请书后，根据汇款申请书的内容以电报或电传向汇入行发出解付指示。为了使汇入行能够确认电文是由汇出行发出的，汇出行要在电报正文前加入电报的密押（Test Key）。第三步，汇入行收到电报或电传后，需要对密押进行核对，看是否和商定的相符，在相符的情况下,即缮制电汇通知书,通知收款人取款。收款人持通知书到汇入行取款,并在收款人收据上签章,汇入行即完成解付。第四步,汇入行将付讫借记通知寄给汇出行。

2. 信汇（Mail Transfer, M/T）

信汇是汇出行应汇款人的申请,以航空信函的形式指示汇入行解付一定金额给收款人的一种汇款方式。实际上,信汇方式和电汇方式的业务流程基本上是一样的,唯一的不同是汇出行不是用电报或电传,而是通过信函的形式。从这一点也可看出,信汇方式较电汇来说,汇出行指示的传送速度要慢,所以信汇的费用也要低一些。

3. 票汇（Remittance by Banker's Demand Draft, D/D）

票汇就是汇出行应汇款人的申请,代汇款人开立以汇入行为付款人的银行即期汇票,交汇款人自行寄送给收款人或自行携带出国凭汇票进行取款的一种汇款方式。在结算程序上,与以上两种汇款方式略有不同,如图6-3所示。

（三）汇款方式在国际贸易中的应用

汇款是国际贸易结算中的最简单方式。整个业务中,银行只提供服务而不提供信用。货

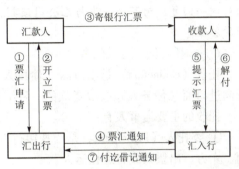

图6-3 票汇结算程序图

款能否结清,完全取决于买卖双方的信用,因此属于商业信用。交易业务中汇款主要用于预付货款、货到付款及订金、货款尾数、佣金、附属费用的结算以及大宗交易使用分期付款或延期付款时的货款支付。

1. 预付货款（Payment in Advance）

预付货款是指进口商在订货时或交货前汇付货款的办法,即进口商预先将全部或部分货款付给出口商,出口商收到货款后立即或在一定时间内发运货物的一种结算方式。预付货款是对进口商而言,对出口商来讲则是预收货款。由于货未到,款已先付,这种方式并不利于进口商。在预付货款的交易中,进口商为了减少预付风险,可以采用凭单付汇（Remittance against Documents）的方式,即进口商先将货款汇给出口地银行,指示其凭出口商提供的指定单据和装运凭证对出口商付款。这种方式比一般的汇付方式更易为贸易双方所接受。对进口商来说,可以避免卖方收款后不交货的风险；对出口商来说,只要按合同规定交货、交单,即可立即向出口地银行支取货款。当然,汇款支取前是可以撤销的,因此,出口商收到汇款通知书后,应尽快发货,从速交单支款,避免造成货已发运而货款被撤销的被动局面。

2. 货到付款（Payment after Arrival of the Goods）

货到付款是指出口商收到货款以前,先交出单据或货物,然后由进口商主动汇付货款的方法,有时还可称为赊销方式（Open Account, O/A）。货到付款常用于寄售业务和售定业务方式。寄售业务即出口商先将货物运至国外,委托国外商人在当地市场按事先规定的条件代为出售,进口商将货物售出后按规定扣除佣金后把货款付给出口商。售定业务是指买卖双方业已成交,进口商收货后付款。售定方式又称为"先出后结"。货到付款不但积压了出口商的资金,而且使出口商承担着进口商拒付货款的风险,因而不利于出口商。

预付货款和货到付款这两种汇款结算方式对进、出口商都有一定的风险,因而在国际贸

易中使用较少,更多的是使用托收和信用证结算方式。

二、托收

【林伟的任务 6-2】

2021 年 2 月 22 日,力源公司拟向韩国乙公司销售一批货物,外贸业务员林伟向韩国乙公司发盘,发盘的付款条件是即期付款托收,代收行由力源公司指定。乙公司回复结果为:可以进口该批货物,但付款条件须改为 D/P 见票 60 天付款,且代收行由乙公司指定。林伟面对这一回复,为了进一步与乙公司谈判,努力思考着乙公司这么做的意图,并有了自己合理的答案。

(一) 托收结算方式的含义

托收(Collection)是出口商(债权人)开立汇票,委托本地银行通过在进口地的代理行向进口商(债务人)收取货款的一种结算方式。

托收的主要当事人有:

① 委托人(Principal),是委托银行办理托收业务的当事人,在实务中,一般是指出口商、卖方、出票人或者是托运人。

② 托收行(Remitting Bank),也称为出口方银行、寄单行,即接受出口商委托代为收款的出口地银行。托收行与委托人之间是委托代理关系,对单据的正确性不负责任。

③ 代收行(Collecting Bank),也称进口方银行,即接受托收行的委托向付款人收取货款的进口地银行。代收行与托收行之间是委托代理的关系。

④ 提示行(Presenting Bank),即向付款人提示汇票和单据的银行。代收行可以自己兼任提示行,也可以委托与付款人有账户往来关系的银行作为提示行。

⑤ 付款人(Payer 或 Drawee),即托收的付款人,通常为进口商、买方或汇票的受票人。

(二) 托收的种类

托收方式按照是否随附货运单据分为光票托收和跟单托收两种。

1. 光票托收

光票托收是指仅凭金融票据而不附带有商业单据的托收。光票托收由于没有货运单据,不直接涉及货物的转移或处理,银行只需根据票据收款即可,因此,业务处理比较简单。光票托收方式广泛使用于非贸易结算,在贸易项下,一般用于贸易从属费用的结算。

2. 跟单托收

跟单托收是指出口商将跟单汇票连同出口业务单据一起提交银行委托代收货款。其主要用于国际贸易货款的结算。

根据交付单据的条件不同,又可分为付款交单和承兑交单两种方式。

(1) 付款交单(Documents against Payment, D/P)

付款交单是指出口商的交单以进口商的付款为条件。付款交单按照支付时间不同又分为即期付款交单和远期付款交单两种。

即期付款交单(D/P at sight):进口商见票即付,才能领取货运单据、凭单提货。

远期付款交单(D/P after sight):进口商见票时在远期汇票上承兑,待汇票到期时,买方付款才能领取货运单据、凭单提货。

（2）承兑交单（Documents against Acceptance，D/A）

承兑交单指出口商的交单以进口商的承兑为条件。即进口商承兑远期汇票后即可领取货运单据、凭单提货，待汇票到期时再付款。承兑交单条件只适用于远期汇票的托收。

承兑交单和远期付款交单的区别，如图6-4所示。

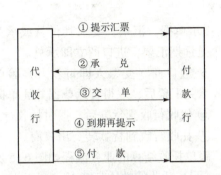
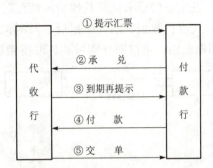

图6-4　承兑交单和远期付款交单的过程对比

（三）跟单托收结算的业务程序

跟单托收的程序如下：

① 出口商按合同规定的要求发货给进口商。

② 出口商发货后填写托收申请书（告知托收行如何处理该笔交易及发生问题时应采取的步骤），连同货运单据一并交给托收行，委托其代收货款。

托收申请书的内容应与买卖双方签订的合同的规定相一致。其主要内容包括：

- 委托人向托收行提交的单据名称、种类、份数。
- 是否选定代收行。
- 交单条件。
- 收妥款项后如何处理。
- 付款人拒付时是否需要做拒绝证书。
- 银行费用如何处理。
- 在拒绝付款/承兑时的通知方法。
- 付款人及其账户行。
- 付款时间的附加规定。

在实务中，许多银行的托收申请书的内容可能省略一些内容，但不管各银行的托收申请书有多么简略，一般均具有以下或类似的文句："……票据的托收仅适用并遵守《托收统一规则》（国际商会第522号出版物）。"

③ 托收行收到托收申请书和跟单汇票后，检验单据与托收申请书是否相符，确保单据没有遗失后，制作托收指示，连同汇票、单据寄交代收行，委托其代为收款。

托收指示的主要内容包括：

- 托收行、委托人、付款人、提示行（如果有的话）的详细资料，包括全称、邮政地址、SWIFT地址、电传、电报和传真号。
- 托收的金额和货币种类。

- 单据的清单和每种单据的份数。
- 取得付款和/或承兑的条款与条件；交单的条件。
- 要求收取的费用是否可以放弃。
- 要求收取的利息是否可以放弃，包括利率、计息期、适用的计算方法。
- 付款方式和付款通知形式。
- 发生拒付或未执行其他指示情况时的指示等。

④ 代收行收到汇票和单据后，及时向进口商提示单据、汇票，要求其付款或承兑。如果是即期汇票，进口商立即付款，取得单据；如果是远期汇票，进口商立即承兑。

⑤ 进口商（受票人即付款人）验单、付款或承兑汇票后，取得货运单据并凭单提货。

⑥ 代收行收到货款后，拨付托收行。

⑦ 托收行收到货款转交出口商。

跟单托收结算的业务流程如图6-5所示。

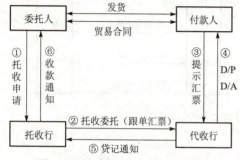

图6-5 跟单托收结算的业务流程

（四）托收的性质与特点

托收，特别是跟单托收方式，把代表货物所有权的货运单据的交付与货款的收付结合起来，对于出口商来说，比汇款方式要安全一些。但银行在托收业务中与进出口商之间只是委托代理关系，仅提供服务，不提供信用。货款能否收回取决于进口商的信誉，若进口商由于种种原因不按合同规定履行付款义务，出口商将蒙受损失。故托收方式仍属于商业信用。

托收的特点是：风险大、进出口双方资金负担不平衡。

1. 风险大

在跟单托收业务中，银行仅提供服务，而不提供任何信用和担保。在传递单据收取款项的过程中，既不保证付款人一定付款，对单据是否齐全、是否符合买卖合同的规定也不负责审查。货物到达目的地后，若进口商拒不赎单从而无人提货和办理进口手续时，除非事先经过银行同意，银行无掌管货物的责任。所以托收方式在国际结算中对出口商有较大的风险，对进口商也有一定的风险，如付款后取得的货物是假货或赝品。

2. 进出口双方资金负担不平衡

在跟单托收业务中，出口商在签订合同时就需垫用自己的资金备货、装运出口，等进口商付款后才能通过银行收回货款。而进口商收货之前无须占用任何自有资金，尤其是在承兑交单的方式下，进口商更可以借出口商的资金做交易，在承兑后取得单据，据以提货，然后用售出货物所得款项向银行付款，相当于出口商给予进口商全额资金融通。

因此，虽然托收费用比汇付方式要高些、手续也烦琐一些，但是在实际业务中使用托收的方式普遍受到进口商的欢迎，因而也是一种调动进口商积极性的方法，有利于提高出口商的竞争能力。

（五）托收方式在国际贸易中的应用

虽然托收结算方式对于出口商来说风险较大、资金负担重，但它同时也可以增加出口商品的竞争力、扩大出口，因此，在对进口商、进口市场和商品行情作了详细而周密的调查并认为收汇有把握时，可以根据交易情况采用托收方式。为了避免和减少风险及损失，出口商要注意以下六点：

① 认真调查进口商的资信。

② 了解商品在进口国的市场行情。

③ 熟悉进口国的贸易管制和外汇管制法规及习惯做法。

④ 严格按照买卖合同的规定装运货物、制作单据，以防止被进口商找到任何拒付的理由。

⑤ 出口商应该力争自办保险，并选择投保出口信用险。

⑥ 在选择交单方式时，尽量选择付款交单方式（D/P），因为付款交单比承兑交单风险要小；另外，要特别注意 D/P 远期付款方式，因为有些国家和地区的银行不接受 D/P 远期付款方式。

（六）托收项下的融资

在跟单托收的情况下，出口商可以通过将全套单据作抵押从银行得到融资的便利，而进口商也可凭信托收据得到融资的好处。

1. 托收出口押汇

出口商在委托银行办理托收时，以出口的全套货运单据作抵押，从银行取得一定的贷款，相当于银行买入跟单票据，这种方式叫托收出口押汇。贷款的金额一般是按票面金额扣除一定的利息和手续费。这种融资便利，使出口商不必等到进口商付款就能提前取得资金，而等到进口商付款后偿还银行的贷款。

2. 信托收据

银行对进口商的融资是允许进口商在付款前开立信托收据（Trust Receipt，T/R）交给代收行，凭以借出货运单据先行提货，待将所提货物出售之后，以售货款偿还代收行，换回信托收据。在实务中，一般是对一些保质期较短的商品等不及远期付款交单，而采取的一种变通方法。

以上两种融资方式，实际上是将风险转嫁给了银行，所以，银行在对进出口商进行融资时，除非对它们的资信非常知晓，否则并不愿意进行融资。

三、信用证

【林伟的任务 6-3】

2020 年 10 月 15 日，林伟的高中同学刘建外语系毕业，现转行从事外贸工作，对信用证还一知半解，便求助于老同学林伟，将一份信用证传真给林伟，请林伟帮忙审核，并指出：L/C 的主要当事人、L/C 的种类、L/C 的错误及问题。

下面是这份信用证：

开证行名称： 开证地点和日期

汇丰银行 2020 年 9 月 8 日香港

本信用证通过

北京中国银行传递通知

至：（受益人）中国达远进出口公司

亲爱的先生，

应开证申请人 Ban Thong Co. Ltd. 的要求，我们在此开立编号为 472/6388 的不可撤销跟单信用证，金额为 4 250 美元（大写：肆仟贰佰伍拾美元整），信用证到期日为中国时间 2020 年 10 月 21 日，凭受益人开立见票后 30 天付款的汇票，以我行为付款人，支取 100% 发票金额的货款，并随附下列货运单据通过中国任何银行以议付方式兑现：

(1) 商业发票一式三份
(2) 全套清洁已装船提单
(3) 保险单
(4) 以电报副本证明装运下列货物：

货物：5 000 公斤好运牌染料，每公斤 USD8.5CFR 香港。

装船不迟于 2020 年 10 月 6 日。

不许分批，不许转船。

单据必须在 2020 年 10 月 8 日前交出。但（交单日）无论如何必须在信用证的有效期之内。

我们在此向善意持票人承诺，一旦交出符合信用证条款的单据和汇票，我们将保证付款。

对通知行的指示：

请通知本信用证给受益人，并且：
□ 加上你方的保兑
□ 如果受益人要求的话，加上你方的保兑
□ 不加保兑

本银行的名称、本信用证的号码和开证日期必须在摘录所要求的汇票当中去。

请确认收到本证。

索偿条款：授权议付行向汇丰银行用电报方式索偿。所有汇票和单据都用航空挂号邮寄我方。

你最真诚的

汇丰银行（经理签字）

请你跟随林伟一起运用所学知识帮助回答刘建的问题。

（一）信用证结算方式的含义与特点

信用证（Letter of Credit，L/C），是开证行根据开证申请人的请求或以其自身的名义，向受益人开立的在一定期限内凭规定单据支付一定金额的书面文件。简言之，信用证就是银行开立的一种有条件的承诺付款的书面文件。信用证实质上是银行代表其客户（买方）向卖方有条件地承担付款责任的凭证。

以信用证作为主要工具的结算即为信用证结算。其主要作用是把托收方式下由进口商履行跟单汇票的付款责任转由银行履行，保证进出口双方的货款或单据（货物）交收不致落空；同时，银行还能为进出口双方提供融通资金的便利，从而促进国际贸易的发展。

信用证结算方式可以说克服了汇款和托收结算方式的缺点，是建立在银行信用基础上的一种结算方式。它具有自身的一些特点。

第一，信用证付款是一种银行信用。信用证是由开证行以自己的信用做出付款的保证。在信用证付款条件下，银行负有第一付款责任。不论进出口商有无支付能力，银行保证付款，使出口商在发货后一定能收回货款，充分显示了银行信用的特征。

第二，信用证是独立于合同之外的自足文件。信用证的开立是以买卖合同作为依据，但信用证一经开出，即成为独立于买卖合同和其他合同之外的另一种契约，不受买卖合同和其他合同的约束。

第三，信用证的业务处理以单据为准，而不以货物为准。根据跟单信用证统一惯例的规定，银行在办理信用证结算时，只审核单据和信用证，做到单单一致，单证相符，只要符合这一点，银行就可以承担付款的责任。这一点，充分体现了信用证结算是单据结算的特征。

第四，信用证的支付是有条件的，这个条件就是单据和信用证之间的条款必须完全一致。

（二）信用证的当事人

信用证的当事人可能涉及多人，但基本当事人只有四个，即开证申请人、受益人、开证银行、通知行。

1. 开证申请人（Applicant）

一般是指进口商或国际贸易的买方，由它向本地银行申请开立信用证。在特殊情况下，根据 UCP600 第二条规定，如果开证行以其自身名义开立商业信用证或备用信用证时，则信用证没有申请人。

对进口商来说，采用信用证方式结算，可以得到的好处是：第一，有银行信用担保，使其在付款后一定能收到货物。第二，在开立信用证，只需交少量保证金，不用备足货款，所以可以减少资金压力。它的弊端是与托收等其他方式相比，信用证结算的手续费较高，对中小企业来说，负担较大。

2. 受益人（Beneficiary）

信用证项下的收款人，一般是指出口商。对出口商来说，采用信用证结算，可以得到的好处是：第一，有银行信用担保，可以使其发货后一定能收到款项；第二，可以很方便地得到融资的便利。

3. 开证银行（Issuing Bank）

应申请人的请求，或以自身名义开立信用证的银行，它一般是进口商所在地的银行。对开证银行来说，办理信用证结算，有利的一面是可以收取手续费，成为银行中间业务收入的重要收入来源。但是，不利的一面是银行承担了较大的风险，所以通常要求进口商提供一定的抵押品或保证金。

4. 通知行（Advising Bank or Notifying Bank）

通知行是指受开证行委托，将信用证的内容转达给受益人的银行，通常是出口地的银行。通知行只鉴别信用证的表面真实性，不承担其他义务。

5. 付款行（Paying Bank or Drawee Bank）

付款行是指信用证上规定的付款人。大多数情况下付款行就是开证行，付款行也可以是接受开证行委托代为付款的另一家银行。

6. 议付行（Negotiating Bank）

议付行亦称押汇银行，是指买入受益人按信用证规定提交的单据、贴现汇票的银行。在信用证业务中，议付行通常以汇票持票人的身份出现，因此，当付款人拒付时，议付行对汇票出票人（出口商）享有追索权。议付行一般是出口商所在地的银行。

7. 偿付行（Reimbursement Bank）

偿付行又称清算银行，是开证行的付款代理，它不负责审单，只是代替开证行偿还议付行垫款的第三国银行。偿付行仅凭信用证指定的议付行或任何自由议付行开出的索汇函或电付款，而不过问单证是否相符。偿付行的付款不能视为开证行的付款。当开证行收到单据发现不符而拒绝付款时，仍可向索偿行（一般是议付行）追索。

8. 保兑行（Confirming Bank）

保兑行是指应开证行请求在信用证上加具保兑的银行，具有与开证行相同的责任和地位，又称为确认行。保兑行对受益人独立负责，在付款或议付后，不论开证行发生什么变化，都不能向受益人追索。信用证若经保兑，则保兑行成为信用证契约的一个当事人，受益人可以得到开证行和保兑行的双重付款保证。

保兑的需求是因开证行的资信较低，不能被受益人了解，或因开证行所在国家有着政治或经济风险，需要另请一家非进口国家的银行保兑该证，业务中通常由通知行兼任，也可由其他银行加具保兑。

（三）信用证的主要内容

在国际贸易中，各国银行开出的信用证并没有统一的格式，但基本内容大致相同。总的来说，就是国际货物买卖合同的有关条款与要求受益人提交的单据，再加上银行保证。通常包括以下内容：

① 信用证本身的说明：如信用证编号、开证日期、到期日和到期地点、交单期限等。
② 兑付方式：是即期付款、延期付款、承兑，还是议付。
③ 信用证的种类：是否可以撤销，是否经另一家银行保兑，可否转让等。
④ 信用证的当事人：开证申请人、开证行、受益人、通知行等。此外，有些信用证还有指定的付款行、偿付行、保兑行、议付行等。
⑤ 汇票条款：包括汇票的种类、出票人、受票人、付款期限、出票条款及出票日期等。
⑥ 货物条款：包括货物的名称、规格、数量、包装、价格等。
⑦ 单据条款：通常要求提交商业发票、运输单据和保险单据。此外，还有包装单据，例如装箱单、重量单以及产地证、检验证书等。
⑧ 支付货币和信用证金额：包括币别和总额。币别通常应包括货币的缩写与大写，总额一般分别用大写文字和阿拉伯数字书写。信用证金额是开证行付款责任的最高限额，有时信用证还规定有一定比率的上下浮动幅度。
⑨ 装运与保险条款：如装运港或起运地、卸货港或目的地、装运期限、可否分批装运、可否转运以及如何分批装运、转运的规定。以 CIF 或 CIP 贸易术语达成的交易项下的保险要求，所需投保的金额和险别等规定。
⑩ 特殊条款：主要根据每笔业务的不同需要而规定的一些条款，如要求银行加以保兑，限制银行议付等。

（四）信用证结算的一般程序

信用证种类繁多，其详细的业务流程也较为复杂。下面以常见的跟单议付信用证为例说明信用证的业务流程。

1. 买卖双方订立合同

买卖双方在合同中确立以信用证作为支付方式，对信用证的种类和开证及送达时间做出明确规定。

2. 开证申请人（进口商）向银行申请开立信用证

以信用证为支付方式的贸易合同签订后，开证申请人（进口商）必须在合同规定的期限内或在合同签订后的合理期限内，向本地信誉良好的银行申请开立信用证。开立信用证要填写开证申请书并提供押金或担保，要求银行向受益人（出口商）开出信用证。开证申请书主要包括两个方面的内容，一是信用证的内容；二是开证申请人对开证行做出的声明。

3. 开证行开立信用证

开证行按照开证申请书的规定开证，并将信用证邮寄（信开方式）或用电信方式（电开方式）通知出口地银行或受益人。有时客户以简电形式开出信用证，这种预通知信用证（Re-advised Credit）只供受益人备货、洽订运输工具参考，受益人不能以简电信用证为依据出运货物，应以开证行发出生效通知书为准，因为简电不能证明信用证的成立和生效。

4. 通知行通知信用证

开证行通过信开或电开的方式将信用证发出，通知行收到信用证后，应立即核对签字与密押，审核信用证的表面真实性，在核对无误后，将信用证通知或转递给受益人（出口商）。

5. 受益人（出口商）审证、发货、交单

受益人（出口商）收到信用证后，立即认真审核，出口地银行可帮助审核开证行的资信是否可靠以及信用证的金额与该银行的资信是否相称，出口商审核的重点是信用证中有关商品品质、包装、价格、运输、装运期等条款。如有差错，通知开证申请人（买方），请求改证，开证申请人如果同意，就向开证行提交申请，开证行据以做出修改，改证通知书函寄或电告通知行，并由其转交受益人（出口商）。受益人（出口商）收到开证行的改证后，审核无误即可发货，之后备齐规定的各种单据，提交出口商所在地银行议付。

6. 议付行议付

议付行收到受益人（出口商）交来的单据后，与信用证核对相符，即按汇票金额扣除从议付之日起到预计收款日为止的利息和手续费后，付款给受益人（出口商）。银行审单后购进汇票及所随附单据并将票款扣除利息及手续费后付给受益人的这一过程称为"议付"。这是银行在信用证结算中的最重要的一环。银行在审核单证时出现的矛盾纠纷，一般以UCP600号进行仲裁解决。

7. 议付行寄单、索偿

议付行议付后，根据信用证规定向开证行或其指定的银行索偿，即将单据连同汇票和索偿证明（证明单证相符）寄给开证行或其指定的付款行。如信用证指定偿付行，开证行应向其发出偿付授权书，议付行一面将单据寄往开证行，一面向偿付行发出索偿书，说明该证单据已作议付,请按指定的方法进行偿付。偿付行收到索偿书后,只要索偿金额不超过授权金额,即向议付行付款。凡信用证规定有电汇索偿条款的,议付行就可以用电报或电传向开证行、付款行或偿付行进行索偿。

8. 开证行偿付

开证行或其指定的银行收到单据后,核验认定与信用证相符,即将票款偿付议付行。如有不符可以拒付,但应在不迟于收到单据次日起7个营业日内通知议付行。

9. 开证申请人(进口商)付款、赎单、提货

开证行偿付后,立即通知开证申请人(进口商)付款赎单。开证申请人(进口商)如果发现单证不符也可拒绝赎单。如果审核无误,开证申请人(进口商)付款或扣减开证押金后,即可取得全套货运单据,凭以提货,整个信用证结算方式结束。

跟单信用证的业务流程如图6-6所示。

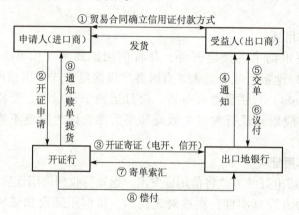

图6-6 跟单信用证的业务程序

(五)信用证种类

1. 根据信用证项下的汇票是否附有货运单据为标准分类

可以划分为跟单信用证(Documentary L/C)及光票信用证(Clean L/C)。

2. 以开证行所负的责任为标准分类

(1)不可撤销信用证(Irrevocable L/C)

不可撤销信用证指信用证一经开出,在有效期内未经受益人及有关当事人的同意,开证行不能片面修改和撤销,只要受益人提供的单据符合信用证规定,开证行必须履行付款义务。

(2)可撤销信用证(Revocable L/C)

开证行不必征得受益人或有关当事人同意有权随时撤销的信用证,应在信用证上注明"可撤销"字样。UCP600规定,如信用证中未注明是否可撤销,应视为不可撤销信用证。

3. 以有无其他银行加以保证兑付为标准分类

(1)保兑信用证(Confirmed L/C)

保兑信用证指开证行开出的信用证,由另一银行保证对符合信用证条款规定的单据履行付款义务。

(2)不保兑信用证(Unconfirmed L/C)

不保兑信用证指开证行开出的信用证没有经另一家银行保兑。

4. 根据付款时间不同为标准分类

（1）即期信用证

即期信用证指开证行或付款行收到符合信用证条款的跟单汇票或装运单据后，立即履行付款义务的信用证。

（2）远期信用证

远期信用证指开证行或付款行收到信用证的单据时，在规定期限内履行付款义务的信用证。

（3）假远期信用证

信用证规定受益人开立远期汇票，但信用证明文规定按即期收汇，由付款行负责贴现，并规定一切利息和费用由开证人承担。这种信用证对受益人来讲，实际上仍属即期收款，在信用证中有"假远期"（Usance L/C Payable at Sight）条款。采用假远期信用证作为支付方式，对进口商来说，可由银行提供周转资金的便利，但须支付利息；对出口商来讲，可即期获得汇票的票款，但承担汇票到期前被追索的风险。

5. 根据受益人对信用证的权利可否转让为标准分类

（1）可转让信用证（Transferable L/C）

可转让信用证指信用证的受益人（第一受益人）可以要求授权付款、承担延期付款责任，承兑或议付的银行（统称"转让行"），或当信用证是自由议付时，可以要求信用证中特别授权的转让银行，将信用证全部或部分权利转让给一个或数个受益人（第二受益人）使用的信用证。开证行在信用证中要明确注明"可转让"（Transferable），且只能转让一次。

（2）不可转让信用证（Non-transferable L/C）

不可转让信用证指受益人不能将信用证的权利转让给他人的信用证。凡信用证中未注明"可转让"，即是不可转让信用证。

6. 循环信用证（Revolving L/C）

循环信用证指信用证被全部或部分使用后，其金额又恢复到原金额，可再次使用，直至达到规定的次数或规定的总金额为止。它通常在分批均匀交货情况下使用。在按金额循环的信用证条件下，恢复到原金额的具体做法有：

（1）自动式循环

每期用完一定金额，不需等待开证行的通知，即可自动恢复到原金额。

（2）非自动循环

每期用完一定金额后，必须等待开证行通知到达，信用证才能恢复到原金额使用。

（3）半自动循环

每次用完一定金额后若干天内，开证行未提出停止循环使用的通知，自第×天起即可自动恢复至原金额。

7. 对开信用证（Counter L/C）

对开信用证指两张信用证申请人互以对方为受益人而开立的信用证。两张信用证的金额相等或大体相等，可同时互开，也可先后开立。它多用于易货贸易或来料加工和补偿贸易业务。

8. 对背信用证（Back to Back L/C）

对背信用证又称转开信用证，指受益人要求原证的通知行或其他银行以原证为基础，另开一张内容相似的新信用证，对背信用证的开证行只能根据不可撤销信用证来开立。对背信用证的开立通常是中间商转售他人货物，或两国不能直接办理进出口贸易时，通过第三者以此种办法来沟通贸易。原信用证的金额（单价）应高于对背信用证的金额（单价），对背信用证的装运期应早于原信用证的规定。

9. 预支信用证（Anticipatory L/C）

预支信用证指开证行授权代付行（通知行）向受益人预付信用证金额的全部或一部分，由开证行保证偿还并负担利息，即开证行付款在前，受益人交单在后，与远期信用证相反。预支信用证凭出口人的光票付款，也有要求受益人附一份负责补交信用证规定单据的说明书，当货运单据交到后，付款行在付给剩余货款时，将扣除预支货款的利息。

小知识 牟其中信用证诈骗案件始末

小知识 跟单信用证诈骗的常见方式及其特征

四、国际结算新方式

（一）银行保函

1. 银行保函的含义与性质

保函（Letter of Guarantee，L/G）又称保证书，是指银行、保险公司、担保公司或个人（保证人）应申请人的请求，向第三方（受益人）开立的一种书面信用担保凭证。保证在申请人未能按双方协议履行其责任或义务时，由担保人代其履行一定金额、一定期限范围内的某种支付责任或经济赔偿责任。

银行保函是指国际银行办理代客担保业务时，应委托人的要求，向受益人开出的保证文件，称银行保函（Bank Guarantee）。

银行保函是由银行开立的承担付款责任的一种担保凭证。银行根据保函的规定承担绝对付款责任。所以，银行保函大多属于见索即付保函。见索即付保函与其可能依据的合约或投标条件分属不同的交易。由此可见，见索即付保函是一种与基础合同相脱离的独立性担保文件，受益人的权利与担保人的义务完全以保函所载内容为准，不受基础合同的约束，受益人只要提交了符合保函要求的单据，担保人就必须付款，所有保函均为不可撤销的文件。

银行保函在实际业务中的使用范围很广，它不仅适用于货物的买卖，而且广泛适用于其他国际经济合作领域。例如，在国际工程承包、招标与投标以及借贷业务中均有使用。

2. 银行保函的当事人

银行保函业务中的基本当事人有委托人、受益人和担保银行；此外，还有通知行、转开行、保兑行、反担保人等其他当事人。

（1）申请人（Applicant）。申请人又称委托人（Principal），即向银行提出申请，要求银行出具保函的一方，通常为债务人。其主要责任是履行合同项下的有关义务，并在担保人为履行担保责任而向受益人做出赔付时先于担保人补偿其所做的任何支付。

（2）受益人（Beneficiary）。受益人即接受保函并有权按照保函规定的条款向担保人提出索赔的一方。在保函规定的索偿条件具备时有权按照保函规定出具索款通知或连同其他单据索偿。

（3）担保人（Guarantor）。担保人即根据申请人的要求向受益人开立保函的一方，通常为银行。只处理单据或证明，对保函所涉及的合同标的不负责任，对单据或证明的真伪以及在邮递过程中出现的遗失、延误均不负责任。

（4）通知行（Advising Bank）。通知行即受担保人委托，并按担保人的要求将保函通知或传递给受益人的银行，通常为受益人所在地银行，只负责保函表面的真实性。

（5）转开行（Reissuing Bank）。转开行即根据担保银行的请求，凭担保人的反担保向受益人开出保函的银行，一般为受益人所在地银行。转开行在接受担保人的请求后，应及时开出保函。保函一经开出，转开行便成为担保人，原担保人成为反担保人。

（6）保兑行（Confirming Bank）。保兑行又称第二担保人，即根据担保人的要求在保函上加具保兑的银行。只有在担保人不按保函规定履行赔付义务时，保兑行才向受益人支付一定的赔付金额。

（7）反担保人（Counter-Guarantor）。反担保人，即为申请人向担保银行开出书面反担保的人，通常为申请人的上级主管单位或其他银行、金融机构等。保证申请人履行合同义务，同时向担保人承诺：当担保人在保函项下付款之后，担保人可以从反担保人处得到及时、足额的补偿，并在申请人不能向担保人做出补偿时，负责向担保人赔偿损失。

3. 银行保函的内容

银行保函的内容根据交易的不同而有所不同，在形式和条款方面也无固定格式。但就其基本方面而言，银行保函通常包括以下内容：

（1）基本栏目，包括保证书编号、开立日期、各当事人的名称和地址、有关交易或工程项目的名称、有关合同或标书的编号和订约或签发日期等。

（2）责任条款。开立保函的银行或其他金融机构在保函中承诺的应负担的责任条款。

（3）保证金额。出具保证书的银行或其他金融机构所承担的责任的最高金额，可以是具体金额，也可以是合同或有关文件金额的某个百分率。

（4）有效期。有效期是指最迟的索赔期限，或称到期日。这既可以是具体的日期，也可以是在某一行为或某一事件发生后的一个时期到期。

（5）索偿方式。索偿方式即索偿条件，是指受益人在何种条件下可向保证人提出索赔。通常国际上有两种不同的处理方法：一种是无条件的，或称"见索即付"保函；另一种是附有某些条件的保函。按照国际商会的规定，即使是见索即付保函的受益人在索偿时也要递交一份申请书。

4. 银行保函的种类

银行保函按其用途可分为履约保函、还款保函等。

（1）履约保函。在一般货物进出口贸易中，履约保函（Performance Guarantee）又分为进口履约保函和出口履约保函。前者是指担保人应申请人（进口人）的申请开给受益人（出口人）的保证承诺；后者是指担保人应申请人（出口人）的申请开给受益人（进口人）

的保证承诺。

(2) 还款保函。还款保函（Repayment Guarantee）又称预付款保函或订金保函，是指担保人应合同一方当事人的申请，向合同另一方当事人开立的保函。如果申请人不履行他与受益人订立合同的义务，不将受益人预付或支付的款项退还或还款给受益人，担保人向受益人退还或支付款项。

(二) 备用信用证（Standby Letter of Credit）

1. 备用信用证的含义

备用信用证是指开证行根据开证申请人的请求对受益人开立的承担某项义务的书面承诺，即开证行保证在开证申请人未能履行其应履行的义务时，受益人只要凭备用信用证的规定向开证行开具汇票（或不开汇票），并提交开证申请人未履行义务的声明或证明文件，即可取得开证行的偿付。

备用信用证是属于银行信用，开证行对受益人保证，在开证申请人未履行其义务时，即由开证行付款。因此，备用信用证对受益人来说是备用于开证申请人发生毁约时，取得补偿的一种方式。如果开证申请人按期履行合同的义务，受益人就无须要求开证行在备用信用证项下支付货款或赔款。这是备用信用证被称作"备用"的由来。

备用信用证一般用在投标、技术贸易、补偿贸易的履约保证、预付货款和赊销等业务中，也有用于带有融资性质的还款保证。近年来，有些国家已开始把备用信用证用于买卖合同项下货款的支付。有关备用信用证的国际惯例是UCP600和国际商会对备用信用证制定的《国际备用信用证惯例》，即国际商会第590号出版物，简称《ISP98》。

2. 银行保函与备用信用证、跟单信用证的异同点（见表6-2）

表6-2　银行保函与备用信用证、跟单信用证的异同点

对比项	银行保函	备用信用证	跟单信用证
责任	银行信用 银行可以负第一性付款责任，也可负第二性付款责任	银行信用 银行负第一性付款责任，但是属于备用 兼具银行保函和跟单信用证的性质	银行信用 开证行负第一性付款责任
适用范围	用途广泛，除国际商品贸易外，还可用于工程承包、投标招标、借贷、融资	与银行保函相比，更为广泛，可用于融资和非融资性契约责任	只能用于国际货物贸易
对单据的要求	单据不是付款的依据 凭符合保函条款的索赔书	在付款时，也要凭符合信用证要求的单据	凭单付款
遵循的惯例	遵循有关保函的国际惯例	遵循跟单信用证统一惯例和国际备用信用证惯例	遵循跟单信用证统一惯例

第四节　不同结算方式的选择

在国际贸易实务中，一笔交易的货款结算，可以只使用一种结算方式（通常如此），也可根据不同的交易商品、交易对象、交易做法等，将两种或两种以上的结算方式结合使用，从而有利于促成交易、安全及时收汇等。在开展国际贸易业务时，究竟选择哪一种结合形式，可酌情而定。

一、信用证与汇付相结合

信用证与汇付相结合是指部分货款采用信用证、余额采用汇付方式结算。这种结算方式的结合形式常用于允许交货数量有一定机动幅度的某些初级产品的交易。例如，买卖矿砂、煤炭、粮食等散装货物，买卖合同规定90%货款以信用证方式付款，其余10%在该货物运抵目的港、经检验核实货物数量后，按实到数量确定余数金额以汇付方式支付。又如，对于特定商品或特定交易须进口商预付订金的，也有规定预付订金部分以汇付方式支付，其余货款以信用证方式结算。

二、信用证与托收相结合

信用证与托收相结合是指一笔交易的货款，部分用信用证方式支付，余额用托收方式结算。这种结合形式的具体做法通常是：信用证规定受益人（出口商）开立两张汇票，属于信用证项下的部分货款，通过光票支付，而余额则将货运单据附在托收的汇票项下，按即期或远期付款交单方式托收。这种做法，对进口商而言，可减少开证金额、少付开证押金、少垫资金。对出口商而言，托收部分虽有一定风险，但因为有部分信用证的保证，而且货运单据在信用证内规定跟随托收汇票，开证行须等全部货款付清后才能向进口商交单，因而，收汇较为安全。但信用证必须说明信用证的种类和支付金额以及托收方式的种类，也必须说明"在全部付清发票金额后方可交单"的条款。

三、信用证与银行保函相结合

信用证与银行保函相结合适用于成套设备或工程承包交易。除了支付货款外，还有预付订金或保留金的收取；一般货款可用信用证支付，预付订金要先开银行保函，保留金的收取可以开保函代替。如果是招标交易，则须投标保函、履约保函、退还预付金保函与信用证相结合。

四、托收与银行保函相结合

托收与汇付相反，是逆汇；出口商先交货后收款，从而要负担进口商收到货物后拒付而造成的货款两空的风险。因此，采取托收方式对出口商不利。为了使收取货款有保障，可以让进口商申请开立保证托收付款的保函；一旦进口商没有在收到单据后的规定时间内付款，出口商有权向开立保函的银行索取出口货款。

五、汇付与银行保函相结合

按照汇付分为预付货款和货到付款两种形式，汇付与银行保函的结合形式也分为两种。

（1）预付货款时，汇付与银行保函结合使用

预付货款时，出口商可以先开立银行保函，保证按时交货、交单，否则要向进口商退还预付款；然后，进口商向出口商发出货款，即完成了汇款与保函的结合使用。

（2）货到付款时，汇付与银行保函结合使用

货到付款时，进口商可以先开立保函，保证货到一定付款；然后，出口商发货，即完成了汇付与保函的结合使用。

六、汇付、托收、信用证、保函多种结算方式结合使用

在成套设备、大型机械产品和交通工具的交易中，由于成交金额巨大、产品生命周期较长，可以按工程进度和交货进度分若干期付清货款；此时，一般将汇付、托收、信用证、保函等方式结合使用。

本章小结

1. 国际结算是国际商业银行的主要业务之一，国际上办理货币收付以清算国与国之间债权与债务关系的行为称为国际结算。国际结算按引起债权债务的原因可分为贸易结算和非贸易结算两大类，贸易结算构成国际结算的主要内容。汇票、本票、支票是国际贸易结算中常用的金融票据。汇款、托收、信用证是国际贸易结算的主要方式。现代国际结算方式按资金的流向和结算工具传递方向可分为顺汇和逆汇两大类。在国际结算的主要方式中，汇款属于顺汇，而托收和信用证属于逆汇。

2. 票据是国际通行的结算和信贷工具，是可以流通转让的债权凭证。国际贸易中使用的票据主要有汇票、本票和支票，其中以汇票为主。汇票是指由出票人签发的，委托付款人在见票时或者在指定日期无条件支付确定的金额给收款人或持票人的票据。它的使用一般包括出票、提示、承兑、付款、背书、拒付和追索等环节。

3. 汇款又称汇付，是付款人委托所在国银行，将款项以某种方式付给收款人的结算方式。汇款的当事人主要有汇款人、汇出行、汇入行及收款人，有信汇、电汇、票汇三种方式，其中电汇方式虽然银行手续费用较高，但交款迅速，业务中广泛使用。汇款方式的性质属于商业信用，业务中汇款主要用于预付货款、货到付款及货款尾数、佣金、运费的结算，在采用分期付款和延期付款的交易中也较多使用汇付形式。

4. 托收是出口商委托银行向进口商收取货款的一种支付方式。托收方式主要涉及委托人、托收行、代收行、付款人四个当事人，属于商业信用。托收方式有光票托收和跟单托收两种业务方式。光票托收方式广泛使用于非贸易结算，在贸易项下，一般用于贸易从属费用的结算。跟单托收广泛使用于贸易结算，可分为付款交单和承兑交单两种方式。付款交单又有即期付款交单和远期付款交单两种业务做法。

5. 信用证是银行开立的一种有条件的承诺付款的书面文件，属于银行信用，具有开证

行承担第一性付款责任、信用证是一项独立的文件、是一种纯粹的单据业务等三个特点。信用证业务的当事人通常有开证申请人、开证行、受益人、通知行、议付行、付款行等。信用证的种类很多,国际贸易结算业务中主要使用不可撤销的跟单信用证。

6. 国际贸易实务中,可以将两种或两种以上的结算方式结合使用,以促成交易或保证安全、及时收汇等。

✓ 关键名词

汇票 本票 支票 提示 承兑 背书 国际贸易惯例 汇款 托收 信用证 银行保函 备用信用证 出口押汇信托收据

✓ 练习与思考

一、判断题

( ) 1. 票据具有流通性,所以凡是票据都可以转让,无论其抬头如何表示。
( ) 2. 一张汇票出票后付款人总是主债务人。
( ) 3. 国际贸易结算方式中,对卖方而言,托收的风险小于汇款。
( ) 4. 可转让信用证可以转让一次或多次。
( ) 5. 银行保函项下,担保行的付款责任既可能是第一性的,也可能是第二性的。
( ) 6. 信用证业务中,偿付行应审核单证一致后,才能向议付行进行偿付。
( ) 7. 支票有即期和远期之分。
( ) 8. 票据的产生是有原因的,而票据的成立是没有原因的。
( ) 9. 汇票无论其期限如何都必须承兑。
( ) 10. 汇票的主债务人承兑前是付款人,承兑后是承兑人。

二、选择题

1. 电汇汇款的英文缩写为_____。
   A.(D/D)   B.(M/T)   C.(T/T)   D.(T/D)
2. 信汇、票汇、电汇是以_____为标准来分类的。
   A. 结算工具与资金流向的关系   B. 使用的结算工具不同
   C. 使用的汇票不同   D. 证实方式不同
3. 某公司签发一张汇票,上面注明"AT 90 DAYS AFTER SIGHT",则这是一张_____。
   A. 即期汇票   B. 远期汇票   C. 跟单汇票   D. 光票
4. 汇票债务人承担汇票付款责任的次序在承兑后是_____。
   A. 出票人、第一背书人、第二背书人   B. 承兑人、出票人、第一背书人
   C. 承兑人、第一背书人、第二背书人   D. 出票人、承兑人、第一背书人
5. 在国际贸易实务中以下_____贸易方式多采用对开信用证结算方式。
   A. 寄售   B. 补偿贸易   C. 来料加工   D. 易货贸易
6. 以下_____是原信用证与背对背信用证的不同点。
   A. 金额   B. 交货日期   C. 出口商   D. 进口商
7. 循环信用证的循环方式有_____。

A. 自动循环　　　B. 半自动循环　　　C. 非自动循环　　　D. 积累循环

8. 以下_____提单具有欺诈性的违法行为。

A. 倒签提单　　　B. 预借提单　　　C. 过期提单　　　D. 略式提单

9. 银行开立的即期汇票不可能是_____。

A. 商业汇票　　　B. 银行汇票　　　C. 即期汇票　　　D. 远期汇票

10. 在托收结算方式下，一旦买方拒付，在进口地承担货物的提货、报关、存仓、转售等责任的当事人是_____。

A. 委托人　　　B. 托收银行　　　C. 代收银行　　　D. 付款人

三、名词解释

汇票　本票　支票　承兑　背书　信用证　备用信用证　银行保函

四、简答题

1. 汇票上标明出票日期有什么作用？
2. 汇票的付款时间有哪几种情况？
3. 收款人抬头有哪几种写法？
4. 对出票人、收款人、付款人而言，出票的效力各是怎样的？
5. 行使追索权必须具备哪些条件？
6. 简述追索权的特征。
7. 请比较汇票、本票和支票的不同特点。
8. 什么是背书？它的法律效力是什么？
9. 托收项下，出口商在什么情况下愿意采用承兑交单的方式？
10. 什么是信用证？其当事人有哪些？国际贸易中常见的信用证有哪些？
11. 论述信用证的结算程序。
12. 什么是银行保函？
13. 什么是备用信用证？
14. 不同结算方式在使用时常见的搭配方式有哪些？

实训课堂

一、技能训练

1. 请画出电汇的业务流程图。
2. 请画出远期付款交单的业务流程图。
3. 请画出即期跟单信用证的业务流程图。
4. 根据所给条件，开具一张汇票：

Drawer：Shanghai Exporting Co., No. 12, Nanjing Rd. （East）, Shanghai

Drawee：Hongkong Importing Co., 65 Nathan Rd., Kowloon, Hongkong

Payee：Bank of China, Shanghai

Sum：USD 3 000.00

Tenor：at 30 days after sight

Date：March 10, 2021

5. 在美国佛罗里达州坦布尔（Temper, Florida）的一个电脑生产厂商（America Exporting

Co.）出口一批电脑给法国巴黎的某电脑中间商（French Importing Co.），合同价值为 23 万美元，支付条件为见票后 60 天付款，通过美国银行办理结算，交单结算日期是 2021 年 1 月 15 日。请作为美国出口商开具以美国银行为收款人的汇票。

二、实训项目

到银行调查办理国际跟单信用证业务的操作要求。

1. 实训目的：掌握银行有关业务的现行做法。
2. 实训方式：以小组的方式分别到银行调查。
3. 实训指导：

步骤 1：了解哪些银行有国际业务。

步骤 2：选定其中一家银行，调查该银行国际业务的基本情况，详细了解：① 跟单信用证业务下，银行开立信用证的程序与具体规定；② 银行收到国外开来的信用证后，通知工作的具体要求和程序，作为通知行审证的主要核查内容；③ 银行作为议付行接单、审单、计算费用、填制议付通知书、处理不符点、索汇的具体要求和做法。

第七章

国际融资

✓ 学习目标

通过本章学习，应深入掌握国际融资业务的主要类型、国际商业银行贷款的种类和应用，熟悉保理业务、买方信贷、卖方信贷、福费廷业务等国际贸易融资方式的特点、流程及使用原则，了解国际租赁、项目融资、国际证券融资的原理和主要类型，区分不同融资业务的特点和适用条件。

✓ 技能目标

熟悉各种国际融资业务；熟练运用融资业务，提高资金使用效率，降低融资成本；能解读国际商业银行贷款协议各条款，对借贷币种、期限、利率及还贷方式等能合理选择与计算；能熟练运用国际贸易融资规避风险；能画出主要国际贸易业务流程图。

✓ 重难点

1. 银团贷款的程序和类型；
2. 国际贸易融资各种方式的业务流程、作用；
3. 国际租赁和项目融资的原理。

✓ 课前思考

中信银行合肥分行出口买方信贷助力中国企业"走出去"

2019年9月初，中信银行合肥分行向安哥拉财政部发放3 556万美元出口买方信贷，用于安哥拉综合税务系统与海关一体化系统两个项目的首笔提款。随着该项目首笔贷款的发放，中信银行合肥分行实现了出口信贷业务"零的突破"。

中信银行合肥分行积极响应"一带一路"倡议，执行总行政策践行服务理念，积极支持省内企业"走出去"。去年底，中信银行合肥分行了解到北京辰安科技股份有限公司合肥基地（启迪工业园）分包承接了安哥拉综合税务系统与海关一体化系统项目，该项目总投资4.2亿美元，对安哥拉税务局提升税收管理效率、增加税收有着重要意义。是中国"走出去"的重要高科技项目，受到中、安两国财政部高度重视。但由于安方融资出现问题，项目进展受到影响。

中信银行合肥分行立即组织行内专家团队对北京辰安科技股份有限公司合肥基地（启迪工业园）进行走访。经初步调研，中信银行合肥分行认为该项目优质，公司服务能力过硬，迅即启动上报和审批流程，在2个月内完成了出口买方信贷从立项到审批的全部工作。

近日，首笔3556万美元出口买方信贷发放到位，该项目全部贷款额最后将达1.9亿美元。

业内人士表示，出口买方信贷业务是中长期贷款项目，借款人是国外业主，因融资结构、法律尽调、信用审查的难度较大，专业度较强，大部分商业银行把该业务集中在总行专营部门操作。中信银行合肥分行本笔出口买方信贷业务的成功落地，标志着安徽省内包括"四大行"在内的商业银行近6年来第一笔买方信贷业务成功投放，也是安徽省商业银行有史以来的第二笔买方信贷业务，彰显了中信银行合肥分行"一带一路"跨境金融服务能力，标志着中信合肥分行是在服务安徽企业方面有着快捷、灵活的优势。

中信银行合肥分行相关人员表示，本笔出口买方信贷的借款方是安哥拉财政部，有着国家信誉背书，该贷款的安全性得到极大保证。

思考：何谓"买方信贷"，它对于我国实施"走出去"战略有何现实意义？国际融资手段还有哪些？作为引进方，又可通过哪些手段与渠道获得国际融通资金，以提升本国、本企业技术实力，加快经济发展？

✓ 任务驱动，做中学

【林伟的任务7-1】

2021年2月22日，力源公司制定了未来发展的战略，有意进一步拓展国际市场，但资金成了拓展市场的瓶颈，为了让市场部所有成员熟悉各种国际融资业务，高国明经理要求林伟搜集整理买方信贷、卖方信贷、保付代理、福费廷等业务的相关流程及特点的相关资料，供市场部人员学习，以便更好地完成工作任务。

第一节 国际融资概述

一、国际融资的概念

所谓融资即融通资金，指融资主体运用各种金融手段，通过各种相应的金融机构，使资金在持有者之间转移，以调剂余缺。融资作为建立在信贷基础上的借贷行为，具有偿还性和增值性两个基本特征。当融资行为超越国界，国内融资就变成了国际融资。

二、国际融资的特点

（一）国际融资的主、客体复杂

国际融资的主体指的是融资双方的当事人，包括筹资人和贷款人，他们可能是金融机构也可能是非金融机构。因其跨越国界的特性，国际融资主体涉及两个国家，即借贷双方至少有一方是非居民。国际融资的客体指的是融资所涉及的货币。它可以是当事人任一方所在国的货币，也可以是第三国货币，只要这种货币可兑换，就可能成为国际融资的客体。融资主体在选择融资货币时，除了考虑汇率走势、经济政治风险的规避等因素外，还要根据自身融资条件特性，进行综合分析决策，所以国际融资当中所使用的货币是复杂多样的。

（二）国际融资的风险较大

与国内融资相比，国际融资除了担负商业风险，还要担负国家风险和汇率风险。

商业风险指债务人无力偿还债务的可能性。对于国内融资来说，这种风险是债权人所面临的主要风险，而在国际融资中，债权人还须承受因国家主权行为所引起的损失的可能性，即国家风险。

国家作为交易的一方，通过其违约行为（例如停付外债本金或利息）直接构成风险，通过政策和法规的变动（例如调整汇率和税率等）间接构成风险，在转移风险范围内，国家不一定是交易的直接参与者，但国家的政策、法规却影响着国内的企业或个人的交易行为。国家风险主要包括：① 主权风险（Sovereign Risk），主权政府或政府机构的行为给贷款方造成的风险，主权国家政府或政府机构可能出于其自身利益和考虑，拒绝履行偿付债务或拒绝承担担保的责任，从而给贷款银行造成损失；② 转移风险（Transfer Risk），因东道国政府的政策或法规禁止或限制资金转移而对贷款方构成的风险。此外，国家风险还包括由于东道国政治因素而产生的社会变动所造成的风险，这些变动包括战争、政变、骚乱等，它们对外国的贷款人和投资人的经济利益有同样的威胁。

此外，国际融资主体还要承担外汇风险，即以外币计价的资产负债业务因汇率变动而造成损益的可能性。

（三）国际融资受到管制

国际融资通常是分属不同国家的资金持有者之间跨国境的资金融通和转移，是国际资本流动的一个组成部分。国际融资当事人所在的国家政府，从本国政治、经济利益出发，为了平衡本国的国际收支，贯彻执行本国的货币政策以及审慎管理本国金融机构，尤其是银行金融机构，无不对本国居民（包括金融机构和非金融机构）对外从事融资行为施加种种干预管制。主权国家对国际融资的管制一般是授权本国中央银行，对国际融资的主体、客体和融资信贷条件，实行法律、行政等各种限制性措施。其对国际融资管制的内容包括融资主体、融资客体、融资的信贷条件的管制。我国对国际融资的管理，重点是对利用国外借款的管理，目前实施的管理措施包括：国家授权制、计划与审批制度、登记管理制度、税收制度等。

三、国际融资类型

（一）按是否通过金融中介人分为直接融资和间接融资

直接融资是指资金的融通是由资金供应者（贷款人）与筹资者（借款人）直接协商进行，或者通过经纪人，即由中间的经纪人把融资双方（贷款人和借款人）结合起来实现资金余缺的调剂，经纪人则收取佣金。

间接融资是指通过金融中介人进行的资金融通。金融中介人指银行以及保险公司、投资公司等非银行金融机构。金融中介人主要通过吸收存款、保险金或信托投资金等来汇集资金，同时又通过发放贷款或购买原始有价证券等方式将其所汇集的资金转移到资金短缺的筹资者手中，这就是间接融资。

（二）按融资目的分为国际贸易融资、项目融资和一般融资

（1）国际贸易融资。国际贸易融资是指与国际贸易有直接联系的融资，这是国际融资中一种最传统的类型。国际贸易融资是促进进出口贸易的一种金融支持，它可分为短期、中长期贸易融资。

① 短期国际贸易融资。它是指为了解决进出口商短期（期限在1年以下）资金需要的

融资。

② 中长期国际贸易融资。它是指资金融通期限在 1 年以上的融资。最典型的中长期国际贸易融资是出口信贷。出口国银行向本国出口商、外国进口商或进口国银行提供利率较低的贷款，以帮助外国进口商支付从贷款国进口机器设备、技术和劳务等款项。

（2）项目融资。项目融资是指为特定的工程项目（如大型的采矿、能源开发、运输交通等建设）融通资金。一般由项目承办人为该项目筹资和经营成立一家公司，由项目公司承担贷款。以项目公司的现金流量和收益作为还款来源，项目公司的资产作为贷款安全的保障。该融资方式一般应用于现金流量稳定的发电、道路、铁路、机场、桥梁等大规模的基本建设项目，且应用领域逐渐扩大。

（3）一般融资。一般融资是指与进出口贸易和特定工程项目都没有直接联系的融资。这类融资往往是为了克服资金短缺、调剂外汇资金，或弥补国际收支逆差、维持货币汇率等需要而进行的。

（三）按融资期限分为短期融资、中期融资和长期融资

（1）短期融资是指资金融通期限在 1 年以下，其融通资金周转较快，大多属信用融通，如银行同业拆借。

（2）中期融资即资金融通期限为 1～5 年，一般需由资金供需（借贷）双方签订融资（信贷）协议。

（3）长期融资是指资金融资期限在 5 年以上，最长可达 50 年。

（四）按融通资金的来源可分为国际商业银行融资、国际金融机构融资和政府融资

（1）国际商业银行融资。国际商业银行融资是指融通资金来自国际商业银行。这种融资多数属一般融资，既不指定贷款用途，也不与商品采购或指定工程项目相联系，借款人可以自主地运用。贷款期限有短期、中期、长期三种；利率为市场上固定或浮动利率，较多使用浮动利率。

（2）国际金融机构融资。国际金融机构融资是指融通资金来自国际金融机构，如国际货币基金组织、世界银行、国际开发协会、亚洲开发银行等，由它们向成员国提供贷款。其中国际货币基金组织向发生国际收支逆差的成员国提供短期或中期贷款；世界银行和国际开发协会则向发展中国家提供长期贷款，这种贷款专门用于特定的开发建设项目，也就是项目融资。

（3）政府融资。政府融资是指融通资金来自各国政府的财政预算，如某国政府利用本国财政预算资金向另一国政府提供长期优惠贷款，其中主要是发达国家向发展中国家政府提供贷款。政府贷款如被限定用于购买贷款国的资本货物，则可划归为贸易融资；如用于资助借款国的经济建设项目，则可划归为项目融资。

四、国际融资在我国的运用

多渠道的吸引外资，积极稳妥地培育国内资本市场是我国发展经济的战略之一。为更好地发展经济，我国不仅在国内广泛筹集资金，也将国际融资作为筹集资金的重要方式。我国主要采取吸收外国直接投资、国际金融机构借款、国际商业银行借款、国际债券、国际股票等融资方式。

我国发行国际债券开始于 1982 年 1 月 22 日，中国国际信托投资公司在日本债券市场首

次发行了 100 亿期限为 12 年的日元私募债券。此后的几年间中国在国际债券市场都很活跃。这一阶段的发行条件较好,利率接近伦敦同业拆借利率,期限一般在 7 年以上。

我国利用股票进行国际融资是从 1991 年在上海、深圳两地发行 B 股开始的,到 1994 年年底共有 50 余家上市公司向境外投资者发放 B 股,上市总额达 30 多亿人民币,筹集外资数亿美元。目前我国企业发行的人民币特种股票(B 股)、在香港上市的 H 股和红筹股、在美国上市的 N 股、在英国上市的 L 股以及在新加坡上市的 S 股都属于国际股票。

"十三五"期间我国证券投资双向开放提速,2016 年,"深港通"正式开通;2017 年,"债券通"北向正式开通;2018 年,以原油期货为代表的境内期货市场开始对外开放,A 股被纳入 MSCI 指数;2019 年,取消 QFII/RQFII 投资额度限制,"沪伦通"正式落地;2020 年,进一步扩大 QFII/RQFII 投资范围、放宽准入要求,明确资金管理要求,富时罗素 WGBI 指数纳入中国国债取得重要进展,境外红筹企业回归境内科创板上市。

2020 年,我国国际融资渠道畅通,进一步推动了我国国际融资的发展,主要表现在:第一,外商来华直接投资增长。外商来华直接投资(负债净增加)2 125 亿美元,较 2019 年增长 14%。根据联合国贸发会议报告,2020 年我国成为全球最大的外资流入国,国内经济率先恢复、"稳外资"政策措施积极推进,发挥了稳定外商投资预期和信心的作用。第二,来华证券投资以债券投资为主。2020 年,境外对我国证券投资净流入(负债净增加)2547 亿美元,较 2019 年增长 73%。其中,境外对我国债券投资净流入 1 905 亿美元,增长 86%;股权投资净流入 641 亿美元,增长 43%。第三,境外投资境内证券市场规模显著提升,主要在于:一是我国经济基本面率先恢复,2020 年我国成为全球唯一实现正增长的主要经济体,外资对我国中长期经济发展前景预期良好。二是我国实施稳健的货币政策,债券收益率在全球主要国家中表现相对突出。三是我国推进金融市场高水平双向开放,为境内外投资者跨境配置资产创造了良好环境和条件。截至 2020 年底,我国债券已被全球三大主要债券指数提供商正式纳入或宣布纳入相关指数。第四,对外负债以外商来华直接投资为主,境内股票和债券市场外资占比提升。2020 年末,我国对外负债中,外商来华直接投资 31 793 亿美元,较 2019 年末增长 14%,规模继续位列对外负债首位,占比较 2019 年末下降 2 个百分点至 49%。来华证券投资 19 545 亿美元,占比 30%。境外对我国境内证券市场投资规模不断上升,2020 年末持仓市值 10 542 亿美元,其中股票持仓量占 A 股流通总市值的 5.3%,债券持仓量占境内债券托管总量的 3%,分别较 2019 年末提高 1 个和 0.7 个百分点。存贷款等其他投资负债 14 076 亿美元,占比 21%,下降 1.8 个百分点。

第二节 国际信贷融资

一、国际信贷融资的概念与特点

国际信贷是国际融资的主体。国际信贷是一国借款人在国际金融市场上向外国金融机构借入外币资金的一种信用活动。涉外企业应用国际信贷可达到融资的目的,也可以减少汇率波动带来的风险。国际信贷融资按贷款期限的长短可分为短期信贷、银行贴现业务、中长期信贷。

国际信贷融资具有以下五个特点:

（1）资金来源广泛。国际信贷融资不受国家之间的政治、外交等非经济因素影响，只要借款人资信可靠，具有偿还能力，国际上众多的商业银行和银行集团都可以为其提供资金。

（2）贷款方式灵活。贷款货币的类型、数额、期限可以由自己选定后与银行协商，还本付息的方法也较多。

（3）手续简便。不需政府有关部门的审批，手续简便易行。

（4）国际信贷融资是非限制性贷款。借款人可根据自己的实际需要自由使用，不受贷款银行的限制。

（5）贷款利率较高，期限较短。国际信贷融资贷款利率完全由市场利率决定。它比有补贴的出口信贷及带有援助性质的政府贷款的利率都高。贷款通常以中、短期贷款为主，一般不超过10年。

二、国际银行短期信贷

国际银行短期信贷是指由银行充当中介人或贷款人，借贷期限不超过1年的借贷活动。对国际企业而言，银行短期信贷主要是解决企业季节性、临时性的短期流动资金需要，因此银行在提供短期信贷时，比较注意资金的安全。能够成为国际银行短期信贷借款人的非银行类客户，主要指大的跨国公司和政府机构。

银行短期信贷活动主要凭借款人的信用来进行，借款人无须交纳抵押金，借贷双方一般也不用贷款协议，通过电话或电传就能达成交易，手续十分简便。

银行短期信贷的借款期限、币种、借贷用途自由度较大。一般由借款人自己决定期限，绝大多数贷款的期限为1天（隔夜，day-to-day loan）、7天、30天、90天，少数为半年，最长期限不超过1年。借款币种可根据支付需要、成本高低自由选择。短期信贷不限定用途，借款人可用于各种用途。

银行短期信贷的利率，受借贷期限、供求关系和借款人资信高低的影响而不同。银行短期信贷的利率通常按国际金融市场利率计算，贷款利率水平较高。欧洲货币市场的伦敦银行间同业拆放利率（LIBOR）是基本的市场利率，其利率水平是通过借贷资本的供需状况自发竞争形成的。目前，各国政府筹措的贷款的利率都是以伦敦银行同业拆放利率为基础再加半厘到一厘多计算。

三、国际银行贴现业务

贴现是指票据持有者在票据到期前向银行融通资金，由银行买入未到期票据的行为。票据贴现是客户融通短期资金和商业银行短期放款的主要方式之一。贴现的对象，除了国库券、短期债券外，主要是商业票据和银行承兑汇票。贴现利率一般高于银行贷款利率。贴现市场无固定交易场所，是由贴现银行或贴现公司组成的。

银行根据市场利率以及票据的信誉程度规定贴现率，计算从贴现日至票据到期日的贴现利息。银行从票面金额中扣除贴现利息后，将余额支付给贴现人，票据即归银行所有。票据到期后，银行凭票向发票人兑取现款。贴现对执票人来说是出让票据，提前收回垫支的资本；对商业银行来说是向执票人提供了银行信贷，获得利息收入。所以，票据贴现可以看做是银行以购买未到期银行承兑汇票的方式向企业发放贷款。

贴现银行和贴现公司还可以把这些证券向中央银行办理再贴现。通过再贴现，中央银行可以达到调节信用和控制市场货币资金的目标，贴现公司则可换取可以运用的资金。

四、国际信贷中长期融资业务——国际商业银行贷款

（一）国际商业银行贷款的概念

国际商业银行贷款是指借款人为了本国经济建设的需要，支持某一个建设项目或其他一般用途而在国际金融市场上向外国银行筹借的贷款。第二次世界大战后，通常将 1～10 年的贷款统称为中长期贷款，一般不严格划分中期和长期之间的界限。目前，在国际金融市场上，商业银行对国际商务企业的中长期贷款期限一般最长为 6～7 年。国际商业银行贷款的方式大致可分为三种：第一种是双边的，即由两国银行（或信托投资公司）之间签订协议；第二种称为联合贷款，即由 3～5 家银行联合向一个借款人提供的一种贷款；第三种是由许多家银行组成的银团贷款。

（二）国际商业银行贷款的特点

（1）金额大，借用方便，使用比较自由。国际商业银行贷款每笔贷款金额较大，通常独家银行贷款每笔额度为几千万美元，银团贷款每笔额度为 5 亿～10 亿美元。银行贷款手续较为简便，不用政府有关部门的审批。借款人可以自由使用资金，不受约束，因此国际商业银行贷款有自由外汇贷款之称，这是国际银行贷款区别于其他国际信贷形式如国际金融机构贷款、政府贷款、出口信贷和项目贷款等的一个最为显著的特征。

（2）融资双方必须签订协议，有时还须政府担保。相对短期融资来说，国际商业银行贷款期限较长，贷款金额较大，一般需要双方签订书面的贷款协定。如果没有国际企业的货物担保，一般由政府有关部门对贷款协议的履行与贷款的偿还进行担保。

（3）贷款条件较为苛刻，利率较高，期限相对政府贷款和国际金融机构贷款较短。因为政府贷款和国际金融机构贷款都有援助性质，所以利率比较优惠，中长期贷款为商业贷款，利率由市场供求因素决定，因此利率水平较高。政府贷款期限平均在 30 年左右，国际金融机构的贷款有的长达 50 年，所以相对来说国际商业银行贷款期限较短。

（三）银团贷款

（1）银团贷款的概念。银团贷款也称辛迪加贷款（Syndicated Loan/Syndication Loan），是指由一家或数家银行作为牵头行，联合多家商业银行向某一借款人共同提供巨额款项的一种贷款方式。通过银团贷款，借款人能够借到一笔任何一家银行都不愿单独提供的大额贷款，而且要比从多种渠道筹措同等数目资金的成本低，也更加方便。银团贷款又分为：① 直接银团贷款，是指参加银团的各家银行直接向国际商务企业借款人提供贷款，贷款的具体工作由指定的代理行统一办理；② 间接银团贷款，是指由牵头银行向国际借款人贷款，然后由该银行将参加贷款权分别转售给其他参加贷款的银行，具体工作由牵头银行负责办理。

（2）银团贷款的主要当事人包括以下五类：

① 借款人。银团贷款的借款人大多数是中央政府、政府机关、国有企业、地方政府等。国际机构有时也作为借款人出现在市场上。对私营企业的贷款，如果不是信誉良好、国际知名的一流企业，就难以期待有众多的银行参加贷款。因此，成为银行贷款的借款人必须具备以下条件：第一，在客观上被判断为资金实力雄厚者；第二，知名度高。借款人主要有各国

中央银行、国际商务企业、国际金融组织等。借款人通过委托牵头行组织银团，向牵头行披露充足的信息资料，接受牵头行和潜在贷款人的信用调查和审查，依据贷款协议合法取得贷款，按时还本付息，依据贷款协议条款规定按时向各参加行提供日常的财务资料和其他与贷款使用有关的基本资料。

②牵头行。牵头行又称经理行，是银团贷款的组织者。牵头行通常是由借款人根据贷款需要物色的实力雄厚、在金融界享有较高威望、与其他银行有广泛联系的、与借款人自身关系密切的大银行或大银行的分支机构。

③代理行。代理行是代表银团负责与借款人的日常业务联系，担任贷款管理人角色的一家银行。代理行负责向银团各参加行提供借款人、担保人的财务状况；在银团贷款协议签订后，负责对借款人发放和收回贷款，承担贷款后管理工作；协调贷款人之间、贷款人和借款人之间的关系；监督贷款的使用情况，负责违约事件的处理等。

④参加行。参加行是指参加银团并按各自的承诺份额提供资金的银行。参加行的贷款额较小，贷款手续费收入也较小。这些银行的规模较小，通常不可能单独与外国政府或超一流的跨国公司进行业务往来，而参加贷款后就可能做到。

⑤担保人。担保人是指以自己的资信向债权人保证对债务人履行债务、承担责任的法人，它可以是公司或政府。担保人在银团贷款的责任是在借款人发生违约时代替借款人履行合同及相关文件所规定的义务。

（3）合同的主要条款。借款人与贷款银行来自世界各国，一般采用欧洲货币进行借贷。因此，签订合同的过程相当复杂。为了使来自不同国家的当事人统一起来而确立了很多惯例。例如，几乎所有欧洲货币计价的贷款合同习惯上采用为大家所熟悉的，并被认为是合理的美国纽约州法律或英国法律为合同的适用法律，此外还制定了不履行债务偿还的处理、放弃主权豁免等方面的规定。总之，贷款合同习惯上采用欧洲货币标准方式，具体内容如下：

①序言（Preamble）。明确合同当事人姓名、借款人的借款意愿、贷款人的意愿以及代理行和总经理行。

②定义（Definition）。对合同中主要的术语加以说明、统一术语的使用。

③贷款承诺（Loan Commitment）。原则上各贷款人的承诺是分别承诺（Several Commitment），而不是联合承诺（Joint Commitment）。

④贷款前提条件（Conditions Precedent）。规定在满足某些条件后才能进行贷款，否则停止贷款。

⑤贷款（Drawdown）。规定提出或执行贷款所需要的事务性手续。

⑥偿还（Repayment）。规定贷款的偿还方法与手续。

⑦利息（Interest）。规定贷款利息的决定方法与支付方法。

⑧提前偿还（Prepayment）。规定可否提前偿还及其方法和手续。

⑨支付方法（Payment）。本息及其他支付、结算的具体方法和手续，使用欧洲货币结算要作特殊规定。

⑩代用利率与增加费用（Alternative Interest Rates and Increased Costs）。规定原来的利率终定方法无法采用时，用做代用的利率的决定方法和手续以及筹措筹款资金的增加费用。

⑪不扣除租税和费用（No Deductions）。规定本息及其他支付是未扣除的租税和费用。

⑫借款人的陈述及保证条款（Representations and Warranties）。借款人要明确使合同在

法律上和契约上有效的必要基本条件，包括借款人的法人资格与当事人的能力，确立契约关系，承认法律的约束力与执行力，获得许可和财政情况无重大变化等，并需保证它们的真实性。

⑬ 借款人的保证（Covenants）。肯定的保证（Affirmative Covenants）：保证资金用途，保证平等对待债权人等。否定的保证（Negative Covenants）：保证不向第三者提供担保、限制国有企业的借款使之维持正常的财务情况。

⑭ 违约（Events of Default）。不履行支付本息、违反合同上其他应履行的义务称为"违约"。在规定其内容的同时，还要规定实际发生时的法律后果。

⑮ 债权债务的转让（Assignments）。通常贷款银行的总行向分行或者向分公司转让债权不需要借款人的承诺，但向其他银行转让要得到其承诺。原则上不允许借款人的变更，即债务的转让。

⑯ 适用法律与司法管辖权（Governing Law/Jurisdiction）。规定合同的解释依据哪一国或哪一州的法律。如果事先就诉讼的司法管辖权作了协商，就应标明具体的管辖法院。

⑰ 放弃主权豁免（Waiver of Sovereign Immunity）。借款人是政府时，应事先声明放弃主权豁免。

⑱ 代理行（Agency）。规定代理行与各贷款银行之间的关系。

⑲ 其他。包括通知方法、不行使权利不等于放弃权利等需要确认的内容。

⑳ 签名（Signatures）。借款人、担保人（若有）、代理行、总代理行、各贷款银行代表均一一签名。

（4）银团贷款的币种。银团贷款金额是通过货币来表示的。在银团贷款中，由于借款人、贷款人处于不同的国家或地区，货币确定较为复杂。选择货币的原则是借"软"贷"硬"，即借款人借入"软"货币、贷款人贷出"硬"货币比较有利。

通常，银团贷款主要选择的币种包括美元、欧元、英镑、日元等最常用的国际结算货币。对于国际商务企业借款人来说，选择银团贷款币种应考虑以下三个方面：

① 借款货币和用款货币、收入货币应尽量一致，以避免外汇风险。

② 选择流通性较强的可自由兑换货币，以便于国际商务企业资金的调拨和转移，一旦预见出现外汇风险，可立即通过货币互换等业务转嫁风险。

③ 充分考虑融资成本。通常，在国际金融市场上，"软"货币的借贷利率较高，"硬"货币的借贷利率低，但软货币所承受的汇率变动较"硬"货币更有利于借款人。所以借款人在确定借贷货币时应将利率和汇率两种因素一并考虑，以保证所借贷的资金成本最低。如果借款期内"硬"币汇率上浮的幅度小于"硬"币与"软"币的利率差，则借取"硬"币；反之则借"软"币。该原则可套用公式如下：

当"软"币贬值率 $> 1 - \dfrac{(1+"硬"币的利率)}{(1+"软"币的利率)}$ 时，借"软"币有利于借款人；反之，则借"硬"币。

【例 7-1】广州中恒公司欲从欧洲货币市场借款，借款期限为 3 年。当时英镑的利率为 3.75%，美元的利率为 11%，而两种货币的利差为 7.25%；美元与英镑的汇率为：1 美元兑 0.56 英镑。当时一权威机构预测：3 年以内，美元贬值幅度不会超过 5%。该公司应借入美元还是英镑有利？

解：美元贬值率 $= 1 - \dfrac{(1+\text{"硬"币的利率})}{(1+\text{"软"币的利率})} = 1-(1+3.75\%)\div(1+11\%) = 6.35\%$

权威机构预测美元贬值幅度小于 6.35%，故应借入"硬"货币英镑较有利。

(5) 银团贷款的利率。利率是利息和本金的比率。在国际银团贷款中，通常采用的利率有两种：一种是固定利率，指银团与借款人双方商定，在贷款协议中规定整个贷款期间固定不变的利率作为贷款的适用利率。另一种是浮动利率，由基本利率加利差两部分构成，其中基础利率是随着时间的变动而变化的，而利差可能是固定的，在整个贷款期内保持不变；也可能是分段的——在最初几年采用某一固定利差，而在剩余时间内采用另一利差。目前，被较多选择为基础利率的有 LIBOR、HIBOR、SIBOR 及美国优惠利率等。

为了保护借款人和贷款人免遭利率风险，一般会考虑通过综合利率上限、下限或利率上、下限来规定基准利率的最大变动范围。

(6) 银团贷款的主要费用，主要包括以下四项：

① 管理费。管理费的性质类似于手续费。管理费按贷款总额的一定百分比计算，一次或分次付清。费用率一般在贷款总额的 0.1%～0.2%。管理费的支付方式主要有三种：在签订贷款协议时一次支付；在第一次支用贷款时支付；在每次支用贷款时按支用额比例支付。

② 代理费。代理费就是借款人付给代理行的报酬，主要包括代理行在联系业务中产生的各种费用开支，如差旅费、电报费、电传费、办公费等。代理费属于签订贷款协议后发生的费用，通常每年支付一次。

③ 承担费。承担费是指贷款银行按贷款协议筹措了资金备付借款人使用，而借款人没有按期使用贷款，使贷款资金闲置，因此向贷款银行支付带有赔偿性的费用。承担费的费率一般为 0.125%～0.5%。承担费按未支用金额和实际未支用天数计算，每季、每半年支付一次。

④ 杂费。杂费主要指签订贷款协议前所发生的费用，包括牵头行的交通费、律师费、签订贷款协议后的宴请费等等。杂费按牵头银行提出的账单一次付清。杂费收费标准不完全相同。

(7) 银团贷款的期限与结构。期限是指贷款合同生效之日至贷款本金利息全部还清为止的期限。国际银团贷款的期限比较灵活，短则 3～5 年，长则 10～20 年，但一般常见的是 3～10 年。根据不同时期内贷款本金的流向不同，可将贷款期限划分为三个时期，即提款期、宽限期和还款期。

宽限期内不必偿还本金，本金在剩下的贷款期内偿还，可以有到期一次偿还、分次等额偿还、逐年分次等额偿还三种偿还方式。对借款人来说，如果加息率、代理行手续费相同，则贷款期限、宽限期越长越好。贷款平均使用期限（亦称实际贷款使用期限）的计算方法是：

$$\text{贷款平均使用期限} = \text{宽限期} + \dfrac{\text{剩余期限}}{2}$$

【例 7-2】两笔贷款的贷款期限与宽限期分别是：(1) 贷款期限 10 年，其中宽限期 2 年；(2) 贷款期限 8 年，其中宽限期 5 年。在此情况下，贷款的平均使用时期是：

① 宽限期 2 年 + 剩余 8 年/2 = 平均 6 年

② 宽限期 5 年+剩余 3 年/2＝平均 6.5 年

这样，②的贷款平均使用时期比①长半年，对借款人有利。要注意的是，与贷款期是 8 年的②相比，①虽然较早开始偿还，但最终偿还期限是 10 年，这点还是能吸引人的，因此也有人会选择①。从贷款银行而言，考虑到第 9 年和第 10 年的风险，选择 8 年期的贷款为妥。

小知识 我国借用国际银行贷款的程序

第三节　国际贸易融资

【林伟的任务 7-2】

2020 年 10 月，力源公司到海外参展，有位尼日利亚电器商看中其产品，表示有意进货，但需赊销 60 天。公司业务员林伟担心货款回收难，不敢接单，于是打电话向中国工商银行福州分行国际业务部吴东勤经理咨询业务事宜，吴经理向林伟介绍了保付代理业务。在详细了解了保付代理业务的流程后，林伟决定尝试用保付代理业务，并向市场部高国明经理汇报，高经理要求林伟拟写一份报告，详细列出保付代理的业务流程和相关费用，以及它的业务特点和优点。

一、短期贸易融资

短期贸易融资，就是在对外贸易过程中进出口商在进出口和贸易结算的不同环节通过不同的方式所得到的期限较短（通常在 1 年以内）的贷款。大多数短期贸易融资都和结算方式联系在一起，所以又称国际贸易结算融资。短期贸易融资又可分为短期出口融资、短期进口融资和保付代理业务等三种。

（一）短期出口融资

短期出口融资有很多具体方式，发生在贸易的各个阶段和环节。它包括进口商提供的商业信用、信用证打包放款、出口押汇和票据贴现等。

（1）进口商提供的商业信用。进口商通过预付款的形式对出口商提供商业信用。预付款是进口商在收到货物之前支付给出口商的款项。并不是所有的预付款都是融资方式，作为定金的预付款通常期限较短、占交易金额的比重不大，不被视为融资方式。

在现代国际贸易中，这种融资方式变得越来越不重要。它主要用于以下两个场合：① 发达国家采购发展中国家的某些初级产品时采用，以缓解对方生产和出口资金的紧张；② 发展中国家采购发达国家的某些设备时采用，以减少发达国家对出口风险的顾虑。

（2）信用证打包放款。信用证打包放款也被称为装船前贷款、信用证抵押贷款，是指在出口商出口之前，银行以出口商提供的由进口商开立的信用证为抵押，向出口商提供贷款。出口商获得的这项贷款，仅限于该信用证项下出口商品的备货和出运，不得挪作他用。

信用证打包放款的期限自信用证抵押之日起至出口商提供货运单据并向开证行寄单收回货款之日止。借款期限的长短由银行与出口商根据收回货款的时间来商定，通常不超过 3 个月。打包放款的金额一般不是信用证的全额，而是信用证金额的 70%～80%。银行在向开证行收回货款后，将从货款中扣除贷款本金和利息。在出口商不按期归还本息的情况下，银行还可从出口商在任何银行开立的账户中扣收，并加收罚息。

(3) 出口押汇。出口押汇是银行在信用证、托收和出口保理项下的议付。出口商在货物发运后,将货运单据交给银行,银行在审核单证相符后,向出口商买单付款(即兑单据或汇票付给兑价)。之后,银行再向开证行寄单收款,冲回垫付的资金。

与信用证打包放款一样,出口押汇亦是银行对出口商提供的短期资金融通,且融通的金额均为信用证或单据金额的一定比例,而非百分之百。所不同的是,出口押汇不是在货物发运之前,而是在货物发出并备齐单据后;出口押汇的时间通常也较长,为 3~6 个月;此外,贷款利息在出口押汇中以贴现方式从贷款中扣除,而在信用证打包放款中是从收回的货款里直接扣除。出口押汇对出口商来说,防范外汇风险有一定作用,外汇风险敞口缩小。

【例7-3】美国出口商向法国出口价值100万欧元的机械产品,180天后结算,结算货币为欧元。设成交后90天内由银行议付,议付金额为80万欧元,贴现率为8%,实际付给出口商的金额为78.4万欧元,则该出口商应采用的套期保值措施是:在成交日卖出180天的远期欧元20万(100-80)及90天的远期欧元78.4万。

(4) 票据贴现。票据贴现是指出口商发货并取得进口商、开证行或其他汇票付款人已承兑的汇票后,经其申请银行有追索权地买入汇票来提供的资金融通。票据贴现的基本条件是已承兑的未到期的远期汇票。银行在办理票据贴现时要从票面金额中扣除自贴现日起至到期日止的利息。

银行办理贴现的票据可以是银行承兑汇票、商业承兑汇票、商业票据(本票)、银行票据等,但是在国际业务中,银行办理贴现的票据主要是银行承兑汇票,而且多以进出口商为出票人和贴现申请人,目的是为了防止风险。

(二) 短期进口融资

短期进口融资具有很多种形式,它包括出口商提供的商业信用、进口押汇、提货担保和承兑信用等。

(1) 出口商提供的商业信用。它主要有开立账户信贷、票据信贷和寄售三种方式。

① 开立账户信贷。进出口双方订立出口协议后,出口商将货物发运后,将进口商应付款借记进口商账户,进口商将出口商应收账款贷记出口商账户,并在规定期限内支付货款。这种商业信用对进口商有利,对出口商来说则风险较大,一般适用于客户之间关系良好的企业之间的小型商品贸易。

② 票据信贷。出口商以汇票托收方式向进口商提供的短期融资方式。进口商凭银行提交的单据承兑出口商汇票;或者出口商将票据直接寄交进口商,并委托银行以汇票托收,进口商承兑后并于规定期限内支付货款。

③ 寄售。出口商同国外客户(代销人)签订寄售合同后,将寄售商品发给国外代销人,由代销人按照合同规定的条件和办法,在当地市场进行销售。货物出售后,由代销人扣除佣金及其他费用后,按合同规定的办法将货款付给寄售人,是一种先出口后售货的贸易方式。这种方式适用于相互之间比较熟悉和信任的进出口商之间的贸易。

(2) 进口押汇。进口押汇是由开立信用证的银行向开证申请人(即进口商)提供的一种短期资金融通。开证行和进口商之间需要通过协商,签订有关的进口押汇协议。在这一基础上,开证行在收到出口商通过议付行寄来的信用证项下单据后,向议付行先行付款,然而再根据进口押汇协议及进口商签发的信托收据,将单据交与进口商,进口商凭单提货并将货物在市场上销售后,将货款连同这一期间的利息交还给开证行。这一过程如图7-1所示。

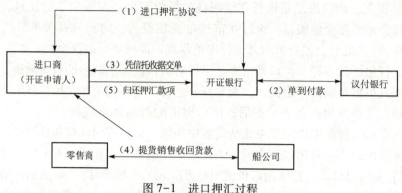

图 7-1　进口押汇过程

在进口押汇业务中，进口押汇协议和信托收据是它的两个主要文件。信托收据是进口商在未向开证行付款前必须向该行出具的凭证，用以提取货物。该凭证说明进口商所提货物的所有权仍属银行，并由进口商代为保管和销售。

进口押汇的时间较短，一般在1～3个月，比较适用于市场好、销售快的商品的进口融资。开证行和进口商签订的进口押汇协议，通常会根据进口商的资信、经营业绩、财务状况等情况来确定押汇的金额。对经常进行进出口贸易的进口商来说，这个金额可以是一个总的额度，也可以是按单笔信用证业务确定的单项金额。

（3）远期信用证贸易融资。国际贸易中一些大宗的进出口交易，如大型机械设备进出口，往往需要进行中长期融资。远期信用证贸易融资是比较常见的一种，它实质上是由出口商所在地银行提供的对进口商的融资。在远期信用证结算方式下，进口商通过进口地银行开立此类信用证，出口商收到信用证后，装船发货，并通过议付行向开证行提交远期外币汇票及全套货运单据。开证行审核无误后，即承兑信用证项下的远期汇票。经承兑的远期汇票将退回议付行，再于汇票到期日向承兑行（即开证行）提示，取得票款。远期信用证项下的远期汇票可以有多张，每张汇票的付款期限均可不同，议付行的汇票提示及收款依此日期进行。

出口商在远期信用证方式下可以和银行做出多种融资安排，图7-2所示的融资方案就是其中的一种。这些融资安排有：① 出口商在取得进口商开立的信用证之后可以用做抵押，向银行申请打包放款；② 远期汇票经开证行承兑并退还议付行后，议付行可向出口商进行议付或办理贴现，出口商则把取得的资金用来偿还打包放款的融资款项。

在上述几种以信用证收付为基础的融资方式中，为保证融资过程的顺利进行，还应注意以下三个问题：

第一，出口商为便于在货物出口之前筹措资金，只能接受不可撤销信用证。

第二，准备通过贴现方式融资的，应使用可转让性质的远期汇票。可转让汇票必须能随时或在指定日期内由开票人或承兑人向持票人或指定人无条件付款。

第三，抬头是特定收货人的提单（即直交提单）不能作为借款抵押品，因为它只能由指定提货人提货，银行不接受转让。

（4）承兑信用。承兑是指付款人在汇票上签字，表示承担汇票到期时付款责任的行为。由进口商承兑的远期汇票称为商业承兑汇票，由银行承兑的远期汇票称为银行承兑汇票。在

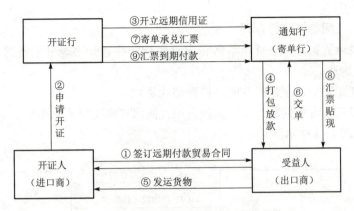

图 7-2 远期信用证结算过程与融资安排

进出口贸易中,若出口商怀疑进口商的支付能力,便会要求进口商开展承兑信用业务。承兑信用指银行应进口商的申请,对出口商开出的远期汇票进行承兑,从而向进口商提供信用。承兑行并不负责垫付资金,它所贷出的是自己的声誉,凭以换取承兑手续费。

(5)提货担保。提货担保是在货物比单据先到的情况下,银行根据进口商的"提货担保申请书",向海运公司出具担保,请它凭担保先行放货的授信方式。在担保书中,银行保证日后补交正本提单,负责向海运公司缴付有关费用,并赔偿海运公司由此可能产生的各种损失。有时,由进口商首先出具对海运公司的担保书,银行在上面签字后,将其作为双方共同向海运公司出具的担保书。进口商凭银行出具的担保书可以办理报关、存仓等手续。待收到出口商寄来的单据后,银行用正本提单换回提货担保,并同时解除担保责任。

为减少出具担保书的风险,银行通常采取以下措施:① 提货担保一般限于信用证项下货物,因为在开证时银行对进口商的资信做过比较详细的调查。② 设定提货担保额度,或收取全额保证金。③ 在出具担保书之前,必须查明海运公司的来货确属信用证项下货物。④ 要求进口商在付清货物款项之前,以银行的名义办理存仓手续。⑤ 要求进口商放弃拒付的权利。因为在出具提货担保之后,即使单证有不一致之处,银行也必须履行向交单行的付款责任。

(三)保付代理业务

保付代理业务又称"应收账款收买业务""承购应收账款业务",简称"保理",是在国际贸易中,出口商以商业信用形式出卖商品,在货物装船后立即将发票、汇票、提单等有关单据卖断给保理商(一般为商业银行或其附属组织),收进全部或部分货款,从而取得资金融通的业务,是一种无追索权的短期信贷业务,是一项集贸易融资、商业资信调查、应收账款管理及信用风险担保于一体的新兴综合性金融服务。

保付代理业务最先出现在英国,第二次世界大战后取得迅速发展。1992年,中国银行正式加入世界最大的国际保理组织——国际保理商联合会(FCI)。此后中国银行北京、上海和广州地区的分行相继开办了保理业务。

(1)保理业务的流程,具体包括:
① 签订有关的保理合约,例如保理商代理合约和保理合同。
② 由出口商按收款金额申请保理额度,并由保理商对进口商的资信和财务状况调查评

估后核准这一额度。

③ 进出口商之间签订销售合同。

④ 出口商装运货物,并将货运单据和应收账款转移通知书等分别寄送进口商和出口保理商,取得资金融通。

⑤ 进口保理商凭受让应收账款向进口商催收货款。

⑥ 出口保理商收得账款后,扣除保理费用,向出口商支付账款余额,并处理有关账表。

整个业务流程如图 7-3 所示。

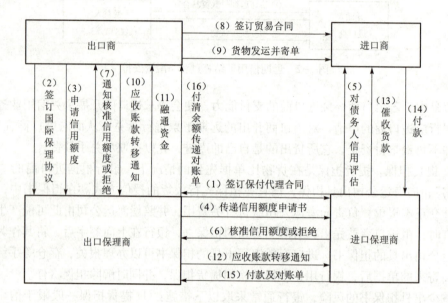

图 7-3 保理业务流程

(2) 保理业务的主要费用,具体包括:

① 利率。利率可能是浮动利率,通常在基础借款利率上加约 3%。

② 融资费用。这取决于所融通资金的数量及期限。对信用自我控制的出口商一般为 0.25%～0.75%;对提供全部销售账户管理的,收费标准通常为 0.75%～2.75%。

③ 信用保险。在保理商承担全部进口商信用风险的情况下,需附加 0.2%～1% 的费用,这一费用在向信用较差国家的出口保理中有可能更高。

出口商将应收账款售于保理商后,可获得的资金通常为发票金额的 80%～90%,而不是全部,期限多为 90～180 天,不超过 360 天。在出口保理商看来,保理业务的内部运作与出口押汇一样,即在购买应收账款时,以贴现方式,将有关的利息和管理费用从付给出口商的款额中扣除。

(3) 保理业务的特点有以下三点:

① 保理商承担了信贷风险。出口商将单据卖断给保理商后,如果到时进口商拒付货款或不按期付款等,保理商不能向出口商行使追索权,全部风险由保理商承担。

② 保理商通常还提供资信调查、托收、催收账款,甚至代办会计处理手续等业务。因此,保理业务是一种综合性业务,既不同于议付,也不同于贴现。

③ 预支货款。典型的保理业务是出口商在出卖单据后立即收到货款,得到资金融

通。但是，只要出口商资金雄厚，也可与保理商达成协议在票据到期后再向保理商索要货款。

（4）保理商与商业银行的关系。保理公司虽然大多数都是在大商业银行出资或在其资助下建立的，但保理公司经营的业务与商业银行经营的贴现、票据抵押和议付等业务有明显不同，如表7-1所示。

表7-1　保理业务与商业银行贴现、议付的区别

比较项目	贴现、议付等	保理
向出口商提供资金的基础不同	有追索权	无追索权
考察资信的重点不同	出口商	进口商
业务内容不同	单一融资	综合性

（5）保理业务的作用可以分为出口商的好处和进口商的好处两个方面：

① 对出口商的好处，具体包括：

第一，保理商代出口商对进口商的资信进行调查，为出口商决定是否向进口商提供商业信用以扩大商品销售提供信息和数据。保理商经常向出口商提出建议，使其获得了更多的贸易机会，促进了出口商竞争能力的提高。

第二，出口商将货物装运完毕后，通常可立即获得现金，加速了出口商的资金周转，促进了其利润的增加。

第三，只要出口商的商品品质和交货条件符合合同规定，在保理商无追索权地购买其票据后，出口商就可以将信贷风险和汇率风险转嫁给保理商。

第四，出口商如果从银行贷款取得资金融通，会增加其负债，提高企业负债/资产比率，恶化企业资产负债状况，对企业形象会产生负面影响，不利于其有价证券的上市。

（2）对进口商的好处，具体包括：

第一，进口商采用保理业务不需向银行申请开立信用证（L/C），免去了交付押金，从而可以减少资金占用，降低进口成本。

第二，通过保理业务，进口商可减少交易中间环节，简化进口手续，适应多变的国际市场要求，提高市场竞争力。

二、出口信贷

国际贸易短期信贷融资期限短，主要用于商品周转快、成交金额相对不大的国际贸易资金需要。对于一些周转期限长、成交金额大的商品，如大型机电设备等，进出口商需要更长时间的融资，因此就出现了对外贸易中长期信贷。对外贸易中长期信贷是一个国家为促进本国商品的出口，加强本国商品在国际上的竞争力，争夺国际市场的一种手段，国际上将对外贸易中长期信贷统称为出口信贷。

出口信贷是出口国的官方金融机构或商业银行向本国出口商或对方国进口商提供利息补贴和信用担保，期限在1年以上的中长期优惠贷款方式。世界各国普遍推行的对外贸易中长期信贷的形式主要有卖方信贷、买方信贷、混合贷款、福费廷四种。出口信贷具有以下五个主要特点：

（1）出口信贷是一种官方资助的政策性贷款。发达国家提供的出口信贷，一般直接由商业银行发放，如金额过大则由国家专设的出口信贷机构予以支持。对一些特定类型的对外贸易中长期贷款，可由专设的出口信贷机构直接承担发放贷款的责任，负责出口信贷的管理和经营业务。

（2）贷款用途被严格限定。出口信贷有指定用途，即该项融资限于购买贷款国家的商品。如果某资本物品由多个国家参与制造，则该国部件占50%以上是获得出口信贷的必要条件，有时该比例可高达85%。有的国家只对资本物品中属于本国制造的部分提供出口信贷支持。

（3）利率较低。出口信贷利率的收取和信贷条件与国内一般的融资有明显的区别，它的中长期贷款利率明显低于国内市场利率，利差由国家补贴。

（4）出口信贷与信贷保险紧密结合。由于国际贸易环境复杂多变，进出口商在交易中存在种种潜在风险，再加上融资金额大、期限长等因素约束，出于盈利目的的私人保险公司往往不愿意为这种信贷提供担保，商业银行也就不愿意提供信贷。于是发达国家一般都设有国家信贷保险机构，以弥补私人保险市场的不足，为贷款银行和出口商承担国家风险和商业风险。

（5）一般要求买方预付合同金额10%～20%的现汇定金。贷款金额占合同金额的比例一般为80%～85%。

（一）卖方信贷

卖方信贷（Supplier's Credit）是指在大型机器装备与成套设备贸易中，为便于出口商以延期付款出卖设备，出口商所在地银行对出口商提供的信贷。银行对出口商提供的是银行信用，出口商对国外买主提供的是商业信用。利用卖方信贷，出口商签订三个法律文件：与进口商的贸易合同、与保险机构的保险合同、与银行的卖方信贷协议。出口商不仅要支付利息，还要支付信贷保险费、承担费、管理费等。出口商总是将这些附加费用转嫁于商品价格中，延期付款的货价一般要高于即期付款货价。

卖方信贷的基本流程如图7-4所示。

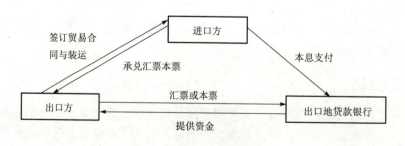

图7-4 卖方信贷基本流程

（1）出口商与进口商签订延期付款贸易合同，利用卖方信贷出口大型或成套资本类商品。进口商须于签约后一定期限内先预付10%～20%的现汇定金之后，合同才能生效。

在贸易合同中，一般要求进口商出具不同付款期限的本票，或由出口商开立的不同付款期限的汇票，并由进口商有关银行加保或承兑，贷款银行要求以此作为抵押担保。

（2）出口商凭贸易合同向当地银行申请贷款，签订卖方信贷协议，并将其投保的保单转让给贷款银行。出口商须承担卖方信贷的承担费、管理费及卖方信贷保险费。

（3）出口商根据贸易合同的规定分期发货，进口商分批验收，并根据贸易合同分期付款总货价值的 10%～15%。

（4）进口商在全部交货后若干年内分期偿还其余货款。

（5）出口商分期偿还银行贷款。

（二）买方信贷

买方信贷（Buyer's Credit）是出口方银行或出口信贷机构直接向进口商（或进口方银行）提供的贷款。买方信贷使得进口商能够以现汇支付进口货物的货款。

买方信贷有两种具体形式：一种是直接贷款给外国的进口商，但需要有进口方银行担保；另一种是贷款给进口方银行，再由进口方银行将贷款给进口商。在这两种方式中，后一种方式使用较多。

（1）买方信贷的基本流程，买方信贷的基本流程如图 7-5、图 7-6 所示。

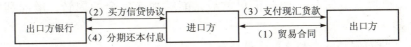

图 7-5　出口国银行直接贷款给进口商的买方信贷的流程

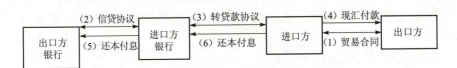

图 7-6　出口国银行贷款给进口商银行的买方信贷的流程

① 出口国银行直接贷款给进口商的买方信贷流程如下：

第一，进、出口商签订贸易合同，合同生效后，由进口商以现汇支付合同金额 15%～20% 的定金。

第二，进口商以贸易合同为基础，与出口方银行或出口信贷机构签订贷款协议。

第三，进口商用借来的款项，以现汇形式支付出口商的货款。

第四，进口商按贷款协议分期偿还出口方银行贷款的本息。

② 出口国银行贷款给进口方银行的买方信贷流程如下：

第一，进、出口商签订贸易合同，合同生效后，由进口商以现汇支付合同金额 15%～20% 的定金。

第二，进口方银行和出口方银行或出口信贷机构签订贷款协议。

第三，进口方银行将所借的贷款按照协议转贷给进口商。

第四，进口商以现汇的形式向出口商支付货款。

第五，进口方银行按贷款协议向出口方银行分期偿还贷款本息。

第六，进口方银行和进口商之间的债务由双方商定的办法在国内清偿结算。

（2）买方信贷的作用。20 世纪 70 年代以后，由于买方信贷有着卖方信贷无法比拟的优越性因而受到普遍欢迎并得以迅速发展。

① 买方信贷对进口方的有利之处，具体包括：

第一,由于在买方信贷条件下,进口商以现汇方式支付货款,因而货价清晰明确,不会掺杂其他因素。

第二,进口商能够集中精力谈判技术条款和商务条件,并且进口商对于产品的各项技术指标更加熟悉,这使得进口商得以在谈判中居于有利地位。

第三,办理信贷的手续费用是由买方银行直接付款给出口商银行,与卖方信贷条件下的手续费相比要低许多。

② 买方信贷对出口商的有利之处,具体包括:

第一,使用卖方信贷时,出口厂商既要组织生产,又要筹集资金,而且要考虑在原始货价之上以何种幅度附加利息及手续费等问题,工作量较大。而买方信贷条件下,由于进口商是现汇付款,所以出口商可集中精力按贸易合同的规定保证交货和组织生产。

第二,因进口商现汇付款,所以买方信贷下出口商收到货款后会立刻反映出企业的应收账款入账,有利于出口商资产负债状况的改善,有利于出口商有价证券的上市。

第三,出口商收到进口商的现汇付款后,能够加速资金的周转,增加利润,提高竞争力。

③ 买方信贷对银行的有利之处,具体包括:

与其他信贷方式相比,由出口商银行直接贷款给进口商银行的买方信贷的发展最为迅速。一般而言,贷款给国外的买方银行,要比贷款给国内的企业风险小得多,因为一般银行的资信要高于企业。因此,出口方银行更愿承做直接贷给进口商银行买方信贷业务。

(3) 买方信贷的贷款原则,具体包括:

① 贷款的使用方向。接受买方信贷的进口商只能以其所得的贷款向发放买方信贷的国家的出口商或该国注册的外国公司进行支付,不能用于第三国。

② 使用贷款购买的商品。进口商利用买方信贷限于进口资本货物,如单机、设备和有关技术等,一般不能进口原材料、消费品等。

③ 资本货物的构成。提供买方信贷国家出口的资本货物大多数限于是该国制造的,如该资本货物的部件是由多国产品组装,则本国部件应占50%以上。各国规定标准不一。

④ 现金支付。贷款只能提供合同金额的85%,船舶为80%,其余要付现汇。

⑤ 信贷起始日。信贷起始日指偿还贷款的起始日,正式还款日期在信贷起始日后的6个月以后开始。信贷起始日的确定,视出口信贷标的物的不同而不同。

⑥ 最长还款期。根据国家富裕程度确定不同的最长还款期。

⑦ 本金偿还。按等期还款方式,每隔6个月或少于6个月等额偿还一次。

⑧ 利息偿还。利息支付的间隔时间不得超过6个月,首次利息支付不得迟于信贷起始日后6个月。

⑨ 最低利率。一般按商业参考利率计算,商业参考利率均按各国5年期政府债券的收益率计收。

⑩ 当地费用。当地费用是指进口商为完成机械设备进口而必须在本国或第三国购买的商品或劳务支出,或出口商为完成机械设备的出口而必须购买的商品或劳务支出。申请当地费用的最高金额,不得超过设备贸易合同价款的15%;发达国家当地费用限于支付保险费

和担保费。

（4）买方信贷的贷款条件，具体包括：

① 买方信贷使用的货币。第一，使用提供买方信贷国家的货币，如日本用日元，澳大利亚用澳元等；第二，提供卖方信贷国家的货币与美元共用，不同货币采用不同利率，如法国、英国、加拿大等；第三，使用美元，但也可使用提供买方信贷国家的货币，如瑞典用美元，但也可用瑞典克朗。

② 申请买方信贷的起点。进口商利用买方信贷购买资本货物都规定有最低起点，如果购买的货物的金额未达到规定的起点，则不能使用买方信贷。这一规定在于促进大额交易的达成，扩大货物的出口，但各国对使用买方信贷起点的规定不尽相同。

③ 买方信贷利息的计算方法。有的国家一年按 365 天计算，有的则按 360 天计算。国际通用的计息时间为"算头不算尾"，即当天借款当天计息，还款当天不计息。

④ 买方信贷的费用。使用买方信贷通常支付的费用包括利息和管理费，有的国家还要收取承担费和信贷保险费。

⑤ 买方信贷的用款手续。出口商与进口商银行签订贷款总协议，规定贷款总额，在进口商与出口商达成交易、签订贸易合同须动用贷款时，根据贸易合同向进口国银行申请，经批准后即可使用贷款。但有的国家规定在签订买方信贷总协议之外，根据贸易合同，还要签订具体协议。

（三）混合贷款

混合贷款（Mixed Loan）是出口国政府为了使本国商品更具国际竞争力，将政府贷款、出口信贷混合在一起提供给进口国的一种新型贷款形式。由于政府贷款含有赠款的成分，因而利率比一般出口信贷利率更加优惠，此外政府贷款的使用较单纯的买方或卖方信贷来说更灵活、使用范围广。混合贷款带有援助性质，多用于双边合作项目，有利于促进出口国大型设备和工程项目的出口。

混合贷款从混合方式来说，可分为以下两种：

（1）对同一个项目的融资，分别提供一定比例的政府贷款（或赠款）和一定比例的买方信贷。例如 45% 的政府贷款和 55% 的买方信贷；或者 20% 的赠款和 80% 的买方信贷。政府贷款（或赠款）和买方信贷分别签署协议，其形式有两个贷款协议和两种金融条件（如两种利率、两种费率、两种贷款期限等）。

（2）对同一个项目的融资，将一定比例的政府贷款（或赠款）和一定比例的买方信贷（或卖方信贷）混合在一起，然后根据赠予成分的比例及利率计算出一个混合利率。其形式只有一个赠款协议和一种金融条件（如一种利率、一种费率、一种贷款期限等）。

（四）福费廷

福费廷（Forfaiting）是指在延期付款的大型设备贸易中，出口商把经进口商承兑的、期限在半年以上到 5～6 年的远期汇票，无追索权地售于出口商所在地的银行或大金融公司（即包买商），提前取得现款，并免除一切风险的资金融通形式。

福费廷与保理业务不同，保理业务主要适用于消费性商品的进出口，而福费廷则比较适合一些大中型设备的进出口，因为它们涉及的金额大、付款时间长，一般的贸易融资很难满足这种需要。

（1）福费廷业务的基本流程，如图 7-7 所示。

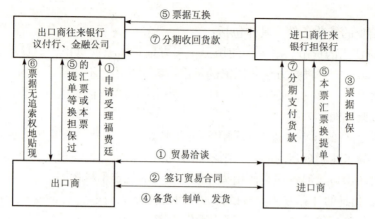

图 7-7　福费廷业务的基本流程

① 出口商如要使用福费廷融资方式，在与进口商洽谈贸易时，应和其所在地银行或金融机构事先联系，获得其准予福费廷的承诺，以便做好各项信贷准备工作。

② 出口商与进口商签订贸易合同，商定使用福费廷支付。进口商延期支付货款的票据有两种选择，一是由出口商签发并由进口商承兑的远期汇票；二是进口商开具的本票。不论使用哪种票据都需要得到进口行的担保。进口商往来银行对远期汇票的担保形式有两种：一是在汇票票面上签章，保证到期付款；二是出具保函，保证对汇票付款。

③ 担保行必须得到出口商所在地接受福费廷业务银行的认可，如该行认为担保行资信不高，进口商要另行更换担保行。担保行确定后，进出口商才签订贸易合同。

④ 出口商出运货物后，将全套货运单据通过银行寄送给进口商，进口商将自己承兑并附有银行担保的远期汇票（或本票）回寄给出口商。

⑤ 出口商取得经进口方银行担保的远期承兑汇票（或本票）后，向福费廷方办理票据的贴现手续，取得现款。

⑥ 贴现的远期承兑汇票（或本票）到期时，福费廷方与进口商清算货款，若进口商拒绝付款，则由担保行负责还款。

（2）福费廷业务与一般贴现业务的区别，如表 7-2 所示。

表 7-2　福费廷业务与一般贴现业务的区别

项　　目	一般贴现	福费廷
贴现票据遭到拒付时有无追索权	银行对出票人有追索权	银行对出票人无追索权
业务中涉及的票据种类	贴现的票据为一般国际贸易往来中的票据	与出口大型成套设备、装备相联系的票据
有无银行担保	无银行担保	由一流大银行担保
收取费用	只按市场利率收取贴息	不仅收取利息，而且还收管理费、承担费和罚款等

(3) 福费廷业务与保理业务的区别，如表 7-3 所示。

表 7-3 福费廷业务与保理业务的区别

项 目	保 理	福费廷
使用范围	适用于国际贸易的普通商品，金额较小，时间多在一年以下	适用于大型成套设备的出口，交易金额大，付款期限长
是否需要进口商所在地银行对汇票的支付进行保证	不需要	必须履行该程序
是否需要进出口商事先协商	不需要	必须履行该程序
业务内容	综合性业务	单一融资业务

(4) 福费廷业务对出口商和进口商的作用如下：
① 对出口商的作用，包括以下四点：
第一，在出口商的资产负债表中，可以减少国外的负债金额，提高企业的资信，有利于其有价证券的发行。
第二，能够立即获得现金，改善流动资金状况，有利于资金融通，促进出口的发展。
第三，信贷管理、票据托收的费用与风险均转嫁给银行。
第四，不受汇率变化与债务人情况变化的风险影响。
② 对进口商的作用。对进口商而言，利息与所有的费用负担均计算于货价之内，即通常采用福费廷方式货价较高。但利用福费廷的手续却比利用其他出口信贷方式简便得多，不需要进口商多方联系、洽谈，使其能够有足够的精力进行贸易谈判。这一优势与费用成本需要进口商仔细权衡。

第四节 国际租赁融资

一、国际租赁的含义

租赁是指出租人在一定时间内，以收取租金为条件，将租赁物交付给承租人使用的经济行为。出租人通过收取租金，可以收回全部或部分对租赁货物的投资，并保持对租赁物的所有权，承租人则通过缴纳税金，可以获得对租赁物的使用权。租赁最大的特点是以租物形式达到融资的目的，将贸易与金融结合在一起，在资本市场和销售市场上实际发挥了投资、融资与促进销售的三重作用。

国际租赁又称跨国租赁，是指处于不同国家（或地区）的出租人与承租人之间的租赁活动。其特点表现在：
(1) 租金支付方式灵活多样，以满足承租人的不同需要。
(2) 租金在整个租期内一般是固定不变的，而期限比较长的贷款一般采用浮动利率。
(3) 租用期一般较长，而贷款期限一般要短得多。
(4) 租期结束，承租人一般可在退租、续租和留购中任选一种。
国际租赁的形式很多，按照租金是否完全支付来划分，国际租赁可分为融资租赁和经营租赁,而在这两种基本形式上发展起来的还有维修租赁、杠杆租赁、综合性租赁等形式。

二、国际租赁的作用

(一) 对承租人的作用

(1) 国际租赁对承租人的积极作用包括:

① 承租人无须自筹大量资金即可得到所需的机器设备,从而腾出资金扩大其他投资。

② 与出口信贷相比,利用租赁引进设备是全额融资,资金利用率高,出口信贷则要交设备价款15%的定金。

③ 与自身购买相比,利用租赁引进设备,通过续约或更新设备,可以经常使用较先进的技术,保持设备、产品的竞争力。

④ 租金一般固定,便于成本核算,并免除了因通货膨胀带来的不利影响。

⑤ 租赁设备的安装、维修、技术人员培训及设备损坏风险均由出租人承担。

⑥ 租赁期间,承租人可以熟悉设备的质量、性能及生产效果,为以后留购设备或直接购买创造条件,避免盲目购进。

(2) 国际租赁对承租人的消极作用包括:

① 租金总计高于承租人直接购买的价格。

② 承租人对租赁物只有使用权没有所有权,不能随意处置或改造设备。

③ 出租人因本国税法改变使其出租成本提高时,也由承租人负担,从而加大了承租人的成本。

(二) 对出租人的作用

(1) 国际租赁对承租人的积极作用包括:

① 出租人租赁出口机器设备,能起到推销产品、扩大出口的作用。

② 主要发达国家的税法均对出租人给予税务优惠,如在美国,出租人能获得购买新设备费用10%的联邦投资减税及折旧收益。

③ 出租人通过出租物的维修、零配件的更换、技术培训与咨询等服务,还可以扩大劳务出口。

④ 由于租赁公司大多依附于银行或以银行为主要股东,故而容易取得银行优惠贷款,借以降低租金,吸引租赁客户。

(2) 国际租赁对承租人的消极作用包括:

① 出租人收回资金的周期比商品出售周期要长,影响资金的周转。

② 在租赁期内租赁物的所有权归出租人,尽管可以为设备投保,但出租人仍要承担一定的风险。

小知识 融资租赁将迎黄金发展期

三、国际租赁的程序

在国际租赁活动中,尽管租赁程序因租赁方式和租赁公司的不同而有所差别,但各种租赁方式的租赁程序基本是相同的。

(1) 租赁物的选择。融资租赁中租赁物一般是由承租人自行挑选,出租人代为购买的。承租人根据自己所需的租赁物件,挑选自己认为理想的供应商,并与其洽谈有关设备的型号、规格、价格以及交货日期等问题。

(2) 申请租赁。承租人就租赁的物品与供应商谈妥后，向租赁公司提出租赁申请，告知所需租赁物件的型号、规格、租赁方式及租期。租赁公司接到租赁申请后，通过对企业的经营状况、财务报表等资料进行审查，如有必要，还可委托各种信用调查机构对申请人进行调查，最后作出是否提供租赁的决定。

(3) 签订租赁合同。租赁公司接受承租人申请后，向承租人发出租赁报价，如果对方同意，双方即可洽谈并签订详细的租赁合同，双方的代理银行作为见证人也要在合同上签字证明。

(4) 租赁物的订购。租赁合同签订后，出租人根据合同中的规定向供应商缴付设备价款，购进设备。

(5) 供应商根据其与租赁公司的订货合同向承租人直接供货。承租人必须做好租赁物的报关、运输、提货等工作。

(6) 租赁物的验收。租赁物交给承租人后，经过一段时间的试用，如果各方面均符合合同要求，承租人即行验收，租赁期从验收日正式开始。

(7) 支付租金。承租人按合同要求定期向租赁公司缴付租金。

(8) 租赁物的维修保养。租赁物的维修保养按合同规定及租赁方式的不同而有所不同。

(9) 合同期满时租赁物的处理。合同期满后租赁物的处理方法随租赁方式的不同而有所区别。

四、国际租赁的类型及特点

(一) 融资租赁

融资租赁又称金融租赁，是指由承租人选定机器设备，由出租人购置后出租给承租人使用的租赁。承租人按期交付租金，租赁期满后，机器设备共有三种处理办法：退租，将设备退还出租人；续租，签订新的租赁合同；留购，按租赁设备的残值将设备卖给承租人。

融资租赁具有以下五个特点：

(1) 承租人在租赁期间分期支付的租金总额等于设备货价加上贷款利息及出租人的管理费，因此融资又被称为"完全付清"的租赁。

(2) 融资租赁活动中，承租人享有并承担选择供货商及选择设备的权利和责任，出租人不能干预。

(3) 承租期内，承租人负责设备的维修和保养，出租人只负责垫付货款。

(4) 融资租赁至少涉及三个方面的关系，包括两个或两个以上的合同。三个方面的关系，是指出租方、承租方和供货方之间的关系。出租方向供货方购买设备，同时将其向承租方出租，由此而产生出租方与供货方订立的合同和出租方与承租方订立的合同。

(5) 租赁合同一经签订，在规定租期内，双方无权撤销合同，这是由货物的专用性和租赁期限的长期性决定的。

对承租人来说，承租的目的不是短期使用，而是为了添置设备供长期使用，因此租赁物件也主要是寿命较长的大型专用设备。承租人能以较少的投入，取得较大的经济效益，而且只需支付一定的租金，就可超前获得设备的全部使用价值，有利于企业提高效益。

融资租赁的流程如图 7-8 所示。

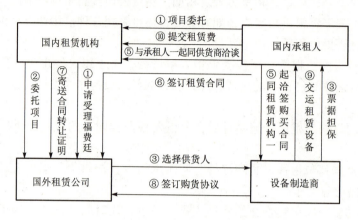

图 7-8 融资租赁的流程

（二）经营租赁

经营租赁也称使用租赁、营运租赁或操作租赁，是指出租人购置设备，出租给承租人使用，出租人负责维修、保养和管理工作。

经营租赁具有以下四个特点：

（1）租期短。经营租赁的租期通常较短，出租者无法靠一次租赁活动获得的租金收入完全收回对租赁物的投资并赚取合理的利润。

（2）出租方负责对租赁物的维修和保养。在经营租赁中，出租方负责租赁物的维修和保养，所需费用可在租金中计算，也可以分次单独计算。

（3）租赁合同中通常包括取消条款，承租方可以在合同到期前提前结束与出租方的租赁关系，将租赁物退还出租方。

（4）经营租赁的租赁物一般具有用途广、技术进步快、需要高度保养管理技术的特点，如大型计算机、建筑机械、超声仪器、电气设备等。承租人选择经营租赁是为了避免资金积压和技术落后。

（三）维修租赁

维修租赁是指出租人向承租人提供专门的设备维修、替换等服务活动的一种融资性租赁方式，主要适用于运输工具的租赁，尤其是汽车的租赁。它是介于融资租赁和经营租赁之间的一种中间形式。

维修租赁具有以下三个特点：

（1）租赁期一般在两年左右。

（2）租赁期满，承租人必须将租赁物归还出租人。

（3）租金中包括维修、保险费用，所以租金较融资租赁要高。

（四）杠杆租赁

杠杆租赁是指出租人投资租赁物总购买价 20%～40% 的资金，其余大部分资金以出租人的名义向银行借贷，购买租赁物并出租给承租人使用。出租人必须以租赁物做抵押并将有关权益转让给贷款人。

杠杆租赁具有以下五个特点：

(1) 在杠杆租赁中，贷款参与人对出租人无追索权，因此，它较一般信贷对出租人有利，而贷款参与人的资金也能在租赁物上得到可靠保证，比一般信贷安全。

(2) 杠杆租赁中出租人仅出一小部分租金却能按租赁资产价值的100%享受折旧及其他减税、免税待遇，这大大减少了出租人的租赁成本。

(3) 杠杆租赁的租金低于一般融资租赁的租金。

(4) 杠杆租赁的对象大多是金额巨大，出租人无力购买或不愿意购买的物品，如民航客机等。

(5) 租赁期满，承租人按租赁设备残值的公平市价留购或续租，不得以象征性价格留购。

(五) 回租与转租赁

回租是承租人将其所拥有的物品出售给出租人，再从出租人手里将该物品重新租回，此种租赁形式称为回租。回租主要适用于已使用的设备，当一个公司资金特别缺乏时，采用这种租赁方式可使承租人迅速回收购买物品的资金，加速资金周转，从而改善财务状况。

转租赁是指租赁公司从另一家租赁公司租进物品，然后再将其转手租给用户。转租赁的主要目的：一是为了从其他租赁公司手中获得租金融通，从而扩大自己的租赁业务；二是为了利用各国间关于租赁的税务规定的差别以获得更多的免税好处。

(六) 综合性租赁

综合性租赁是租赁与合资经营、合作经营、对外加工装配、补偿贸易及包销等其他贸易方式相结合的租赁方式。具体来说，由出租人将机器设备租给承租人后，承租人或用租赁的设备生产出的产品偿付租金，或用加工装配所获加工费顶替租金分期偿付，或把产品交出租人包销，由其从包销价款中扣除租金。

综合性租赁不仅可以减少承租人的资金支出，还可以扩大承租人与出租人之间的贸易往来，促进商品贸易与租赁业务的共同发展。

第五节　国际项目融资

项目融资是20世纪70年代以后，国际金融市场推出的一种新型融资方式，它对促进有较大国际影响的大型项目的建成有积极作用，如英国北海油田、中国香港九龙海底隧道、广西来宾电厂二期工程、上海南浦大桥等都是采用了项目融资的方式才得以建成。项目融资业务的历史可以追溯到20世纪30年代，当时控制石油生意的"投机分子"既没有足够的资金开发新发现的油井，也很难获得大额银行贷款。但是，地下的石油资源代表着一个有预期价值的未来的现金流，银行可以根据未来的资源销售收入来提供贷款服务。这个早期有效的贷款手段被称为"产品支付融资"，它以地下的资源作为抵押，金融机构确信可以成功开采出足够的优质资源，并且可以按预期的价格出售。

一、国际项目融资的概念和特点

（一）国际项目融资的概念

国际项目融资（Project Financing）又称工程项目融资，是指以境内建设项目的名义在境外筹措资金，并以项目自身的收入资金流量、自身的资产与权益，承担债务偿还责任的特殊融资方式。如交通、能源、农业等大型工程项目，由于这些项目的建设所需资金数额大，期限长，风险也大，传统的融资方式无法满足，单独一家银行也难以承担全部贷款，所以项目融资往往采用银团贷款方式。项目融资具有贷款具有有限追索权、贷款要有多方担保、工程所需资金来源多元化的特点。

（二）国际项目融资的类型

20世纪90年代项目融资已经发展成为一个全球化的业务，并形成了五种模式：BOT、TOT、ABS、产品支付法融资、预先购买协议法融资。

1. BOT

BOT的英文全称为Build-Operate-Transfer，意思是：建设—经营—转让。这种项目融资模式的基本思路是：由项目东道国政府或其所属机构将基础设施项目建设及经营的特许权授予项目公司，然后由项目公司负责项目融资、设计、建造和营运，项目公司在项目经营特许期内，利用项目收益偿还投资及营运支出，并获得利润。特许期满后，发展商将项目无偿转让给政府。

BOT项目融资有以下六个特点：

（1）无追索的或有限追索的，举债不计入国家外债，债务偿还只能靠项目的现金流量。

（2）承包商在特许期内拥有项目所有权和经营权。

（3）BOT融资项目的收入一般是当地货币，若承包商来自国外，对东道国来说，项目建成后将会有大量外汇流出。

（4）BOT融资项目不计入承包商的资产负债表，承包商不必暴露自身财务情况。

（5）名义上，承包商承担了项目全部风险，因此融资成本较高。

（6）与传统方式相比，BOT融资项目设计、建设和运营效率一般较高，因此用户可以得到较高质量的服务。

2. TOT

TOT的英文全称为Transfer-Operate-Transfer，即转让—运营—转让，是通过出售现有投产项目在一定期限内的现金流量，从而获得资金来建设新项目的一种融资方式。具体来说，是东道国把已经投产运行的项目在一定期限内移交给外资经营，以项目在该期限内的现金流量为标的，一次性地从外商那里融得一笔资金，用于建设新的项目；外资经营期满后，再把原来项目移交给东道国。

3. ABS

ABS的英文全称为Asset Backed Securities，即资产担保债券。它是资产证券化的一种形式，指将缺乏流动性但能产生可预见现金流收入的资产汇集起来，通过结构重组和信用增级，将其转换成在金融市场上可以出售和流通的证券，借此融取资金。

4. 产品支付法融资

产品支付法融资（Production Payment）广泛而成功地用于英、美等国石油、天然气和矿产品等项目的开发融资中。这一方法需要由项目发起人预先创立一个特定目的公司或特设信托机构（SPV），并由该 SPV 从有关项目公司购买未分割的石油、天然气、矿产品或其他产品的收益。其特点是：项目的产品是还本付息的唯一来源，贷款偿还期比项目预期可靠经济寿命短，贷款人对运营成本不提供资金。

5. 预先购买协议法融资

预先购买协议法融资（Pre-take Agreement）类似于产品支付法，但比其更灵活。其贷款同样也需要设 SPV 来购买规定数量的未来产品或现金收益，并且项目公司支付产品或收益的进度被设计成与规定的分期还款、偿债计划相配合。同时，购销合同通常也要求项目公司必须在以下两种方式中选择一种：第一，项目公司买回产品；第二，项目公司作为贷款人的代理人，在公开市场上销售该产品，或者根据与发起人之间的合同将产品卖给第三方。

二、项目融资主体

由于项目规模大，建设周期长，所以项目融资有许多参与者，即项目融资主体，包括项目的直接主办人、项目的实际投资者、外国合伙人、贷款人、项目建设的工程公司、项目设备能源原材料供应者、项目融资顾问、政府机构、法律及税务顾问等，他们对这项工程都起着重要作用，这里介绍八个主要融资主体。

1. 主办人（Sponsors）

主办人又称为主办单位，它是项目的主管单位和部门，它从组织上负有督导该项目计划落实的责任。贷款虽不是根据主办人的保证而发放，但如发生意外情况导致项目所创造的收入不足以偿付债务时，主办人在法律上负有拿出差额，用以偿债的责任。因此贷款人发放贷款时，对主办人也要进行资信调查。

2. 项目的实际投资者（Project Entity）

项目的实际投资者又称为承办单位，是指为工程项目筹措资金并经营该工程的独立组织。项目的实际投资者有独资的，也有外商合资的，其职责是筹措工程项目所需资金，经营该工程，负责到期偿还贷款等。

3. 外国合伙人

项目的实际投资者往往会选择一个实力雄厚、信誉良好、经营能力强的外国公司、企业作为合伙人，这样既可以借其力量在国外市场筹措资金，又可有利于项目投产后的市场运作。

4. 贷款人（Lender）

根据项目的具体情况，国内外的金融机构、各国政府、国际金融组织都可能成为项目的贷款者。

5. 项目建设的工程公司

它们是负责工程技术并保证工程顺利完成的临时组织，是项目成败的关键因素，它们的技术水平、资信及声誉是能否取得贷款的重要因素之一。

6. 项目设备、能源、原材料供应商（Supplier）

供应商主要指为项目提供各种材料、机械和运输设备的公司、厂商。它们的资信与经营作风是贷款人发放贷款时要考虑的因素。

7. 外国政府官方的保险机构

银行等私人信用机构提供项目贷款，常以能否取得该机构的信贷保险为先决条件，从而通过国家信誉降低了银行的投资风险。

8. 托管人（Trustee）

托管人主要负责保管从工程产品的购买人或设施用户处收取的款项，用以偿还对贷款人的欠款，保证专款专用。托管人保证在贷款债务未清偿前，承办单位不得提取或动用该笔款项。

三、项目融资的操作过程

一般来说，项目融资均要经历以下六个阶段：

（1）确定项目。

（2）项目招标。项目招标主要工作包括两个部分：第一，对投标人进行资格预审；第二，准备和发放投标邀请书。

（3）评标和决标。评标是根据招标文件的要求，对所有的标书进行审查和评比的行为。

（4）谈判。在确定了项目的发展商后，必须和发展商进行实质性谈判，包括项目的技术、经济、法律等方面。通过谈判，正式形成所有法律文件。

（5）建设。

（6）运营。

第六节　国际债券融资

一、国际债券融资与国际债券

国际债券融资是指通过国际资本市场发行债券来融资的一种方式。所谓国际债券是指各国融资者为筹集资金在国际金融市场上，以外国货币为面值向境外投资者发行的债券。目前债券已成为国际资本市场上的主要融资手段。国际债券的发行条件、成本、品种、手续、时间、流动性等优于银团贷款，所以能在较短的时间，在广泛的范围内，更有效地运用社会信用筹集到利率适宜的长期资金。

二、国际债券类型

国际债券包括外国债券和欧洲债券两种。

1. 外国债券（Foreign Bond）

外国债券是指一国筹资人在某一外国债券市场上发行的以该外国货币为面值的债券。如中国的筹资者在日本市场上发行的以日元计值的债券和在美国市场上发行的以美元计值的债券都属于外国债券。

外国债券是跨国界发行的，债券发行者要受本国外汇管理法规的约束，又要获得发行市场所在国的批准，并委托市场所在国的商业银行代理发行，因而手续较复杂。对购买这种债券的投资者来说，可能会面临发行者财务状况差无力还本付息的经济风险，还可能面临债券发行国政局变动，新政府不承认以前政府债务的政治风险。

2. 欧洲债券（Eurobond）

欧洲债券是一国筹资者在某一外国资本市场上发行的，以第三国货币为面值的债券。如我国金融机构在英国发行的美元债券就属于欧洲债券。

发行欧洲美元债券不需要经过任何国家的政府批准，但是以其他货币为面值的欧洲债券，需经过该种货币所属国政府批准，才能在国际上发行。欧洲债券的发行者大多为跨国公司、国际金融机构和某些国家的政府，由发行者与国际银团签订合同，由银团组织发行、包销、承购。购买者有各国不同层次的投资者。其特点是筹资者、债券发行市场和债券面值货币分别属于不同的国家。

欧洲债券不是在债券面值货币国家之内发行，因而对投资者不予扣利息所得税；而且为了替投资者保密，债券大多采取不记名方式，投资者也很容易避税。因此，投资于欧洲债券的收益较高。欧洲债券的发行者一般都资信很高，发生拖欠拒还的可能性很小，投资者所承担的风险很小。欧洲债券市场交易活跃、流动性强，投资者很容易将持有的债券转让给他人。总之，欧洲债券是一种收益较高、风险较小和流动性很强的债券，这是欧洲债券迅速发展的一个重要原因。

三、国际债券融资的特点

第一，可以筹集到期限较长的资金。国际债券通常是中长期债券。如欧洲美元债券的期限为5～8年，欧洲瑞士法郎债券的期限为5年，等等。而外国债券的期限更长，日本武士债券为10～15年，美国扬基债券为5～20年，瑞士法郎外国债券为10年。

第二，对其发行人的资信要求较高，因此能够顺利发行国际债券也是发行人信誉的一种象征。同时，国际债券的发行可以使债券发行人有机会与国际上的一些大机构联系，从而可大大提高发行人在国际市场的知名度，为发行人今后融资方式的选择奠定了良好的基础。

第三，可以筹集各种货币资金。目前，欧洲债券市场上除了极少数几个国家禁止发行以本国货币为面值的欧洲债券外，大多数国家都没有这样的禁令。因此债券发行者可以发行多种国际债券以筹集所需要的货币资金。

第四，工商企业首次发行的债券数额不会太大。因为境外投资者一般不会投资陌生公司发行的债券，若首次发行量过大，致使债券不能获得足额的认购，可能对发行人的声誉造成不利影响。

四、国际债券发行

（一）欧洲债券的发行

对发行人而言，要顺利发行国际债券，需邀请多方中介服务机构共同完成。欧洲债券发行涉及的中介服务机构有牵头经理人、担保人、承销团、法律顾问、会计师、受托银行、财务或支付代理人和债券登记代理人等。

（1）牵头经理人的确定是债券成功发行的关键和基础。欧洲债券发行时，企业选择牵头经理人的范围较广，发行人一般选择国际上具有一定承销经验和影响力的银行、证券公司或金融公司等机构。牵头经理人在接受发行人的委托后，即着手准备发行工作。牵头经理人的职责是：

① 向发行人提出选择发行时机和发行货币、金额、期限和利率的建议；

②协助发行人的信用评级工作；

③与其他中介服务机构一起制作招募说明书、承销协议（或认购协议）、分销协议等法律文件；

④组织市场推销活动，分发相关的宣传材料，代表或安排发行人同各种正式的机构或专业人士联系；

⑤组织承销团，协调各中介服务机构的良好合作，保持债券发行人与各中介服务机构的联系；

⑥支持债券二级市场的流动性和价格稳定。

总之，牵头经理人负责管理债券发行的全过程，并在债券挂牌后保证二级市场具有一定的流动性。

（2）债券发行人可以独自与牵头经理人一起选择其他中介服务机构，具体包括：

①担保人一般是国际上著名的金融机构或大公司，如果发行人是新的或较小的公司则必须有发行担保人。承销团一般由牵头经理人组织，负责债券的推销和发售工作。在包销方式下，如果债券在规定的时间内不能全部出售，则由承销团成员按比例买下。

②债券发行人要委托两名法律顾问，一名是发行人所在国的律师，主要负责本次发行是否符合本国法律的咨询和有关文件的制作；另一名是通晓债券销售市场地点有关法律问题的律师，对发行是否符合欧洲债券市场通行的惯例和有关的规定提出咨询。牵头经理人也要委托两名法律顾问负责相关的工作。会计师负责债券发行人的有关经营业绩和财务审计的工作，并协助牵头经理人完成有关文件，帮助发行人完成信用评级工作。

③受托银行的职责是在债券的整个存续期间内，履行信托契约，保护投资者的权利，免受发行人不履行责任的损失。负责账项登记等行政工作，一般由非承销团成员的银行担任。

④财务或支付代理人根据信托契约规定的利息和本金支付方法，按时向投资者支付本金和利息，一般由主要金融中心的商业银行担任。债券登记代理人代替发行人负责办理债券的登记工作。

（3）信用评级。欧洲债券对其发行人的信用评级没有硬性要求，但为了吸引更多的投资者，使债券发行得更顺利，最好委托具有权威性的专业评级机构对拟发行的债券进行评级。不过信用评级工作要花费大量的时间和财力；在一定程度上会提高发行人的发行成本和延迟发行时机。所以发行人是否进行信用评级要视发行人的发行规模及发行人在国际市场上的地位声誉而定，发行数量不大的可不必进行评级，信誉很高的国家政府、金融机构和大公司也可以不进行信用评级。

（4）确定债券发行的主要条件。确定债券发行的主要条件，是指确定债券发行的金额、货币、利率的偿还期限。一般而言，债券信用级别越高，债券利率越低。未评级或级别低的债券，其期限相对要短一些；相反对那些级别较高的债券期限则可设置得长一点。

小知识 国际债券评级

（5）制定各种文件。欧洲债券发行涉及的各种法律文件都有固定的格式和内容要求，其中最重要的文件有：债券销售书、认购协议（或承销协议）、承销团协议、信托契约、财务和支持代理协议等。

①债券销售书阐述发行人的基本情况，所发债券的条件以及各种契约、挂牌交易所名称、

承销团姓名和发行费用总额等；

② 认购协议规定承销商和发行人之间的责任和义务；

③ 承销团协议是承销团成员之间签订的协议，规定每个承销人的承销比例以及承销佣金的分配等；

④ 信托契约规定发行人的义务和违约的含义以及如何还本付息，采取合适和强制性的赔偿方式等；

⑤ 财务和支付代理协议则是发行人和财务支持代理人对于支付本金和利息的安排。

（6）市场推广的债券发售。发行人和牵头经理人要将债券销售书及有关的宣传材料、分析报告分送给投资者，牵头经理人安排有关人员与发行人接触，并开始组织承销团，在一级市场上销售债券。至此，本次债券的发行暂行结束。但对发行人而言，债券二级市场的流动性和走势，关系到企业的形象及将来的再次融资，因此，牵头经理人对债券二级市场的维护相当重要，也是体现牵头经理人实力的重要方面。

（二）外国债券的发行

外国债券发行的整个过程与欧洲债券很接近，只是每个具体阶段做法上稍有差异。

（1）确定牵头经理人及其他中介服务机构时，发行人只能选择外国债券所在国的大银行和证券公司等金融机构，承销团成员也多来自该国市场。

（2）外国债券发行前必须对债券进行评级，投资者根据评级结果来投资。美国的机构投资者只允许购买 B 级及 B 级以上级别的债券。

（3）确定债券发行的主要条件方面，各国有更具体的规定。不同的信用级别有相应的发行金额的限制。

（4）外国债券的公募发行须向当地有关政策部门注册登记，这是外国债券发行过程中不可缺少的环节。

五、国际债券融资工具

近 20 年来，国际债券市场发展非常迅速，除了传统形式的债券以外，又出现了许多新型的债券融资工具。

（一）零息债券

这是欧洲债券市场 20 世纪 80 年代的创新，这种债券没有票面利率，自然也不分期偿付利息，而是到期一次还本，出售以折价方式，类似国库券的发行。但它是长期的债券，出售时要打很大的折扣，到期有很大的增值，因此对投资者有较大的吸引力。这种债券的收益不是来自利息，而是债券的增值，并且是到期后实现，所以这可能给把资本增值不作为收入纳税国家的投资者带来低税或逃税的机会。

（二）选择债券

这种债券在欧洲债券市场很流行，债券的持有人有权按自己的意愿，在指定的时期内，以事先约定的汇率将债券的面值货币转换成其他货币，但是仍按照原货币的利率收取利息。这种债券大大降低了债券持有人的汇率风险。除了选择转换面值货币，还可以选择同时兑成其他货币并转换成普通股票。此外，还可能有选择转换成普通固定利率债券，或使债券到期后自动延期的权利。

（三）浮动利率票据

在票据的有效期限内，利息率随市场利率波动而变动，通常是 3 个月或半年，可以按 LIBOR 或其他基准利率进行调整。由于利率适时调整，所以使投资者免受利率波动带来的损失，在利率动荡的时期特别有吸引力。

（四）可转换债券

可转换债券是公司债券的一种，可以在指定的日期，以约定的价格转换成债券发行公司的普通股票，或其他可转让流通的金融工具。

（五）循环浮动利率债券

循环浮动利率债券一般 3 个月付一次利息，利率按照 3 个月的伦敦银行同业拆借利率加上一个利差来计算（即 LIBOR+x%）。由于 LIBOR 利率是变动的，所以每个月均按 3 个月期的 LIBOR 变动对利率的 LIBOR 基准进行一次调整。对投资者来说，当 LIBOR 随期限越长越上升时，既可获得债券票面利率与债券发行利率之间的差额，又可获得长短期利差收益。对发行人来说，在利率大幅度上升时，必然会出现筹资利率过高的情况，为此，可以通过银行掉期方式将资金筹措和运用的时间协调一致。循环浮动利率债券在欧洲债券市场很受欢迎。

（六）货币挂钩债券

货币挂钩债券是一种避免受汇率波动影响而发行的国际债券。这种债券的特点是，购买债券时的付款和将来到期偿还都用某一种国际货币结算，但同时规定与该种国际货币对另一种国际货币的汇率挂钩。

【例 7-4】 香港在欧洲债券市场发行 5 年期欧洲债券，规定购买债券和到期偿还都用美元结算，但同时规定与这种债券发行时 1 美元兑 7.700 0 港币的汇价挂钩。如果 5 年以后，美元贬值至 1 美元兑 7.000 0 港币，则发行者必须按债券发行时汇价，多付 0.09 美元偿还本金，以弥补投资者因美元贬值而受的损失。

（七）转换期权债券

转换期权债券是一种附有转换期权的浮动利率债券。所谓转换期权是指在债券到期之前，债券持有人可按事先议定的条件随时将浮动汇率转换成固定利率。如某债券投资者预测未来一段时间内债券利率会下跌，他就可以行使期权，将浮动利率债券转换成固定利率债券，这样即使利率下跌，也可确保一定的收益。

（八）替代式定期债券

替代式定期债券是指通过发行两种同等数量不同计息方法来取得固定利息效果的债券。

【例 7-5】 香港地铁公司曾经发行替代式定期债券。地铁公司谋求通过发行固定利率债券以扩大其定息债券的比重，但是当时市场利率走势不明朗，情况不利于发行定息债券。因此，同时发行两种同等数量不同计算方式的债券，一种以利率 17% 减 3 个月期 LIBOR 来计算，一种则以 3 个月期 LIBOR 加 0.125% 来计算。如果债券的投资者认为 3 个月期 LIBOR 走势是趋跌的话，则选前者（17%-LIBOR），债券收益较多；反之，则选择后者（LIBOR+0.125%），债券收益较多。如果要获得固定利率的收益，则可以同时购入相等数量的两种不同债券。

（九）利率分期递增式债券

利率分期递增式债券是指利率随着期限的延长而增高的债券。

【例 7-6】 中国国际信托投资公司曾在日本东京资本市场发行亚洲日元债券便采用这

种模式。债券期限为五年,前两年利率固定为 1%、后三年固定为 7.875%。该债券的发行获得圆满成功。

(十) 附有认股权证债券

附有认股权证债券是投资者认购该种债券的同时,得到购买发行者股票的权利证书,凭这一证书可在一定时期内(认股期)按一定的价格(认股价格)购买发行者的股票。由于这种债券附带的权利证书并不局限于股票,有的债券同黄金、石油或其他债券等资产相联系,因此也称为授证债券。这个认股权可以和债券相分离,并在证券市场上单独进行交易。因此,此类证券有三种行市:

① 债券和认股权证在一起的价格;
② 债券单独的价格;
③ 认股权证单独的价格。

这类债券附有认股权证,因此利率一般低于普通债券。债券与认股权证分离之后单独的交易价格和普通价格一样,而当其与认股权证在一起,或认股权证单独的交易价格,则主要取决于股票行市。

作为分离的认股权证,是一种富有吸引力的投资工具。首先,投资效率高。一般来说,认股权证价格的波动率大于股价的波动率。其次,认股权证的行使期间长,一般为 4~5 年,是一种中长期投资对象。再次,认股权证是个限定风险并能够追求溢价的投资对象。因为在投资认股权证后,如果在行使期间内,股价的上涨不如预测而被迫转卖认股权证,或者因未有机会行使认股权利,认股权证的价值变为零而遭受损失,其损失额也只限于当初支付的认股权的购买金;而一旦股票价格上扬,则会给投资者带来收益,并且这个收益在理论上是没有上限的。

认股权证的价格取决于股票价格和固定的认股价格之间差值、认股率、认股期、股市行情变化等因素。如果股票市场价格低于认股价格,则认股权证本身并无价值,投资者可以直接从市场购买股票。使用认股权购买股票是否比从股票市场直接购买便宜,需要具体计算认股平价和认股溢价率加以确定。存在这个认股溢价率是因为实际的认股权证价格中包含了投资者期待将来价格上涨的期待价值。这个期待价格称之为溢价,溢价率越高,认股权证越具有投资吸引力。

认股平价及认股溢价率的计算公式为:

$$认股平价 = 认股权证市场价 \qquad 认股溢价率 = \left(1 - \frac{认股平价}{股票市场价格}\right) \times 100\%$$

【例 7-7】纽约银行发行的利率为 3.75% 的 5 年期附认股权证债券,规定每个认股权证可按 400 美元的价格买进一股纽约银行的股票。到某日,纽约银行股票市场价格为 500 美元,认股权证价格为 120 美元。那么,认股平价等于 520 美元,认股溢价率为 -4%,表明当日用认股权证购买股票的成本比从股票市场直接购买贵 4%。

【例 7-8】A 公司发行利率为 5% 的 10 年期附认股权证债券。认股率为 1∶1.2,即每个认股权证可按 350 美元的价格买进 1.2 股 A 公司的股票,这时 A 公司股票市场价格为每股 520 美元,认股权证价格 180 美元,则认股平价为 500 美元,认股溢价率 3.8%,说明用认股权购买股票比市场上直接购买便宜 3.8%。

本章小结

1. 国际信贷是一国借款人在国际金融市场上向外国金融机构借入外币资金的一种信用活动,它是国际融资的主体。国际信贷融资按贷款期限的长短可分为短期信贷、银行贴现业务、中长期信贷即国际商业银行贷款。

2. 国际商业银行贷款是指借款人为了本国经济建设的需要,支持某一个建设项目或其他一般用途而在国际金融市场上向外国银行筹借的款项。因其贷款期限长、金额大,较多采用银团贷款方式,即由一家或几家银行牵头、多家银行参加而组成的银团按照内部的分工和比例向某一借款人发放的贷款,又称为辛迪加贷款。

3. 国际贸易融资分为短期贸易融资和中长期贸易融资,其中短期贸易融资主要为了解决一般商品的短期国际贸易资金周转,形式有信用证打包放款、进口押汇、出口押汇、承兑信用;中长期贸易信贷又称出口信贷,主要目的是为了促进本国大型成套设备等资本类商品的出口,形式有卖方信贷、买方信贷、混合信贷、福费廷等。

4. 国际租赁是指在一定时间内,不同国家间发生的,出租人以收取租金为条件,将租赁物交付给承租人使用的经济行为。其特点是以租物形式达到融资的目的,将贸易与金融结合在一起,在资本市场和销售市场上实际发挥了投资、融资与促进销售的三重作用。国际租赁可分为融资租赁、经营租赁、维修租赁、杠杆租赁、综合性租赁等形式。

5. 项目融资是为了某一特定项目发放的贷款,如交通、能源、农业等大型工程项目,由于项目建设所需资金数额大,期限长,风险大,项目融资多采用银团贷款方式。项目融资具有贷款具有有限追索权、贷款要有多方担保、工程所需资金来源多元化的特点。典型的项目融资有 BOT、TOT、ABS、产品支付法融资、预先购买协议融资法等模式。

6. 国际债券融资是指通过国际资本市场发行债券来融资的一种方式,已成为国际资本市场上的主要融资手段。国际债券则是指各国融资者为筹集资金在国际金融市场上,以外国货币为面值向境外投资者发行的债券。国际债券的发行条件、成本、品种、手续、时间、流动性等优于银团贷款,所以能在较短的时间内,在广泛的范围内和更有效地运用社会信用筹集到利率相宜的长期资金。国际债券按是否以发行地所在国货币为面值货币分为外国债券和欧洲债券。

✓ 关键名词

国际融资 银团贷款 进口押汇 出口押汇 保付代理 出口信贷 卖方信贷 买方信贷 福费廷 混合信贷 LIBOR 融资租赁 BOT 外国债券 欧洲债券

✓ 练习与思考

一、判断题

( ) 1. 欧洲债券是债券发行人在他国发行的以第三国货币标示面值的债券。

( ) 2. 保付代理业务是指保理商从出口商处买进以发票表示的其出口商的应收款,并负责债务回收以及赊销控制、销售分账户管理等的一种综合性金融业务。

( ) 3. 国际贸易融资一般具有投资、融资与促进销售的三重功能。

（　　）4. 在国际中长期信贷业务中，借款人选择贷款到期时看跌的货币（软货币），以便减轻还本付息的负担。

（　　）5. 出口信贷的目的是促进本国进出口。

（　　）6. 国际项目融资是一种特殊的融资方式，是有追索的融资方式。

（　　）7. 买方信贷的贷款分期偿还，一般每半年还本付息一次。

（　　）8. 福费廷业务是由出口方单方面决定的。

（　　）9. BOT 是英文 Build-Operate-Transfer 的缩写，即建设、经营、移交的缩写。

（　　）10. 在租赁期内租赁物的所有权归出租人，所以出租人几乎不存在风险。

二、选择题

1. 国际银团贷款利率计收的标准一般按_____。
   A. 商业参考利率　　　　　　　　B. 美国商业银行优惠放款利率
   C. LIBOR　　　　　　　　　　　D. 模式利率

2. 以下_____不属于外国债券。
   A. 扬基债券　　　　　　　　　　B. 武士债券
   C. 猛犬债券　　　　　　　　　　D. 欧洲美元债券
   E. 欧洲日元债券

3. 宽限期内一般_____。
   A. 不偿还贷款本金　　　　　　　B. 要偿还贷款本金
   C. 不支付已提取贷款的利息　　　D. 要支付已提取贷款的利息

4. 直接银团贷款的管理工作由_____负责。
   A. 代理行　　　　　　　　　　　B. 牵头银行
   C. 支付代理行　　　　　　　　　D. 参与行

5. 如果你是一家大型机械厂的销售部经理，你会选择_____国际融资方式。
   A. 出口信贷　　　　　　　　　　B. 项目融资
   C. 出口保理　　　　　　　　　　D. 票据发行便利

6. 如果你是一家世界知名公司融资部的经理，打算借入一笔短期款项，并且想在支取方式上有多种选择，正确的国际融资方式是_____。
   A. 出口信贷　　　　　　　　　　B. 项目融资
   C. 出口保理　　　　　　　　　　D. 票据发行便利

7. 一家生产企业有一笔出口业务，由于资金周转困难，想在货物出口后马上得到货款，此时正确的国际融资方式是_____。
   A. 出口信贷　　　　　　　　　　B. 项目融资
   C. 出口保理　　　　　　　　　　D. 票据发行便利

8. BOT 项目融资的特点有_____。
   A. 无追索的或有限追索的，举债不计入国家外债，债务偿还只能靠项目的现金流量。
   B. 项目的产品是还本付息的唯一来源，贷款偿还期比项目预期可靠经济寿命短，贷款人对运营成本不提供资金。
   C. BOT 融资项目的收入一般是当地货币，若承包商来自国外，对东道国来说，项目建成后将会有大量外汇流出。

D. BOT 融资项目不计入承包商的资产负债表，承包商不必暴露自身财务情况。

E. 是资产证券化的一种形式，将能产生可预见现金流收入的资产汇集起来，转换成在金融市场上可以出售和流通的证券，借此融取资金。

F. BOT 融资项目设计、建设和运营效率一般较高，用户可以得到较高质量的服务。

9. 保理业务和贴现业务的区别之一是_____。

A. 前者对出票人行使追索权，后者无追索权

B. 两者对出票人均有追索权

C. 前者对出票人无追索权，后者有追索权

10. 国际租赁的主要形式有_____。

A. 融资租赁　　　　　　　　B. 经营租赁

C. 维修租赁　　　　　　　　D. 综合租赁

三、填空题

1. 出口信贷的形式主要有：_____、_____、_____和_____等。
2. 目前在国际同业拆借市场乃至整个国际金融市场中最有影响的利率是_____。
3. 目前在国际金融市场的浮动利率贷款中一般都是以_____为基准利率。
4. 国际银行中长期贷款的形式主要有_____、_____和_____三种。
5. 外国债券和欧洲债券都属于_____债券，他们是按_____标准来划分。
6. 欧洲货币市场即_____，是指在货币发行国_____进行该国货币交易的市场。
7. 项目融资是以_____为主要的担保对象而进行的融资活动。典型的项目融资有_____、_____、_____、产品支付法融资、预先购买协议融资法等模式。
8. 国际租赁活动中，出租人收取租赁费，并拥有_____；承租人缴纳租赁费，拥有_____。

四、简答题

1. 简述国际融资的主要途径及各种融资方式的特点。
2. 简述保理的功能与优势。
3. 简述福费廷业务的利弊及其操作程序。
4. 简述买方信贷和卖方信贷的业务流程。
5. 简述国际项目融资的特征和要素。
6. 金融租赁有哪些类别？它们之间有何区别？
7. 举出 5 种以上的债券名称，并说明其含义。
8. 简述外国债券与欧洲债券的区别。

✓ 实训课堂

案例分析

2020 年 4 月，陆金所控股宣布获得高达 12.9 亿美元（约 91.35 亿元人民币）境外银行贷款额度，这是今年以来国内规模最大的企业融资。据消息人士透露，此次银团贷款为纯信用授信，由汇丰银行和花旗银行牵头，中银、摩根大通、摩根士丹利、高盛、瑞银、美银、日本瑞穗等众多国际知名银行参与，阵容豪华，融资成本也远低于市场利率。

陆金所方面表示，此次银团贷款授信规模大，融资成本更远低于市场平均成本，凸显国

际市场对陆金所控股行业地位的高度认可，对未来发展的充分看好。此次授信也有助于公司盘活资源，加速业务发展，巩固行业龙头地位。

公开资料显示，陆金所控股是中国平安旗下金融科技企业，涵盖线上财富管理、消费金融以及机构金融多项业务。根据最新发布的中国平安2020年一季报，在整体经济调整背景下，陆金所控股继续保持财富管理与个人借贷市场领先地位，整体收入保持稳健增长，同时客户资产管理规模与贷款管理余额实现"双增长"。截至2020年3月末，陆金所控股客户资产规模较年初增长2.3%至3 548.48亿元，管理贷款余额较年初上增9.5%至5 062.75亿元。

在业务稳健发展的同时，陆金所控股也在积极转型。陆金所以P2P网贷业务起家。随着监管部门对P2P领域的清理整顿，陆金所也一直根据市场大势调整业务模式。2016年底，陆金所将所有网贷业务移交旗下子公司陆金服。随着近几年的兼并布局，陆金所目前的格局已是"三所一惠"（即陆金所、重金所、前交所、平安普惠），P2P业务在陆金所整体规模中占比不到10%。

4月23日，平安消费金融有限公司（简称"平安消金"）正式开业，是国内首家定位于"科技+金融"的消费金融公司。平安消金也是"保险系"首张消费金融牌照，其注册资本为50亿元，仅次于捷信消费金融70亿元的注册资本。除平安集团出资15亿元持股30%以外，陆金所控股三家关联公司对平安消金的持股比例高达七成。外界普遍认为，平安消金的成立将为陆金所控股转型增添新的增长点。

资料来源：北青网-北京青年报

讨论题：1. 银团贷款的含义、主要当事人和主要费用有哪些？

2. 分析银团贷款的优缺点。

第三篇

体 系 篇

第八章

国际金融市场

✓ 学习目标

通过本章学习,应该熟悉国际金融市场的概念及其特点,掌握国际金融市场的构成,掌握欧洲货币市场的特点及其业务,了解各个重要的国际金融中心,掌握国际货币市场、资本市场、外汇市场和黄金市场的主要业务。

✓ 重难点

1. 掌握国际金融市场形成与发展的原因及作用;
2. 掌握传统的国际货币市场、国际资本市场、欧洲货币市场的概念、特征及其主要业务内容。

✓ 课前思考

全球金融市场"全天候"接续交易

当前,全球金融市场已经形成了一个24小时"全天候"接续交易的运行网络。不同时区、不同地域的股票、债券、外汇和大宗商品市场之间高度联动,在为全球经济贸易提供有力支撑的同时,金融风险跨市场、跨行业、跨领域交叉传染的特征也日益凸显。开放环境下,海外金融市场的震荡以及海外股票、债券、黄金、大宗商品价格波动,通过投资者信心、估值水平对比、跨境资本流动等渠道,也会对我国资本市场和金融体系造成一定的外溢冲击和负面影响。例如,2020年春节过后,全球主要市场出现罕见的巨震。2020年2月中旬至3月中旬,道琼斯指数从近30 000点开始一路"跌跌不休",仅用约一个月时间,指数跌至18 213.65点;几乎同一时间,英国富时指数也从7 000多点跌至4 898.79点,日经指数约从23 400点跌至16 358.19点。

随着我国资本市场对外开放水平的提高,金融机构的业务模式、交易结构变得更加复杂,呈现出跨市场、跨领域、跨国别的特点,且这三个"跨界"风险的联动性有所加大。三个"跨界"风险易受利率、汇率、政策、交易成本等因素影响,具有强波动性、大规模变动、强联动性等特点,因此,务必要对三个"跨界"风险给予高度关注。

资料来源:新华网

思考:国际金融市场指的是什么?有什么特点?

第一节 国际金融市场概述

一、国际金融市场的概念

国际金融市场是指在国际上进行资金融通或金融产品买卖的场所，也就是在居民与非居民之间或者非居民与非居民之间进行国际性金融业务活动的场所。国际金融市场与国内金融市场的显著不同之处在于：资金借贷关系涉及非居民；业务活动范围跨越国境；交易中使用的货币为多国货币；业务活动比较自由开放，较少受某一国政策、法令的限制。

国际金融市场有广义和狭义之分。广义的国际金融市场是指国际上的居民与非居民之间，或非居民与非居民之间进行各种金融活动的场所及所形成的金融关系总和，包括货币市场（一年以内短期资金的借贷）、资本市场（一年以上中长期资金的借贷）、外汇市场、黄金市场和金融期货期权市场等。而狭义的国际金融市场是指国际资金借贷市场，又称国际资金市场，它又可以按资金借贷的期限分为货币市场和资本市场。

二、国际金融市场的发展历程

国际金融市场是随着国际贸易的发展与扩大而产生和发展的。从最早的国际清算中心到国际金融市场的出现，直至今天的欧洲货币市场，这个过程经历了几个世纪。目前，世界上的主要国际金融市场可以分为三大中心、五个区域，三大中心即以纽约、伦敦和东京为第一层次的国际金融中心；五个区域分别为：西欧区、东亚区、中美洲及加勒比海区、北美区和中东区。

（一）传统国际金融市场的演变

传统国际金融市场是指由国内金融市场延伸，经营居民与非居民之间国际金融业务，并受市场所在国政府政策与法令管辖的金融市场。在传统模式下，服务于某一城市或某一地区的地方性金融市场经过长期的发展逐步衍变成为本国工商企业和个人提供各种金融服务的全国性金融市场。继而随着生产国际化、资本国际化和国际贸易的发展，国际金融联系得以加强和扩大，资金的融通也逐步突破了国界的限制。在这种情况下，那些以强大的工商业、对外贸易与对外信贷等经济实力为基础的，在地理位置、金融服务、国际通信等方面能够提供最大便利的全国性金融市场最后演变成世界金融中心和国际金融市场，如伦敦、纽约等国际金融市场就是这样发展起来的。

从历史角度看，17世纪末，随着美洲大陆的发现，资本主义全球市场体系逐步形成，在这个过程中，英国成为世界经济的主要力量。为适应资本主义经济增长对资金的需求，为迅速发展的对外贸易提供国际汇兑和国际清算，英格兰银行于1694年正式成立。伦敦在成为世界经济中心、国际贸易中心的同时，也成为国际汇兑、国际结算和国际信贷中心，这标志着现代国际金融市场开始形成。伦敦国际金融中心建立以后，随着世界各国对外贸易和投资的快速增长，英国以外的主要资本主义国家的国内金融市场也相继发展成为国际金融中心，如瑞士的苏黎世、法国的巴黎、意大利的米兰、德国的法兰克福、美国的纽约等。

1914年第一次世界大战爆发，由于战争的破坏和1929—1933年的世界经济大危机，英国放弃了金本位制，国际金融业务几乎陷于停顿，英镑作为主要的国际结算货币和储备货币的地位已经削弱，伦敦的国际金融市场地位随之下降。这时的金融市场已开始经营居民与非居民之间国际金融业务了，这种活动受本国政府的法律和金融条例或惯例的制约。

第二次世界大战期间，英国经济受到严重破坏，伦敦国际金融市场的地位趋于衰落，而美国本土及保持中立的瑞士在战争期间受到的冲击较小。第二次世界大战后，纽约和苏黎世的金融市场遂乘机崛起，很快形成了纽约、苏黎世与伦敦三足鼎立的局面。

（二）新型国际金融市场的演变

第二次世界大战后，众多原因的使然，形成了新型的国际金融市场——欧洲货币市场，又称离岸金融市场，即是在某种货币发行国境外从事该种货币借贷的市场。20世纪60年代，西欧经济迅速崛起，美国经济地位相对下降，其国际收支出现持续的巨额贸易逆差，美元大量外流。流出的美元主要集中在伦敦，成为"欧洲美元"，伦敦也因此成为最大的欧洲美元市场。这种金融市场最早出现在伦敦，以后在新加坡、中国香港等地相继开设。同时，随着西欧国家货币自由兑换和资本自由流动的恢复，境外货币的种类不断增加，出现了欧洲英镑、欧洲德国马克、欧洲法国法郎，于是，欧洲美元市场演变成欧洲货币市场。

欧洲货币市场和其他市场的不同之处是在与其交易货币不是市场所在国货币。根据交易主体的不同，我们把居民和非居民之间进行的交易称为在岸交易，而把非居民之间进行的交易称为离岸交易。比如英国银行和德国企业在伦敦进行的美元存贷业务为在岸交易，而日本银行和法国企业在香港地区进行的美元存贷业务为离岸交易。欧洲货币市场是对离岸金融市场的概括和总称，离岸市场是从事境外货币存贷的市场，代表了国际金融市场新的发展阶段。

当然，传统国际金融市场和新型国际金融市场并不是隔离分裂的市场，它们相互联系，相互融合，业务的趋同化使两者之间的界限逐渐模糊。

（三）国际金融市场的形成条件

成为能够全面开展国际金融业务的国际金融市场需要具备以下条件：

（1）较稳定的政局。这是最基本的条件之一，如果一国的政局不稳，往往会引起经济混乱，导致该国金融市场动荡，投资者的利益难以得到保证。这样，在该国就不可能建立起稳定的国际金融市场。

（2）发达的金融体系。这一体系应由具有国际信誉的大银行组成，它们种类齐全，金融机构网络完备，能处理大量的金融业务，具有较大的筹措和运用资金的能力。

（3）完备的金融制度和信用制度，有利于资金供求和资金流动。

（4）宽松的经济政策和金融政策。实行自由开放的经济政策，对外经济往来活跃，进出口贸易具有一定规模，有利于加强经济合作；实行自由外汇制度，没有外汇管制或管制较松，有自由兑换主要货币的外汇市场，资金可以自由地被调入调出；金融限制较少，对存款准备金率、利率、税率、汇率都没有严格的管制条例，非居民参加金融业务活动有与居民相同的待遇。

（5）具有现代化的基础设施。现代化的交通、通信设施及良好的地理位置，有利于国际金融市场的形成，适应国际金融业务的发展。

（6）拥有国际金融专业知识水平较高和实际经验较丰富的专业人才，工作效率高，能更好地为国际金融业务服务。

三、国际金融市场的类型

(一) 按市场功能分类

(1) 国际货币市场。国际货币市场是指以短期金融工具为媒介进行的、期限在1年内的融资活动的交易市场,是短期资金市场或短期金融市场。国际货币市场主要交易对象是商业票据、国库券、银行承兑票据、短期可转让存款单等准货币。因它们流动性好、变现能力强、偿还期短、风险性小的性质,所以将这些金融工具的交易市场称为货币市场。

小知识 冰岛的"国家破产"

(2) 国际资本市场。国际资本市场是指借贷期限在1年以上的中长期资金市场。国际资本市场主要的交易对象有股票、债券、国债、中长期票据等。其作用主要是为各国政府、机构、企业提供经济建设所需要的资金,为已经发行的证券提供具有充分流动性的交易市场。

(3) 国际外汇市场。国际外汇市场是以外汇银行为中心,由各类外汇供给者和需求者以及中间机构组成的,专门从事外汇买卖、外汇资金调拨、外汇资金结算等活动的场所或网络。

(4) 国际黄金市场。国际黄金市场是指专门从事黄金买卖的市场。虽然国际货币基金组织在1976年已开始了黄金非货币化的过程,但由于黄金同货币的传统联系以及人们的传统观念,黄金市场还是被广泛地看做是金融市场的一个组成部分。伦敦、苏黎世、纽约、芝加哥和香港的黄金市场是世界上最重要的黄金市场。

黄金市场可以分为实物黄金市场和期货期权市场两部分。实物黄金主要以金条和金块形式进行买卖,官方或民间铸造的金币、金质奖章、珠宝首饰也在市场上买卖。实物黄金市场基本上是即期市场,为套期保值而作的远期交易是它的补充。市场参与者由三部分组成:黄金交易商,在市场上买入和卖出黄金;经纪人,从中牵线搭桥,赚取佣金和价差;银行,为这些活动融通资金。黄金期货交易是指在合同规定的某个时间内,承诺交割或者接受和购买特定数额的黄金;黄金期权交易是指期权购买者在协议价格(或实施价格)上买卖实物黄金或黄金期货合同的权利。

(二) 按融资渠道分类

(1) 国际信贷市场。国际信贷市场是指在国际金融市场上以金融机构为媒介融通资金的市场,是各国资金需求者通过银行进行资金融通的场所,它是早期融资的主要渠道。目前,国际信贷市场以银行同业拆借为主体,形成了多个国际信贷中心。

小知识 中国黄金现货市场

(2) 国际证券市场。国际证券市场是指发行和交易各种有价证券的市场,包括国际债券和国际股票市场。20世纪80年代后,国际金融市场的证券化趋势形成,国际证券市场的融资规模超过了信贷市场,成为国际筹资的主要渠道。

(三) 按交易对象所在区域和交易币种分类

(1) 在岸国际金融市场。在岸国际金融市场是指居民与非居民之间进行资金融通及相关金融业务的场所。其中,居民主要是国内投资者,非居民主要是外国筹资者,经营的货币是市场所在国货币,市场的资金来源一般由市场所在国提供,市场所在国是资本净提供国,它受市场所在国政府政策与法令的管辖。一般是由地方性和区域性市场逐步发展成为全球性的市场，是国内金融市场的延伸。它是传统的国际金融市场。

（2）离岸国际金融市场。离岸国际金融市场又称"境外市场"（External Market），经营对象是除市场所在国货币以外的主要西方国家货币；借贷关系涉及非居民与非居民之间的借贷；业务活动不受任何国家政府政策法令管辖。所有离岸市场结合成整体，就是通常所说的欧洲货币市场。这个市场的形成不以所在国强大的经济实力和巨额的资金为基础，只要市场所在国或地区政治稳定、地理便利、通信发达、服务周到、条件优越，并实行较为突出的优惠政策，就有可能发展为新型的国际金融市场。其运行相对独立于各国国内的金融市场，既不受货币发行国政府法令管制，又不受市场所在国政府法令管制。它是目前国际金融市场的核心。

四、国际金融市场的作用

在市场经济条件下，金融往往是一国国民经济的命脉和血液，这同样也适用于国际金融与世界经济的关系。

（一）国际金融市场对世界经济的积极作用

（1）国际金融市场为各国经济发展提供了资金。例如亚洲美元市场对亚太地区经济建设起了积极的促进作用，欧洲货币市场带动了日本和前联邦德国的经济复兴。特别是发展中国家，其经济发展中的大部分资金都是在金融市场上筹集的。

（2）调节各国国际收支。国际金融市场形成后，各国调节国际收支除了动用国际储备外，还多了一条外汇资金来源的渠道。这对于国际收支逆差国家来说，在规划其经济发展时有了更大的灵活性，同时也缓解了一些国家国际收支不平衡的状况。

（3）促进全球资源的合理配置，加速生产和资本国际化。国际金融市场是一个高度竞争的市场，资金总是流向经济效益最好、资金收益最高的国家或地区，这就使国际金融市场上的资金利用率大大提高。国际金融市场能在国际范围内把大量的闲散资金聚集起来，以满足国际经济贸易发展的需要。通过金融市场的职能作用，使世界上的资金充分发挥效用，从而加速生产和资本的国际化，并推动了跨国公司的发展壮大。

（4）国际金融市场提供规避风险的场所。随着国际金融市场自由化趋势的发展，利率、汇率和股票价格的波动越来越剧烈，由此导致各种金融资产的价格也在不断波动，而国际金融市场中的期货、期权等衍生产品为投资者提供了有效的风险管理手段。

（二）国际金融市场对世界经济的消极作用

国际金融市场的迅速发展也产生了一些消极作用，主要表现在：如果对国际金融市场的利用不合理，不但发展不了国民经济，还会背上沉重的债务负担；高度一体化的国际金融市场在经济衰退时期，会加速经济危机的传播，进而会加速世界经济的动荡；巨额的国际资本流动，影响了有关国家国内货币政策的执行，造成外汇市场波动和国际储备规模难以控制；西方主要国家的资本大量流向国际金融市场，

小知识 人民币国际化离不开离岸市场

可能导致资本流入国货币供应量增加，引发通货膨胀等。因此，西方国家近年来在金融自由化的同时，也重视对国际金融市场的管理。

第二节 新型的国际金融市场——欧洲货币市场

一、欧洲货币市场的含义

(一) 欧洲货币与欧洲货币市场

欧洲货币（Euro-currency）并非欧洲国家的货币，"欧洲"不是一个地理概念，而是指"境外""离岸"的含义，是指投在某种货币发行国国境以外的银行的货币，因此又称离岸货币或境外货币（Off-shore Currency）。最初欧洲货币仅指在美国境外的银行（包括美国银行在国外的分支行）所存贷的美元，称为欧洲美元（Euro-dollar）。由于这种离岸存贷业务开始于欧洲，故习惯上称为欧洲货币。随着国际金融市场的发展，现在的欧洲货币是欧洲美元、欧洲英镑、欧洲欧元、欧洲瑞士法郎、欧洲日元的总称。后来又引申发展到亚洲和拉丁美洲，如在新加坡或东京的银行存放的美元存款，它处于美国当局的管辖之外，被称为亚洲美元，同理，拉美某国银行持有的美元存款可称为拉丁美洲美元。

欧洲货币市场（Euro-currency Market）是指非居民相互之间以银行为中介在某种货币发行国国境之外从事该种货币存贷业务的国际金融市场，又可称为离岸金融市场（Off-shore Financial Market）或境外金融市场（External Market）。

欧洲货币市场最早起源于伦敦，逐渐扩大到世界其他许多地方，包括东京、中国香港和新加坡等亚洲城市，形成众多的离岸金融中心。在亚洲的欧洲货币市场又称亚洲美元市场（Asian-dollar Market）。1981年美国的离岸市场开始运作，纽约也成为美国境内的第一个欧洲美元市场。这个离岸市场所经营的美元视同境外美元，但与国内美元在账户上严格分开。据国际货币基金组织的资料，目前世界上主要的欧洲货币交易中心，即离岸金融中心有35个，分布在欧洲、亚洲（包括中东）、美洲等地区，其中最重要的是伦敦，其他还有纽约、东京、中国香港、法兰克福等。交易货币中，欧洲美元所占比重最大，在60%左右，其次是欧洲日元等。

(二) 欧洲货币市场的特点

欧洲货币市场集结了大量境外美元与境外欧洲货币。大的跨国公司、企业从这个市场借取其所需要的资金，外国的中央银行与政府机构也从这个市场进行资金融通。这个市场业务量之大、信贷金额增长速度之快，均超越了传统的各大国际金融市场。该市场发展速度与信贷规模如此之大，与其本身具有的特点是分不开的（见表8-1）。

表8-1 欧洲货币市场特点

特　点	具体表现
独特的利率体系	以LIBOR为基准形成独特的利率体系；其存款利率略高于货币发行国的存款利率；而贷款利率略低于其国内贷款利率
资金调度灵活，手续方便	资金不受管辖，周转极快，调度十分灵便
交易额大，是批发交易市场	以银行间交易为主，银行同业拆借占很大比重；市场上的存款人和借款人是大客户，具有整存整取的特点

续表

特　点	具体表现
不受任何国家金融法规限制	它是一个无国籍的或超国家的资金市场，一方面货币在发行国境外借贷，货币发行国无权加以管制；另一方面市场所在国无权也无法对其进行管理，而且还采取优惠措施
不以所在国经济实力为基础	只要市场所在国或地区政治稳定、通信发达、政策优惠、管制放松，即使本身没有巨额资金积累，也可能发展成一个离岸的国际金融中心，如卢森堡、开曼群岛、巴哈马等
借贷关系发生在非居民之间	外国投资者和外国筹资者之间的关系

资料来源：《国际金融》，刘园主编，对外经济贸易出版社，2007年版。

（1）管制较松。这个市场的货币当局对银行及金融机构从事境外货币的吸存、贷放管制都很松。例如，一国政府机构或企业筹集资金，在美国纽约市场发行美元债券或借款等，美国有关当局对此审查相当严厉，一般中小国家或企业很难获得批准；而它们在欧洲货币市场上发行美元债券或者借款，审查的手续则较简单，比较容易获得批准。因此，一些发展中国家政府或企业常常在此借取资金，以满足其经济发展的需要。

（2）存贷利率小，税费负担少。一般说来，传统的国际金融市场利率是以该货币国内金融市场利率为基础的。但是，欧洲货币市场的存款利率略高，而贷款利率略低，存放款利率差额较小。这是因为不受法定准备率的限制，银行可以减少准备金的负担；同时，市场税费较轻，银行机构各种服务费平均较低，可以降低融资者的成本。

（3）调拨方便。这个市场中银行机构林立，业务经验丰富，融资类型多样，电信联系发达，银行网遍布世界各地，且境外货币的调拨不受市场所在国外汇管制的约束，资金调拨非常方便。在这个市场所获得的资金融通，极容易调换成各种所需货币，并在最短的时间内将资金调拨世界各地。

（4）可选货币多样。这个市场所提供的资金不限于市场所在国货币，而几乎包括所有主要西方国家的货币，从而为借款人选择借取的货币提供了方便条件。

（5）资金来源广泛。这个市场打破了资金供应者仅限于市场所在国的传统界限，从而使非市场所在国的资金拥有者也能在该市场上进行资金贷放。与此同时，借款人也不受国籍限制。

二、欧洲货币市场产生与发展的原因

欧洲货币市场是在20世纪50年代后期产生、60年代发展起来的。促成其产生和发展的原因很多，主要包括以下三个方面：

1. 资本的国际化发展是促成欧洲货币市场产生和发展的最深刻的经济根源

小知识 石油美元

第二次世界大战后由第二次科技革命带动所引起的生产和资本的国际化以及技术、市场和经济的全面国际化，以跨国公司的海外投资和全球扩张及国际贸易的空前发展为主要表现。尤其是跨国公司的经营活动，不仅要求公司内部资金调拨有较大弹性，而且要求有更加国际化的国际融资支持和全面的金融服务。这就必然导致国际金融市场的进一步国际化和全球化。因此，欧洲货币市场是适应跨国公司全球扩张的经营活动及国际贸易的空前发展的要求而产生的。

2. 游离于境外的美元资金的存在为欧洲货币市场的形成提供了前提条件

欧洲美元早在20世纪50年代初期就已经出现了。当时由于东西方关系恶化搞冷战，苏联东欧国家就将其持有的美元余额存入欧洲国家的银行，形成了最早的一笔欧洲美元。第二次世界大战结束后，美国实施"欧洲复兴计划"，对西欧进行大量援助，从而导致了美元外流。到60年代以后，美国出现大量国际收支逆差所导致的美元外流，也是欧洲美元形成的一个因素。此外，70年代的两次石油涨价形成的巨额石油美元，又回流到欧洲市场，也为欧洲美元借贷提供了大量资金来源。

3. 各国货币政策的实施是直接触发和促进欧洲货币市场的形成和发展的导火线

1957年英国发生英镑危机，使英国政府加强了外汇管制。为限制英镑外流，英国货币当局一方面提高了英镑利率，另一方面禁止其银行对非英镑区的居民提供英镑贷款。因此，英国商业银行纷纷转而经营美元存放款业务。这样，一个在美国境外专门经营美元存放款业务的资金市场在伦敦出现，这就是欧洲货币市场的雏形。

20世纪60年代以后，美元危机频频发生。美国政府为限制美元外流，也实行金融管制。1963年，采取了征收利息平衡税的政策，规定美国居民购买外国债券所获得的高于本国债券的利息收益，必须作为税款无偿交给美国政府。这等于关上了美国的大门，迫使外国筹资者转向欧洲货币市场。1965年美国又实行"自动限制贷款计划"，限制其银行和金融机构对非居民的贷款能力。1968年进一步加强对外直接投资的限制，颁布"国外直接投资规则"，限制资金外流。这些措施，不但没能阻止美元大量外流，反而促使美国企业和金融机构将资金调往海外营运，使海外分行的海外经营活动加强，推动了欧洲货币市场的发展。同时，由于美国坚持执行1933年银行法中的"Q条例"对活期存款不付息、定期存款规定利率最高上限的政策，利息偏低，限制了银行吸收存款的能力，也导致国内资金外流到利率较高的国际金融市场，从而加速了欧洲货币市场的发展。

到20世纪70年代初，当时的联邦德国、日本及瑞士等国为防止本币升值，也采取限制性措施，如对非居民的本币存款采取不付息甚至倒收利息等办法进行管制。另外，当时日、德对美贸易的巨额顺差导致日元和马克产生升值压力。而为了减轻这种压力，同时也为了维护布雷顿森林体系和美元汇率的稳定，西欧一些国家、日本等被迫采取抛售本币购进美元的措施，导致其本币外流，因而产生境外马克、境外日元及境外瑞士法郎等境外货币，从而起到为欧洲货币市场增加币种、扩大规模的作用。

此外，自20世纪50年代后期以来，西方各国放松或取消了外汇管制，一些发展中国家也对离岸金融中心的业务施以各种优惠政策。例如，跨国银行外币借贷业务可以不受国内金融法令法规管制、享受各种税收优惠、自由汇出利润以及货币可以自由兑换、允许资本自由流动等政策的实施，都为欧洲货币市场的产生提供了必要条件，为其发展铺平了道路。

三、欧洲货币市场与离岸金融中心

欧洲货币市场形成后范围不断扩大，它的分布地区已不限于欧洲，很快扩展到亚洲、北美洲和拉丁美洲。欧洲货币市场最大的金融中心是伦敦，加勒比海地区的巴哈马、欧洲地区卢森堡的业务量略逊于伦敦，其他各大金融中心也分散地经营其境外货币的业务。

欧洲货币市场与离岸金融中心同为经营境外货币的市场，前者是境外货币市场的总称或概括；后者则是具体经营境外货币业务的一定地理区域，吸收并接受境外货币的储存，然后再向需求者贷放。根据业务对象、营运特点、境外货币的来源和贷放重点的不同，离岸金融中心分为以下四种类型：

1. 功能中心

功能中心（Functional Center）是指集中诸多的外资银行和金融机构，从事具体的存储、贷放、投资和融资业务，可分为一体型中心（Integrated Center）和分离型中心（Segregated Center）两种。一体型中心是指内外融资业务混在一起，金融市场和非金融市场对非居民同时开放，在经营范围的管理上比较宽松，对经营离岸业务并没有严格的申请程序，境内资金和境外资金可以随时互相转换，如某香港居民将一笔美元资金存于香港A银行属于在岸业务；当A银行将这笔资金转贷给新加坡时，则属于离岸业务。伦敦与中国香港国际金融中心属于这种类型。分离型中心则限制外资银行和金融机构与居民往来，是一种内外分离的形式，只允许非居民参与离岸市场业务，管理上将境外欧洲货币与境内欧洲货币严格分账，目的是防止离岸金融交易冲击本国货币政策的实施。典型代表是美国的国际银行设施、新加坡离岸金融市场上设立的亚洲货币账户以及日本东京离岸金融市场上的涉外特别账户。

2. 名义中心

名义中心（Paper Center）纯粹是记载金融交易的场所，这些中心不经营具体的金融业务，只从事借贷投资业务的转账或注册等事务手续，因此亦称为"记账中心"。其目的是逃避税收和金融管制。许多跨国金融机构，在免税或无监管的城市设立"空壳"分支机构，以将其全球性税务负担和成本减至最低。目前最主要的名义中心有开曼群岛、巴哈马、泽西岛、安的列斯群岛、巴林等。它们也常被称为"铜牌中心"（Brass-plate Centers），比喻该处的金融机构仅是挂上招牌而已，无真正的金融业务或活动。

3. 基金中心

基金中心（Funding Center）主要吸收境外资金，贷放给本地区借款人。以新加坡为中心的亚洲美元市场属于此类，它的资金来自世界各地，而贷放对象主要是东盟成员国或邻近的亚太地区国家。

4. 收放中心

收放中心（Collect Loan Center）主要筹集本地区多余的境外货币，贷放给世界各地的借款人。比较典型的是亚洲的巴林，该金融中心的重要功能是将中东地区富余的石油美元吸收起来贷给其他各地的资金需求者。

小知识 开曼群岛——中国十大外商直接投资来源地之一

四、欧洲货币市场的主要经营活动

欧洲货币市场主要由短期资金借贷市场、中长期资金借贷市场和欧洲债券市场组成。

欧洲货币市场的商业银行贷款如按时间划分可以分为短期与中长期贷款。其中，中长期贷款是我国利用外资的渠道之一。

五、欧洲货币市场的作用

欧洲货币市场的运行，对国际经济和国际金融产生了极为重要的作用。

(一) 欧洲货币市场的积极作用

(1) 欧洲货币市场的资本自由流动，为资本从过剩的国家顺利流到短缺的国家创造了条件，促进了资金短缺国家的经济发展。

(2) 欧洲货币市场使一些国家的货币成为世界性货币，如美元、日元、英镑等，促进了国际贸易的发展。

(3) 欧洲货币市场使国际金融市场的联系更为密切，促进了国际资金的流动及国际金融市场的一体化，从而提高了金融市场的效率。

(4) 欧洲货币市场极大地方便了短期资金的国际流动，缓和了世界性国际收支不平衡的问题，使各国的国际收支状况得到改善和缓和。

(二) 欧洲货币市场的消极作用

(1) 国际金融市场变得更加脆弱。欧洲货币存款绝大部分是1年以下的短期资本，而欧洲货币放款多半是中长期的，因此存短放长使得金融市场一旦有风吹草动，便会导致资金周转不灵。并且，这些资金通过银行的多次转存，形成锁链式的借贷关系，一旦客户纷纷提取存款，许多银行资金周转不灵时，就有可能导致金融市场崩溃。

(2) 各国的金融政策更加难以贯彻。欧洲货币市场是离岸金融市场，它往往削弱一国的金融政策效力。假如欧洲某一国家实行紧缩的货币政策，减少本国货币供给时，欧洲美元的流入会增加社会购买力，抵消紧缩货币政策的作用；若欧洲某一国家实行扩张的货币政策，增加货币供给时，欧洲美元的流出会减少社会购买力，抵消扩张的货币政策的作用。

(3) 外汇投机活动加剧了汇率波动。由于欧洲货币市场的大部分短期资金几乎都用于外汇交易、套汇与套利活动，使大规模的资金在几种货币之间频繁移动，从而导致汇率的剧烈波动。甚至一些银行因此而倒闭破产，引起国际金融市场的动荡。

(4) 加速了世界性通货膨胀。由于欧洲货币市场的借贷活动使一国的闲散资金变成了另一国的货币供应量，使市场的信用基础扩大。另外，在欧洲货币市场上，大量游资冲击金价、汇率和商品市场，也不可避免地影响到各国的物价水平，导致输入性通货膨胀。因此，有人认为，欧洲货币市场对20世纪60年代后期和70年初期世界性通货膨胀起到了推波助澜的作用。

六、亚洲美元市场

(一) 亚洲美元市场的形成与发展

亚洲美元市场是指亚太地区的银行用境外美元和其他境外货币进行借贷交易所形成的金融市场。亚洲美元市场是欧洲货币市场的延伸和组成部分，新加坡是亚洲美元市场的交易和结算中心。

1965年新加坡独立后，为了发展和繁荣经济，积极利用本国的有利条件：稳定的政治经济局势、优越的地理和时区位置、高效率的行政服务，刻意把新加坡发展成为一个国际金融中心。

20世纪60年代末，以美资为首的跨国公司大量涌入亚洲地区，迫切要求在亚太地区也能有一个经营美元业务的金融中心为之服务。

由于内外条件的促成，新加坡政府接纳美国商业银行一位专家向其提出的一套亚洲美元计划，1968年10月把"亚洲货币单位"(Asian Currency Unit, ACU) 的执照发给了美国银行新加坡分行，从此以新加坡为结算中心的亚洲美元市场应运而生。

新加坡亚洲美元市场的主要业务是吸收非居民的外币存款，为非居民提供外汇交易、从事资金借贷、开立信用证、经营票据贴现等境外金融业务。它要受新加坡金融当局监督，服从新加坡银行业法令，但不受其中某些条款的约束，如不受最低现金余额和法定清偿能力规定的约束等。不过，新加坡亚洲美元市场实行内外分离制，亚洲货币须另设账户，不能参与新加坡国内金融活动，以防止离岸交易给其国内金融活动带来冲击。

新加坡离岸金融市场1971年起开始经营亚洲美元债券业务，债券期限为6~15年。1978年新加坡取消外汇管制，吸引了众多的国际大银行、证券公司来此设立境外分行，加速了市场的发展。

新加坡美元市场的飞速发展，极大地刺激了香港地区政府。一直居于亚洲金融活动首位的香港在整个20世纪70年代都加紧步伐发展亚洲美元市场。香港1973年取消外汇管制，1974年开放黄金市场，1978年3月又取消了1965年以来禁止外国银行进入香港的限制，银行总数与外资银行逐年增加。1982年2月，香港取消了对外币存款利息收入15%的预扣税，使美元存款迅速增加，不仅吸引了新加坡的资金，还吸引了巴林、伦敦、纽约等金融中心的资金。新加坡与中国香港在亚洲美元市场各有优势。新加坡是亚洲美元的存放中心，而中国香港是国际性银行贷款的主要基地，仅次于伦敦、纽约和巴黎而成为世界第四大银团贷款中心。

1986年12月1日，东京离岸金融市场设立，使亚洲美元市场的规模进一步扩大。这个市场并无实体，只是在获准经营离岸业务的银行中，把境外业务另立离岸账户单独处理，市场活动类似于纽约的离岸市场，接近于新加坡和中国香港。日本是当今世界经济实力仅次于美国的发达国家，又是资本主义世界中最大的债权国，随着日本和世界经济的发展，东京离岸市场仍会不断发展和完善。

此外，巴林、马尼拉、曼谷等地的亚洲美元市场也都具有一定规模。

（二）亚洲美元的资金来源和用途

（1）亚洲美元的资金来源。亚洲和太平洋地区跨国公司的闲置资金是亚洲美元资金的主要来源。此外，亚洲美元的资金来源还有：外国中央银行和政府贷款，欧洲货币市场的同业存款，外国侨民、进出口商等非银行客户的外币存款等。

（2）亚洲美元的主要用途。银行同业间交易，1975年以后，贷给银行同业的款项一直占贷款总额的最大比例；对美、日、英等国设在亚太地区的大型跨国公司的贷款；对亚太地区各国政府的贷款，用以弥补国际收支逆差或供经济发展之用。

（三）亚洲美元市场的利率

亚洲美元市场的利率主要是新加坡银行间拆放利率（SIBOR），适用于新加坡元以外的货币。在1974年以前，新加坡市场本身没有利率报价，而以伦敦市场提供的各种货币利率报价，特别是以美元报价为依据。1974年以后，新加坡市场开始每天早晨根据伦敦市场的收市利率，加上自己对伦敦及美国等主要外汇市场收市后的货币变动情况的判断，定出SIBOR，而SIBOR也会影响到伦敦市场的开市利率。

第三节 国际金融电子化

在经济全球化浪潮的推动下,以电子计算机为核心的信息网络技术得到广泛应用,国际金融电子化已经成为当代国际金融发展的基本趋势。与传统的金融业相比,电子化下的国际金融产生了翻天覆地的变化。

一、国际金融电子化的内容与特征

金融电子化是指采用计算机技术、通信手段、网络技术等现代化技术手段,改变金融业传统的工作方式,实现金融业务处理自动化、金融服务电子化、金融管理信息化,从而提高金融服务质量与效率的全部活动过程。金融电子化所涉及的内容十分广泛,凡是在银行、证券、保险及其他金融机构中以提高工作效率为目标,围绕金融业务及管理现代化进程所采用的各种电子设备与计算机信息系统都属于金融电子化系统的范畴。金融电子化的实现与发展,从根本上改变了传统银行的业务处理和管理的旧体制,建立了以信息为基础的自动化业务处理和科学管理的新模式。

金融电子化的主要优势表现在三个方面:第一,金融电子化用电子货币的支付方式逐步代替传统的现金交易和手工凭证的传递与交换,大大加快了资金的周转速度。第二,金融电子化使金融业从单一的信用中介发展成为一个全开放的、全天候的和多功能的现代化金融体系。可以说,现代的国际金融业是集金融业务服务和金融信息服务为一身的金融"超级市场"。第三,金融电子化使金融业营业网点已从砖墙式建筑向银行自动柜员机(Automatic Teller Machine,ATM)、多功能终端(Point of Sales,POS)、网络等系统转移,提高了金融业的效率,降低了经营成本。

国际金融电子化的出现和发展,是由两方面原因造成的。一是货币流动与金融交易的迅速发展,二是计算机与通信技术的使用。20世纪40年代末以来,特别是伴随着90年代网络技术的飞速发展和"知识经济与网络经济"概念的提出,传统的金融行业发生了深刻的变化。目前,国际金融电子化已成为西方发达国家金融业运作的主要方式。

小知识 银行POS系统

传统的金融业受时间、空间、信息等资源的制约,不能适应经济全球化和知识经济的要求,国际金融电子化是经济全球化和知识经济的必然产物,以"高效率、低成本"的特点以及"快捷、方便"的运作方式获得了越来越多用户的青睐,国际金融电子化的特征主要表现为"高效率、低成本、高收益"。

1. 国际金融电子化的服务效率较高

国际金融电子化突破了时间和空间的限制,利用网络技术,可以随时随地为用户服务,提高了服务的质量和速度。由于使用电子技术可以提供迅速的服务,特别是计算机系统的实时处理,延长了金融机构的服务时间,克服了地区间的时差,使金融业务在时间上也得到了拓展。如ATM系统可以提供24小时服务;国际清算网络、国际信用卡授权网络等可24小时运转。

2. 国际金融电子化达到了信息数量最大化

"二八原则"在金融业同样有效:20%的客户会带来80%的效益。如何寻找20%的优质客户是金融业的重要课题，是每个金融机构盈利多少的关键。受信息量较少的限制，传统金融业难以对客户进行综合分析和评估、难以判定优质客户、容易产生呆账坏账，影响了金融业的效益。国际金融电子化借助现代化的技术手段，能对客户信息进行最大限度的分析和评估，便于选择优质客户，减少金融风险，提高效益。同时，通过网络技术和计算机技术的应用，了解更多有关客户的信息、增加服务项目，使决策更加科学、透明度更高，从而促使客户增强对金融业的认识和信任，提高金融业的信誉。

二、国际金融电子化的影响

国际金融电子化对社会经济的发展以及资源的有效利用产生了较大的影响。国际金融电子化利用网络特有的优势加快了全球资金的融通速度，提高了资金利用率，很大程度上促进了全球经济的发展；同时，国际金融电子化导致金融产业结构不断创新完善，提高了金融业的服务效率。

1. 国际金融电子化拓宽了金融服务领域

金融电子化能够融合银行、证券、保险等分业经营的金融市场，减少各类金融企业针对同样客户的重复劳动，拓宽金融企业进行产品功能开发和综合的创新空间，向客户提供更多量体裁衣式的金融服务。由此，金融企业将从事全能银行业务，如存贷款、国际结算、财务顾问、证券经纪、信托、保险代理等。更进一步，全能银行借助自身的网点从事资信评估、气象发布，甚至联合其他实体的网络，从事旅游组团、商品零售等，开发"保姆银行"业务。

2. 国际金融电子化提高了金融服务质量

金融电子化必然形成和提升金融自动化，使金融业务能够突破时间限制。金融电子化还促进了无形金融市场，即虚拟化金融市场的形成和发展。传统上，银行业务采取的是柜员——客户在固定营业网点接触，也称为有形市场办理业务的方式。这种市场模式需要客户不断"走动"来维持，离特定网点较远的客户"走动"费时费力，形成银行的空间局限。银行建设虚拟化金融市场，其固定营业网点的空间局限性不再存在，理论上只要有网络和通信能够到达的地方，都可以成为银行的市场范围，因此，将来的银行将能够提供"AAA 式服务"，即在任何时候（Anytime）、任何地方（Anywhere），以任何方式（Anyway）为客户提供金融服务。

3. 国际金融电子化降低了金融服务成本

根据调查，网上银行的经营成本只占经营收入的 15%～20%，而相比之下传统银行经营成本占经营收入的 60% 左右。金融电子化的深化、降低了银行的经营成本，并使网上银行代表着未来银行业的发展方向。由于网上银行无须开设分支机构，雇员极少，由此省下的巨额资金可用来提高利息，而高利息在增加客户收益的同时，也将壮大银行的客户基础。显然，通过电子化支持金融业务，将能够极大地改善银行的盈利能力。

4. 国际金融电子化强化了金融管理，提高了金融企业管理的深度、广度和效率

金融电子化进程不仅影响到金融部门，实际上，它对整个世界经济活动都产生了重大影响。金融电子化不仅改变了人们的支付方式和行为观念，而且成为金融全球化的重要推动力量。从支付方式角度看，在人们的经济生活中，除了现金收付外，任何支付最终都必须通过银行完成。在银行方面，支付行为从提出到完成是一个体系，由银行内支付系统、国内银行间支付系统和国际银行间支付系统所组成。目前，完全手工操作的银行支付体系已经走向消亡，更加讲究速度和安全的现代化电子清算体系已经建立，促进了资金在全球范围内快速流动。

三、国际贸易结算与清算电子化

国际结算是国际商业银行的主要业务之一，它是一门科学性强、知识丰富、惯例众多、发展迅速的学科。因此作为与国际贸易密切相关的银行国际业务部门，迫切需要一套功能完备、业务控制严密、操作方便的电子化结算业务处理系统。因此，在国际金融电子化进程中，国际贸易结算业务的电子化很早就发展起来。

目前，各金融机构国际贸易结算电子化系统一般是由出口业务系统和进口业务系统两部分组成。

出口业务处理电子化系统一般包括来证通知、议付、结汇、统计考核、托收、文件维护、批量处理七个部分。其中来证通知系统主要有对审核后的来证进行自动输入、查询、自动建立来证档案、自动输出通知函、自动统计信息、实施用户管理等项功能。议付系统的功能包括自动产生 BP 信息、自动选择账户行、自动计算银行费用、自动选择索汇语句等。结汇系统的功能主要是自动处理结汇单据并自动生成会计分录。由于托收业务与信用证业务的基本涉及面有许多共同之处，因此托收系统主要是利用与前面三个系统共享的应用软件实现托收的自动化处理。其他各个系统基本上是进行出口业务的辅助管理和文件维护。

金融机构的进口业务处理系统的核心是信用证进口开证系统。这一系统拥有一个信用证元素库，其中存储了各种信用证条款及语句。操作人员可以通过计算机的信用证输入界面将特定信息输入计算机，系统将自动把输入信息和存储信息结合起来，从而完成自动制作信用证的过程。此外，该系统还能够自动进行与信用证有关的账务处理，并能通过电传设备将信用证发送到对方银行。

国际资金划拨与清算系统的功能是完成资金所有权的转移与交割。当资金所有权发生跨越国界的转移时，国际支付与清算系统就应运而生了，它满足了资金跨国转移与交割的需要。国际支付与清算系统主要指的是国际上银行之间的电子支付系统，用于大额交易的即刻清算与支付。世界上这样的电子支付系统为数不少，几种最为重要的国际支付系统是环球银行间金融电讯系统（简称 SWIFT）、美国纽约票据交换所银行间支付系统（CHIPS）、伦敦票据交换所自动支付系统（CHAPS）。

四、国际证券投、融资电子化

除了通过金融中介机构进行资金融通以外，人们进行投、融资活动的另一重要渠道就是证券交易。随着全球资本流动规模的扩大和证券市场管制的放松，国际证券投融资活动发展起来，而证券交易的电子化也就成为金融电子化的一项重要内容。

近年来，随着网络技术的发展与日益普遍的应用，证券投资行业已发生了深刻的变化。金融电子化对世界证券市场的交易机制、交易方式以及竞争方式都产生了深刻的影响。互联网技术的发展给证券业的发展带来了巨大的契机。它缩短了时空的距离，降低了交易的成本，能及时、方便、准确地为大量个人用户服务，从而使新入市的投资者增多，交易更加活跃，市场的效率更高。通信和计算机网络的迅速发展使全球化投资变为可能。越来越多的投资人通过网络进行贸易,使交易更快捷,交易成本更低廉,这同时也增加了证券市场的有效性,使证券市场上的信息更加对称。

证券业"网上投资(Online Investment)"又称网上交易,是证券业电子化的最新发展动向,主要由柜台模块、信息模块、报盘回报模块和委托模块组成。其中,柜台模块支持保证金开户、保证金存入、保证金提取、资料查询、转托管、系统维护、日结算和打印报表等功能;信息模块为客户提供交易所信息公告(包含实时行情显示)、报刊信息转载、专业信息(技术分析,专家点评)等;而委托模块完成实时委托买卖、实时成交查询等功能。

证券业网上交易系统的最大特点是安全性和实时交互性要求高。安全性包括数据加密、合法使用、病毒防治等。国外已开发出保密超文本传输协议,互联网的安全性应该能够保证。实时交互性包括实时行情、实时交易、实时分析和实时查询等,通过采用 Java 语言编程,这一特点得到很好的体现。

五、国际金融电子化发展面临的问题

1. 安全问题

国际金融电子化意味着金融企业的内部网络间接或直接与互联网相接。任何开立网上交易账号的人,都有机会利用技术手段获取内部信息,或者攻击金融网络,从而造成重大的损失,乃至产生交易网络瘫痪的严重后果。随着系统处理能力和网络速度的不断提高,网上交易的系统安全问题也日益突出,主要表现在:一是网上委托的技术系统被攻击、入侵、破坏,导致网上交易无法进行;二是委托指令、客户资料以及资金数据等被盗取或被篡改,甚至造成资金的损失。

2. 管辖权问题

互联网是面向世界的网络,各国各地区的人都可以按一定的规则加入互联网。国际金融电子化的客户可以点击全球金融机构的网站,而金融机构也因此可以为全球客户提供金融服务。国际金融电子化导致了跨国电子金融运作方式,也跨越了各国的法律和金融法规。其中一个最大的问题就是管辖权的确定问题。目前,各国还未颁布针对网络银行的法律法规,对跨国电子金融交易的司法管辖问题也没有达成一致意见。

3. 信用问题

国际金融业中最常见的犯罪行为是欺诈。诈骗者以银行客户的名义,向银行发出支付命令,指示从客户的账户中划拨一笔款项到受益人(诈骗者或其同伙)的账户。在纸质票据的资金划拨中,主要采取核对签字盖章的检查方式,但在电子资金划拨中却无法采用这种方法。

4. 主体问题

国际金融电子化的一个重要内容是货币电子化,从而使金融业从纸票(现金和纸质票据)中解放出来。但是关于电子货币本身还存在许多问题,如发行主体的范围界定,各国看法不一。在美国,对于结算服务提供者的范围是以联邦 EFT 法和各州的法律为基础的。在欧洲大陆各国,电子货币的发行主体原则上限定于金融机构,并将此作为金融监管的对象。在中国,信用卡的发行限定在商业银行,并受制于中国人民银行的监管。

此外,国际金融电子化的发展还面临着各国的立法协调、信息技术本身的改进、技术人才的培养和各国的司法协助等问题。

本章小结

1. 金融市场是指资金融通的场所及关系总和，金融活动跨越国界就形成了国际金融市场。国际金融市场由货币市场、外汇市场、资本市场、黄金市场等组成。国际金融市场的产生模式大致可分为传统型和新型两种。比较稳定的政局、发达的金融体系、完备的金融制度、宽松的经济政策和金融政策、现代化的基础设施与拥有国际金融专业知识水平较高的、实践经验丰富的专业人才是国际金融市场应具备的条件。

2. 国际金融市场的主体是欧洲货币市场，其特点是非居民之间的交易；交易自由，所受管制少；欧洲货币市场有自己独特的利率结构，其利率体系的基础是伦敦银行同业拆放利率（LIBOR）。欧洲货币市场的主要业务是欧洲短期信贷、欧洲中长期信贷（即银团贷款）和发行欧洲债券。它对世界经济和国际金融产生积极和消极两方面的影响。

3. 金融电子化是指采用计算机技术、通信手段、网络技术等现代化技术手段，改变金融业传统的工作方式，实现金融业务处理自动化、金融服务电子化、金融管理信息化，从而提高金融服务质量与效率的全部活动过程。而国际金融市场电子化则是金融电子化进程在国际金融领域中的体现。国际金融市场电子化包括支付、结算系统的电子化，证券投融资的电子化等几个方面。国际金融市场电子化对金融部门乃至整个世界经济都产生了不可忽视的影响，它推动了金融全球化和经济的发展。

✓ 关键名词

国际金融市场　货币市场　资本市场　欧洲货币　欧洲货币市场　离岸金融市场

✓ 练习与思考

一、判断题

（　）1. 国际金融市场一体化有加深国际金融危机的作用。
（　）2. 欧洲货币专指欧洲国家的货币。
（　）3. 亚洲美元市场以香港为中心。
（　）4. 网上交易的系统安全问题日益突出，阻碍国际金融电子化的进一步发展。
（　）5. 纽约金融市场的兴起标志着国际金融市场进入了一个新的历史发展阶段。

二、选择题

1. 欧洲美元是指_____。
　A. 欧洲地区的美元　　　　　　　　B. 存放在欧洲地区银行的美元
　C. 世界各国美元的总称　　　　　　D. 欧洲各国官方的美元储备
　E. 美国境外的美元　　　　　　　　F. 欧元

2. 国际金融市场的积极作用表现在_____。
　A. 调节国际收支　　　　　　　　　B. 促进世界经济发展
　C. 促进金融和经济的国际化　　　　D. 为投机活动提供便利
　E. 加剧通货膨胀，不利于外汇市场稳定

3. 吸收国际资金，贷放给本地区工商界是离岸金融中心的_____中心。

A. 集中性　　　　B. 分离性　　　　C. 基金　　　　D. 收放

4. 集中本地区多余的境外货币，贷放给世界各地资金需求者，属离岸金融中心的_____中心。

A. 集中性　　　　B. 收放　　　　C. 基金　　　　D. 分离性

5. 几种最为重要的国际电子支付系统是_____。

A. 环球银行间金融电讯系统（简称SWIFT）
B. 美国纽约票据交换所银行间支付系统（CHIPS）
C. 伦敦票据交换所自动支付系统（CHAPS）
D. 银行自动柜员机系统（ATM）
E. 多功能终端系统（POS）

6. 欧洲货币市场的特点有_____。

A. 借贷自由　　　　　　　　B. 存贷利差较大
C. 货币供给品种多样　　　　D. 资金来源广

7. 属于欧洲货币市场境内、外业务分离型的市场是_____。

A. 纽约　　　　B. 伦敦　　　　C. 新加坡　　　　D. 香港
E. 东京

8. 属于欧洲货币市场，境内、外业务一体型的市场是_____。

A. 纽约　　　　B. 伦敦　　　　C. 新加坡　　　　D. 香港
E. 东京

三、填空题

1. 广义的国际金融市场是指在_____与_____之间或是在非居民之间进行各种金融活动的场所及所形成的金融关系总和，包括_____、_____、_____、_____、_____和_____等。

2. 而狭义的国际金融市场是指国际资金借贷市场，又称_____，它又可以按资金借贷的期限分为_____和_____。

3. 欧洲货币市场首先出现的是_____。

4. 离岸金融中心包括_____、_____、_____和_____。

5. 传统的国际金融市场是从事_____货币的借贷，主要是以_____与_____之间的金融交易为业务主体。

6. 国际金融市场电子化包括_____电子化、_____电子化等几个方面。

四、简答题

1. 简述国际金融市场的作用。
2. 简述国际金融市场的构成。
3. 简述欧洲货币市场对世界经济的作用。
4. 简述在岸金融市场的特点。
5. 在新加坡的日元是否属于欧洲货币，为什么？
6. 国际贸易电子化结算包括哪些部分，它们各自的功能是什么？
7. 简述金融电子化对金融部门乃至世界经济的影响。

五、案例分析

新加坡金融市场国际化经验分析

一、自由开放的金融环境

（一）国际金融中心建立

新加坡扼守太平洋与印度洋交通要道，战略位置十分重要。1965年新加坡独立，适逢美国为缓和国际收支逆差，准备在亚洲设立离岸金融市场，新加坡政府抓住时机，及时取消外币利息税，大力鼓励外资金融机构进入新加坡金融市场。20世纪80年代以来，新加坡又进一步放宽了对外资持有银行股份的限制，大量外资金融机构争相进入，各类金融工具在新加坡金融市场不断创新并得到广泛使用。新加坡的货币市场、证券市场、外汇市场、离岸金融市场和金融衍生品交易市场等迅速发展，新加坡成为亚太地区的国际金融中心。新加坡作为全球金融、贸易、运输和商业的重要枢纽，其地位得到国际上的认可，一项由Lang LaSalle在2015年所做的研究报告把新加坡评为"最具全球化的贸易城市"第三名，仅次于纽约和伦敦。世界银行将新加坡列为全球最容易做生意的地方。目前，新加坡是世界第三大石油炼制和贸易中心、第四大金融中心、第三大外汇交易中心，也是近几十年来最繁忙的航运港口之一。

（二）衍生品市场发达

随着海外资本和投资者队伍的扩大，国际化的交易所、清算所等基础设施也在新加坡建立起来。受益于得天独厚的贸易中转位置、自由开放的金融环境、便利优越的金融政策，新加坡的衍生品交易在世界也居前列。根据FIA（美国期货业协会）统计的数据，目前新加坡交易衍生品的市场有新加坡交易所（SGX）和ICE新加坡期货交易所（ICE Futures Singapore）。2016年上述两家交易所共交易衍生品合约1 724 215 850亿张，较2009年增长2.25倍左右。

SGX是新加坡证券交易所（SES）和新加坡国际金融期货交易所（SIMEX）于1999年12月1日合并组成的控股公司，并在2000年11月23日通过公开募股和私募配售方式上市。SGX是一家综合性的交易所，也是亚太地区首家集证券和金融衍生品交易于一体的股份制交易所。目前，在SGX上市交易的主要大宗商品种类有铁矿石、热扎卷板、橡胶、运费、煤炭、石油、化工、贵金属、天然气、电力等。除此之外，在SGX上市的金融衍生品种包括股指期货期权、利率期货、外汇期货及OTC合约、股息指数期货。

值得一提的是，SGX上市的股指期货多为境外指数品种，比较著名的有日经225指数期货期权、MSCI中国台湾指数期货和期权、MSCI印度尼西亚指数期货、MSCI马来西亚指数期货、MSCI菲律宾指数期货。2006年9月，SGX推出了富时A50指数期货，富时A50指数是由新华富时指数有限公司推出的实时可交易指数，以美元进行交易结算。

2008年7月9日，新加坡贸易交易所（Singapore Mercantile Exchange）宣布成立，成为新加坡重要的国际商品衍生工具交易场所之一。新加坡贸易交易所是亚洲第一个提供单一平台买卖多种产品的国际商品交易所，它提供了多种商品的期货以及期权的交易平台，包括贵金属、基本金属、能源、农产品、货币、碳排放额度以及商品指数等。2014年，新加坡商贸交易所被ICE收购，更名为ICE新加坡期货交易所。在新加坡稳健的监管和法律架构治理下，ICE新加坡期货交易所提供多种金融和商品衍生品的对冲机会，让市场参与者通过一个受监管的透明市场来管理风险。

二、便利优越的金融政策

新加坡的金融市场具有高度开放、监管高效、体制透明、税收优惠等显著优势，因此期货公司在新加坡市场设立分公司或者分支机构时面临政策上的阻力和风险都比较小。

（一）宽松的准入政策

在新加坡设立公司的手续和过程都较为简单、便捷。公司名称选择自由，提交资料不需要经过政府繁杂的审核，有效地缩短了新加坡公司注册所需要的时间。注册资本方面，新加坡公司的成立对注册资本的货币类型和缴足时间都没有严格的规定。注册资本可以为新币，也可以为其他常用货币，注册资本的缴足也没有严格的时间期限。

新加坡的金融管理局对金融企业的设立也采取比较宽松的准入政策，为适应金融混业经营的需要，其在资本市场发放通用牌照（Capital Market Service License），机构可以同时进行券商、基金、期货、REITs管理等业务而无须单独报批。过去10年间，申请此类牌照的金融机构增长最快，从2003年的166家增长到2012年的250家。

此外，为了吸引更多的资本进入，新加坡政府在研发、贸易、企业扩展等方面制订了系列优惠或奖励措施，如新企业发展计划、企业家投资奖励计划、全球贸易商计划、地区总部奖等。

（二）优惠的税收政策

为了吸引资本和境外投资，新加坡采取了十分宽松的税收政策。一是新加坡与包括中国在内的50多个国家签订了豁免双重征税协定，境外资本在新加坡投资能够避免双重征税。二是新加坡是属地征税国家，也就是说新加坡公司在境外运营业务时，境外业务的收入无需向新加坡监管当局纳税。三是新加坡对内外企业实行统一的企业所得税率。目前净利润在30万新币（含）以下的新加坡企业适用8.5%的企业所得税，净利润超过30万新币的企业适用17%的企业所得税，远低于我国现行20%~25%的企业所得税率。四是新加坡在企业注册成立时，不征收印花税，公司运营过程中的资本利得也不用征税。此外，在政府金融激励计划（Financial Sector Incentive Scheme）中，对境外基金设立的新加坡分支机构提供税收优惠。受新加坡监管机构认可的单位信托基金（Unit Trust）仅需缴纳少量特定的收入税，而离岸基金享受免税优惠，并对基金经理提供10%的税收减免。同时，新加坡的金融发展基金（Financial Sector Development Fund）还向基金经理提供专业培训方面的资金支持。

（三）开放的金融政策

境外资本在新加坡设立公司，必然涉及资本的输入输出、币种的转换等。相对于其他国家对企业利润的输出和汇率的管制，新加坡在外汇及从当地遣返公司资本和利润上没有管制，因此企业在新加坡设立公司面临管制上的风险比较低，且自由度高的市场更具有深度和广度，企业在资本市场上更容易获得和筹集资金。

2015年，SGX与中国银行和中银国际签署合作框架，进一步加强人民币合作，推动有助于中新金融市场合作项目的发展。2017年6月，新加坡金融管理局发布公开意见征询书，计划通过放宽某些条例，例如持有执照的基金经理从业者即使没有五年的业务记录，也可向散户提供智能投资顾问服务，但必须要满足几个条件，包括只提供简单的产品多元化组合（挂牌基金和股票）、主要管理层人员拥有丰富的基金管理和科技经验、运作一年内对智能投资顾问业务进行独立的审计。该项举措的主要意义在于鼓励更多的金融从业者为投资者提供智能投资顾问服务。

资料来源：期货日报 2017年12月12日 第003版 黄苗

案例思考题：

1. 从本案例中总结国际金融市场形成的条件。
2. 上海要建设成国际金融中心应如何借鉴新加坡金融市场国际化的经验？

✓ 实训课堂

项目一：网上查询当前 LIBOR 的值。

项目二：模拟金融市场股票操作实务。

1. 实训目的：

（1）加强对国际金融市场的感性认识。

（2）学会基本的炒股基本过程和原理。

2. 实训内容：

利用网上免费的模拟股市系统，如登录 http：//stock.sina.com.cn/cgi-bin/myaccount.cgi，申请新浪的"通行证"后，进入模拟股市；或者登录 http：//bjhcg.gtja.com/stock/login.asp，注册后也可以进入模拟股市。可以规定一定的时间，让学生自己进行股票的买卖，分析盈利或亏损的主要原因，掌握炒股的基本过程和原理。

3. 完成任务：

（1）撰写股票买卖的分析报告。

（2）将规定时间内学生的最终获利结果汇总后上交。

第九章

国际金融组织

✓ 学习目标

通过本章学习,应掌握国际货币基金组织、世界银行集团和国际清算银行的资金来源及其主要业务活动,了解亚洲开发银行、欧洲投资银行的业务特点以及我国与国际货币基金组织、世界银行集团和亚洲开发银行的关系。

✓ 重难点

1. 国际货币基金组织、世界银行集团和国际清算银行的资金来源及其主要业务活动;
2. 亚洲开发银行、欧洲投资银行的业务特点;
3. 我国与国际货币基金组织、世界银行集团和亚洲开发银行的关系。

✓ 课前思考

世界银行贷款协助中国开展农田重金属污染治理

2017年8月22日,世界银行执行董事会批准向中国湖南省农田污染综合管理项目提供贷款1亿美元,用于示范基于风险的农田重金属污染综合管理方式,为政府保障人民粮食和食品安全的努力提供支持。

几十年来,中国成功地用不到世界7%的耕地养活了13亿人口。但是,由于工业化进程迅速,加上环保执法不到位,中国也面临镉、镍、砷等重金属对农田的污染,影响到国家粮食生产的13.9%左右。

世界银行高级农业经济学家、项目经理曹文道说:"土壤重金属污染威胁到公众健康、生态环境和国家粮食安全。这个项目是世界银行在华开展的首个此类项目,将采用创新手段治理农田重金属污染问题。"

湖南省是中国最大的稻米产区,占全国稻米产量的1/10。同时,湖南省也是有色金属之乡,有色金属、有色冶金、化工、采矿等行业占全省工业的80%以上。工业排放的废气、废水、废渣和金属尾矿使农田遭受污染,而过量使用化肥和不良的耕作方式以及严重污染带来的酸雨导致土壤污染进一步恶化。

针对这些问题,湖南省农田污染综合管理项目将推出一种基于风险的综合管理模式,项目内容包括在15个项目县选择约8 000公顷农田实施因地制宜的示范治理方案,开发农业环境监测数据库和风险管理工具,制定有关基于风险的农田污染综合管理的地方法规条例和技术标准。

世界银行高级环境专家、联合项目经理王青说:"项目还将开展可持续融资模式的专题研究,协助项目县和湖南省制定行动计划。从项目获得的经验将在全省以及中国其他省区传播推广,以实现效果最大化。"

项目总投资约1.12亿美元,世行贷款1亿美元,配套资金来自湖南省政府及各项目县。项目实施期为2017年至2023年,为期6年。

采取项目推广的重金属污染综合治理的农田所涉及的农户和农民合作社将从项目中直接受益。通过项目实施,省和县级政府运用基于风险的污染农田治理方式和管理重金属污染源的能力也将得到提升。

资料来源:https://www.shihang.org/zh/news/press-release/2017/08/22/world-bank-to-support-china-in-agricultural-land-pollution-control

第一节 国际金融组织概述

一、国际金融机构的产生与发展

(一)国际金融机构的概念

国际金融机构指的是那些从事国际金融经营和管理等业务活动而又具有超国家性质的金融组织。这类金融机构大多以银行的形式出现,也有的采用了基金组织、协会、公司等名称。

(二)国际金融机构的产生和发展

国际金融机构的产生和发展是同客观的世界经济状况密切相连的。在第一次世界大战前,主要资本主义国家的货币信用和国际结算制度尚未真正建立起来,它们的国际收支又大多呈现顺差,加之外汇汇率一向比较稳定,彼此在国际金融领域的矛盾并不尖锐,所以当时尚不具备产生国际金融机构的基础和条件。

但是,第一次世界大战的爆发使得世界货币金融局面发生了重大变化,各主要资本主义国家之间的矛盾和斗争开始尖锐,需要利用国际经济组织来控制或影响他国。伴随战争而来的通货膨胀和国际收支逆差的严重恶化,又导致不少资本主义国家面临国际金融的困难境地,它们希望借助国际力量来解决问题。在这一形势下,第一次世界大战的战胜国集团为处理战后德国赔款问题,由英国、法国、意大利、德国、比利时、日本六国的中央银行和代表美国银行界的美国摩根银行,于1930年5月在瑞士巴塞尔成立了国际清算银行,这是世界上建立的第一个国际金融机构。

20世纪30年代的世界性资本主义经济危机和第二次世界大战的爆发,激化了资本主义基本矛盾,使世界金融状况陷于严重危机之中,信用混乱,国际收支恶化。众多国家迫切希望建立全球化的国际金融机构,以摆脱金融困境。在这种情况下,根据布雷顿森林协定的精神,"国际复兴开发银行",即世界银行和"国际货币基金组织"于1945年12月正式成立。世界银行后来又设立了两个附属机构,即国际开发协会和国际金融公司,这三个机构统称为世界银行集团。

从1957年到70年代,欧洲、亚洲、非洲、南美洲、中东等地区的国家,为抵制美国对国际金融事务的控制和操纵，通过互助合作方式，纷纷建立起区域性的国际金融机构，以适应本地区的实际需要，谋求本地区的经济发展。1957年西欧共同体创立了欧洲投资银行。1960年以后又先后成立了泛美开发银行、亚洲开发银行，非洲开发银行和阿拉伯货币基金组织。苏联、东欧国家于1963年成立了国际经济合作银行，以后又成立了国际投资银行。

二、国际金融机构的分类与作用

（一）国际金融机构的种类

按地区划分，可分为全球性的国际金融机构和区域性的国际金融机构。

按资本来源，可分为由政府出资兴办的国际金融机构（如国际经济合作银行）、私人集资兴办的国际金融机构（如西方国家的跨国银行），由政府资本和私人资本合办的国际金融机构（如亚洲开发银行）。

按职能划分，可分为主要从事国际金融事务协调和监督的国际金融机构、主要从事各种期限信贷的国际金融机构和主要从事国际结算的国际金融机构。

（二）国际金融机构的作用

国际金融机构建立以来，在加强国际经济、金融合作，发展世界经济及区域经济方面起了积极的作用，具体表现在：

① 促进国际经济，特别是金融事务的协调与合作。

② 向会员国提供短期资金，解决有些国家国际收支逆差，这在一定程度上缓和了国际支付危机。

③ 提供长期发展建设资金，促进许多国家，特别是发展中国家经济发展。

④ 调节国际清偿能力，特别是国际货币基金组织提供普通提款权和分配特别提款权，增强了会员国的偿债能力，适应了世界经济发展的需要。

⑤ 稳定汇率，促进国际贸易和国际投资的增长。

然而，又必须看到目前的国际金融机构也存在一定的缺陷：国际金融机构的领导权大都掌握在西方国家手里，发展中国家的意见和建议往往得不到充分的反映，很少付诸实施。国际金融机构对发展中国家提供贷款的条件过分苛刻，有的要求支付负担颇重的利率，有的还常常干涉贷款国的经济发展计划乃至相关政策措施，更有甚者，这类贷款有时竟还成为发达国家打击和胁迫一些经济落后的国家改变其政治立场的手段。现在发展中国家正通过各种形式，以取得在国际金融机构内的平等权利。

第二节 全球性国际金融组织

一、国际货币基金组织

国际货币基金组织（International Monetary Fund，IMF）于1945年12月27日正式成立，1947年3月1日开始工作，同年11月15日成为联合国的一个专门机构。总部设在华盛顿。

国际货币基金组织是为协调国际货币政策，加强货币合作而建立的政府间的金融机构。它是根据1944年7月，44个国家在美国新罕布什尔州的布雷顿森林举行的国际货币金融会议通过的《国际货币基金协定》而建立的。成立初期有 39 个成员国，到目前为止增加到 186 个。我国曾是国际货币基金组织的创始国之一。我国在国际货币基金组织的合法席位于 1980 年 4 月得以恢复。

（一）组织机构

国际货币基金组织的管理机构由理事会、执行董事会、总裁、副总裁和业务机构组成。

理事会是国际货币基金组织的最高权力机构，由成员国各派一名理事和副理事组成。理事通常由各成员国政府的财政部部长或中央银行行长担任。理事会每年召开一次年会。

执行董事会是国际货币基金组织负责处理日常业务工作的常设机构。初期由 12 人组成，目前由 24 名执行董事组成。

总裁是执行董事会主席，是国际货币基金组织的最高行政领导人。总裁由执行董事会推选，负责基金组织的业务工作，任期 5 年，可连任，另外还有三名副总裁协助工作。

国际货币基金组织的重大问题，都要由理事会或执行董事会通过投票表决的方式作出决定。每一个成员国都有 250 票的基本投票权，在此基础上，按各成员国在基金组织中认缴的份额，以每 10 万美元增加一票。成员国投票权的多少，基本上取决于该国所认缴份额的多少，美国占 20% 的表决权。一些重大问题，在表决时要有 80%～85% 以上的赞成票才能获得通过。

（二）宗旨

第一，作为一个永久性的国际货币机构，为国际货币问题的商讨与协作提供便利，促进国际货币合作。

第二，促进国际贸易的扩大与平衡发展，借以提高和维持就业与实际国民收入水平，并开发各成员国的生产资源。

第三，促进汇率稳定，维持成员国之间的正常汇兑关系，避免竞争性的货币贬值。

第四，协助成员国建立经常性交易的多边支付制度，并消除阻碍国际贸易发展的外汇管制。

第五，在适当的保障下，基金对成员国提供资金，使其增强信心纠正国际收支失衡，从而避免采取有损于本国或国际繁荣的措施。

第六，缩短成员国国际收支失衡的时间，并减轻其程度。

从上述六条宗旨中可以看出，国际货币基金组织的基本职能，是向成员国提供中短期信用，调整其国际收支的不平衡，维持其货币汇率的稳定，促进国际贸易的发展。

（三）资金来源

国际货币基金组织的资金主要来源于会员国缴纳的基金份额、借款和信托基金。

1. 会员国的基金份额

这是主要资金来源。每个成员国所缴纳基金份额的多少，根据其外汇储备、对外贸易量和国民收入的大小而定。成员国所缴纳的份额，原规定其中的 25% 必须以黄金支付。1978 年以后改为成员国新增加的份额，可以全部由本国货币缴纳，也可以用本国货币缴纳 75%，其余 25% 用特别提款权或该组织规定的货币缴纳。份额的作用有：① 决定会员国的借款或提款额度；② 决定会员国投票权的多少；③ 决定会员国可以分得的特别提款权的多少。

2. 借款

与会员国协商从会员国借入资金，也是对成员国提供资金融通的一个来源。

3. 信托基金

基金组织于 1976 年 1 月决定将其所持有黄金的 1/6，即 2 500 万盎司分 4 年按市价出售，以获得的利润中的一部分，作为信托基金，用于向最贫困的发展中国家提供优惠贷款。

小知识 国际货币基金组织新特别提款权配置计划生效

（四）主要业务活动

1. 汇率监督与政策协调

为了使国际货币制度能够顺利运行，国际货币基金组织对各成员国的汇率政策要进行检查，以保证它们与基金组织和其他成员国进行合作，维持稳定的汇率制度。在目前的浮动汇率制条件下，成员国调整汇率不需再征求国际货币基金组织的同意。但是基金组织仍然要对成员国的汇率政策进行全面估价，这种估价要考虑成员国内外政策对调节国际收支、实现持续经济增长的作用。这种汇率监督不仅运用于经济较弱的国家，而且也运用于那些经济实力强大的国家，因为它们的国内经济政策和国际收支状况会对国际货币运行产生重大的影响。基金组织要求其所有成员国，必须将其汇率安排的变化通知基金组织，从而使基金组织能够及时进行监督和协调。

除了对汇率政策的监督以外，基金组织在原则上还应每年与各成员国进行一次磋商，以便对成员国经济、金融形势和经济政策作出评价。这种磋商的目的是使基金组织能够履行监督成员国汇率政策的责任，并且有助于使基金组织了解成员国的经济发展状况和采取的政策措施，从而能够迅速满足成员国申请贷款的要求。

2. 提供各种贷款

提供各种贷款是国际货币基金组织最主要的业务活动，其贷款的特点主要是：贷款的对象限于成员国政府的财政部或中央银行；贷款的用途限于成员国弥补国际收支暂时不平衡；贷款的规模与成员国缴纳的份额成正比关系；贷款的方式分别采用购买和购回的方式，前者是指借款国用相当于借款额的本国货币向基金组织购买弥补国际收支逆差的外汇，后者则指借款国还款时，要用自己原来所借的外汇购回本国货币；贷款无论以什么货币提供，均以特别提款权作为贷款的计价单位。

基金组织主要设有普通贷款、中期贷款、补充贷款、补偿与应急贷款、缓冲库存贷款、信托基金贷款、结构调整贷款、补充储备贷款和应急信贷额度等贷款。此外，基金组织还可以根据需要设置特别的临时性的贷款项目，其资金来源由基金组织临时借入。

3. 提供培训咨询服务

国际货币基金组织除对成员国提供贷款外，还负责对成员国进行业务培训、咨询等。为提高成员国专业人员素质，定期对有关业务人员进行培训；根据各国经济、金融发展情况，货币基金组织以派出代表团的形式，对有关成员国提供有关国际收支、财政、货币、银行、外汇、外贸和统计等各方面的业务咨询及技术援助；另外还编辑、出版各种反映世界经济、国际金融的专题刊物，寄发各成员国，加强成员国间的交流。

（五）国际货币基金组织存在的主要问题

随着世界经济的发展和变化，半个多世纪以前成立的国际货币基金组织，客观上面临着越来越尖锐的急需解决的问题。

1. 资金供需矛盾突出，资金分配极不合理

基金组织成立 60 多年来，世界经济形势发生了重大变化，各成员国为发展本国经济和对外贸易，急需大量资金，希望基金组织能及时提供，但是基金组织的资源不能适应这一日益增长的需要。近年来，基金组织经常出现资金紧张状况，尽管经过多次调整份额以增加资金，但仍然不能解决日益突出的资金供需矛盾，这一问题的存在直接影响了该组织职能的有效发挥。更重要的是，基金组织提供的贷款数额是与成员国上缴份额成正比的，因此出现了越需要更多贷款的经济落后的国家，得到的贷款额却越少的不合理现象。

2. 监督汇价政策无力

基金组织虽然负有监督国际货币体系正常运转和各国汇价政策之责，但对不需要借贷的发达国家却没有太多的约束作用。因此当某些主要货币国家只顾国内经济政策的需要，不考虑国际协调和对国际货币制度正常运转的影响时，基金组织的监督就显得无能为力。所以有人认为基金组织的监督只是对付要借钱的穷国，真正该管的却管不住，这种不公正的局面应当纠正。

3. 提供援助的条件过于苛刻且不符合有关国情

20世纪八九十年代，国际金融危机屡屡爆发，给有关国家乃至世界经济产生了严重冲击。基金组织也采取了相应措施，其中包括向发生危机的国家提供巨资。但是，提供的援助都附有一系列较严苛的条件，而且这些条件通常未根据具体情况来确定。许多条件的实施，诸如紧缩财政支出和货币政策，将加速经营不善的银行、企业破产，提高税收和物价，冻结工资水平，将降低经济发展速度等，往往在一段时间内造成受援国的极大困难，甚至社会动荡，而效果未必理想。

4. 浓厚的政治色彩使发达国家与发展中国家利益冲突强烈

基金组织是靠份额制运行和支撑的，份额的大小决定了各成员国投票数的多少，而多数票则决定了基金组织的主要政策和业务。某些重大问题，诸如成员国份额的调整、特别提款权的分配等，都需要85%以上的多数票通过；使用资金费用的决定需要70%以上的多数票通过。少数西方发达国家迄今为止仍在基金组织中占有60%以上的份额和投票数，因此在重大问题上，西方发达国家，尤其是美国的意见，往往左右着基金组织。这种发达国家与发展中国家的利益冲突难免带有浓厚的政治色彩，发展中国家的利益往往得不到重视。

由于上述种种问题的存在牵涉各国的利益，因此对国际货币基金组织的改革成为各国十分关注的问题。

二、世界银行集团

世界银行集团（World Bank Group，WBG）由国际复兴开发银行（又称世界银行，International Bank for Reconstruction and Development，IBRD）、国际开发协会（International Development Association，IDA）、国际金融公司（International Finance Corporation，IFC）、多边投资担保机构（Multilateral Investment Guarantee Agency，MIGA）和解决投资争端国际中心（International Center for the Settlement of Investment Disputes，ICSID）等五个机构组成。

小知识 IMF将中国在国际货币基金组织投票权升至第三

（一）国际复兴开发银行（世界银行）

世界银行成立于1945年12月27日，1946年6月开始营业，从1947年起成为联合国的专门金融机构，总部设在美国的华盛顿，是根据《国际复兴开发银行协定》建立的国际金融机构。按照规定，凡参加世界银行的国家必须是国际货币基金组织的成员国，但国际货币基金组织的成员国不一定都参加世界银行。刚成立时，只有39个会员国，现已发展到180多个会员国。中国是该行的创始国之一，1980年5月中国在该行的合法席位才得以恢复。

1. 组织机构

世界银行的组织机构由理事会、执行董事会、行长和业务机构组成。

理事会是世界银行的最高权力机构，由各成员国选派理事和副理事各一名组成，任期5年，可以连任。理事会每年召开一次会议，一般在9月。必要时可召开特别会议，副理事没有投票权，如果理事缺席时，副理事才有投票权。理事会的主要职权是：批准接纳新成员国；决定股本的调整；决定银行净收入的分配；批准修改银行协定及其他重大问题等。

执行董事会是由理事会授权，负责主持世界银行的日常业务。设执行董事24人，其中5人来自持有股份最多的5个国家，即美国、英国、法国、德国、日本。中国、俄罗斯、沙特阿拉伯各单独选派1人，其余16人由其他成员国按地区分组每2年选举一次。执行董事会选举产生执行董事会主席1人，并兼任世界银行行长，主持日常事务。行长下设副行长若干人，协助行长工作。行长是世界银行办事机构的首脑，可以任免银行的高级职员和工作人员。根据银行协定规定，理事、副理事、执行董事、副执行董事不得兼任行长，行长无投票权，只有在执行董事会表决中双方票数相等时，可以投起决定作用的一票。行长任期5年，可以连任，世界银行自开业以来的历任行长均为美国人。

世界银行会员国的投票权不是实行一国一票的原则，而是采取按股份额计算投票权的原则。与基金组织一样，会员国均拥有基本投票权250票，另外每认购10万美元（后改为10万特别提款权）股金即增加一票。但与基金组织不同的是，有关决定一般只需简单多数表决通过。

2. 宗旨

（1）对用于生产目的的投资提供便利，以协助成员国的复兴与开发，并鼓励不发达国家发展生产与开发资源。

（2）通过保证或参与私人贷款和私人投资的方式，促进私人对外投资。

（3）用鼓励国际投资以开发成员国生产资源的方法，促进国际贸易的长期平衡发展，维持国际收支平衡。

（4）在提供贷款保证的同时，要求应与其他方面的国际贷款配合。

3. 资金来源

（1）成员国实际缴纳的股金。每个成员国加入世界银行都必须认购该行的股份。认购数量根据该国经济实力并参照该国在国际货币基金组织的份额来确定。根据世界银行规定，成员国认缴股份分为两部分，一是实缴股金，实缴股金占总股金的20%，其中2%以黄金或美元缴纳，18%用成员国本国货币缴纳；二是待缴股金。剩下的80%通常是在世界银行向成员国催缴时才缴纳。

（2）国际金融市场筹资。世界银行主要从事中长期贷款，因此不能吸收短期存款，而银行的自有资金又有限，所以世界银行主要是通过在各国和国际金融市场上发行中长期债券筹措资金。发行债券的方式有两种：一是通过投资银行、商业银行等向私人投资市场发行债券，这是主要的方式；二是直接向成员国的政府、中央银行等机构发行中、短期债券。

（3）债权转让。世界银行采取将其贷出款项的债权转让给私人投资者（主要是商业银行）的办法，收回一部分资金，以扩大银行贷款资金的周转能力。

（4）净收益。世界银行每年都有相当可观的营业利润，主要包括投资收益和贷款收益（利息和承诺费）两部分，收益扣除支出即为业务净收益，业务净收益扣除一些赠款，留下部分即为留存净收益。留存净收益也是世界银行资金的重要来源。

4. 贷款的原则

（1）世界银行只向成员国政府，或经成员国政府、中央银行担保的公私机构提供贷款。

（2）贷款一般用于世界银行审定、批准的特定项目，重点是交通、公用工程、农业建设和教育建设等基础设施项目。只有在特殊情况下，世界银行才考虑发放非项目贷款。

（3）成员国确实不能以合理的条件从其他方面取得资金来源时，世界银行才考虑提供贷款。

（4）贷款只发放给有偿还能力，且能有效运用资金的成员国。

（5）贷款必须专款专用，并接受世界银行的监督。世界银行不仅在使用款项方面，而且在工程的进度、物资的保管、工程管理等方面都可进行监督。

5. 贷款特点

（1）贷款期限较长，短则数年，最长可达30年，平均约17年，宽限期4年左右。

（2）贷款实行浮动利率，随国际金融市场利率的变化定期调整，但一般低于市场利率。

（3）贷款一般必须与特定的工程项目相联系。

（4）贷款手续严密，程序复杂，审批时间长。

（5）通常只向项目的货物和服务提供所需的外汇资金，一般为项目总额的30%～40%，个别项目也可达50%。

6. 业务活动

世界银行的主要业务活动有三个方面：向成员国提供中长期贷款、提供担保和技术援助。

（1）世界银行的贷款主要有项目贷款、部门贷款、结构调整贷款、技术援助贷款、紧急复兴贷款、联合贷款等类型。

（2）世界银行的另一项业务是为促进发达国家向发展中国家进行直接投资而提供的投资担保。1981年世界银行就提议创建一个它领导下的多边投资担保机构，并于1984年4月正式成立了该机构，从而大大促进了担保业务的发展。

（3）世界银行除了贷款和担保业务外，还开展了技术援助、研究培训等活动。世界银行的技术援助，主要用来支持投资贷款，即在提供项目贷款过程中，特别是在项目的准备阶段提供技术援助。另一种技术援助是充当联合国开发计划署资助项目的执行机构，向成员国提供技术援助。世界银行还积极从事对社会经济问题的调查研究，并帮助发展中国家成员国加强自己的研究能力。世界银行把其研究工作提高到很重要地位，认为它是项目贷款的支柱。世界银行为成员国中的发展中国家培训负责计划与发展工作的中高级官员，培训内容最初主要是经济管理方面的政策问题和技术问题，后来又不断扩大到包括项目的选定、准备、审定、执行和管理等问题。

（二）国际开发协会（International Development Association，IDA）

国际开发协会是世界银行的一个附属机构，成立于1960年9月，同年11月开始营业，会址设在美国首都华盛顿。根据规定，只有世界银行的成员国才有资格参加国际开发协会。

国际开发协会是专门向低收入发展中成员国发放优惠长期贷款的国际金融组织，它的宗旨是帮助世界上欠发达地区的成员国促进经济发展，提高生产力和生活水平。因此，作为世界银行活动的补充，国际开发协会只向欠发达地区的最贫穷成员国提供条件较宽、期限较长、负担较轻并可用部分本国货币偿还的贷款资金。国际开发协会的贷款比世界银行的贷款更加优惠，是世界银行集团的最优惠贷款，所以世界银行的贷款也称硬贷款，而国际开发协会的贷款称为软贷款。软贷款的优惠条件主要体现在长期和无息两个方面：贷款期限通常为 35～40 年，最长可达 50 年；在 10 年宽限期里可不用还本，第二个 10 年每年还本 1%，其余各年每年还本 3%；还款时可以全部或一部分使用本国货币；贷款不收利息，只收取 0.75% 的手续费。

国际开发协会的资金来源于四个方面：成员国认缴的资本；发达国家成员国提供的补充资金；世界银行 1964 年起从净收入中以赠予形式资助的拨款；开发协会业务经营的净收入。

（三）国际金融公司（International Finance Corporation，IFC）

1956 年 7 月国际金融公司正式宣布成立，总部设在华盛顿。国际金融公司从法律地位和财务制度上看是独立的经营实体，但实际上它也是世界银行的附属机构，与世界银行两块牌子、一套班子，公司总裁由世界银行行长兼任。

公司的宗旨是对发展中国家成员国的私人企业提供贷款，促进发展中国家私营经济的发展。所以，国际金融公司是专门向经济不发达的成员国的私营企业提供贷款和投资的国际性金融组织。国际金融公司提供的贷款与世界银行和国际开发协会相比，具有以下特点：第一，国际金融公司主要是对成员国的生产性私营企业，尤其中小企业进行贷款，并且不要求成员国政府为贷款的偿还提供担保。第二，贷款数额一般在 200 万～400 万美元，最高也不会超过 3 000 万美元。而世界银行提供的一般都是大型项目投资。第三，贷款利率一般高于世界银行的贷款利率，多使用固定利率。第四，国际金融公司在提供资金时，往往采取贷款与资本投资结合的方式，即购买借款方的公司股票，但股份投资不超过资本额 25%，且国际金融公司并不参与其投资企业的经营管理活动。第五，国际金融公司通常与私人投资者共同对成员国的私营生产性企业进行联合投资，从而起到促进私人资本在国际范围流动的作用。除上述特点外，国际金融公司在进行投资以前，对投资项目的可行性研究也十分严格；在进行投资的同时，还向项目主办企业提供必要的技术援助；并且还向成员国政府提供政策咨询服务，以协助创造良好的投资环境，从而达到促进私人投资的目的。

（四）多边投资担保机构（Multilateral Investment Guarantee Agency，MIGA）

多边投资担保机构成立于 1988 年 4 月，是世界银行集团中最新的成员。其宗旨在于鼓励生产性的外国私人直接投资向发展中国家流动，促进东道国的经济增长。因此，它的主要功能是为跨国投资在东道国可能遇到的非商业性风险提供担保，主要承保的险别有：货币汇兑风险、征用风险、违约风险、战争和内乱风险等。多边投资担保机构对投资项目提供担保前需要对项目进行评估，而评估的重要标准是该投资项目对东道国经济发展的影响程度，其中包括对社会环境、社会经济、自然与生态环境、自然资源的影响。因此对其评估体系的认识和研究，关系到发展中国家能否顺利引进外资、利用外资战略的实现。

（五）解决投资争端国际中心（International Center for the Settlement of Investment Disputes，ICSID）

解决投资争端国际中心成立于 1966 年，它的宗旨是：为解决会员国和外国投资者之间的争端提供便利，促进投资者与东道国之间的互相信任，从而促进国际私人资本向发展中国家流动。

三、国际清算银行

国际清算银行（Bank for International Settlement，BIS）是根据1930年1月20日签订的海牙国际协定，于同年5月成立的。由英国、法国、意大利、德国、比利时、日本六国的中央银行以及代表美国银行界利益的三家大商业银行（摩根银行、纽约花旗银行和芝加哥花旗银行）组成的银行集团联合组成，行址设在瑞士的巴塞尔，这是世界上第一家国际金融机构。

（一）组织机构

国际清算银行由股东大会、董事会和办事机构组成。其最高权力机构是股东大会。股东大会每年举行一次，由认购该行股票的各国中央银行派代表参加。股东大会下设董事会，董事会是国际清算银行的实际领导机构，董事一般由各成员国中央银行行长担任。每年举行的董事会会议不得少于10次，董事会选举董事会主席，并任命国际清算银行行长。自1948年以来，董事会主席和行长职务一直由同一人担任。董事会下设经理部，有总经理和副总经理及正、副经理十余人，下设四个机构：银行部，主管具体银行业务；货币经济部，负责研究和调查工作；秘书处；法律处。

（二）宗旨

该行最初的任务是担负第一次世界大战后德国赔款和协约国之间债务的清算和清偿工作。现在国际清算银行的主要任务是促进各国中央银行之间的合作并为国际金融业务提供新的便利；根据有关当事各方签订的协定，在金融清算方面充当受托人和代理人。

（三）资金来源

1. 成员国缴纳的股金

该行建立时，法定资本为5亿金法郎，1969年增至15亿金法郎，分为60万股，每股名义价值2 500金法郎，以后几度增资。截止到1998年3月31日，已发行了517 165股，根据国际清算银行章程第7款的规定，实收资本是名义股金价值的25%，即每股625金法郎。到2001年，国际清算银行的资产总额是625亿金法郎，自有资本（实收资本和储备）是26亿金法郎。按黄金的市场价折算成美元相当于1 248亿美元和56亿美元。总体上，大约86%已发行的股本是以中央银行名义登记的，其余14%则为私人股东持有。

2. 借款

该行向各成员国中央银行借款，补充该行自有资金的不足。

3. 吸收存款

该行接受各国中央银行的黄金存款和商业银行的存款。

（四）业务活动

1. 国际清算银行是"中央银行的银行"

国际清算银行为各国中央银行提供广泛的金融服务，尤其是帮助中央银行管理外汇和黄金储备，同时它也为金融机构管理资金。第二次世界大战后，国际清算银行业务不断拓展，目前可从事的业务主要有：接受成员国中央银行的黄金或货币存款，买卖黄金和货币，买卖可供上市的证券，向成员国中央银行贷款或存款，也可与商业银行和国际机构进行类似业

小知识 金法郎

务,但不得向政府提供贷款或以其名义开设往来账户。目前,世界上很多中央银行在国际清算银行存有黄金和硬通货,并获取相应的利息。

2. 国际清算银行是商讨国际货币和金融合作的场所

国际清算银行定期举行各类会议,包括董事会、十国集团中央银行行长会议和国际清算银行年会,讨论世界经济和金融形势,协调有关国家的金融政策,促进各国中央银行的合作。

3. 国际清算银行是货币和经济研究中心

国际清算银行的货币和经济部门主要从事货币和金融问题的研究,组织专家调研金融市场,还经常全面系统地搜集并及时公布有关的经济金融统计资料,这对各国来讲起到了很好的数据库作用;其分析思想在国际经济、贸易、金融界都具有一定的权威性。

4. 国际清算银行是协助执行各种国际金融协议的受托人和代理人

第二次世界大战后,它先后成为欧洲经济合作组织即经济合作与发展组织的前身、欧洲支付同盟、欧洲煤铁联营、黄金总库的收付代理人,办理欧洲货币体系的账户清算工作,充当万国邮政联盟、国际红十字会等国际机构的金融代理机构。

第三节 区域性国际金融组织

一、亚洲开发银行

亚洲开发银行(Asian Development Bank,ADB)是亚洲和太平洋地区的区域性金融机构。它不是联合国下属机构,但它是联合国亚洲及太平洋经济社会委员会(联合国亚太经社会)赞助建立的机构,同联合国及其区域和专门机构有密切的联系。亚洲开发银行(以下简称亚行)于1966年11月建立,同年12月开始营业,总部设在菲律宾的首都马尼拉。该行是亚洲、太平洋国家(地区)以及西方发达国家政府出资开办的多边官方金融机构。凡是联合国亚太经社委员会的成员和准成员及联合国及其专门机构的亚太地区其他国家和非亚太地区的发达国家均可参加。亚行有来自亚洲、太平洋地区的区域成员和来自欧洲、北美洲的非区域成员。亚行在成立之初只有33个成员,截至2009年7月,成员数量已增至67个,其中亚太地区有48个,非亚太地区有19个。我国于1986年3月10日正式加入亚行。

(一)组织机构

亚行的组织机构由理事会、董事会、行长和总部组成。

理事会是该行的最高权力机构,由每个成员国(地区)选派一名理事和副理事组成。理事会每年举行一次全体会议。理事会决定接收新成员、确定银行股本额、修改银行章程等。

董事会是银行的执行机构,主持银行的日常工作,有执行董事12人,其中8人从本地区成员中推选,其余4人从非本地区成员中推选。董事会的最高领导是董事会主席,由亚行行长担任,行长由理事会选出。执行董事任期2年,行长任期5年,均可连选连任。

行长是亚行的合法代表和最高行政长官,在董事会的指导下处理日常业务并负责亚行官员和工作人员的任命和辞退。行长必须是本地区成员国的公民,自建行以来一直由日本人担任。

亚行总部是亚行的执行机构，负责亚行的业务经营，总部下设的主要职能部门有：农业和乡村发展部、基本建设部、工业和开发银行部、预算部、人事管理部。

成员国的投票权由基本投票权和比例投票权两部分构成。基本投票权以投票权总数的20%平均分配给每个成员国；比例投票权按各成员国认缴股份多少计算，每认缴1股（1万美元）增加1票，目前拥有最多投票权的国家依次是日本、美国和中国。

（二）宗旨

亚行的宗旨是向本地区发展中成员国发放开发性贷款、投资和技术援助，并同联合国及其专门机构进行合作，协调成员国在经济、贸易和发展方面的政策，促进亚太地区的经济繁荣。

（三）资金来源

亚行的资金分为普通资金和特别基金两部分。普通资金是亚行从事贷款业务的最主要资金，源于成员国认缴的股金、国际金融市场筹资和银行业务净收益。特别基金源于实际认缴股金的10%和捐款，捐款最多的国家是日、美、德、英等。特别基金又分三种：一是亚洲开发基金，用于向亚太地区不发达国家提供优惠贷款；二是技术援助特别基金，用于人力资源开发和针对发展项目的咨询和技术服务；三是日本特别基金，以赠款或股份投资方式进行技术援助或资助开发项目。

（四）业务活动

该行的主要业务活动是向成员国提供项目贷款和技术援助，参与股票投资和共同投资。

1. 贷款

亚行所发放的贷款按条件划分，有硬贷款、软贷款和赠款三类。硬贷款的贷款利率为浮动利率，每半年调整一次，贷款期限为10～30年（含2～7年宽限期）。软贷款也就是优惠贷款，只提供给人均国民收入低于670美元（1983年价格）且还款能力有限的成员国或地区成员，贷款期限为40年（含10年宽限期），没有利息，仅有1%的手续费。赠款用于技术援助，资金由技术援助特别基金提供，赠款额没有限制。

亚行贷款按方式划分有项目贷款、规划贷款、部门贷款、开发金融机构贷款、综合项目贷款、特别项目执行援助贷款和私营部门贷款等。

2. 技术援助

亚行技术援助主要用于与项目有关的准备、执行和咨询等。技术援助可分为项目准备技术援助，项目执行技术援助，咨询性技术援助和区域性活动技术援助。前三种技术援助一般分为聘请专家提供咨询、采购设备、人员培训和出国考察三个组成部分。区域性活动技术援助主要是资助区域性的研究计划、多边专题研讨会或多边高级圆桌会议等。

3. 股本投资

亚行从1983年开办了股本投资新业务，它通过购买私人企业的股票或私人开发金融机构股票等形式，对发展中国家的私人企业融资。

二、欧洲投资银行

欧洲投资银行（European Investment Bank，EIB）是欧洲经济共同体各国政府间的一个金融机构，成立于1958年1月，总行设在卢森堡。

(一)组织机构

欧洲投资银行是股份制的企业性质的金融机构。董事会是其最高权力机构,由成员国财政部长组成的董事会,负责制定银行总的方针政策,董事长由各成员国轮流担任;理事会负责主要业务的决策工作,如批准贷款、确定利率等,管理委员会负责日常业务的管理;此外,还有审计委员会。

(二)宗旨

利用国际资本市场和欧盟内部资金,促进欧盟的平衡与稳定发展。为此,该行的主要贷款对象是成员国不发达地区的经济开发项目。从 1964 年起,贷款对象扩大到与欧盟有较密切联系或有合作协定的欧盟以外的国家。

(三)资金来源

(1) 成员国认缴的股本金。初创时法定资本金为 10 亿欧洲记账单位。
(2) 借款。通过发行债券在国际金融市场上筹资,是该行主要的资金来源。

(四)业务活动

欧洲投资银行的业务活动包括:对工业、能源和基础设施等方面促进地区平衡发展的投资项目,提供贷款或贷款担保;促进成员国或欧盟感兴趣的事业的发展;促进企业现代化。其中,提供贷款是该行的主要业务,它包括两种形式:一是普通贷款,即运用法定资本和借入资金办理的贷款,主要向共同体成员国政府和私人企业发放,贷款期限可达 20 年;二是特别贷款,即向共同体以外的国家和地区提供的优惠贷款,主要根据共同体的援助计划,向同欧洲保持较密切联系的非洲国家及其他发展中国家提供,贷款收取较低利息或不计利息。

三、非洲开发银行

非洲开发银行是 1963 年 8 月在喀土穆举行的非洲国家财政部部长会议上决定成立的一个面向非洲的区域性政府间国际金融组织。1964 年 9 月,该行宣告正式成立,总部设在科特迪瓦首都阿比让,1966 年 7 月正式开业。最初,只有除南非以外的非洲国家才能加入非洲开发银行。为了广泛吸收资金和扩大贷款能力,1980 年 5 月非洲开发银行通过决议欢迎非洲以外的国家入股。目前该行的成员除 53 个非洲国家外,还有 24 个区外国家。中国于 1985 年 5 月正式加入非洲开发银行,1996 年 3 月中国派出了董事助理开始参加有关职务的轮任。至 2000 年 6 月底,我国累计向非洲开发基金认捐资金和向非洲开发银行实缴股本总金额近 2.2 亿美元。虽然我国不能使用非洲开发银行的贷款,但参加该行为我国在非洲开展工程承包,扩大商品劳务出口创汇奠定了基础,也增进了我国与非洲各国的友好往来。

(一)组织结构

非洲开发银行的最高权力机构是理事会,由各成员国指派 1 名理事组成,理事一般由各国财政部长或中央银行行长担任。每个理事的投票表决权数是根据成员国缴付股本的多少来计算的。理事会经选举组成董事会,董事会是负责日常业务的常设机构。

(二)宗旨

非洲开发银行的宗旨是通过提供投资、贷款和利用非洲大陆的人才和资源,促进成员国经济的发展和进步;优先向有利于地区经济合作和扩大成员国间贸易的项目提供资金和技术援助;帮助研究、制定、协调和执行非洲各国的经济发展计划,以便达成非洲经济一体化。

（三）资金来源

非洲开发银行的资金来源分为普通资金来源和特别资金来源。

（1）普通资金来源为：核定资本认缴额，最初为2.5亿非洲开发银行记账单位，每记账单位价值0.888 671克纯金，核定资本分为2.5万股，每股1万记账单位；自行筹措资金；用实收资本或筹措资金发放贷款所获的还款资金；依据该行待缴资本发放贷款或提供担保所获的收入；不构成该行特别资金来源的其他资金和收入。

（2）特别资金来源有：捐赠的特别资金和受托管理的资金；为特别资金筹措的专款；任意成员国筹措的该国货币贷款，用途是从贷款国购买商品与劳务，以完成另一成员国境内的工程项目；用特别基金发放贷款或提供担保所获偿还资金；用上述任何一项特别基金或资金从事营业活动获得的收入；可用做特别基金的其他资金来源。

资金主要来自成员国的认缴，截止到2006年年底，非洲开发银行核定资本相当于329亿美元，实收资本相当于325.6亿美元。其中非洲国家的资本额占2/3，这是使领导权掌握在非洲国家中所做的必要限制。

（四）业务活动

非洲开发银行的贷款分为普通贷款和特别贷款。普通贷款是该行用普通股本提供的贷款。普通贷款主要投向农业、运输、公用事业和工业等部门，贷款期限一般为12～20年。特别贷款的条件较宽，专门用于"特别基金"开展的贷款业务。"特别基金"包括"非洲开发基金"和"尼日利亚信托基金"等，"非洲开发基金"主要用于援助非洲最穷的国家，为它们的工程项目提供期限长达50年的无息贷款。"尼日利亚信托基金"是尼日利亚政府提供的，用于援助最贫困的或遭到严重自然灾害或因国际经济衰退而受到严重影响的非洲国家，贷款期限为25年。

为广泛动员和利用资金，非洲开发银行又建立了以下四个机构：

1. 非洲开发基金

这是由非洲开发银行和非洲以外25个国家与地区成员认股缴纳的一笔跨国基金，设立于1972年，1973年开始营业。该基金主要向非洲最贫穷国家的发展项目提供无息贷款，偿还期限为50年，每年只缴纳0.75%的手续费，对可行性研究项目的贷款，偿还期限为10年，每年缴纳0.75%的手续费。

2. 非洲投资开发国际金融公司

该组织是1970年11月在非洲开发银行倡议和参与下组建的控股公司，总部设在日内瓦。其宗旨是动员国际私人资本，建设和发展非洲的生产性企业。公司的股东除国际金融公司外，还有美洲、欧洲和亚洲的120余家金融、工业与商业企业。

3. 尼日利亚信托基金

它是1976年建立的，由尼日利亚政府投资、非洲开发银行管理的一个机构。该基金通过与其他信贷机构合作，为非洲开发银行成员国中较贫穷国家的发展项目提供援助资金，以促进非洲经济增长。它贷款的偿付期限为25年，宽限期最长可达5年，收取较低的利息。贷款的领域主要是交通运输和社会公用事业。

4. 非洲保险公司

这是非洲开发银行的一个附属金融机构，1977年3月成立，1978年开始营业。它是发展中国家建立的第一家政府间再保险公司。该公司的宗旨是，促进非洲国家保险与再保险事业的发展，通过投资和提供有关保险与再保险的技术援助，来促进非洲国家的经济独立和加强区域性合作。公司的最高权力机构是由各成员国代表组成的大会。按规定，每个成员国至少要把其境内再保险合同的 5% 投保于该公司。该公司现在已控制了非洲再保险营业额的 80% 左右，减少了非洲再保险费用的外流，并以其收益投资于非洲的经济建设。

四、亚洲基础设施投资银行

亚洲基础设施投资银行（Asian Infrastructure Investment Bank，简称亚洲基础设施投资银行，AIIB）是中国倡议设立的一个政府间性质的亚洲区域多边开发机构，总部设在北京。2013 年 10 月 2 日，中国国家主席习近平同志提出筹建亚洲基础设施投资银行的倡议，2014 年 10 月 24 日，包括中国、印度、新加坡等在内 21 个首批意向创始成员国的财政部长和授权代表在北京正式签署《筹建亚洲基础设施投资银行备忘录》，共同决定成立亚洲基础设施投资银行。2015 年 3 月 12 日，英国正式申请加入亚洲基础设施投资银行，成为首个申请加入亚洲基础设施投资银行的主要西方国家。截至 2015 年 4 月 15 日，法国、德国、意大利、韩国、俄罗斯、澳大利亚、挪威、南非、波兰等国先后已同意加入亚洲基础设施投资银行，已有 57 个国家正式成为亚洲基础设施投资银行意向创始成员国，涵盖了除美国之外的主要西方国家，以及除日本之外的主要东方国家。2015 年 6 月 29 日，57 个意向创始成员国代表，在北京共同签署了《亚洲基础设施投资银行协定》，按照工作计划，2015 年年底前完成该章程生效程序，正式成立亚洲基础设施投资银行。

亚洲基础设施投资银行的建立，将弥补亚洲发展中国家在基础设施投资领域存在的巨大缺口，减少亚洲区内资金外流，保持亚洲的经济活力与增长。中国倡议筹建亚洲基础设施投资银行，一方面能继续推动国际货币基金组织（IMF）和世界银行（WB）的进一步改革，另一方面也可补充当前亚洲开发银行（ADB）在亚太地区的投融资与国际援助职能。

亚洲基础设施投资银行与世界银行、亚洲开发银行等现有多边开发银行是互补和合作的关系。世界银行、亚洲开发银行等机构侧重于发展和减贫工作，亚洲基础设施投资银行侧重于基础设施建设。

（一）组织机构

亚洲基础设施投资银行按照多边开发银行的模式和原则运营。其治理结构包括三层：理事会、董事会和管理层。理事会为银行的最高权力机构，并可根据亚洲基础设施投资银行章程授权董事会和管理层一定的权力。在运行初期，亚洲基础设施投资银行设非常驻董事会，每年定期召开会议就重大政策进行决策。

意向创始成员国代表共同签署的《亚洲基础设施投资银行协定》是亚洲基础设施投资银行正式成立及运作的法律基础。曾担任中国财政部副部长的金立群成为亚洲基础设施投资银行的第一任行长。

（二）宗旨

作为由中国提出创建的区域性金融机构，亚洲基础设施投资银行行成立的宗旨是为亚洲的基础建设服务，促进亚洲地区互联互通建设和经济一体化进程，促进亚洲的和平与发展，为亚洲人民谋福利并保证投资国有相应的收益。

（三）资金来源

亚洲基础设施投资银行法定股本 1 000 亿美元，域内成员和域外成员的出资比例为

75∶25，域内外成员认缴股本参照 GDP 比重进行分配，并尊重各国的认缴意愿。按照协定规定的原则计算，中国以 297.804 亿美元的认缴股本和 26.06% 的投票权，居现阶段亚洲基础设施投资银行第一大股东和投票权占比最高的国家。印度、俄罗斯分列第二、三大股东。

（四）业务活动

亚洲基础设施投资银行主要业务是援助亚太地区国家的基础设施建设。在全面投入运营后，亚洲基础设施投资银行将运用一系列支持方式为亚洲各国的基础设施项目提供融资支持，包括贷款、股权投资以及提供担保等，以振兴包括交通、能源、电信、农业和城市发展在内的各个行业投资。

亚洲基础设施投资银行成立后的第一个目标就是投入"丝绸之路经济带"的建设，其中包括从北京到巴格达的铁路建设。

五、金砖国家开发银行

金砖国家开发银行（New Development Bank，即金砖国家"新开发银行"，简称金砖银行）是金砖国家集团（BRICS）包括的巴西、俄罗斯、印度、中国和南非等五国共同出资设立的多边开发机构。随着世界经济快速发展，总量迅速扩张，特别是新兴市场国家的快速进步导致的世界经济区域性结构的变化，世界银行和国际货币基金组织已很难满足发展中国家、新兴市场国家对国际金融资源和服务的诉求，而亚洲开发银行以及其他一些区域性银行，都很难满足金砖国家这种跨区域性、跨发展阶段的成员国对金融资源和服务的差异化需求。2012 年金砖国家领导人第四次会晤，提出了建立金砖国家开发银行的想法，2013 年第五次会晤达成《德班宣言》，决定建立金砖国家开发银行和应急储备安排。2014 年 7 月 15 日，金砖国家领导人在巴西福塔莱萨第六次会晤期间，签署了《成立新开发银行的协议》，成立金砖国家新开发银行和建立金砖国家应急储备安排，总部设在中国上海。2015 年 7 月 21 日，金砖银行在中国上海正式开业，随即设计组织架构、制定业务政策、开展项目准备等，预计将于 2015 年底或 2016 年初启动运营。

金砖银行是金砖五国在金砖国家平台金融领域合作的突破性进展，也是金砖国家深化经济合作的一个新的起点。金砖银行的成立意味着南南合作水平将提高到新的层次，成为真正维护发展中国家利益的金融平台。

（一）组织机构

金砖国家开发银行的创始成员为金砖五国，金砖银行行长采取轮值制，五年轮值一次，在创始成员国中按印度、巴西、俄罗斯、南非、中国的顺序轮流产生。印度是首任轮值主席国。印度提名的昆普尔·瓦曼·卡马特当选为金砖银行候任行长。金砖银行的代表董事会将由五个国家派出财政部部长或者央行行长担任，俄罗斯是首任代表董事会主席。

（二）宗旨

金砖国家新开发银行旨在为金砖国家及其他新兴经济体和发展中国家的基础设施建设和可持续发展项目动员资源。通过制度性安排，帮助金砖国家以及更广泛意义上的发展中国家，充分调动可用资金，实现储蓄向实体投资转化，从而增进资源的有效配置，提高资金的运用效率和收益率。基于开发银行的职能特点，金砖银行重点为基础设施建设等项目提供融资便利。从中长期看，这将促进这些国家的经济发展，最终实现共同繁荣。

为了避免在下一轮金融危机中受到货币不稳定的影响，金砖银行成立的同时建立"金砖应急储备安排"基金,旨在向陷入经济危机的金砖国家提供援助,应对金融突发事件,保障经济稳定。

(三) 资金来源

金砖银行法定资本 1 000 亿美元,初始认缴资本 500 亿美元,在五个创始成员间平均分配,实缴比例为 20%。在金砖国家应急储备安排中,也将建立 1 000 亿美元储备基金,其中中国提供 410 亿美元,俄罗斯、巴西和印度分别提供 180 亿美元,南非提供其余的 50 亿美元。

(四) 业务活动

金砖银行将被建设为比世界银行 (World Bank) 等机构更加敏捷和反应迅速的重要多边开发银行。其任务一是发挥类似世界银行"救穷"作用:致力于金砖国家间和世界各国之间脱贫致富事业,支持金砖国家基础设施等民生工程建设,帮助金砖国家人民脱离贫困,走向富裕;二是发挥类似国际货币基金组织的"救急"作用:金砖国家国际结算资金一时不足时,金砖银行给予紧急资金融通;三是发挥一般性商业银行作用,给金砖国家跨国企业提供贷款业务支持等,有效保障成员国间的资金流通和贸易往来。更重要的是,金砖银行肩负起金砖国家之间国际贸易结算和清算工作,简化结算与贷款业务,从而减少对美元和欧元的依赖。

第四节 我国与主要国际金融机构的联系

一、我国与国际货币基金组织的联系

中国是 IMF (国际货币基金组织) 的创始国之一。1971 年我国恢复了在联合国的合法席位,在联合国各专门机构的合法席位也相继得到恢复。经积极交涉,1980 年 4 月 17 日,IMF 执行董事会通过决议,恢复了中国的合法席位,2006 年 9 月 19 日,国际货币基金组织理事会批准中国缴纳的份额从原来的 63.692 亿特别提款权 (约合 94.655 亿美元) 上升为 80.901 亿特别提款权 (约合 120.23 亿美元),相应的,中国在 IMF 中所占的份额从 2.98% 提升至 3.72%,投票权则从 2.94% 提升至 3.65%;是第 8 位份额最大的成员国。

2015 年 11 月 30 日,IMF 执行董事会批准人民币加入特别提款权 (SDR) 货币篮子,新的货币篮子将于 2016 年 10 月 1 日正式生效。

2016 年 1 月 27 日,IMF 宣布 IMF2010 年份额和治理改革方案已正式生效,这意味着中国正式成为 IMF 第三大股东。中国份额占比从 3.996% 升至 6.394%,排名从第六位跃居第三,仅次于美国和日本。

2016 年 3 月 4 日,IMF 宣布,自 2016 年 10 月 1 日开始,IMF 将在其"官方外汇储备货币构成 (COFER)"的季度调查中单独列出人民币,以反映 IMF 成员人民币计价储备的持有情况。其实,10 月 1 日也是最新的 SDR 篮子生效的日期,人民币成为 SDR 五大货币之一。2017 年 3 月底,IMF 在公布的 COFER 的季度调查中,2016 年第四季度首次录入中国人民币储备,总额 845.1 亿美元,美元官方外汇储备 5.05 万亿美元,欧元官方外汇储备 1.56 万亿美元,日元官方外汇储备 0.332 77 万亿美元。

自 1980 年以来,我国与 IMF 建立了良好的合作关系,我国与 IMF 的各种业务往来也在

不断增加。双方的合作主要有以下四个方面：

（1）IMF通过提供贷款支持我国国际收支的改善。如1980年，我国宏观经济失衡，通货膨胀加剧，国际收支逆差扩大，为此，IMF向我国提供了4.5亿特别提款权的第一档信贷和3.05亿特别提款权的信托基金贷款。我国分别于1983年和1990年全部还清两种贷款。又如1986年，我国再次向IMF借入5.977 25亿特别提款权的第一档信贷，促进了我国经济的稳定增长，该借款也于1991年还清。

（2）IMF通过提供多次技术援助与人员培训，帮助我国提高管理技术水平。在IMF的援助下，我国已在建立外债管理指标与统一监测制度、改进国际收支编制方法、加强中央银行作用、推进税制改革及完善税收管理等方面，取得了明显的进步。

（3）我国也定期与IMF磋商与交流。例如，向IMF提供本国国民经济统计数字，介绍我国的经济发展状况和政策意向，让世界进一步了解中国；1980年11月、1986年11月和1990年1月，我国先后与IMF举办大型学术研讨会，1997年9月还在中国香港特别行政区召开了IMF和世界银行的年会，这些会议就各国宏观经济管理和经济增长、IMF的地位、作用及其改革以及中国银行业务、防范金融危机等重要问题进行了讨论，产生了积极影响。

（4）我国按IMF要求进一步改善投资环境，并参与IMF的实际救援工作。1994年我国推出了汇制改革与货币自由兑换的措施，并于1996年实现了货币在经常项目下可兑换。1997年东南亚发生货币危机后，我国从大局出发，坚持了人民币汇率不贬值的政策，并积极参与了在IMF框架下对亚洲金融危机的资金援助计划。这些举措受到了IMF及其他成员国的普遍赞扬。

展望未来，相信我国与包括IMF在内的国际金融机构的合作，将变得更加密切，我国也将发挥更重要的作用。

二、我国与世界银行集团的联系

（一）与世界银行的往来

中国是世界银行的创始国之一。1980年5月15日，中国在世界银行和所属国际开发协会及国际金融公司的合法席位得到恢复。1980年9月3日，该行理事会通过投票，同意将中国在该行的股份从原7 500股增加到12 000股。我国在世界银行有投票权。在世界银行的执行董事会中，我国单独派有一名董事。我国从1981年起开始向该行借款。此后，我国与世界银行的合作逐步展开、扩大，世界银行通过提供期限较长的项目贷款，推动了我国交通运输、行业改造、能源、农业等国家重点建设以及金融、文卫环保等事业的发展，同时还通过本身的培训机构，为我国培训了大批了解世界银行业务、熟悉专业知识的管理人才。

（二）与国际开发协会的往来

1980年5月15日，中国在该协会的席位也得到恢复，在协会中享有投票权。国际开发协会主要向我国提供长期低息贷款，用于我国基础设施的建设与完善。

（三）与国际金融公司的往来

同样在1980年5月15日，中国在该公司的席位也得到恢复。我国按规定认缴股金并享有投票权。目前，我国与国际金融公司的业务往来日益密切。从1987年该公司开始向我国中外合资企业提供融资开始，援助的范围不断扩大，现已涉及包括中外合资企业、集体企业（含乡镇）、私营企业及实行股份制的企业等，为我国这些企业竞争能力的提高及我国多种所有制经济成分的发展,作出了一定的贡献。

我国与世界银行集团的合作包括资金合作、知识合作与国际发展合作。

资金合作是我国与世行集团合作的重要内容之一,也是开展其他合作的基础。截至2020年底,IBRD和IDA对华贷款承诺总额超过644亿美元,共支持建设434个项目,覆盖我国几乎所有省区。以贷款项目为载体,中国引进了先进的管理理念和规范化的运作机制,竞争性招标、工程监理、业主负责制等在全国普遍推行,成为相关行业标准做法。世行贷款为推动我国减贫发展发挥了重要作用,也在全球展现了良好示范效应。

截至2020年底,IFC共支持中国项目466个,总额153.3亿美元,其中贷款74.7亿美元,股本投资36.2亿美元,动员资金35.9亿美元,担保6.5亿美元。IFC参与投资的行业分布广泛、门类众多,共涉及金融市场(149个项目,投资额53.5亿美元)、制造业(76个项目,投资额21.5亿美元)、基础设施建设(67个项目,投资额21.1亿美元)、卫生与教育(29个项目,投资额12亿美元)、食品与农业(39个项目,投资额8.2亿美元)等20多个行业领域。截至2020年底,MIGA共为美国、瑞士、荷兰、德国、英国、开曼群岛、马来西亚、法国、西班牙、新加坡、毛里求斯、挪威等12个国家在华投资的36个项目提供担保,担保总额共计5.9亿美元,涵盖制造业、银行业、能源、农业、交通、水与污水处理、固体废料处理、基础设施建设等领域。

在开展贷款合作的同时,我国还积极与世行开展知识合作。世行对华知识援助主要包括技术援助、经济分析、政策咨询等方式。近年来,世行针对我国财政金融、社会保障、企业改革、投资环境、知识经济、农村发展、扶贫开发、教育卫生、交通运输、能源水利、环境保护等经济社会发展的瓶颈领域进行专门调研,为我国宏观经济管理和行业部门改革提出了许多具有参考价值的意见和建议,对推动我国进一步深化改革和重大体制创新发挥了积极作用。世行同中方联合完成了中国城镇化、2030年的中国、增长新动能等系列旗舰研究,提供了许多有价值的政策建议,也为全球解决复杂发展问题提供了见解和方案。特别是2017年以来,财政部积极牵头参与世行《全球营商环境报告》评估工作,会同国内有关部门和城市着力打造市场化、法治化、国际化营商环境。在2019年10月世行发布的《全球营商环境报告2020》中,中国营商环境全球排名第31位。同时,支持有关部门和地方采取付费技术援助等方式利用世行智力资源推进国内营商环境改革。

随着中国经济的快速发展和国际影响的扩大,国际发展合作日益成为中国与世行合作的一个重要领域。首先,世行是我国获得先进发展理念的重要渠道。其次,通过世行宣传中国的发展成就和发展经验以及发展理念,客观上促进了国际社会对我国发展的理解、同情和支持。第三,我国通过发挥股东国作用,不断扩大对世行重大决策的影响,引导世行的政策和业务向着更加客观公正的方向发展,营造有利于全球共同发展的外部环境。长期以来,我国一直积极支持并参与南南合作,充分利用世行这一最大多边开发机构在发展援助方面所具备的独特优势,扩大了中国在发展中国家的影响。2004年5月,世行主办、中国协办的上海全球扶贫大会是双方开展国际发展合作的典范。大会推动了国际社会对全球扶贫理念和实践的再认识,并推动了国际社会为减贫而行动的共识。2007年12月,中国首次宣布向世行软贷款窗口国际开发协会捐款3 000万美元,受到国际社会的普遍好评,标志着双方合作迈上新的里程碑。2008年和2009年,中国与世行成功合作举办了两届"中非共享发展经验高级研讨会"。研讨会阐释了中国在改革与发展过程中所面临的挑战、采取的措施以及取得的成就，对比非洲国家不同的经济、历史和文化背景，促进发展经验与模式的相互借鉴，不仅受到与会非洲国家代表的高度好评，而且被世行视为南南合作的成功范例。2008年10月，中国政府以创始捐资国身份向世行南南知识合作基金捐款30万美元，再次向国际社会表明中国积极推动南南合作的态度。2015年，财政部联合世行、我国国家开发银行共同创立对非投资论坛三方合作平台，旨在推动世行框架下对非发展经验交流和投资贸易合作。论坛是中非合作论坛《约翰内斯堡行动计划》的重要内容，已成功举办5届，有力地支持了企业"走出去"、国际产能合作等对外战略。作为中非合作论坛北京峰会的配套活动，2019年9月在刚果（布）首都布拉柴维尔举办了第五届对非投资论坛。

三、我国与亚洲开发银行的联系

1971年中国在联合国的合法席位恢复后。1986年2月17日，亚行理事会通过了接纳中国加入该行的第176号决议，同年3月10日中国成为亚行正式成员国，台湾当局以"中国台北"名义留在该行。中国认缴股本11.4万股，约值13亿美元，占该行股本总额的7%，是亚行的第三大认股国。在1987年亚行年会上，我国当选为亚行董事国，并于同年7月正式在亚行设立执行董事办公室。

2000年6月16日，亚行驻中国代表处在北京成立。中国作为亚行的大股东之一，积极参与亚行事务，在亚行战略政策制定、业务运作以及区域经济合作等方面发挥着重要作用。在亚行框架下，中国参与了大湄公河次区域经济合作、中亚区域经济合作以及蒙古国的经济合作等区域合作项目，并通过东盟"10加3"机制，对推动本地区经济合作的发展作出了积极贡献。

我国成国亚洲开发银行成员国后，双方的合作发展很快，而且在资金合作、知识合作、国际发展合作方面均取得了丰硕成果。

在资金合作方面，中国从1987年开始使用亚行硬贷款，截至2019年12月底，亚行共批准对华贷款项目285个，承诺金额约403.39亿美元，占亚行累计承诺贷款额的17.46%。中国目前是亚行贷款的累计第二大借款国。2019年，中国利用亚行公共部门贷款项目9个，总额为18.14亿美元，是亚行年度第四大借款国。为支持亚行帮助其相关成员国抗击新冠肺炎疫情，最低限度减少对我国2020年亚行知识合作技术援助项目年度规划（以下简称"2020年亚行技援年度规划"）的影响，经与亚行斡旋，最终以分期注资方式落实2020年亚行技援年度规划。截至2020年10月30日，2020年亚行技援年度规划资金已超额提前落实到位，共到位金额为735.7万美元，超过原定规划资金额11.5%，计75万美元。2020年亚行技援年度规划项目主要分布在促进区域发展、生态保护、产业升级、农村振兴、公共部门和关键领域改革等。从地域分布看，优先考虑中西部、老、少、边、穷地区以及受新冠肺炎疫情影响严重的地方。

在知识合作方面，亚行对中国经济改革、宏观经济管理、行业部门发展、机构能力建设等提供了许多有价值的建议和援助支持。与此同时，中国还通过亚行积极宣传中国改革开放成果和发展经验，为其他发展中国家提供参考和借鉴，扩大中国的影响力。"中国—亚行知识共享平台"自2009年启动以来，已举办了八届高级研讨会，在推动本地区发展中国家增进互信，共享发展经验，推动互利发展方面发挥了积极作用。2012年8月，中国和亚行共同倡议成立了区域知识共享中心（RKSI）。RKSI作为双方面向亚太地区开展南南知识合作的重要机制,有力提升了亚太地区知识合作水平。2018年,亚行在中国指导下组织编写了《中国与亚行合作30年支持改革开放》研究报告,并于当年11月正式发布,取得了很好的反响。

在国际发展合作方面,中国在接受亚行援助的同时,也在力所能及范围内向亚行亚洲发展基金(ADF)捐款,参与亚行项目联合融资。中国继2004年首次参加ADF9增资谈判并捐款3 000万美元后,分别于2008年、2012年和2016年宣布对ADF10、ADF11、ADF12捐款3 500万美元、4 500万美元、1亿美元。在刚刚结束的ADF13增资磋商中,中方承诺捐款1.2亿美元,位列第五。中国对ADF累计捐款达3.3亿美元。中国还于2004年在亚行设立了2 000万美元的中国减贫与区域合作基金(以下简称中国基金)。这是中国首次向多边开发机构捐资设立信托基金用于亚太地区的减贫与发展事业。中国也是在亚行设立信托基金的第一个也是唯一的发展中国家。2011年5月,中国再次向中国基金捐款2 000万美元。2017年,中国第三次向中国基金捐款5 000万美元,捐款总额达到9 000万美元。截至2020年11月,中国基金共安排了6 159.2万美元,支持了119个项目。亚行还支持多边开发融资合作中心的成立和运营。2019年3月,中国财政部与包括亚行在内的八家多边开发机构共同在京签署了《关于共同设立多边开发融资合作中心的谅解备忘录》。上述举措加强了中国对亚行的影响力,表明了中国作为负责任的发展中大国对本地区及全球减贫与发展事业的支持。这将有利于全面推动我国与亚行的合作关系,增强我国在亚行乃至全球经济治理体系中的影响力和话语权。

本章小结

1. 全球性国际金融组织主要有国际货币基金组织、世界银行集团、国际清算银行等,区域性国际金融组织有亚洲开发银行、欧洲投资银行、非洲开发银行等,本章介绍了他们各自建立的宗旨和主要业务。

2. 国际货币基金组织是为协调国际货币政策、加强货币合作而建立的政府间的金融机构。

3. 世界银行主要由国际复兴开发银行、国际开发协会和国际金融公司组成,三者各自独立,业务上相互补充。

4. 国际清算银行是世界上第一家国际金融机构,是国际中央银行合作的主要中心。

✓ 关键名词

国际货币基金组织　世界银行集团　国际清算银行

✓ 练习与思考

一、判断题

(　　)1. 来自会员国缴纳的份额是国际货币基金组织的资金来源之一。

(　　)2. 会员国从国际货币基金组织所获得的贷款规模与其所缴纳的份额成正比。

(　　)3. 国际货币基金组织的贷款对象不仅仅是各会员国政府,还包括各会员国工商企业。

(   ) 4. 世界银行的贷款必须专款专用,并接受世界银行的监督。
(   ) 5. 世界银行的贷款期限一般不超过三年。
(   ) 6. IMF 是国际复兴开发银行的英文缩写。
(   ) 7. 只有亚洲国家才可以加入亚洲开发银行。
(   ) 8. 国际金融公司是国际货币基金组织的附属机构。
(   ) 9. 国际开发协会是世界银行集团的主要成员。
(   ) 10. 国际开发协会主要向发达国家提供贷款。

二、选择题

(   ) 1. 亚洲开发银行的总部设在_____。
A. 东京　　　　B. 马尼拉　　　　C. 中国香港　　　　D. 新加坡
(   ) 2. 下面四种提法中只有一种是正确的,正确的提法是_____。
A. 国际金融公司是国际货币基金组织的附属机构
B. 国际开发协会主要向发达国家提供贷款
C. 世界银行的贷款对象只限于会员国
D. 国际货币基金组织的贷款对象不仅仅是各会员国政府,还包括各会员国工商企业
(   ) 3. 只提供给低收入的发展中国家的发放贷款的机构是_____。
A. 国际货币基金组织　　　　B. 国际复兴开发银行
C. 国际清算银行　　　　　　D. 国际开发协会
(   ) 4. 向私人企业发放贷款而不需政府担保的国际金融组织是_____。
A. 国际复兴开发银行　　　　B. 国际开发协会
C. 多边投资担保机构　　　　D. 国际金融公司
(   ) 5. 国际复兴开发银行贷款的最长期限为_____。
A. 7 年　　　　B. 10 年　　　　C. 30 年　　　　D. 40 年
(   ) 6. 国际开发协会的贷款被称为_____。
A. 硬贷款　　　　　　　　　B. 软贷款
C. "第三窗口"贷款　　　　D. 非项目贷款
(   ) 7. 国际货币基金组织发放贷款的计价单位为_____。
A. 美元　　　　　　　　　　B. SDR
C. 贷款方所在国家货币　　　D. 任何形式的货币
(   ) 8. 国际货币基金组织开展业务需要的资金来源不包括_____。
A. 债权转让　　　　　　　　B. 借款
C. 会员国的基金份额　　　　D. 信托基金
(   ) 9. 以下关于会员国向 IMF 交纳的份额的作用的描述不正确的是_____。
A. 决定会员国的借款或提款额度
B. 决定会员国投票权的多少
C. 决定会员国可以分得的特别提款权的多少
D. 决定会员国向 IMF 选派的理事人数的多少
(   ) 10. 我国正式加入亚洲开发银行的时间为_____。
A. 1966 年　　　　B. 1980 年　　　　C. 1986 年　　　　D. 1987 年

(　　) 11. 世界银行集团的附属机构有_____。
A. 国际开发协会　　　　　　B. 国际货币基金组织
C. 亚洲开发银行　　　　　　D. 国际金融公司
E. 多边投资担保机构

(　　) 12. 属于全球性国际金融组织的是_____。
A. 国际货币基金组织　　　　B. 世界银行集团
C. 欧洲投资银行　　　　　　D. 亚洲开发银行
E. 国际清算银行

(　　) 13. 下列的哪一种说法是正确的是_____。
A. 世界银行的贷款期限一般不超过3年
B. 世界银行的贷款对象只限于会员国
C. 世界银行的贷款必须专款专用，并接受世界银行的监督
D. 世界银行从营业收入中拨出的款项也是国际开发协会的资金来源之一
E. 世界银行自开业以来的历任行长均为欧洲人

(　　) 14. IBRD的资金来源_____。
A. 成员国实际缴纳的股金　　B. 国际金融市场筹资
C. 债权转让　　　　　　　　D. 净收益
E. 信托基金

(　　) 15. 以下国际清算银行的说法正确的是_____。
A. 成立于1930年　　　　　　B. 是世界上第一家国际金融机构
C. 行址设在瑞士巴塞尔　　　D. 它是"中央银行的银行"
E. 其最高权力机构是股东大会

三、名词解释
国际货币基金组织　　世界银行集团　　国际清算银行　　亚洲开发银行　　欧洲投资银行

四、填空题
1. 国际货币基金组织于_____年_____月_____日正式成立。
2. 亚洲开发银行成立于_____年_____月，总部设在_____。
3. 世界银行的贷款期限一般为数年，最长可达_____年。
4. 世界银行集团由_____、_____、_____、_____和解决投资争端国际中心等五个机构组成。
5. 欧洲投资银行，成立于_____年_____月，总行设在_____。

五、简答题
1. 简述国际货币基金组织宗旨的主要内容。
2. 简述国际货币基金组织有哪些特点。
3. 简述世界银行的宗旨。

六、案例分析

世界银行贷款6亿美元支持中国推广"三明经验"

2017年9月22日，记者在"世界银行贷款中国医疗卫生改革促进项目启动会"上获

悉，根据中国政府与世界银行的协议，世界银行提供6亿美元的贷款，用于支持我国安徽、福建两省全面推广三明综合医改经验，包括深化公立医院综合改革、推进分级诊疗制度建设等，目前安徽、福建两省已开始全面展开工作。

世界银行中国局局长郝福满表示，近年来，中国在医疗卫生体制改革上投入了非常多的精力，目前已取得了非常好的成绩，得到全球多个国家的高度认可。我们希望通过这种支持方式，进一步帮助中国深入探索改革模式，然后把这种模式向世界各国进行推广。这笔贷款是继汶川地震后，额度最大的一笔贷款。

会上，记者了解到，目前安徽、福建两省"两票制"推行顺利，已全面实施医药分开，有效破除了以药补医的格局，进一步降低了老百姓的医药费用开支。同时，安徽省还采用了通过招标来确定医保报销目录的做法，并在此基础上取消了高值耗材的加成。下一步，两省市将进一步加大"三医联动"的推动力度，争取能尽快总结出模式向全国推广。

国家卫生和计划生育委员会主任李斌表示，此次贷款项目主要聚焦中国医改重点领域和关键环节，对于助推中国医改向纵深发展具有重要意义。一是支持项目省加大攻坚力度，更好更快地解决医改重点难点问题。二是"试验田""先遣兵"的示范作用，在更大范围推广成功经验。三是通过项目省改革引入国际先进经验，为整合各方资源、协同推进医改提供强大的智力支持。四是加强医改经验总结提炼和传播，为探索解决医改世界性难题作出贡献。

资料来源：医药经济报　2017年9月25日　第001版　记者　胡睿

案例分析题：
1. 结合上述案例分析世界银行的贷款原则与特点。
2. 试分析世行支持我国医改重点领域和关键环节有何现实意义。

第十章

国际货币制度

✓ 学习目标

通过本章学习,应掌握国际金本位制、布雷顿森林体系、牙买加体系以及欧洲货币体系的特点和内容,了解国际货币体系的概念、类型、演变和改革发展等基本内容。

✓ 重难点

1. 国际金本位制、布雷顿森林体系、牙买加体系以及欧洲货币体系的特点和内容;
2. 国际货币体系的含义和种类;
3. 国际货币体系改革情况。

✓ 课前思考

国际货币体系酝酿变局

为应对新冠疫情带来的冲击,全球大部分国家的政府和央行都摒弃了常规情况下财政和货币纪律的约束,采取了大规模、非常规的纾困与救助措施,以帮助本国居民和企业度过这段艰难时期。美联储更是推出了"无限量化宽松"政策,以减少金融市场的波动,防止危机蔓延。作为灾难与危机救助措施,这些非常规的举措无可厚非,非常必要!但由于许多经济体政府本已债台高筑,国债可持续性本已堪忧,不得不依赖中央银行大规模扩张资产负债表来支持,直接或间接地形成财政赤字货币化的事实。例如,美联储的资产负债表在2020年3—5月的3个月时间里就从4.2万亿美元扩大到7.1万亿美元,增幅达2.9万亿美元,超过世界第五大经济体英国2019年全年的国内生产总值(2.8万亿美元)。

从美国目前的疫情、经济与金融形势来看,此轮美联储资产负债表的扩张远远没有结束,很可能在明年底之前就超过9万亿美元,为2008年金融海啸前的10倍。显然,美国政府和央行正在利用美元在国际货币体系中的特殊地位来帮助其度过当前的困境。作为国际投资者和更广泛的市场经济主体,不得不严肃思考美联储这一举措的深远影响和历史意义。毋庸置疑,一个关键问题是:这些非常规政策对当前的国际货币体系意味着什么?

国际货币体系的现有格局

当前的国际货币体系是一个完全依赖于中央银行信用的信用货币体系。它以美元为主,欧元为辅,英镑、日元和人民币等货币为配角。2019年,美元在全球储备货币中占比逾60%,其次是欧元(20%)、日元(6%)、英镑(4%)和人民币(2%)。作为国际清算货币，美元所占比重超过40%，欧元超过30%，英镑（6%）、日元（4%）、人民币（2%）等其他所有货币加总仅占四分之一的比重。

这一体系的雏形源自1945年建立的以美元为核心的布雷顿森林体系，到1971年美元与黄金脱钩后进入纯粹基于各国央行信用的信用货币体系，之后又经历了多次危机与变革，包括从固定汇率制过渡到浮动汇率制、日元的崛起、欧元的诞生、英镑的衰落、人民币国际化等。直至今日，美元在这个体系中的支柱地位依然坚如磐石。这表明，尽管过去50年来对美元地位的担忧不绝于耳，但以美元为主导的国际货币体系显然是一个难以撼动的稳定均衡格局。

当然，从当前形势看，似乎难以想象美元在国际货币体系中的地位会遭遇重大挑战，暂时也找不到令人信服的替代品，因此美联储似乎可以尽情享受美元的"铸币税"，无限扩表，应对任何危机。然而美联储的"无限量宽"也有极限。一旦高通胀回归，就会立即给"无限量宽"政策画上句号，并有可能引发系统性风险。即便不出现高通胀，市场也有可能通过"用脚投票"给"无限量宽"划一个界限，甚至迫使量宽政策从此退出历史舞台。事实上，国际投资者对美元和美元资产的态度已经有所变化。例如，2015年以来，外国政府和国际组织已连续5年净卖出美国长期国债；尽管外国私营部门的投资者还在净买入，但二者加总，外国投资者过去5年已累计净卖出5 000多亿美元的美国长期国债。而今年3月份开始的"无限量宽"很可能会加剧海外投资者对美元和美元资产的担忧，进一步削弱美元的信用，使美元在国际货币体系的支柱地位出现进一步的松动。

谁是美元的替代品

经过50多年的发展演变，全球经济已与20世纪70年代初大不相同。与之相应，国际货币体系有可能出现了新的均衡点，甚至有多个新均衡点，其中有些均衡点很可能比当前的均衡点更有效率。如果在新均衡点中，美元在国际货币体系的地位明显下降，那么谁有可能填补美元的地位呢？

一种潜在均衡是，黄金、比特币或其他具有总量限制的商品或资产取代包括美元在内的现有的主权信用货币。这种可能性在今天看来微乎其微，因为黄金和比特币的供应量是有限的，很难承担全球流通货币的职能，很容易造成全球通货紧缩，这在对"金本位"的研究中已被论证得很透彻。因此，黄金和比特币未来更有可能作为一种保值资产（而不是货币）而存在，不可能成为未来货币体系的主角。也许区块链和数字货币技术的进步会给人类带来更多可能性和选择，引发国际货币体系的重大变革，只是今天尚不得而知。

另一种潜在均衡是，类似于Libra（天秤币）的超主权货币（或稳定币）替代美元成为全球支柱货币。理论上讲，由Facebook主导打造的数字货币Libra 1.0版（与一篮子货币挂钩）在应用过程中有可能，也有潜力"青出于蓝而胜于蓝"，逐步演化成为取代美元的国际支柱货币，但由于其与主权货币的竞争关系、数据安全和监管困难等一系列问题，遭到各国政府（尤其是美国政府）的强烈反对和压制，未能推行。之后推出的Libra 2.0版已经退化成依附于单一主权货币的支付工具，已无可能取代或颠覆法定货币。其实，国际货币基金组织（IMF）早在50年前就发明了类似的超主权货币：特别提款权（SDR）。但由于对美元地位的潜在威胁，其额度发行一直遇到各种阻碍，自发明到现在的50年间，发行总额度不足3 000亿美元，与美联储过去3个月扩表2.9万亿美元相比简直是天壤之别！可见，类似于SDR这样的超主权货币虽然很可能优于美元，但在实践应用与推广中面临重重困难。

第三种潜在均衡是，现有国际货币体系中的不同货币，在体系中的相对重要性出现较大变化，美元一家独大的局面消失，形成多支柱、多元化、更平衡的新格局。例如，随着中国经济在全球经济中的比重从1960年的5%上升到目前的16%，以中国在全球排名第二的经济体量、排名第一的贸易总量，人民币在国际货币体系中有潜力扮演更重要的角色。但是，实现这个演变并不容易。当前的国际货币体系形成多年，市场形成了习惯和共识，在此之上也建立了很多重要的金融基础设施，很难另起炉灶。因此，若要从当前的均衡过渡到新均衡，只有出现很大的外部冲击时才有可能改变。

当前新冠疫情所形成的全球危机，是一个很大的外部冲击，很可能要历时多年，最终导致全球经济格局、各国财政负担及央行资产负债表出现巨大变化。在这个过程中，如果中国经济能够继续保持稳健成长，国际收支基本平衡，对外开放愈益深化，企业与金融机构的国际竞争力不断增强，届时，完全存在一种可能，即市场将主动推动人民币进一步国际化，令人民币在国际货币体系中扮演更重要的角色。

思考：当前国际货币体系有何弊端？如何看待国际货币体系改革方向？

第一节 国际货币体系概述

一、国际货币体系含义

所谓国际货币体系（International Monetary System），是指为适应国际贸易与国际支付的需要，各国政府对货币在国际范围内为发挥世界货币只能所确定的原则，采取的措施和建立的组织机构。它是国际货币制度、国际货币金融组织以及由习惯和历史沿革的约定俗成的国际货币秩序总和。

国际货币体系一般包括以下六个方面内容：

1. 货币的组织形式

国家以法律规定货币流通的组织形式，包括货币币材、货币单位、各种通货的制造、发行和流通程序。

2. 货币比价的确定及汇率制度

这是指各国政府如何确定本国货币与外国货币之间的比价，实行什么样的汇率制度及相关的汇率政策。实施什么样的汇率制度是国际货币秩序的核心。

3. 国际储备资产的确定

国际储备资产就是一国中央银行或金融当局持有的可用于国际支付和稳定汇率的流动资产。国际货币体系应确定何种货币可作为国际储备资产以及国际储备资产的最低限度数量。

4. 货币的可兑换性

这是指各国政府为进行国际支付，必须规定本国的货币是否能够兑换成其他国家或地区的货币，是自由兑换还是有条件兑换或者部分可兑换。

5. 黄金外汇的流动与转移是否自由

这是指各国政府是否对黄金和外汇的流动或转移加以管制，还是允许它们在一定地区范围内自由流动与转移。

6. 国际结算的原则

一国对外的债权债务，或者立即进行结算，并在国际结算中实行自由的多边结算；或者定期进行结算，并实行限制的双边结算等。

二、国际货币体系的类型

汇率制度的内容是国际货币体系的核心，国际储备资产是国际货币体系的基础。按汇率制度划分，国际货币体系可分为固定汇率制度和浮动汇率制度。按国际储备划分，国际货币体系又可分为金本位制度、信用本位制度和金汇兑本位制度。本位指衡量货币价值的标准。金本位制度是指以黄金作为国际储备资产或国际本位货币；信用本位制度是指以外汇作为国际储备资产而不与黄金有任何联系；金汇兑本位制度则是同时以黄金和可自由兑换的货币作为国际储备资产。

三、国际货币体系的作用

国际货币体系在国际金融领域内具有基础性制约作用，它对于国际贸易的支付结算、资本流动、汇率调整、外汇储备的确定及国际收支的调节等都会产生重大的影响，主要体现在是否能够提供足够的国际清偿能力并保持国际储备资产的信心以及是否能保证国际收支的失衡能够得到有效而稳定的调节。国际货币体系的作用主要表现为以下三个方面：

(1) 确定国际清算和支付手段来源、形式和数量，为世界经济发展提供必要、充分的国际货币，并规定国际货币及其同各国货币相互关系的准则。

(2) 确定国际收支的调节机制，以确保世界的稳定和各国经济的平衡增长。该调节机制涉及汇率机制、对国际收支逆差国的资金融通机制以及对国际货币（储备货币）发行国的国际收支纪律约束机制等不同方面。

(3) 确立有关国际货币金融事务的协商机制及建立相应的组织机构。

第二节 国际货币体系的演进

一、国际金本位制度

(一) 国际金本位制的概念与建立

金本位制是以一定成色的黄金作为各国本位货币，并建立起流通中各种纸币与黄金间固定兑换关系的一种货币制度。国际金本位制是世界上首次出现的国际货币制度，是在19世纪70年代至1914年第一次世界大战前各主要资本主义国家普遍实行金本位制的情况下自发形成的。1816年英国颁布了《金本位制度法案》，最先采用了金本位制度。随后，其他资本主义国家也纷纷效仿，于1871—1897年间相继采用了金本位制度，标志着金本位制的诞生。

(二) 国际金本位制的类型

1. 金币本位制

金币本位制是19世纪下半叶至第一次世界大战前西方各资本主义国家采用的货币制度，又可称为金铸币本位制。其典型特征为：国家以法律规定货币含金量，与金币同时参加流通的还有以100%黄金为发行准备的银行券。金币可以自由铸造、自由兑换、黄金可以自由地输出或输入本国。在金币本位制下，黄金具有货币的全部职能，即价值尺度、流通手段、储存手段、支付手段和充当世界货币。金币本位制是典型的金本位制。

2. 金块本位制

金块本位制又叫"生金本位制"。它指的是流通中的纸币或银行券只有达到一定的最低数量才能兑换金块的金本位制。在这种货币制度下，名义上以金币作为本位币，但实际上并不铸造和交换金币。在第一次世界大战中，英、法等国相继采用金块本位制。

3. 金汇兑本位制

金汇兑本位制又称"虚金本位制"。实行这种货币制度的国家不铸造和流通金币，国家流通银行券（纸币），虽然货币当局也为单位货币规定了含金量，但它不能直接兑换黄金。本国货币同另一个实行金本位制的国家的纸币保持固定比价，这种货币可以自由兑换成联系国家的货币，联系国家的货币可以直接兑换黄金，从而使本国货币同黄金间接地挂钩。

（三）国际金本位制下的汇率决定及国际收支调节

在最初的金本位制度下，各国的金币所含纯金量不同，其价值是以相对含金量来规定的。因此，两国间的汇率取决于各国本位货币含金量相比较的固定平价。例如，1美元的含金量为23.220 0格令，1英镑的含金量为113.001 6格令，则英镑对美元的汇兑平价为GBP1＝USD4.866 5。当然，汇率并非恰好等于铸币平价，它还要受供求关系的影响，但波动的幅度不会超过或低于黄金的输送成本（包括保险、包装、运费等）。因此，各国货币单位会固定在一定而狭小的范围内，金本位制度又称为固定汇率制度。

此外，在金本位制度之下，通过"物价与黄金流入流出机制"，各国的国际收支具有自动调节的功能。譬如，在金本位制度下，如果一国的对外贸易持续逆差，其汇率上涨至黄金输出点，从而促使黄金外流，货币供应量因而减少，物价随之下跌，致使其商品的国际竞争力提高，进而增加输出、减少输入。其结果为，该国对外收入大于支出，贸易收支逐渐恢复均衡。如果一国的对外贸易持续发生顺差，其汇率下跌至黄金输入点，从而促使黄金内流，货币供应量因而增加，物价随之上涨，进而增加输入、减少输出。其结果为，该国对外支出大于收入，贸易收支于是恢复均衡。

（四）对国际金本位制的评价

在国际金本位制度下，正值资本主义自由竞争的全盛时期，一国货币的真实价值保持了稳定和可预测。而稳定的价格水平和货币比价以及较为稳定的世界经济环境，能极大地促进这一时期的资本主义世界经济高度繁荣和贸易发展。所以说国际金本位制对世界经济的发展起到了积极的推动作用。但是若把当时的世界经济高速发展完全归功于国际金本位制度，也是不恰当的，实际上国际金本位制本身存在着固有的缺陷：国际收支逆差导致黄金流出，货币紧缩，会加剧国内经济的恶化，使经济陷入严重的萧条；金本位制本身存在着黄金的供应量赶不上经济发展对货币的需求；黄金在世界各国的储备不平衡；多数国家黄金不足，难以满足作为货币的要求等缺陷。

（五）国际金本位制的崩溃

随着世界经济的发展，破坏国际货币体系稳定性的因素也日益增长。到1913年，英、美、法、德、俄五个国家的黄金拥有量占世界黄金总量的2/3，这就削弱了其他国家实现国际金本位制度的基础。第一次世界大战的爆发彻底摧毁了这一制度。战争期间，各国为筹备军费，对黄金的流动实行控制，同时发行大量银行券，使得银行券不能自由地兑换金币。由于维持国际金本位制的一些必要条件遭到破坏，国际金本位制宣告结束。接着建立起来的是没有金币流通的金块和金汇兑本位制，这两个制度由于不具备金币本位制的一系列特点，因此，也称为不完全或残缺不全的金本位制。该制度在1929—1933年的世界性经济大危机的冲击下，也逐渐被各国放弃。从此，国际金融领域开始了长达十几年的混乱局面，这一状况一直持续到布雷顿森林体系的建立。

二、布雷顿森林体系

（一）布雷顿森林体系的形成

英美各国鉴于第一次世界大战后20多年中各国之间政治、经济斗争激烈，货币金融极端混乱，结果导致第二次世界大战，在大战尚未结束之前，就开始酝酿战后的经济合作计划。英美两国政府都从本国的利益出发设计新的国际货币秩序，并于1943年4月7日分别发表了各自的方案，即美国的"怀特计划"和英国的"凯恩斯计划"。由于美国在政治上和军事上的实力大大超过英国，英国被迫接受美国的方案，双方于1944年4月达成了基本反映怀特计划的《关于设立国际货币基金的专家共同声明》。同年7月，在美国新罕布什尔州的布雷顿森林召开有44国参加的"联合国国际货币金融会议"，通过了以怀特计划为基础的《国际货币基金协定》和《国际复兴开发银行协定》，总称《布雷顿森林协定》，从而建立起一个以美元为中心的布雷顿森林体系。

（二）布雷顿森林体系的主要内容

1. 建立一个永久的国际金融机构

永久性的国际金融机构即国际货币基金组织，其总部设在美国华盛顿，主要任务是对第二次世界大战后的国际货币关系进行管理，消除各国之间的金融障碍，为会员国进行国际货币磋商和协调提供平台，以促进国际贸易的扩大及世界经济的发展，同时对各国的外汇制度进行监督并对各国经济发展进程中产生的国际收支的不平衡提供短期的资金融通。

2. 黄金和美元并重的国际储备体系

布雷顿森林体系以黄金为基础，以美元作为最主要的国际储备货币。美国政府承诺，各国中央银行可用美元向美国中央银行按35美元＝1盎司黄金的固定价格换黄金，美元与黄金挂钩，其他国家的货币与美元挂钩。也就是说，各种可兑换货币可先兑换美元，然后才能兑换黄金。因此，布雷顿森林体系也称为"国际金汇兑本位制"或"黄金—美元本位制""双挂钩体制"。

3. 可调整的钉住美元汇率制度

布雷顿森林体系采取了一种介于固定汇率与浮动汇率之间的可调整钉住美元汇率制，要求各国货币汇率钉住美元，一般只能在平价±1%幅度内波动，各国政府有义务维持这一汇率水平。只有在国际收支发生"根本不平衡"时，才容许调整货币平价，而且必须经过国际货币基金组织同意。

4. 短期融资机制

会员国国际支付困难时，可向国际货币基金组织申请借款，但需经国际货币基金组织审核。只有在发现该国确实存在支付困难且该国合理调整国际收支计划时，申请才能获得批准。会员国向国际货币基金组织能借取的数额取决于会员国在基金组织的份额多少,但绝大多数资金的期限都较短,主要起临时融通作用。

5. 取消外汇管制

根据《布雷顿森林体系规定》第八条,各会员国规定经常项目支付不得采用歧视性的货币政策,并要求在兑换性的基础上实行多边支付。

6. 稀缺货币条款

一国国际收支持续大量顺差时,国际货币基金组织可以宣布该国货币为"稀缺货币"。此时,国际货币基金组织可按逆差国的需要实行限额分配,其他成员国可以对"稀缺货币"实行临时性的兑换限制。

由此可见,在布雷顿森林体系下,美元可以直接兑换黄金和各国实行可调节的钉住美元汇率制度是构成这一货币体系的两大支柱。国际货币基金组织则是维持这一体系正常运转的中心机构。

(三) 布雷顿森林体系的特点

1. 美元作为国际货币

布雷顿森林体系实际上是通过国际会议和国际协议用法律形式固定下来的一种国际金汇兑本位制,也被称为"可以兑换黄金的美元本位制"(美元—黄金本位制)。实际上美元充当了国际货币,发挥了国际货币的各种职能。美元被广泛地用做国际计价单位、支付手段和储藏手段。

2. 固定汇率制

在布雷顿森林体系下,各国货币与美元的汇率是固定的。按照规定,当一国的国际收支发生了根本性失衡时,可向国际货币基金组织申请调整汇率,进行贬值或升值。国际货币基金组织没有对"根本性失衡"作出十分明确的解释,这是为了处理具体问题时留有余地。但实际上各国货币汇率的调整是很少的,到1966年为止,主要国家货币之间的汇率没有进行过大的调整。

3. 对国际收支的有限调节

调节的途径有两条:一条是通过国际货币基金组织来调节;另一条是通过汇率调整。实际上这两条途径的调节效果都不很明显,因为会员国可以从国际货币基金组织取得贷款数额有限,而汇率也长期没有进行过大的调整。

(四) 布雷顿森林体系的内在缺陷

1. 体系结构本身存在着国际清偿力短缺与信心的矛盾

布雷顿森林体系以一国货币(美元)作为主要储备资产,具有内在的不稳定性。对于布雷顿森林货币体系,美国有两个基本责任:第一,要使美元按固定价格兑换黄金,维持各国对美元的信心;第二,要提供足够的国际清偿能力,即美元。这两者是矛盾的:美元供给太多,就会有不能兑换黄金的危险,从而发生信心问题;美元供给太少,就会发生国际清偿能力不足的问题。也就是说,布雷顿森林体系本质上不可能同时解决清偿问题和信心问题,这就是著名的"特里芬难题"。

2. 国际收支调节机制不健全

该制度规定汇率浮动幅度需保持在1%以内,汇率缺乏弹性,限制了汇率对国际收支的调节作用。这个体系的创始人显然指望国际收支失衡通过基金组织融资、合理的国内政策与偶然的汇率调整就可恢复平衡。这就是说，会员国暂时的不平衡由国际货币基金组织融通资金，根本性的不平衡则靠调整利率来纠正。实践证明，这种调节机制并不成功，因为它实际上仅着重于国内政策的单方面调节。

小知识 特里芬难题

3. 内、外平衡难统一，国际收支调节的责任不对称

在固定汇率制度下，各国不能利用汇率杠杆来调节国际收支，而只能采取有损于国内经济目标实现的经济政策或采取管制措施，以牺牲内部平衡来换取外部平衡。当美国国际收支逆差、美元汇率下跌时，根据固定汇率原则，其他国家应干预外汇市场，但这往往会导致和加剧这些国家的通货膨胀；若这些国家不加干预，则美元贬值就会加剧，就会遭受美元储备资产贬值的损失。而美国在国际收支逆差时不需作任何国内经济调整，只需多发行一些美元。

（五）布雷顿森林体系的崩溃

布雷顿森林体系从建立到最后崩溃，大致经历了：美元荒—美元灾—美元危机三个阶段。布雷顿森林体系的正常运转必须具备三个条件：① 美国国际收支保持顺差，美元对外价值稳定；② 美国有充足的黄金储备，以保持美元对黄金的有限可兑换性；③ 黄金价格维持在官价水平。美元危机爆发后，美国及同盟国、IMF 等就不断地采取措施围绕这三个核心问题，采取了一系列拯救的措施，竭力挽救布雷顿森林体系，但该体系最终还是崩溃了。

"美元荒"是指各国普遍感到美元匮乏，支付困难。这种情况存在于第二次世界大战结束至 20 世纪 50 年代初期。战后，美国的经济实力空前增强，1949 年美国拥有当时世界黄金储备的 71.2%，达 245.6 亿美元。而饱受战争创伤的西欧、日本为发展经济需要大量美元，但又无法通过商品和劳务输出来满足，从而形成了普遍的美元荒。

"美元灾"是指美元在国际上供过于求的现象。它出现在 20 世纪 50 年代中后期。20 世纪 50 年代初，美国发动侵朝战争，国际收支由顺差转为逆差，黄金储备开始流失。与此同时，西欧和日本的经济已经恢复，进入迅速发展时期，出口大幅度增长，国际收支由逆差转为顺差，持有的美元逐渐充裕，美元开始供过于求，形成美元泛滥。

"美元危机"是指国际金融市场上人们大量抛售美元，引起黄金价格上涨、美元汇率急剧下跌的现象。1960 年 10 月，爆发了第一次美元危机。国际金融市场上掀起了抛售美元抢购黄金的风潮，伦敦金融市场的金价暴涨到 41.5 美元 1 盎司，高出黄金官价的 18.5%。导致这次危机的直接原因是，美国的黄金储备下降到 178 亿美元，已低于其对外短期负债 210 亿美元，引起人们对美元能否按 35 美元兑换 1 盎司黄金的信心发生了动摇。

为了挽救美元的颓势，美国与有关国家采取了一系列维持黄金官价和美元汇率的措施，包括"君子协定""巴塞尔协定""黄金总库"以及组成"十国集团"签订"借款总安排"等，目的在于当汇率波动时，运用各国力量共同干预外汇市场，尽管如此，也未能阻止美元危机的再度发生。

20 世纪 60 年代中期以后，美国扩大了侵越战争，国际收支更加恶化，黄金储备不断减少，对外债务急剧增加。1968 年 3 月，第二次美元危机爆发，巴黎市场的金价涨至 44 美元 1 盎司，美国的黄金储备半个月之内流失了 14 亿美元。"黄金总库"被迫解散，美国与有关国家达成"黄金双价制"的协议，即黄金市场的金价由供求关系自行决定，35 美元 1 盎司的黄金官价仅限于各国政府或中央银行还能够向美国兑换。

20 世纪 70 年代中期以后,美国经济状况继续恶化,1971 年爆发了新的美元危机,美国的黄金储备降至 102 亿美元,不到其短期债务的 1/5。1971 年 8 月 15 日美国政府宣布实行"新经济政策",内容之一就是对外停止履行美元兑换黄金的义务,切断了美元与黄金的直接联系,从根本上动摇了布雷顿森林体系。美元停兑黄金以后,引起了国际金融市场的极度混乱,西方各国对美国的做法表示强烈的不满,经过长期的磋商,"十国集团"于 1971 年 2 月通过了"史密森协议"。其主要内容是,美元贬值 7.89%,黄金官价升至每盎司 38 美元,西方主要通货的汇率也作了相应的调整,并规定汇率的波动幅度为不超过货币平价的上下各 2.25%。此后,美国的国际收支状况并未好转,1973 年 1 月下旬,国际金融市场又爆发了新的美元危机。美元被迫再次贬值 10%,黄金官价升至 42.22 美元,抛售美元的风潮再度发生。为维持本国的经济利益,西方各国纷纷放弃固定汇率,实行浮动汇率。欧洲共同体作出决定,不再与美元保持固定比价,实行联合浮动。各国货币的全面浮动,使美元完全丧失了中心货币的地位,这标志着以美元为中心的国际货币体系的彻底瓦解。

(六)布雷顿森林体系的作用

布雷顿森林体系是国际货币合作的产物,它的建立和运转对战后国际贸易和世界经济的发展起了一定的积极作用:

(1)布雷顿森林体系确立了美元与黄金、各国货币与美元的双挂钩原则,结束了第二次世界大战前国际货币金融领域的动荡混乱状态,使得国际金融关系进入了相对稳定时期。这为战后 20 世纪 50~60 年代世界经济的稳定发展创造了良好的条件。

(2)美元成为最主要的国际储备货币,弥补了国际清算能力的不足,这在一定程度上解决了由于黄金供应不足带来的国际储备短缺的问题。

(3)布雷顿森林体系实行了可调整的钉住汇率制,汇率的波动受到严格的约束,货币汇率保持相对的稳定,这对于国际商品流通和国际资本流动非常有利。

(4)国际货币基金组织对一些工业国家,尤其是一些国际收支不平衡的发展中国家,提供各种类型的短期贷款和中长期贷款,在一定程度上缓和了会员国家的国际收支困难,使它们的对外贸易和经济发展得以正常进行,从而有利于世界经济的稳定增长。

总之,布雷顿森林体系是战后国际货币合作的一个比较成功的事例,它为稳定国际金融和扩大国际贸易提供了有利条件。在布雷顿森林体系实行的前 20 多年里,世界经济增长迅速,这段时期被称为资本主义世界的第二个"黄金时代"。这虽然是由许多客观条件造成的,但与布雷顿森林体系所营造的稳定的国际金融环境是密不可分的。同时,由布雷顿森林会议诞生的两个机构——世界银行和国际货币基金组织仍然在世界贸易和金融格局中发挥着至为关键的作用。

三、牙买加体系

(一)牙买加货币体系的形成

自布雷顿森林体系瓦解后,国际货币金融局势一直处于动荡之中。经过反复研讨磋商,1976 年 1 月 8 日国际货币基金组织在牙买加首都金斯顿召开的会议上,达成了综合性协议,即《牙买加协定》。《牙买加协定》的签订是战后国际货币关系中仅次于布雷顿森林协定的一次重大事件,为布雷顿森林体系结束后国际货币制度的继续运转铺平了道路。同年 4 月底

IMF 理事会通过《国际货币基金协定的第二次修正案》后又获得法定的 60% 以上的会员国和总投票权 85% 的多数票批准同意，从 1978 年 4 月 1 日起正式生效。

各国签订《牙买加协定》后，国际货币关系出现了一些重大变化，进入了一个新的阶段。有关变化虽然是在牙买加会议前发生的，但一般都在会议上得到认可。《牙买加协定》形成了一种新的国际货币关系格局，因而此后的国际货币体系亦被称作牙买加货币体系。

(二)《牙买加协定》（国际货币基金协定第二次修正案）的主要内容

国际货币基金协定第二次修正案是以牙买加协定为基础的，其核心内容涉及本位货币问题、汇率制度问题等。具体说，它包括以下五方面的内容：

（1）扩大基金组织的资金来源，即实行第六次增资，会员国的份额根据各国经济实力的变化而略有改动。

（2）强调汇率体系的灵活性，使浮动汇率合法化，会员国可自行选择汇率制度，但各国的汇率政策应受基金组织的管理和监督，将来世界经济出现稳定局面后，仍实行固定汇率制。

（3）实行黄金"非货币化"，取消有关黄金问题的一切条款，这就是：取消黄金官价，会员国可在市场上自由进行黄金交易；黄金不再作为各种货币法定汇价的共尺度；取消成员国之间，或成员国和基金组织之间以黄金清偿债权、债务的义务。基金组织所持有的黄金，应逐步加以处理。

（4）规定特别提款权作为主要国际储备资产和各国货币定值的标准以及进行国际借贷之用。

（5）扩大对发展中国家的资金融通，建立新的贷款形式，资助持续发生巨额国际收支逆差的国家，放松贷款条件，延长偿还期限。

第二次修正案对货币体制改革起了一定作用，但许多根本性的问题，如对汇率的监督、国际收支的调节、国际储备的创造和管理等，仍未解决。

(三) 牙买加货币体系的特点

（1）黄金非货币化。黄金不再是各国货币平价的基础，也不能用于官方之间的国际清算。

（2）储备货币多样化。虽然牙买加体系中曾规定未来的国际货币体系应以特别提款权为主要储备资产，但是事实上，特别提款权在世界各国国际储备中的比重不但没有增加，反而有下降的趋势。国际货币基金组织在 1981 年以后再也没有分配过新的特别提款权，以前美元一枝独秀的局面被以美元为主的多种储备货币所代替。

（3）汇率安排多样化。在牙买加体系下，浮动汇率制与固定汇率制并存。一般而言，发达工业国家多数采取单独浮动或联合浮动，但有的也采取钉住自选的货币篮子。对发展中国家而言，多数是钉住某种国际货币或货币篮子，单独浮动的很少。不同汇率制度各有优劣，浮动汇率制度可以为国内经济政策提供更大的活动空间与独立性，而固定汇率制则减少了本国企业可能面临的汇率风险，方便生产与核算。各国可根据自身的经济实力、开放程度、经济结构等一系列相关因素去权衡得失利弊。

（4）区域性货币一体化的发展。布雷顿体系瓦解后，全球范围内一体化性很强的货币体系不复存在（人们称"牙买加体系"为"无制度的体系"），但区域性有组织的货币体系仍有可能形成。于是，区域性货币一体化发展起来。其中，最有代表性也最成功的是欧洲货币一体化。

（5）多种国际收支调节机制相互补充——国际收支调节机制多样化。在牙买加货币体系的条件下，各国通过汇率机制、利率机制、国际金融市场、动用国际储备资产以及国际金融机构的协调来调节国际收支的不平衡，从而出现了国际收支调节机制的多样化。

（四）牙买加货币体系作用的局限性

牙买加货币体系形成至今已有三十多年了，它在一定程度上缓和了布雷顿森林体系的困难，促进了世界经济的发展。但是，以国际储备多元化和浮动汇率制为特征的牙买加体系的弊端，随着国际经济关系的发展变化，也日益暴露出来了。

首先，牙买加体系所呈现的国际货币多元化趋势日益加强，一方面基本解决了"特里芬难题"，但另一方面使国际上缺乏统一的稳定的货币标准。

其次，浮动汇率制虽然能够比较灵敏地反映不断变化的经济情况，从而有利于国际经济的运转和发展，但频繁而剧烈的汇率波动无论对于国际贸易与信用的正常运行，还是对于世界经济的健康发展，都会带来非常不利的影响。

最后，在牙买加体系下，国际收支的调节比布雷顿体系灵活，但其各种调节机制都有局限性，而国际货币基金组织的贷款能力又有限，同时也无力指导与监督盈余国与赤字国双方对称地调节国际收支。所以自20世纪70年代以来，国际收支失衡的局面始终没能改善，甚至还日趋严重。

第三节 欧洲货币一体化

一、欧洲货币体系的产生

第二次世界大战结束以后，西欧6国（法国、联邦德国、意大利、荷兰、比利时、卢森堡）为了摆脱美国的控制以壮大自己，开始逐步推进经济与政治一体化进程。1957年3月，西欧6国于罗马签订了《欧洲共同体条约》，又称《罗马条约》，宣布了欧洲经济共同体（简称欧共体）的成立。《罗马条约》较为全面地规定了欧共体货币一体化的内容，但是在欧共体成立的前10年中，实际进展不大。在这一阶段欧共体的一体化重点在于建立关税同盟和实施共同农业政策。

随着美元危机的不断爆发，欧共体各国深感建立自己稳定的货币区具有十分重要的意义。于是，欧共体于1969年12月的海牙首脑会议上提出了欧共体经济与货币联盟计划。经过多年的运行，欧洲货币体系已经形成了雏形，给欧共体经济顺利发展创造了良好的金融环境。为了更好地发挥区域货币体系的优势，推动西欧国家的联合，1978年4月在哥本哈根、7月在不来梅举行的两次欧共体国家首脑会议上通过了建立欧洲货币体系的决议，同年12月，欧共体各国首脑在布鲁塞尔达成协议，1979年3月13日，欧洲货币体系协议正式生效。欧洲货币体系的建立，标志着欧洲货币一体化进入了稳定发展的阶段。

二、欧洲货币体系的主要内容

1. 建立欧洲货币基金

将成员国中央银行20%的黄金、外汇储备交给欧洲货币基金（高时达500亿美元），该基金除了是发行欧洲货币单位的储备金外，其作用是：一方面可用来加强干预外汇市场的力量，打击货币投机，稳定成员国之间的

小知识 欧洲统一货币产生过程

货币汇率；另一方面可以对成员国的国际收支出现的困难进行短期和中期的资助，加强成员国之间的货币合作。

2. 创设欧洲货币单位

欧洲货币单位（ECU）是欧共体国家共同用于内部计价结算的一种货币单位，于1979年3月13日开始使用。ECU类似于特别提款权，实质上是一个货币揽子，由9个（后为12个，增加了希腊、葡萄牙和西班牙）成员国货币组成，每一货币在ECU中所占的权重，主要根据各成员国的国民生产总值及其在欧共体内贸易额所占的比重平均加权计算，权重一般5年调整一次。ECU是一种没有现钞、没有中央银行而又具有多种货币功能的特殊货币，它是欧洲货币体系的核心。ECU的主要作用有：

(1) 作为确定各成员国货币之间的中心汇率和波动幅度的标准。

(2) 作为成员国之间经济往来的记账单位即结算货币。

(3) 作为成员国货币当局的储备资产。ECU自创立以后，使用范围逐步扩大，除欧共体各官方机构外，西欧各商业银行和金融市场也都办理了以ECU计价结算的存款、放款、发行债券、国际贸易结算、旅行支票、信用卡等业务。

3. 实行联合浮动汇率制，减小成员国之间的汇率波动幅度

各成员国的货币对欧洲货币单位确定一个中心汇率，并根据这一中心汇率来确定彼此之间的货币汇率，各成员国的中央银行要保证各自的货币汇率波动幅度上下限各不超过2.25%（意大利里拉及后来加入的英镑不得超过6%），如果一国的货币汇率波动幅度超过规定的上下限，则该国中央银行有责任、其他各成员国也有义务对外汇市场进行干预。从长远看，汇率波动幅度应当逐步缩小，为最后实现统一货币创造有利条件。

三、欧洲货币一体化的新发展

欧洲货币体系的建立是国际货币体系走向多元化发展的标志，它对于形成一个规模更大、实力更雄厚的地区性货币联盟起了促进作用。1989年4月，欧共体委员会主席德洛尔向12个欧共体国家财政部长提出了《关于欧洲共同体经济与货币联盟》的报告，又称《德洛尔报告》，并在同年6月提交欧洲理事会马德里会议讨论，获得批准。报告提出了分阶段实现经济和货币联盟的计划。1991年12月9日和10日，欧共体12国首脑在荷兰马斯特里赫特开会，就欧共体建立内部统一大市场后，进一步建立政治联盟和经济与货币联盟问题达成协议。会议通过了《政治联盟条约》和《经济与货币联盟条约》，统称马斯特里赫特条约。按照《经济与货币联盟条约》规定，最迟于1998年7月1日成立欧洲中央银行，于1999年1月1日起实行单一货币。《马约》最后得到了欧洲议会和各成员国的批准。

1992年9月，欧洲货币体系发生了严重危机，1993年7月下旬，欧洲外汇市场又起风波，虽然如此，欧洲货币体系发展进程中的动荡与调整充其量只能延迟其最终目标的实现，而不可能改变这一发展潮流。随着欧洲统一大市场的建成及统一货币准备工作的不断完善，1998年5月3日参加欧盟布鲁塞尔首脑会议的15国首脑宣布，首批欧盟成员国（除英国、丹麦、希腊、挪威）成为发行欧元的国家，欧元在1999年1月1日正式启动。

1999年1月1日，欧元开始启动：锁定欧元（1欧元=1埃居）与11国货币的汇率，资本、货币交易以欧元计算；商品"双重标价"；流通成员国货币而非欧元钞票。

2002年1月1日起，欧元钞票与成员国货币"双重流通"；7月1日起欧元单独流通。

7月1日起，欧元单独流通，成为欧元区市场流通中的唯一法定货币。欧洲中央银行也从1999年开始运行，负责维护欧元稳定、统一管理主导利率、货币储备及货币发行等，制定统一货币政策，建立和完善货币政策机制。与此同时，各成员国中央银行自动成为欧洲中央银行的执行机构，不再单独制定货币政策。截至2020年，欧元区国家共有19个，包括德国、法国、意大利、荷兰、比利时、卢森堡、爱尔兰、西班牙、葡萄牙、奥地利、芬兰、立陶宛、拉脱维亚、爱沙尼亚、斯洛伐克、斯洛文尼亚、希腊、马耳他、塞浦路斯。

小知识 三十年磨一剑——欧元诞生的历程

小知识 亚元设想

第四节 国际货币体系的改革

一、现行国际货币体系的困难

现行的国际货币体系——牙买加体系已经运行30多年，对维持国际经济运转和促进世界经济发展起到了一定的积极作用，显示了较强的适应性和弹性。然而，随着时间的推移，频繁爆发的国际金融危机，尤其是亚洲金融危机和由美国次贷危机衍生而来的国际金融危机，暴露了现行国际货币体系的一系列缺陷。

1. 储备资产的不稳定性加大

牙买加体系下，国际储备资产出现了多元化趋势。除了美元、黄金和特别提款权以外，各国还以其他一些国家可兑换货币和复合货币，如英镑、日元和欧元等，作为官方储备资产。储备货币的多样化使各国摆脱了原先对美元的过分依赖，分散了汇率风险，促进了国际货币的合作与协调，并缓解了国际清偿能力不足，摆脱以前美元作为唯一储备货币的"两难困境"。但由于储备货币的多样化，货币缺乏统一、稳定的标准，形成货币体系内在的不稳定性。只要有一个储备货币发行国的经济或金融状况有重大变动，国际金融市场就会产生严重的动荡，各储备资产的价值和数量也随之产生变化。储备资产的不稳定性和管理的难度加大，对发展中国家极为不利。

2. 汇率波动过于频繁剧烈

牙买加体系下的浮动汇率制对世界经济的发展起到一些有利的作用，各国可以根据市场供求状况自发调整汇率，使其不再长期偏离实际价值；可以缓解硬通货国家在固定汇率制下维持汇率稳定的义务，不再被动地输入通货膨胀；使一国的财政政策和货币政策更具独立性和有效性，不再为了外部经济而牺牲内部经济；为避免汇率风险，客观上促进了国际金融业务的创新和发展。但是汇率波动过于频繁，波动的幅度也较大，尽管各国政府都采取种种措施干预外汇行市，但汇率体系仍然表现为极大的不稳定性，汇率风险极大。显然这不仅影响了国际贸易和资本流动，也使国际储备和外债管理变得相当复杂。20世纪90年代以来发生的多起区域性的货币危机都和汇率的过分动荡有关。

3. 国际收支调节机制仍不健全

完全由逆差国自我调节的国际收支调节机制无法维持稳定和平衡。许多发展中国家出现国际收支逆差，但是很难顺利调整逆差状况，向国际货币基金组织申请贷款条件比较苛刻，还要付出很多代价，包括内部平衡，国际货币基金组织要求这些国家紧缩财政。而对顺差国，包括货币发行国的逆差，却没有严格的限制条件。由于机制的不健全，逆差国往往不得不诉诸国际货币制度以外的力量，实行各种形式的贸易保护主义来强制平衡国际收支，严重影响了世界经济的发展。同时，调节机制不健全不仅给国际收支逆差国带来了严重困难，而且也加剧了全球性的国际收支严重失调。

此外，现行国际货币体系与国际金融合作机制，严重滞后于经济全球化和金融一体化的过程；国际货币体系中缺少信息预警体系；对衍生金融工具市场疏于监管；IMF 鼓励推行金融自由化与资本市场开放政策，新兴市场国家不适当地加速这一进程；巨额私人资本在全球迅速流动，而缺乏对资本流动进行协调和监管的有效机制；对国际储备货币发行国的经济政策缺乏约束；国际经济协调政策不充分；等等。这些都是现行国际货币体系存在的缺陷和面临的问题。

二、国际货币体系的改革建议

随着世界经济全球化趋势的不断强化，进一步改革国际货币体系，建立合理而稳定的国际货币新秩序，是各国面临的一个重要任务。事实上，改革现行国际货币体系的呼声从牙买加体系成立后就没有停止过。针对当前国际货币体系面临的主要问题，国际货币体系改革要解决的问题可归结为：货币本位的确定、汇率体系的建立、汇率机制的动作、金融危机的防范。目前，各种有关国际货币体系改革的方案和建议层出不穷，其中较有影响的是勃兰特报告、阿鲁沙倡议、十国集团报告、二十四国集团报告、特里芬的《2000年的国际货币制度》。这些方案提出的具体建议可以表述如下：

（1）建立单一货币及世界中央银行。
（2）创立国际商品储备货币。
（3）恢复布雷顿森林体系并且更为严格地执行。
（4）恢复某种形式的金本位制度。
（5）改革现有的国际货币基金组织和世界银行以稳定国际金融市场。
（6）设立汇率目标区。
（7）建立区域性货币联盟。
（8）在现行的国际货币基金组织体系下继续推行金融自由化。
（9）解散现有的国际货币机构。
（10）实行"真正自由"的货币体系。

这十种方法虽各有其理由，但离现实都还有不小的距离，可行性不够。

在如何进行国际货币体系改革问题上，由于发达国家之间、发达国家和发展中国家之间的利害冲突，各国经济结构和经济政策的不同，各国之间存在着很大的分歧。因此，在国际货币体系的改革方面，将会长期存在尖锐复杂的矛盾和斗争，短期内不会有大的进展，也就是说，在可预见的将来，对现行的国际货币体系进行重大改革的可能性并不存在。短期可能有进展的方面有三：一是协调三大货币间的汇率，限制波动幅度；二是改造国际货币基金组织，使其调节功能提高；三是发展区域性有组织的货币体系（如欧盟货币一体化、东亚货币合作等）。

三、国际货币体系的前景展望

总的看来，国际货币体系的改革方向主要集中在国际储备资产的确定和汇率制度的选择两个方面，而其中国际储备资产的改革是最基本的。

1. 国际储备货币的演变

只要不是实行完全没有干预的金本位制，或者完全的自由浮动汇率制，一国就必须持有国际储备资产。第二次世界大战后，美元是主要的储备资产，美国的国际收支状况影响着国际储备增长的状况，国际上美元的过多或过少一直是国际金融形势不稳定的主要因素。但是在找不到更好的国际储备资产来取代美元之前，各国就不得不持有美元，不得不依靠美元来从事国际商品贸易和国际金融交易。所以许多有关国际货币改革的方案和建议，都是围绕着以什么资产来代替美元的问题。

在当今的国际经济形势下，要回到金本位制或某种形式的金汇兑本位制是不可能的。1973年以后的多元化储备制度中，美元仍居主导地位。但是随着美国经济实力的相对下降以及日本和西欧国家的崛起，资本主义国家间的发展不平衡和各种矛盾势必加剧，从而使美元越来越不能胜任主导地位。国际储备货币中哪一种货币的汇率上浮或下降都会影响国际货币体系的稳定。从长远的观点来看，还应发展统一的世界货币。这个趋势在众多的国际储备改革方案中也有所反映。现在的关键问题是发行统一货币就必须建立统一的世界范围的中央银行或类似的机构，并实行统一的世界货币政策，这个难度相当大。不过从经济发展规律上看，随着世界经济一体化趋势的加强，经济利益的相关性会促进各国的政策协调，共同货币的理想在未来可能会实现。

2. 国际汇率制度的演变及前景

就汇率制度的改革而言，实行理论上的完全固定汇率制或完全自由浮动汇率制的可能性极小，且赞成这两种极端汇率制度的国家也是极少数。从目前发达国家经常联合干预外汇市场，发展中国家很多实行钉住汇率制来看，稳定汇率、缩小汇率波动幅度是国际社会的普遍愿望。所以汇率制度改革的核心实际上是允许汇率波动幅度的大小，或以什么形式恢复固定但可调整的平价机制的问题。

纵观国际汇率制度的演变过程，100多年来大部分时间实行的是固定汇率制，浮动汇率制在20世纪30年代大萧条时期实行过，目前的有管理的浮动汇率制也运行了30多年，事实表明弊端很多，在历史进程中，先是严格的固定汇率制（金本位），然后是浮动汇率制，以后又是固定汇率制但汇率可以调整（布雷顿森林体系），最后是目前的浮动汇率制。国际汇率制度的发展绝不是固定汇率制和浮动汇率制的简单轮回，金本位制时期的固定汇率制与布雷顿森林体系的固定汇率制有很大的不同，前者是真正固定不变的，是建立在政府不干预的自由竞争基础之上，而后者是可以调整的，是主要资本主义国家进行国际合作的结果。目前的浮动汇率制和20世纪30年代的浮动汇率制也有很大的区别。

从已提出的主要汇率制度改革的方案看，多数是主张建立某种形式的固定汇率制，也有人主张保持目前的各国自由选择汇率安排的混合汇率制，但要求主要国家协调政策、联合行动，以实现汇率稳定。实行固定汇率制需要有一定的客观条件，目前是行不通的。各国通过货币政策协调和共同干预来稳定汇率，降低波动幅度的方案经过国际上的努力有可能实现，至少在一定程度上可能实现，因为合作、协调制度、相互让步对各方面都有好处。至于国际汇率制度的发展前景，一方面取决于各主要国家之间货币合作的密切度，另一方面还取决于国际储备货币的发展状况。

小知识 国际货币体系改革新起点

本章小结

1. 国际货币体系是指国际货币制度、国际货币金融组织以及由习惯和历史沿革的约定俗成的国际货币秩序的总和，一般包括货币比价的确定及汇率制度、国际储备资产的确定、货币的可兑换性、黄金外汇的流动与转移是否自由以及国际结算的原则等内容。

2. 国际货币体系演进经历了三个阶段即国际金本位制度、布雷顿森林体系和牙买加体系。

3. 布雷顿森林体系是针对第二次世界大战前的世界经济无序竞争及国际金融秩序混乱的状况制订的严格管理的货币制度，其核心是美元—黄金本位。

4. 牙买加协议是信用本位国际货币制度的开端。欧洲货币体系是区域货币合作的典范。

✓ 关键名词

国际货币体系　国际金本位制度　布雷顿森林体系　双挂钩　牙买加体系　欧元

✓ 练习与思考

一、判断题

(　) 1. 布雷顿森林体系是国际金本位制度的别称。
(　) 2. 布雷顿森林体系的两大支柱一是固定汇率制；二是政府干预制。
(　) 3. 在布雷顿森林体系下，汇率的波动幅度在黄金输送点之内。
(　) 4. 布雷顿森林体系是采纳了美国的"凯恩斯计划"的结果。
(　) 5. 欧洲货币体系是国际货币体系的别称。
(　) 6. 国际货币体系的历史起源于第二次世界大战之后。
(　) 7. 牙买加协定废除黄金条款，使得黄金非货币化。
(　) 8. 实施什么样的汇率制度是国际货币秩序的核心。
(　) 9. 布雷顿森林体系是指以美元为核心，可调整的浮动汇率制。
(　) 10. 牙买加体系下各国可以自主地选择汇率制度安排。

二、选择题

(　) 1. 1947年7月，参加布雷顿森林会议的国家有_____。
A. 40个　　　B. 42个　　　C. 44个　　　D. 45个

(　) 2. 从历史角度看，国际货币体系的发展历程是_____。
A. 国际金银本位制、国际金本位制、布雷顿森林体系
B. 国际金本位制、国际银本位制、布雷顿森林体系
C. 国际银本位制、布雷顿森林体系、牙买加体系

D. 国际金本位制、布雷顿森林体系、牙买加体系
E. 国际金银本位制、国际金本位制、牙买加体系

(   ) 3. 布雷顿森林体系是采纳了_____的结果。
A. 凯恩斯计划　　B. 怀特计划　　C. 布雷迪计划　　D. 贝克计划

(   ) 4. 欧元启动的时间为_____。
A. 1999年1月　　B. 2002年1月　　C. 2000年1月　　D. 2001年1月

(   ) 5. 布雷顿森林体系的致命弱点是_____。
A. 美元双挂钩　　　　　　　　B. 特里芬难题
C. 权利与义务的不对称　　　　D. 汇率波动缺乏弹性

(   ) 6. 牙买加协议后的货币制度实际上是以_____为中心的多元化国际储备和浮动汇率体系。
A. 黄金　　B. 特别提款权　　C. 美元　　D. 日元

(   ) 7. 欧洲货币体系的核心是_____。
A. 欧洲货币单位　　　　　　B. 欧洲中心汇率制
C. 欧洲货币基金　　　　　　D. 欧洲中央银行

(   ) 8. 第二次世界大战后的第一次美元危机发生于_____。
A. 1950年　　B. 1960年　　C. 1968年　　D. 1973年

(   ) 9. 欧洲货币体系中心汇率的波动幅度为_____。
A. 上下1.125%　　B. 上下2.25%　　C. 上下4.5%　　D. 上下1%

(   ) 10. 国际货币体系走向多元化发展的标志是_____。
A. 欧洲货币体系的建立　　　　B. 国际金本位制的建立
C. 布雷顿森林体系的建立　　　D. 牙买加体系的建立

(   ) 11. 根据国际储备划分，国际货币制度可分为_____。
A. 浮动汇率制度　　　　　　B. 金本位制度
C. 金汇兑本位制度　　　　　D. 信用本位制度
E. 固定汇率制度

(   ) 12. 按汇率制度划分，国际货币制度可分为_____。
A. 浮动汇率制度　　　　　　B. 金本位制度
C. 金汇兑本位制度　　　　　D. 信用本位制度
E. 固定汇率制度

(   ) 13. 牙买加协定的主要内容有_____。
A. 美元停止兑换黄金　　　　B. 固定汇率合法化
C. 浮动汇率合法化　　　　　D. 黄金非货币化
E. 增加IMF会员国的基金份额

(   ) 14. 国际货币体系的主要内容有_____。
A. 确定国际储备资产　　　　B. 确定汇率制度
C. 确定国际货币体系的类型　D. 确定货币比价
E. 确定世界经济的增长速度

(   ) 15. "双挂钩"是指_____。

A. 美元与黄金挂钩　　　　　　B. 美元与SDR挂钩
C. 各国货币与黄金挂钩　　　　D. 各国货币与美元挂钩
E. 各国与SDR挂钩

三、名词解释

国际货币体系　国际金本位制度　布雷顿森林体系　双挂钩　牙买加体系　欧元

四、填空题

1. 1944年7月在布雷顿森林会议上，通过以为_____基础的《国际货币基金协定》和《_____》，总称《_____》。
2. 所谓"双挂钩"是指_____挂钩、_____挂钩。
3. "特里芬难题"是指布雷顿森林体系下在_____与_____之间所存在的矛盾。
4. 金本位是指以_____作为本位货币的一种制度。
5. 1976年1月在牙买加首都金斯敦签署了《_____》，国际货币体系进入新阶段。

五、简答题

1. 简述国际货币体系的主要内容。
2. 简述国际金本位制的特点。
3. 简述布雷顿森林体系的主要内容和特点。
4. 简述牙买加货币体系的特点和局限性。
5. 简述欧洲货币体系的主要内容。

六、案例分析

国际货币体系改革：任重而道远

毫无疑问，现行的以美元为中心的国际储备货币体系存在着严重缺陷，"特里芬难题"始终无法从根本上得到解决。在当前金融危机席卷全球的背景下，美国依然采取过度扩张的货币政策，世界都在为美国的国内危机埋单，失衡的全球货币体系难以再支撑世界经济发展的需要，美元的信用和地位受到了质疑和挑战，从而再次引发了世界各国对国际货币体系改革的大讨论。尽管当下美国依然是世界上综合国力最强的国家，美元依然有着其他货币不可比拟的实力，但从长远看，改革国际货币体系，创设超主权储备货币将是大势所趋。

资料来源：《金融博览》，2009（05）。

由此案例来看，改革当前国际货币体系更加迫切而任重道远。请根据本章所学知识，分析并展望一下国际货币体系的改革前景。

小知识 第一至十章【思考与练习】部分参考答案

参 考 文 献

[1] 程丽萍. 国际金融实务 [M]. 上海：立信会计出版社，2005.
[2] 肖利秋. 国际金融理论与实务 [M]. 广州：广东经济出版社，2002.
[3] 田文锦. 国际金融实务 [M]. 北京：机械工业出版社，2006.
[4] 刘园. 国际金融 [M]. 北京：对外贸易大学出版社，2007.
[5] 鲁丹萍，诸葛理县. 国际金融 [M]. 北京：清华大学出版社，2007.
[6] 潘海红. 国际金融实务 [M]. 合肥：合肥工业大学出版社，2007.
[7] 孙连铮. 国际金融 [M]. 北京：高等教育出版社，2007.
[8] 余秀荣. 简明国际金融教程 [M]. 上海：立信会计出版社，2005.
[9] 汪宇瀚. 国际金融与结算 [M]. 上海：立信会计出版社，2005.
[10] 杨青. 国际金融 [M]. 广州：暨南大学出版社，2006.
[11] 陈中恒. 国际金融教程 [M]. 广州：暨南大学出版社，2007.
[12] 刘玉操. 国际金融实务 [M]. 大连：东北财经大学出版社，2001.
[13] 刘舒年. 国际金融 [M]. 北京：对外经济贸易大学出版社，2005.
[14] 朱孟楠. 国际金融学 [M]. 厦门：厦门大学出版社，1999.
[15] 郑建明，潘慧峰. 国际融资与结算 [M]. 北京：北京师范大学出版社，2008.
[16] 姜波克. 国际金融新编 [M]. 上海：复旦大学出版社，2005.
[17] 崔荫. 国际融资实务 [M]. 中文版. 北京：中国金融出版社，2006.
[18] 王建邦，刘冬林. 国际金融 [M]. 杭州：浙江大学出版社，2007.
[19] 李文和. 国际金融理论与实务 [M]. 北京：中国时代经济出版社，2007.
[20] 陈雨露，国际金融（第六版）[M]. 北京：中国人民大学出版社，2019.
[21] 陈雨露，王芳. 国际金融（第六版）学习指导书 [M]. 北京：中国人民大学出版社，2020.
[22] 史燕平，王倩，国际金融市场（第三版）[M]. 北京：中国人民大学出版社，2020.
[23] 国家外汇管理局门户网站